交通运输公文处理实用读本

交通运输部办公厅 编

人民交通出版社股份有限公司
China Communications Press Co.,Ltd.

内 容 提 要

本书主要由两部分组成，第一部分为交通运输公文处理概论，围绕解读《党政机关公文处理工作条例》等法规制度，系统阐述了公文处理的基本概念、基本工作制度和要求，对公文处理工作重点环节作专章讲解；第二部分为交通运输公文写作方法与规范，对机关常用公文的写作方法、体例格式规范和办理要点进行详述，并结合各文种选取有代表性、有指导性的例文予以解析。附录收录了公文处理相关的制度、标准，以及公文校核常见错误解析、公文处理基础知识测试题及答案等。

本书可供交通运输行业相关工作人员在公文写作与处理中参考使用。

图书在版编目（CIP）数据

交通运输公文处理实用读本／交通运输部办公厅编．— 北京：人民交通出版社股份有限公司，2018.12
ISBN 978-7-114-15150-7

Ⅰ．①交… Ⅱ．①交… Ⅲ．①交通运输—公文—文件处理—中国　Ⅳ．①F512.6

中国版本图书馆 CIP 数据核字（2018）第 272992 号

Jiaotong Yunshu Gongwen Chuli Shiyong Duben

书　　名：	交通运输公文处理实用读本
著　作　者：	交通运输部办公厅
责任编辑：	崔　建
责任校对：	宿秀英
责任印制：	张　凯
出版发行：	人民交通出版社股份有限公司
地　　址：	（100011）北京市朝阳区安定门外外馆斜街 3 号
网　　址：	http://www.ccpress.com.cn
销售电话：	（010）59757973
总　经　销：	人民交通出版社股份有限公司发行部
经　　销：	各地新华书店
印　　刷：	中国电影出版社印刷厂
开　　本：	787×980　1/16
印　　张：	23.25
字　　数：	422 千
版　　次：	2018 年 12 月　第 1 版
印　　次：	2021 年 5 月　第 4 次印刷
书　　号：	ISBN 978-7-114-15150-7
定　　价：	79.00 元

（有印刷、装订质量问题的图书，由本公司负责调换）

《交通运输公文处理实用读本》编委会

主　　任：徐成光
副 主 任：黄小平　刘鹏飞　刘　韬　谭　鸿
编委成员：任　谊　鲍鑫荣　蒋丽萍　严　红
　　　　　高　轶　郭　胜　王大志　李华强
　　　　　张　健　李大泽　赵晓亮　周立伟
　　　　　李顺利　雍清赠　张征宇　罗丙辉

编写组

主　　编：蒋丽萍
副 主 编：罗丙辉
编写成员：段德俊　孙建梅　崔　建
　　　　　周自然　狐爱民　任淑云

目 录
Contents

公文处理能力是机关干部必备的看家本领 ⋯⋯⋯⋯⋯⋯⋯⋯⋯⋯⋯⋯⋯⋯⋯⋯⋯⋯⋯⋯ 1

上篇　交通运输公文处理概论

第一章　基本概念 ⋯⋯⋯⋯⋯⋯⋯⋯⋯⋯⋯⋯⋯⋯⋯⋯⋯⋯⋯⋯⋯⋯⋯⋯⋯⋯⋯⋯ 5
第一节　公文的含义 ⋯⋯⋯⋯⋯⋯⋯⋯⋯⋯⋯⋯⋯⋯⋯⋯⋯⋯⋯⋯⋯⋯⋯⋯⋯⋯ 5
一、文书、公文与文件的概念 ⋯⋯⋯⋯⋯⋯⋯⋯⋯⋯⋯⋯⋯⋯⋯⋯⋯⋯⋯⋯⋯ 5
　（一）文书 ⋯⋯⋯⋯⋯⋯⋯⋯⋯⋯⋯⋯⋯⋯⋯⋯⋯⋯⋯⋯⋯⋯⋯⋯⋯⋯⋯ 5
　（二）公文 ⋯⋯⋯⋯⋯⋯⋯⋯⋯⋯⋯⋯⋯⋯⋯⋯⋯⋯⋯⋯⋯⋯⋯⋯⋯⋯⋯ 5
　（三）文件 ⋯⋯⋯⋯⋯⋯⋯⋯⋯⋯⋯⋯⋯⋯⋯⋯⋯⋯⋯⋯⋯⋯⋯⋯⋯⋯⋯ 6
　（四）文书、公文与文件三者的关系 ⋯⋯⋯⋯⋯⋯⋯⋯⋯⋯⋯⋯⋯⋯⋯⋯ 6
二、规范性文件的概念 ⋯⋯⋯⋯⋯⋯⋯⋯⋯⋯⋯⋯⋯⋯⋯⋯⋯⋯⋯⋯⋯⋯⋯ 6
　（一）广义规范性文件 ⋯⋯⋯⋯⋯⋯⋯⋯⋯⋯⋯⋯⋯⋯⋯⋯⋯⋯⋯⋯⋯⋯ 6
　（二）狭义规范性文件 ⋯⋯⋯⋯⋯⋯⋯⋯⋯⋯⋯⋯⋯⋯⋯⋯⋯⋯⋯⋯⋯⋯ 7
　（三）党内规范性文件 ⋯⋯⋯⋯⋯⋯⋯⋯⋯⋯⋯⋯⋯⋯⋯⋯⋯⋯⋯⋯⋯⋯ 7
　（四）行政规范性文件 ⋯⋯⋯⋯⋯⋯⋯⋯⋯⋯⋯⋯⋯⋯⋯⋯⋯⋯⋯⋯⋯⋯ 7
　（五）交通运输部行政规范性文件 ⋯⋯⋯⋯⋯⋯⋯⋯⋯⋯⋯⋯⋯⋯⋯⋯⋯ 7
第二节　公文的性质 ⋯⋯⋯⋯⋯⋯⋯⋯⋯⋯⋯⋯⋯⋯⋯⋯⋯⋯⋯⋯⋯⋯⋯⋯⋯ 8
一、公文的策令性 ⋯⋯⋯⋯⋯⋯⋯⋯⋯⋯⋯⋯⋯⋯⋯⋯⋯⋯⋯⋯⋯⋯⋯⋯⋯ 8
二、公文的专任性 ⋯⋯⋯⋯⋯⋯⋯⋯⋯⋯⋯⋯⋯⋯⋯⋯⋯⋯⋯⋯⋯⋯⋯⋯⋯ 8
　（一）公文作者的专任性 ⋯⋯⋯⋯⋯⋯⋯⋯⋯⋯⋯⋯⋯⋯⋯⋯⋯⋯⋯⋯⋯ 8
　（二）公文读者的专任性 ⋯⋯⋯⋯⋯⋯⋯⋯⋯⋯⋯⋯⋯⋯⋯⋯⋯⋯⋯⋯⋯ 8
三、公文的规范性 ⋯⋯⋯⋯⋯⋯⋯⋯⋯⋯⋯⋯⋯⋯⋯⋯⋯⋯⋯⋯⋯⋯⋯⋯⋯ 9

四、公文的庄重性 ··· 9
第三节　公文的作用 ·· 10
　　一、领导和指导作用 ·· 10
　　二、规范和约束作用 ·· 10
　　三、联系和知照作用 ·· 10
　　四、依据和凭证作用 ·· 11
　　五、宣传和教育作用 ·· 11
　　六、档案和史料作用 ·· 11

第二章　公文处理工作制度 ·· 13
第一节　公文的历史沿革 ·· 13
　　一、秦汉时期公文 ·· 13
　　二、魏晋南北朝时期公文 ·· 13
　　三、隋唐宋时期公文 ·· 14
　　四、元明清时期公文 ·· 14
　　五、辛亥革命以后公文 ·· 14
第二节　新中国成立后公文处理法规制度 ·································· 15
　　一、党内公文处理法规制度 ·· 15
　　二、行政公文处理法规制度 ·· 15
　　三、党政机关公文处理工作法规一体化 ······························ 15
第三节　现行公文处理工作法规制度和标准规范 ······················ 16
　　一、常用公文处理工作法规和标准 ······································ 16
　　二、上级机关公文处理工作制度 ·· 16
　　三、交通运输部机关公文处理工作制度 ······························ 17
　　　　(一)《交通运输部公文处理办法》 ·································· 17
　　　　(二)《交通运输部公文格式规范》 ·································· 17
　　　　(三)《交通运输部印章管理办法》 ·································· 18
　　　　(四)《交通运输部重大行业政策后评估工作暂行办法》 ······ 18
　　　　(五)《交通运输部行政规范性文件制定和管理办法》 ······ 18
　　　　(六)其他常用工作制度和流程规范 ································ 19

第三章　公文处理 ··· 20
第一节　公文处理工作 ·· 20
　　一、公文处理任务 ·· 20
　　　　(一)拟制公文 ·· 20
　　　　(二)办理公文 ·· 20

（三）管理公文 ·· 21
　二、公文处理程序 ·· 21
　　（一）收文办理程序 ·· 21
　　（二）公文拟制程序 ·· 21
　　（三）发文办理程序 ·· 21
　　（四）整理归档程序 ·· 22
　　（五）公文管理程序 ·· 22
　三、合理确定工作流程 ·· 23
　　（一）根据各程序间的相互关系来确定 ···························· 23
　　（二）根据决策民主化科学化的要求来确定 ························ 23
　　（三）根据公文之间的内在联系来确定 ···························· 24
第二节　公文处理工作原则 ·· 24
　一、坚持实事求是原则 ·· 24
　二、坚持准确规范原则 ·· 24
　三、坚持精简高效原则 ·· 25
　　（一）少发文发短文 ·· 25
　　（二）运转高效 ·· 25
　　（三）健全应急办文机制 ·· 25
　四、坚持安全保密原则 ·· 25
　　（一）要确保公文定密前的安全 ·································· 25
　　（二）要确保涉密公文内容和载体的安全 ·························· 26
　　（三）要确保涉密公文保管和使用的安全 ·························· 26
第三节　公文处理工作组织领导 ······································ 26
　一、办公厅（室）职责 ·· 26
　二、文秘部门岗位职责 ·· 27
　三、文秘人员基本素质要求 ·· 27
　　（一）具备较强的政治理论素养 ·································· 27
　　（二）具备较强的业务技能修养 ·································· 28
　　（三）具备严谨务实的工作作风和态度 ···························· 28
　　（四）具备较强的综合协调和文字处理能力 ························ 28

第四章　公文形式 ·· 29
　第一节　公文种类 ·· 29
　　一、公文的分类 ·· 29
　　　（一）按照公文的使用范围分类 ································ 29

(二)按照公文的性质作用分类 …… 29
　　(三)按照公文的行文方向分类 …… 30
　　(四)按照公文的密级和公开属性分类 …… 30
　二、法定公文种类及适用范围 …… 31
　三、正确使用法定文种 …… 31
　　(一)规范使用法定文种 …… 31
　　(二)依据制发机关权限合理使用文种 …… 32
　　(三)依据行文关系和公文内容正确使用文种 …… 32
第二节　公文格式 …… 32
　一、公文格式要素 …… 33
　二、公文格式标准 …… 34
第三节　公文形式 …… 34
　一、公文形式的概念 …… 34
　二、交通运输部主要公文形式及适用范围 …… 35
　　(一)令 …… 35
　　(二)文件 …… 35
　　(三)函(信函格式) …… 36
　　(四)公告、通告 …… 36
　　(五)内部情况通报 …… 36
　　(六)电报 …… 37
　　(七)纪要 …… 37
　　(八)签报 …… 37
　三、公文种类、公文格式和公文形式的关系 …… 37

第五章　行文规则 …… 39
第一节　基本概念 …… 39
　一、行文关系 …… 39
　二、行文方向 …… 39
　三、行文方式 …… 39
　　(一)逐级行文 …… 39
　　(二)越级行文 …… 40
　　(三)多级行文 …… 40
　　(四)直接行文 …… 40
第二节　行文关系 …… 40
　一、领导关系 …… 40

二、业务指导关系 …… 40
　　三、归口管理关系 …… 41
　　四、属地管理关系 …… 41
　　五、监督关系 …… 41
　　六、平行协作关系 …… 42
第三节　行文要求 …… 42
　　一、按隶属关系行文 …… 42
　　二、按职权范围行文 …… 42
　　三、不越级行文 …… 43
　　四、机关和个人不交叉行文 …… 43
　　五、党政分开行文 …… 44
第四节　机关常见行文关系及适用的行文规则 …… 44
　　一、隶属和业务指导关系及行文规则 …… 44
　　　（一）上行文主送一个上级机关 …… 44
　　　（二）请示应当一文一事 …… 44
　　　（三）不得在报告中夹带请示事项 …… 45
　　　（四）政府部门未经授权不向下一级政府正式行文 …… 45
　　二、机关内部关系及行文规则 …… 45
　　三、以上级机关名义行文规则 …… 46
　　四、联合行文规则 …… 47
　　五、归口管理关系及行文规则 …… 48
　　六、相互协作关系及行文规则 …… 48

第六章　公文精简 …… 50
　一、公文精简的概念 …… 50
　二、公文精简的必要性 …… 50
　　（一）公文处理的内在要求 …… 50
　　（二）铲除"文山"的有效举措 …… 51
　　（三）改进作风的必然要求 …… 51
　三、公文精简的内容 …… 51
　　（一）严格控制公文数量 …… 51
　　（二）严格控制公文规格 …… 52
　　（三）严格控制公文篇幅 …… 52
　　（四）严格控制公文印发范围和印发份数 …… 53
　四、公文精简的措施 …… 53

（一）加强发文统筹管理 ·· 53
（二）落实公文审核责任 ·· 53
（三）提高公文拟制能力 ·· 54

第七章　公文写作 55
第一节　公文起草 55
一、基本要求 ·· 55
（一）内容要求 ·· 55
（二）起草方法要求 ·· 55
（三）文稿质量要求 ·· 56
二、主要步骤 ·· 56
（一）领会意图 ·· 56
（二）拟订提纲 ·· 57
（三）准备材料 ·· 58
（四）起草正文 ·· 59
（五）反复修改 ·· 59

第二节　公文的谋篇布局 60
一、层次安排 ·· 61
（一）总分式 ·· 61
（二）递进式 ·· 61
（三）时序式 ·· 61
二、段落划分 ·· 61
（一）按中心意思划分 ·· 62
（二）按条项内容划分 ·· 62
（三）按照事物发展阶段划分 ··· 62
三、衔接照应 ·· 62
（一）衔接 ·· 62
（二）照应 ·· 62

第三节　公文的语言运用 63
一、公文的语言特点 ·· 63
（一）准确 ·· 63
（二）平实 ·· 63
（三）简练 ·· 64
（四）规范 ·· 64
二、公文语言运用的特殊方式 ··· 64

（一）专用词语 ·· 64
　　（二）介词短语 ·· 65
　　（三）数字使用 ·· 65
　三、公文的表达方式 ·· 66
　　（一）叙述 ·· 66
　　（二）说明 ·· 67
　　（三）议论 ·· 67
　第四节　公文的写作技巧 ·· 67
　一、开头的写作技巧 ·· 67
　　（一）指示性公文 ·· 67
　　（二）情况综合性公文 ·· 68
　　（三）申请答复类公文 ·· 68
　二、小标题的写作技巧 ·· 68
　　（一）六字短句的使用 ·· 68
　　（二）四字格词组 ·· 69
　三、归纳综合的写作技巧 ·· 69
　　（一）横向综合 ·· 70
　　（二）纵向综合 ·· 70
　四、结尾的写作技巧 ·· 71
　　（一）总结式 ·· 71
　　（二）指令要求式 ·· 71
　　（三）展望号召式 ·· 71
　　（四）自然式 ·· 71

第八章　公文审核 ·· 72
　第一节　基本概念 ·· 72
　一、公文审核含义 ·· 72
　二、公文审核程序 ·· 72
　第二节　公文审核重点 ·· 73
　一、审核重点 ·· 73
　二、重点把关环节 ·· 73
　　（一）把好行文关 ·· 74
　　（二）把好政策法规关 ·· 74
　　（三）把好内容文字关 ·· 74
　　（四）把好体例格式关 ·· 74

（五）把好程序关 …… 75
　　（六）把好定密关 …… 75
第三节　公文会签 …… 75
　一、公文会签 …… 75
　二、会签种类 …… 75
　三、会签范围和时限要求 …… 76
　四、会签文办理程序 …… 76
第四节　审核依据和步骤 …… 77
　一、审核依据 …… 77
　二、核改步骤 …… 78
　　（一）修正主题 …… 78
　　（二）订正观点 …… 78
　　（三）材料增删 …… 78
　　（四）调整结构 …… 78
　　（五）强化论证 …… 78
　　（六）锤炼字句 …… 78
　　（七）核对细节 …… 79
第五节　责任清单 …… 79
　一、处室领导审核清单 …… 79
　二、部门综合处（办公室）文秘人员审核清单 …… 79
　三、部门领导审核清单 …… 80
　四、合法性审查清单 …… 80
　五、办公厅（室）审核清单 …… 80
　　（一）审核内容 …… 80
　　（二）上行文审核要点 …… 81
　　（三）审核程序和原则 …… 81
第六节　审核技巧 …… 81
　一、明确意图，实事求是 …… 81
　二、严守规范，依法依规 …… 82
　三、依循先例，合理参考 …… 82
　四、遵守程序，不走捷径 …… 82
　五、摆正位置，重在服务 …… 83
第七节　常见错误 …… 83
　一、文种使用方面 …… 83

二、行文规则方面 ·· 84
　　三、公文格式方面 ·· 84
　　四、发文办理方面 ·· 85

第九章　公文格式 ··· 86
第一节　公文格式的发展演变 ································· 86
　　一、古代公文格式 ·· 86
　　二、近现代公文格式 ·· 86
　　三、党政机关公文格式 ······································ 87
第二节　公文格式编排规则 ··································· 87
　　一、公文用纸幅面尺寸及版面要求 ···························· 87
　　　（一）公文用纸幅面尺寸要求 ······························· 87
　　　（二）公文版面要求 ······································· 88
　　二、公文格式要素划分 ······································ 88
　　　（一）版头 ··· 88
　　　（二）主体 ··· 88
　　　（三）版记 ··· 88
　　三、文件格式编排规则 ······································ 89
　　　（一）份号 ··· 89
　　　（二）密级和保密期限 ····································· 89
　　　（三）紧急程度 ··· 90
　　　（四）发文机关标志 ······································· 90
　　　（五）发文字号 ··· 90
　　　（六）签发人 ··· 91
　　　（七）版头中的分隔线 ····································· 91
　　　（八）标题 ··· 91
　　　（九）主送机关 ··· 92
　　　（十）正文 ··· 92
　　　（十一）附件说明 ··· 93
　　　（十二）发文机关署名、成文日期和印章 ····················· 93
　　　（十三）附注 ··· 94
　　　（十四）附件 ··· 94
　　　（十五）版记中的分隔线 ··································· 94
　　　（十六）抄送机关 ··· 94
　　　（十七）印发机关和印发日期 ······························· 95

（十八）页码 ·· 95
　第三节　特定公文格式编排规则 ·· 95
　　一、信函格式 ·· 95
　　　（一）发文机关标志编排 ··· 95
　　　（二）分隔线编排 ·· 95
　　　（三）其他格式要素编排 ··· 96
　　二、命令（令）格式 ·· 96
　　　（一）发文机关标志编排 ··· 96
　　　（二）其他格式要素编排 ··· 96
　　三、纪要格式 ·· 96
　　　（一）主要特点 ··· 96
　　　（二）发文机关标志编排 ··· 96
　　　（三）标题 ·· 96
　　　（四）其他格式要素编排 ··· 97
　　　（五）注意事项 ··· 97
　　四、公告通告格式 ··· 97
　　　（一）发文机关标志编排 ··· 97
　　　（二）其他格式要素编排 ··· 97
　　五、内部情况通报格式 ·· 97
　　　（一）发文机关标志编排 ··· 97
　　　（二）其他格式要素编排 ··· 97
　　六、电报格式 ·· 98
　　　（一）发文机关标志编排 ··· 98
　　　（二）其他格式要素编排 ··· 98

第十章　发文办理 ·· 99
　第一节　基本原则及主要程序 ·· 99
　　一、基本原则 ·· 99
　　二、主要程序 ·· 99
　第二节　文稿签发 ··· 99
　　一、签发原则 ·· 100
　　　（一）按职权划分的原则 ··· 100
　　　（二）集体负责的原则 ··· 100
　　　（三）授权代签的原则 ··· 100
　　　（四）禁止越权的原则 ··· 100

  二、签发流程和权限 ·· 100
   （一）签发基本流程 ·· 100
   （二）签发权限 ·· 101
  三、公文签发常用批语 ·· 102
  四、公文签发注意事项 ·· 102
 第三节 公文复核与登记 ·· 102
  一、公文复核 ·· 102
   （一）基本概念 ·· 102
   （二）公文复核注意事项 ······································ 103
  二、公文登记 ·· 103
   （一）基本概念 ·· 103
   （二）公文登记注意事项 ······································ 103
 第四节 公文校对 ·· 104
  一、基本概念 ·· 104
   （一）校异同 ·· 104
   （二）校是非 ·· 104
  二、公文校对方法 ·· 104
   （一）唱校法 ·· 104
   （二）折校法 ·· 105
   （三）对校法 ·· 105
  三、公文校对工作机制 ·· 105
   （一）清样校对主办处室唱校制 ································ 105
   （二）清样付印主办处室处长审签制 ···························· 105
   （三）成文发出主办处室确认制 ································ 106
 第五节 公文缮印与分发 ·· 106
  一、公文缮印 ·· 106
  二、公文分发 ·· 106
 第六节 办结公文处置 ·· 107
  一、归档 ·· 107
  二、清退 ·· 107
  三、暂存 ·· 108
  四、销毁 ·· 108
第十一章 收文办理 ··· 109
 第一节 基本原则和主要程序 ·· 109

一、基本原则 …………………………………………………………… 109
　　二、主要程序 …………………………………………………………… 110
　第二节　各环节工作流程及要求 ………………………………………… 110
　　一、签收流程及要求 …………………………………………………… 110
　　二、登记流程及要求 …………………………………………………… 111
　　　(一)登记工作方法 …………………………………………………… 111
　　　(二)收文登记注意事项 ……………………………………………… 111
　　三、初审重点及退文情况 ……………………………………………… 112
　　　(一)初审重点 ………………………………………………………… 112
　　　(二)退文情况 ………………………………………………………… 112
　　四、承办方式及要求 …………………………………………………… 112
　　　(一)承办建议拟写 …………………………………………………… 112
　　　(二)公文拟办原则 …………………………………………………… 113
　　　(三)公文拟办注意事项 ……………………………………………… 113
　　五、传阅方法及要求 …………………………………………………… 113
　　　(一)组织传阅 ………………………………………………………… 114
　　　(二)个人传阅 ………………………………………………………… 114
　　六、催办流程及要求 …………………………………………………… 114
　　七、答复方法及要求 …………………………………………………… 114
　　　(一)行文答复 ………………………………………………………… 115
　　　(二)口头答复 ………………………………………………………… 115
　　　(三)传送领导批示 …………………………………………………… 115
　　　(四)统筹回复 ………………………………………………………… 115

第十二章　印章管理 …………………………………………………………… 116
　第一节　印章基础知识 …………………………………………………… 116
　　一、印章的起源 ………………………………………………………… 116
　　二、印章的种类 ………………………………………………………… 116
　　　(一)公章 ……………………………………………………………… 116
　　　(二)个人公用名章 …………………………………………………… 117
　　三、公文印章的规格 …………………………………………………… 117
　　　(一)行政机关印章 …………………………………………………… 117
　　　(二)党的机关印章 …………………………………………………… 117
　　　(三)其他印章形式 …………………………………………………… 118
　　四、主要工作依据 ……………………………………………………… 118

第二节　印章的制发、启用与废止 …………………………………………… 118
　一、印章的制发 ……………………………………………………………… 118
　　（一）上级制发的印章 …………………………………………………… 119
　　（二）部审核制发的印章 ………………………………………………… 119
　二、印章的启用与废止 ……………………………………………………… 119
　　（一）印章启用 …………………………………………………………… 119
　　（二）印章废止 …………………………………………………………… 119
　　（三）印章重制 …………………………………………………………… 119
第三节　印章的使用 …………………………………………………………… 120
　一、印章的使用权限 ………………………………………………………… 120
　　（一）部党组章的使用 …………………………………………………… 120
　　（二）部章的使用 ………………………………………………………… 120
　　（三）部长签名章和名章的使用 ………………………………………… 120
　　（四）部办公厅章的使用 ………………………………………………… 121
　　（五）钢印的使用 ………………………………………………………… 121
　　（六）印模的使用 ………………………………………………………… 121
　　（七）部机关司局法定名称章的使用 …………………………………… 121
　　（八）部议事协调机构及临时机构公章的使用 ………………………… 121
　二、印章的使用方法 ………………………………………………………… 122
　　（一）用印工作要求 ……………………………………………………… 122
　　（二）用印注意事项 ……………………………………………………… 122
第四节　印章的管理 …………………………………………………………… 123
　一、管理责任和要求 ………………………………………………………… 123
　二、印章保管要求 …………………………………………………………… 123

下篇　交通运输公文写作方法与规范

第十三章　公告和通告的写作方法与规范 ………………………………… 127
　一、基本概念 ………………………………………………………………… 127
　　（一）发布机关 …………………………………………………………… 127
　　（二）发布内容 …………………………………………………………… 127
　　（三）发布范围和途径 …………………………………………………… 127
　二、公告和通告的体例格式 ………………………………………………… 128
　　（一）发文机关标志 ……………………………………………………… 128

（二）发文字号 ··· 128
　　（三）标题 ··· 128
　　（四）正文 ··· 128
　　（五）落款 ··· 129
　　（六）分送范围 ··· 129
三、公告和通告的办理要点 ·· 129
　　（一）要注意公告和通告的办理程序 ····································· 129
　　（二）要注意公告和通告的写作方法 ····································· 129
　　（三）要注意公告与公报的区别 ··· 130
　　（四）要注意通告与通知和通报的区别 ··································· 130
四、例文评析 ··· 130
　　例文 1　中华人民共和国全国人民代表大会公告 ························· 130
　　例文 2　国务院公告 ··· 131
　　例文 3　交通运输部关于加强国（境）外进口船舶和中国籍国际航行
　　　　　　船舶从事国内水路运输管理的公告 ······························ 131
　　例文 4　交通运输部关于世界海员日船舶挂满旗的通告 ··················· 132
　　例文 5　中国船级社关于开展渔业船舶检验业务的通告 ··················· 133

第十四章　意见的写作方法与规范 ··· 134
一、基本概念 ··· 134
二、意见的种类 ··· 134
　　（一）呈转性意见 ··· 134
　　（二）呈报性意见 ··· 135
　　（三）指导性意见 ··· 135
　　（四）实施性意见 ··· 135
　　（五）征询性意见 ··· 135
三、意见的体例格式 ··· 136
　　（一）标题 ··· 136
　　（二）主送机关 ··· 136
　　（三）正文 ··· 136
四、意见的写作要求 ··· 137
　　（一）政策性要强 ··· 137
　　（二）内容要明确 ··· 137
　　（三）理由要充分 ··· 137

（四）行文要及时 ····· 137
　　（五）具有可操作性 ····· 137
五、意见的办理要点 ····· 137
　　（一）用于上行的意见 ····· 137
　　（二）用于下行的意见 ····· 138
　　（三）用于平行的意见 ····· 138
六、意见与其他文种的区别 ····· 138
　　（一）意见与请示的区别 ····· 138
　　（二）意见与报告的区别 ····· 138
　　（三）意见与决定、通知的区别 ····· 138
　　（四）意见与函的区别 ····· 138
七、例文评析 ····· 139
　例文6　交通运输部　国家发展改革委　国家旅游局　国家铁路局
　　　　中国民用航空局　国家邮政局　中国铁路总公司关于加快
　　　　推进旅客联程运输发展的指导意见 ····· 139
　例文7　交通运输部关于全面加强生态环境保护坚决打好污染防治
　　　　攻坚战的实施意见 ····· 143
　例文8　交通运输部办公厅关于国务院口岸工作部际联席会议第四次
　　　　全体会议发言材料的反馈意见 ····· 147

第十五章　通知的写作方法与规范 ····· 149
一、基本概念 ····· 149
二、通知的种类及体例格式 ····· 149
　　（一）发布性通知 ····· 149
　　（二）指示性通知 ····· 150
　　（三）批转性通知 ····· 151
　　（四）事务性通知 ····· 151
三、通知的写作 ····· 152
　　（一）要讲求实效，不要滥用通知 ····· 152
　　（二）要把握内涵，不要误用通知 ····· 152
　　（三）要表述恰当，不要错用通知 ····· 152
四、通知的办理要点 ····· 153
　　（一）准确选用发文形式 ····· 153
　　（二）合理界定发送范围 ····· 153

（三）规范使用其他格式要素 ·· 154
　五、例文评析 ··· 154
　　例文 9　中共中央办公厅　国务院办公厅关于印发《党政机关公文
　　　　　　处理工作条例》的通知 ··· 154
　　例文 10　交通运输部关于交通运输部系统公务接待禁止饮酒的通知 ········ 155
　　例文 11　交通运输部　公安部　中华全国总工会关于组织开展
　　　　　　 2017 年"公交出行宣传周"活动有关事项的通知 ················· 156
　　例文 12　国务院关于批转交通运输部等部门重大节假日免收小型
　　　　　　 客车通行费实施方案的通知 ··· 159
　　例文 13　交通运输部办公厅关于召开全国汽车维修电子健康档案
　　　　　　 系统建设视频会议的通知 ·· 161

第十六章　通报的写作方法与规范 ··· 163
　一、基本概念 ··· 163
　二、通报的种类及体例格式 ··· 163
　　（一）表彰性通报 ·· 163
　　（二）批评性通报 ·· 164
　　（三）情况性通报 ·· 164
　三、通报的写作 ·· 165
　　（一）通报起草要选准时机 ·· 165
　　（二）通报事例要有典型代表性 ··· 165
　　（三）通报内容要真实客观 ·· 165
　　（四）通报用语要简明庄重 ·· 165
　四、通报的办理要点 ·· 166
　　（一）注意把握表彰批评性通报与奖惩性决定的区别 ······················ 166
　　（二）注意把握指导性通报与指示性通知的区别 ···························· 166
　　（三）注意把握通报的内容性质和时机使用不同的发布形式 ············· 167
　五、部内部情况通报的编排要求 ··· 167
　六、例文评析 ··· 168
　　例文 14　国务院关于表扬全国"两基"工作先进地区的通报 ·············· 168
　　例文 15　国务院办公厅关于西安地铁"问题电缆"事件调查处理情况
　　　　　　 及其教训的通报 ·· 169
　　例文 16　国务院安委会办公室关于近期 3 起生产安全事故的通报 ········ 172
　　例文 17　×××同志、×××同志在 2018 年全国交通运输工作
　　　　　　 会议上的讲话 ·· 173

第十七章　报告的写作方法与规范 ……… 175
　一、基本概念 ……… 175
　二、报告的写作 ……… 175
　　（一）撰写综合报告应注意处理好三个关系 ……… 175
　　（二）撰写专题报告要着力把握好"三要" ……… 176
　三、报告的体例格式 ……… 177
　　（一）标题 ……… 177
　　（二）主送机关 ……… 177
　　（三）正文 ……… 177
　四、报告的办理要点 ……… 178
　　（一）行文规范 ……… 178
　　（二）格式规范 ……… 178
　　（三）报送规范 ……… 179
　五、例文评析 ……… 179
　　例文18　关于贯彻落实习近平总书记重要指示精神　深入推进"四好农村路"建设有关情况的报告 ……… 179
　　例文19　关于三峡船闸停航检修及坝区通航有关情况的报告 ……… 182
　　例文20　交通运输部关于党的十八大以来我国交通运输发展新成就的报告 ……… 184
　　例文21　交通运输部办公厅关于修改印发《中共交通运输部党组巡视工作实施办法》的备案报告 ……… 184

第十八章　请示和批复的写作方法与规范 ……… 186
　一、基本概念 ……… 186
　　（一）请示的主要特点 ……… 186
　　（二）批复的主要特点 ……… 186
　二、请示和批复的分类 ……… 186
　　（一）请求指示类 ……… 187
　　（二）请求批准类 ……… 187
　　（三）请求批转类 ……… 187
　三、请示和批复的体例格式及写作方法 ……… 187
　　（一）请示的体例格式 ……… 187
　　（二）批复的体例格式 ……… 188
　四、请示和批复的办理要点 ……… 189
　　（一）办理请示应遵循上行文基本规则 ……… 189
　　（二）办理请示应注意与报告的区别 ……… 190

（三）办理批转类请示应注意要件齐全完整 ·············· 190
　　（四）办理请示应注意格式规范和程序要求 ·············· 190
　　（五）办理批复应注意认真研究、表明态度、及时作答 ·············· 191
　五、例文评析 ·············· 192
　　例文 22　交通运输部关于拟邀请外国交通运输主管部门负责人出席
　　　　　　2018 世界交通运输大会的请示 ·············· 192
　　例文 23　交通运输部　中央宣传部　中央网信办　发展改革委　工业和
　　　　　　信息化部　公安部　住房城乡建设部　人民银行　质检总局
　　　　　　国家旅游局关于报送《关于鼓励和规范互联网租赁自行车发展的
　　　　　　指导意见（送审稿）》的请示 ·············· 193
　　例文 24　国务院关于同意设立"航海日"的批复 ·············· 194
　　例文 25　国务院关于组建中国铁路总公司有关问题的批复 ·············· 195
　　例文 26　交通运输部关于贵州省仁怀至遵义公路初步设计的批复 ·············· 197

第十九章　函的写作方法与信函格式规范 ·············· 199
　一、基本概念 ·············· 199
　　（一）函 ·············· 199
　　（二）信函格式 ·············· 199
　二、函的种类及体例格式 ·············· 199
　　（一）商洽函 ·············· 199
　　（二）问答函 ·············· 200
　　（三）请批函 ·············· 200
　　（四）两会答复函 ·············· 200
　三、函的写作 ·············· 201
　　（一）要注意行文的针对性 ·············· 201
　　（二）要注意行文的措辞用语 ·············· 201
　　（三）要注意行文的格式规范 ·············· 201
　四、信函格式规范 ·············· 202
　　（一）信函格式的技术规范 ·············· 202
　　（二）信函格式的使用规范 ·············· 203
　五、例文评析 ·············· 203
　　例文 27　交通运输部办公厅征求《关于规范国家高速公路和普通国道
　　　　　　局部路线调整工作的通知　（征求意见稿）》意见的函 ·············· 203
　　例文 28　交通运输部办公厅关于分段建成高速公路收费期限核定工作的复函 ·············· 204
　　例文 29　交通运输部关于申请调整 2016 年度政府采购预算的函 ·············· 205

例文30　国务院办公厅关于同意建立市场监管部际联席会议制度的函 ……… 205
例文31　关于十二届全国人大五次会议第5485号建议的答复函 ………… 206
例文32　关于政协十三届全国委员会第一次会议第2205号
　　　　（工交邮电类149号）提案答复的函 ……………………………… 209

第二十章　会议记录和纪要的写作方法与规范 ……………………………… 213
一、基本概念 …………………………………………………………………… 213
（一）会议记录 ……………………………………………………………… 213
（二）纪要 …………………………………………………………………… 213
二、会议记录的体例格式 ……………………………………………………… 214
（一）标题 …………………………………………………………………… 214
（二）会议组织概况 ………………………………………………………… 214
（三）会议内容 ……………………………………………………………… 214
（四）结尾 …………………………………………………………………… 214
三、纪要的分类和写法 ………………………………………………………… 214
（一）工作会议纪要 ………………………………………………………… 215
（二）办公会议纪要 ………………………………………………………… 215
（三）专题协调会议纪要 …………………………………………………… 215
（四）研讨会议纪要 ………………………………………………………… 215
四、纪要的体例格式 …………………………………………………………… 215
（一）国家标准纪要格式 …………………………………………………… 215
（二）常用办公会议纪要格式 ……………………………………………… 216
五、会议记录和纪要的办理要点 ……………………………………………… 217
（一）要注意会议记录和纪要的区别与联系 ……………………………… 217
（二）要提高会议记录的质量 ……………………………………………… 217
（三）要把握纪要整理的要点 ……………………………………………… 218
（四）要合理使用纪要的发布形式 ………………………………………… 218

第二十一章　调研报告的写作方法 …………………………………………… 220
一、基本概念 …………………………………………………………………… 220
（一）针对性 ………………………………………………………………… 220
（二）真实性 ………………………………………………………………… 220
（三）规律性 ………………………………………………………………… 220
（四）时效性 ………………………………………………………………… 221
二、调研报告的写作 …………………………………………………………… 221
（一）在"准备"上要充分 …………………………………………………… 221

（二）在"调查"中下功夫 ……………………………………………………… 221
　　（三）在"研究"上做文章 ……………………………………………………… 222
　　（四）在"撰写"时巧构思 ……………………………………………………… 222
三、调研报告的体例格式 …………………………………………………………… 222
　　（一）标题 ………………………………………………………………………… 223
　　（二）引言 ………………………………………………………………………… 223
　　（三）主体 ………………………………………………………………………… 223
　　（四）结尾 ………………………………………………………………………… 223
四、例文评析 ………………………………………………………………………… 224
　　例文33　新形势下现代综合交通运输体系建设重点问题调研报告 …… 224

第二十二章　发言稿的写作方法 ……………………………………………… 230
一、基本概念 ………………………………………………………………………… 230
二、主要特点 ………………………………………………………………………… 230
　　（一）立意高远，主题鲜明 ……………………………………………………… 230
　　（二）思想深刻，观点鲜明 ……………………………………………………… 230
　　（三）富有新意，特色鲜明 ……………………………………………………… 230
三、写作要求 ………………………………………………………………………… 230
　　（一）要吃透精神，不要照抄照搬 ……………………………………………… 231
　　（二）要直奔主题，不要兜绕弯子 ……………………………………………… 231
　　（三）要有的放矢，不要浮在面上 ……………………………………………… 231
　　（四）要有真情实感，不要华而不实 …………………………………………… 231

附　　录

附录1　党政机关公文处理工作条例 ……………………………………………… 235
附录2　党政机关公文格式 ………………………………………………………… 242
附录3　交通运输部公文处理办法 ………………………………………………… 265
附录4　交通运输部行政规范性文件制定和管理办法 …………………………… 276
附录5　标点符号用法 ……………………………………………………………… 283
附录6　出版物上数字用法 ………………………………………………………… 313
附录7　校对符号及其用法 ………………………………………………………… 321
附录8　公文校核常见错误解析 …………………………………………………… 326
附录9　公文处理基础知识测试题及参考答案 …………………………………… 340

参考文献 ………………………………………………………………………………… 346

公文处理能力是机关干部必备的看家本领

习近平总书记始终高度重视党员干部的政治觉悟和能力素质,在党的十九大报告中提出了"既要政治过硬,也要本领高强"和"建设高素质专业化干部队伍"的要求,这是站在新时代推进中国特色社会主义伟大事业高度,对干部队伍建设作出的新部署、提出的新要求。我们一定要深入学习领会、坚决贯彻落实,锤炼过硬政治素质,练就高强专业本领。

作为机关工作人员,需要具备多种素质能力,而公文处理能力是必备的基本功,属于"看家本领"。《党政机关公文处理工作条例》指出"党政机关公文是党政机关实施领导、履行职能、处理公务的具有特定效力和规范体式的文书,是传达贯彻党和国家方针政策,公布法规和规章,指导、布置和商洽工作,请示和答复问题,报告、通报和交流情况等的重要工具。"全面准确掌握公文处理知识,不断提高公文处理能力,是加强机关工作人员本领建设的重要组成部分。

为深入贯彻习近平总书记重要指示精神,认真落实交通运输部党组关于加强干部队伍本领建设的部署要求,部办公厅在加强公文业务知识培训的基础上,组织编写了《交通运输公文处理实用读本》。该读本全面体现《党政机关公文处理工作条例》的精神和要求,其突出特点是注重理论与实践相统一,既阐述了机关公文的概念特点、行文规则、写作技巧,又有紧贴工作实际、极具代表性的例文分析,既是一本内容较为全面、实用性很强的公文处理工具书,也是部机关加强公文处理工作科学化、制度化、规范化建设的重要成果。

党的十九大作出了建设交通强国的重大决策,这是以习近平同志为核心的党中央对交通运输事业发展阶段特征和规律的深刻把握,是新时代全体交通人为之奋斗的新使命。新时代呼唤新担当,新使命激励新作为,实现担当作为必须练就过硬本领。希望机关工作人员真正学好、用好这本工具书,增强公文处理能力,提升以文辅政水平,为推动交通运输高质量发展、加快建设交通强国作出积极贡献!

交通运输部副部长

2018 年 9 月 25 日

交通运输公文处理概论

第一章　基本概念

第一节　公文的含义

　　文书、公文与文件，这三个概念极其相近，在公务活动中经常使用，由于使用者对它们的具体含义把握不准确，在使用中常常出现相互混淆、彼此不分的现象。从内涵来看，在许多情况下是通用的，具有同一性。比如文书的核心和主体部分是公务文书，而公务文书一般情况下就是公文。公文既包括法定公文，也包括机关应用文。部分法定公文又常常使用"文件"这个载体来发布。由此可见，文书、公文与文件在某种意义上是相同的，内涵一致，但在实际使用过程中，它们之间也有一定的区别。

一、文书、公文与文件的概念

（一）文书

　　所谓文书，是指各级党政机关、社会团体和企事业单位或者个人在公务活动中，为了处理各种公私事务所形成和使用的体式规范、内容系统的文字材料。文书是信息传递的一种重要载体和基本工具。它是概括各类文书材料的泛称，既包括公务文书，也包括私人文书。公务文书是处理公务所使用的应用文书，也称机关应用文。私人文书又称"个人文书"，是个人在从事各项活动及往来联系中产生的文书，如申请书、志愿书、证书、表单、书信等等。即：文书＝公务文书＋私人文书。此外，文书还指从事文秘工作和从事文秘工作的人，如机关中常说的文书立卷人员等。

（二）公文

　　公文，即公务文书的简称，是相对于私人文书而言的一种文体类别。公文有广义和狭义之分。广义的公文是各级党政机关、社会团体和企事业单位等依法成立的社会组织在处理社会公务活动时形成并使用的具有法律效力和规范体式的书面文字材料，包括法定公文和机关应用文。狭义的公文，是指中共中央办公厅、国务院办公厅联合印发并于2012年7月1日起实施的《党政机关公文处理工作条例》规定的公文。该条例第三条对公文的概念作了界定，党政机关公文是党政机关实施领导、履行职能、处理公务的具有特定效力和规范体式的文书，是传达贯彻党和国家的方针政策，公布法规和规章，指导、布置和商洽工作，请示和答复问题，报告、通报和交流情况等的重要工具。该条例第八条详述了决议、决定、命（令）、公报、公告、通告、意见、通知、通报、报告、请示、批复、议案、函、纪要等15个公文种类。

（三）文件

文件，从严格意义上讲，则是指一种特定的公文发布载体形式。文件一词也有口语表述和专用术语之分。在机关工作中，口语中通常把法定公文和事务文书中政策性较强或者内容较重要的那一部分称为文件，如法定公文中的函以及事务性的通知等一般都不称为文件，而机关应用文中的计划、章程、办法、细则、讲话稿、可行性研究报告等，则常被称为文件。文件作为公文处理专用术语，是指领导机关根据自己的职责范围所制发的具有法定效力并设有特定版头的公文，即按照国家标准《党政机关公文格式》（GB/T 9704—2012）中通用文件格式制发的，版头中发文机关标志后有"文件"二字的公文。

（四）文书、公文与文件三者的关系

（1）公文与文书的关系。文书的概念比公文大，公文是文书的重要组成部分。文书包括公务文书和私人文书，公务文书又可分为公文和机关应用文两大类。

（2）公文与文件的关系。公文与文件的内涵一致，它们都是公务活动的工具和手段。很多情况下，文件和公文通用。事实上，这两者是有区别的，公文这个概念的外延比文件大，文件的范围比较窄。

所以，我们可以把文件称为公文，但有的公文不一定就是文件；可以把公文称为文书，但有的文书也不一定是公文。本书以下内容中所指的公文，应为狭义公文的概念；所指的文件，也多指版头格式中含有"文件"二字的公文，特指文件形式的公文载体。

二、规范性文件的概念

规范性文件是各级机关、团体、组织制发的各类文件中最主要的一类，因其内容在一定范围、一定期限内普遍有效，反复适用，具有规范和约束人们行为的性质，故称之为规范性文件。通常对于规范性文件理解为广义和狭义两种情况。近年来，党政机关在有关管理制度中对党内规范性文件和行政规范性文件也分别做出了规定。

（一）广义规范性文件

广义的规范性文件一般是指属于法律范畴（即宪法、法律、行政法规、地方性法规、自治条例、单行条例、国务院部门规章和地方性规章）的立法性规范性文件和除此之外的由国家机关和其他团体、组织制定的影响公民权利义务、具有普遍约束力的准立法性规范性文件的总和。

（二） 狭义规范性文件

狭义的规范性文件，一般指法律范畴以外的其他影响公民权利义务的具有普遍约束力的准立法性规范性文件。目前这类准立法性规范性文件的制定主体不仅包括各级行政机关、具有管理公共事务职能的组织，还包括各级人民代表大会及其常务委员会、法院、检察院、军事机关、人民团体乃至各级党委等。

（三） 党内规范性文件

《中国共产党党内法规和规范性文件备案规定》指出，本规定所称规范性文件，是指中央纪律检查委员会、中央各部门和省、自治区、直辖市党委在履行职责过程中形成的具有普遍约束力、可以反复适用的决议、决定、意见、通知等文件，包括贯彻执行中央决策部署、指导推动经济社会发展、涉及人民群众切身利益、加强和改进党的建设等方面的重要文件。

中共中央办公厅有关做好党组（党委）规范性文件报送备案工作的通知明确，党委（党组）规范性文件，指中央批准设立的党组（党委）在履行职责过程中形成的具有普遍约束力、可以反复适用的规则、规定、办法、细则、决议、决定、意见、通知等文件，包括贯彻执行中央决策部署、指导推动经济社会发展、涉及人民群众切身利益、加强和改进党的建设等方面的重要文件。

涉及人事调整、内部机构设置、表彰决定方面的文件，请示、报告、会议活动通知、会议纪要、领导讲话、情况通报、工作要点、工作总结、工作方案，以及其他不具有普遍约束力、不可反复适用的文件都不是规范性文件。

（四） 行政规范性文件

《国务院办公厅关于加强行政规范性文件制定和监督管理工作的通知》（国办发〔2018〕37号）明确了行政规范性文件的概念。行政规范性文件是除国务院的行政法规、决定、命令以及部门规章和地方政府规章外，由行政机关或者经法律、法规授权的具有管理公共事务职能的组织依照法定权限、程序制定并公开发布，涉及公民、法人和其他组织权利义务，具有普遍约束力，在一定期限内反复适用的公文。

（五） 交通运输部行政规范性文件

《交通运输部行政规范性文件制定和管理办法》（交办发〔2018〕164号）所称的部行政规范性文件，是指除部门规章外，交通运输部依照法定权限、程序制定并公开发布，涉及公民、法人和其他组织权利义务，具有普遍约束力，在一定期限内反复适用的公文。技术标准规范、规范本机关内部工作的文件、向上级机关的请示报告、会议纪要等不属于部行政规范性文件的范畴。

第二节　公文的性质

公文的性质是指公文的本质属性。实际上，这是公文与其他文体的根本区别所在。学习公文写作，在明确了公文的含义之后，接下来的一个重要任务就是弄清公文的性质，理解并掌握公文的性质，就等于抓住了公文的实质，与公文相关的其他知识就较容易掌握。公文的主要性质有四个：策令性、专任性、规范性和庄重性。这四个性质不是独立存在，它们统一于公文本身，从不同角度反映了公文的本质属性。

一、公文的策令性

策令性是公文最重要的性质，是指公文具有传递与贯彻党和国家政策、法令的特性，具体说，就是公文具有权威性、强制性和约束力。各级党政机关制发的公文，是其行使法定职权的重要方式和途径，它以传递治理国家的策令为基本职能，担负着其他任何文体都不能担负且不允许担负的特殊使命。公文是推动管理活动协调运转的工具，是推动国家、集体公共事务的载体，代表国家的权力和意志，传达制发机关的决策和意图。形成公文的机关及其负责人，是国家各级机关的代表，其职权是通过法定程序赋予的。公文一经制发，即具有权威性和合法效力，对受文单位在法定时间和空间范围产生强制作用，如强制阅读、强制传达、强制贯彻执行等，具有行政约束力，有关组织和个人不得违反，否则就意味着失职，甚至渎职。

二、公文的专任性

公文的专任性主要表现在两个方面：公文作者的专任性和读者的专任性。

（一）公文作者的专任性

公文作者不同于其他文章的作者，公文必须由法定作者制发才能生效。公文的法定作者是指依法成立并能以自己的名义行使权利和承担义务的组织机构及其法定代表人，或者称为主要领导人。如各级党政机关、社会团体和企事业单位等，都是依据法律、条例、章程等建立和合法存在的，只有他们才具备作为公文法定作者的条件。在某种特殊情况下，也可以由该组织的领导人或法定代表人名义行文，这时必须签署其真实姓名。例如，国务院发布的行政法规，由总理签署国务院令发布；国务院组成部门发布的规章，由部长签署部令发布。不论是以党政机关或单位名义，还是以领导个人名义制发的公文，都具有法定性，都必须按照行文关系和规定程序处理。

（二）公文读者的专任性

公文读者的专任性，是指公文发送的单位或者发送单位的有关负责人，在公文格式上有专门规定，即"主送机关""抄送机关"和"传达（阅读）范围"。

从读者身份角度划分，公文读者可分为法定读者和普通读者。公文法定读者是指能够代表一级组织的领导，他们是公文的直接阅读者，通过阅读公文来明了上级机关的方针政策，来了解下级机关的工作情况。这类读者也可以称为指定性读者，他们对于公文的阅读常常处于被动地位，阅读时不能做选择和取舍；不但必须认真阅读公文，还必须责无旁贷地接受和执行。公文普通读者是指那些公开发布面向社会的周知性公文的读者，也称为指向性读者。这类读者在阅读周知性公文时往往带有很大的选择性，接受状态也相对自由，接受效果在很大程度上取决于其参与的程度。

公文从写作到阅读，其阅读对象都应该是十分明确的。写作时，如果没有把握住特定的阅读对象，便可能产生行文上的差错，或用错文种，或措辞不当、语言不得体；阅读时，如果没有把握住特定的阅读对象，也会产生不应有的损失：该阅读的对象不阅读，工作部署执行起来会有偏差，不该阅读的对象阅读了，会造成失泄密或工作失误。正因如此，在公文写作时就要考虑到不同的阅读对象，选择不同的公文文种，运用不同的表达方式，考虑不同的语气措辞。公文的这种作者和读者的特定性，避免公文制发、传递的主观随意性和非程序性，确保其有条不紊地运转并切实发挥效用。

三、公文的规范性

公文的规范性是指公文处理的程序性。公文处理是一项前后关联、衔接有序的系统流程。公文格式必须遵循一定的标准规范，发文办理、收文办理和公文管理必须要依照规定的程序进行。《党政机关公文处理工作条例》规定了公文格式包含的 18 个要素，并配套制定和实施了《党政机关公文格式》国家标准。同时，该条例还规定了制发公文必须经过复核、登记、印制、核发等四个程序；收文办理必须经过签收、登记、初审、承办、传阅、催办、答复等七个程序。公文必须授权拟制，必须经办公厅（室）审核，必须经单位领导集体或领导人签发才能下达；有的公文，如法规、规章等，必须经过法定的会议审议通过才能发布实施。几个机关联合行文必须履行完备的会签手续。除某些特定公文格式外，公文必须用印。公文用印是单位或法人行使权力和承担责任的表现，一般情况下，只有用印的公文才能生效。任何机关和个人都不得违反这些规定程序擅自处理公文。这也是公文区别于其他文体的特点。

四、公文的庄重性

公文的庄重性主要是指公文的表达效果要庄重，主要体现在语体风格、语言要求等方面。从表达方式上说，公文的语体要求只能用叙述、说明和议论三种表达方式，不使用文学手法，很少使用修辞手法，也不可以用含蓄和幽默的表达手段。在公文的语言要求上，做到准确、简练、平实、得体。准确是对公文语言字词的要求，公文字词必须准确，特别是同义词和近义词的使用，更要注意彼此间的细微差别。比如，以致和以至、施行和实行、截至和截止、权利和权力等，这些词在用法上有明显区别，也常有使用不当的现象发生。简练，是对公文语言的句式要求。简练要以公文读者不产生歧义为限，又不至于啰唆。平实，是对公文语言风格的要求。平稳实在，对立面是生动鲜活。与新闻稿不同，公文很少使用生动的语言表达所要表达的内容。得体，是对公文语言的效果要求。公文语言表达要得体，照顾到不同的行文对象和上下级之间的不同关系，对于上级机关和下级机关，不同行文方向的公文的措辞和表述应有所区别。

第三节 公文的作用

公文作为"党政机关实施领导、履行职能、处理公务的"重要工具，对机关日常公务活动起着不可替代的作用，它可以打破时空限制，有效传播权威性、凭证性的各种公务信息。具体表现为六个方面：

一、领导和指导作用

在日常公务活动中，公文是上级机关对下级机关进行领导和指导的重要工具。上级机关领导和指导主要有两种形式：一种是现场领导和指导；另一种是书面领导和指导。相比较而言，书面领导和指导更加清晰明确，可以避免领导个人的局限和随意性，由于领导人不可能出现在每一个工作场所，对每一个组织和成员进行管理，一个重要的途径就是通过制发各种公文来实现。上级机关下达的以传达党和国家的路线、方针、政策以及各项具体决策为内容的命令（令）、决定、决议、通知等公文，下级机关必须遵照执行，这就是公文的领导作用。下级机关在工作中所依据的批复、批转、转发、意见等公文，对工作起依据和指导作用，这就是公文的指导作用。

二、规范和约束作用

公文的法规和准绳作用，是由公文的策令性、专任性等特点赋予的。在公文中，有相当一部分是颁布法规和规章性的公文，如章程、办法、条例、规定、规则等。这类公文虽不同于法律、法令，但可以是宪法和法律在特定范围内的延伸和补充。这些具有法规或规章性的公文，一经颁布生效，便成了人们工作的规范和行为的准绳，必须坚决执行，不得违反。如有违反，则视情节轻重，将受到批评教育、经济处罚、行政处分，甚至法律的制裁。

三、联系和知照作用

党政机关、社会团体和企事业单位的工作活动，不可能是孤立进行的，必须与上下左右发生关系，公文就是上下级之间、平级之间、不相隶属机关和单位之间沟通情况、交流经验、协调工作、处理问题的工具。上级机关通过公文，如命令、通知、决定、批复、意见等，能够把党和政府的各项方针政策及时传达到下级，做到上情下达。下级机关通过公文，如请示、报告等，可以把工作中的问题和情况及时反映到上级机关，得到答复和解决，做到下情上达。平级之间、不相隶属机关和单位之间通过公文，如函、通知等联系工作、协商处理问题。公文的这种联系作用使得各级各类机关和单位组成了一个四通八达的信息网络，使各项工作能够正常有序地运转。公文除了联系作用外，还起着知照作用，其目的是把有关事项告知、关照给对方或社会。其行文对象具有广泛性和社会性，因传播方式多种多样，可在媒体上公布，也可在有关地区和单位张贴，除通报外，其他如公告、通告等知照性公文多属于主动公开范畴。

四、依据和凭证作用

公文是制发机关行使职权的真实反映，上级机关在制定方针政策或作出决定时，有关领导除了实地调研外，一个重要的方面就是依据下级机关上报的总结、报告、纪要、简报等进行决策。可以说，这类公文成为上级机关决策的依据和凭证。下级机关开展工作、处理问题、解决矛盾时，上级机关发布的有关决定、决议、条例、办法等公文，不仅是办事的重要依据，也是解决矛盾、判断是非的凭证。可见，公文既起到依据作用，也起到了凭证作用，上下级机关和单位都应当共同遵守。如以公文形式对某人职务的任免、对某单位的表扬通报，公文作为依据和凭证，谁也不能否认或歪曲。

五、宣传和教育作用

公文在传达党和国家某一方针政策时，不但规定应该怎么做，而且说明为什么要这样做，以统一思想、提高认识、调动积极性，保证党和国家路线、方针、政策的贯彻落实。如有关工作部署的公文，需要阐述做好工作的依据、目的、意义等；在通报错误的公文中，需要指出错误的性质，分析错误产生的原因和错误的危害等，公文在这里就起到了宣传和教育的作用。可以说，党和国家各级机关制发的多数公文，既阐明了方针政策，又说明了道理方法，不仅对下级机关起着指导工作的作用，而且对广大干部群众也起着很重要的宣传和教育作用。因此，与报刊、广播、影视等媒介相比，公文虽然在普遍性、广泛性和及时性等方面存在某种程度的差距，但其宣传教育的权威性和效力是这些媒介无法比拟的。

六、档案和史料作用

公文是党政机关、社会团体和企事业单位公务活动的历史记录。一方面，它记录党和国家各个历史时期在各领域的真实情况；另一方面，它又记录了各地区、各行业、各单位的真实工作情况，反映了真实的社会面貌。若干年后，虽然公文本身失去时效性和约束力，但经过整理归档，就成为有价值的档案材料，可供党政机关和单位工作人员研究工作解决问题时参考使用。如制定一项新的政策，为保持政策的连续性，需要查阅档案参考以往制发的相关公文。再如机构调整、人事任免、落实待遇标准等，往往也需要参考既有公文的有关规定。同时，公文档案还为专家学者进行相关研究提供了真实、可靠且有权威性、说服力的重要史料，是研究历史的重要依据。

第二章 公文处理工作制度

第一节 公文的历史沿革

公文在中华文明的历史进程中一直担当着重要角色,历经几千年的演变和发展,始终发挥着治国安邦、革故鼎新、传递政令、凝聚民心、推动经济与社会发展的重要作用。中国公文的历史沿革,在新中国成立前,大致经历五个时期。

一、秦汉时期公文

中国历史上的秦汉时期,是第一个大统一的时期。特别是秦朝,建立了第一个封建专制的中央集权王朝,政治的统一和文字的统一,为公文的统一创造了条件。由李斯等制定的公文程式,对当时的公文写作做了一系列规定,产生了"避讳"制度、"抬头"制度、"用印"制度等规范。这些,都标志着公文应用的成熟。"避讳""抬头"的讲究,因带有明显的封建烙印,早已弃之不用,但公文"用印"的做法却一直延续至今,而且日臻严密。

用印制度即印章、封泥制度。印章早在西周时期就已经出现,但当时只是作为个人凭证,春秋战国时期才用于公文的封印。凡是官府发出的公文必须加盖印章,以证明公文的真实性和有效性。秦朝时期对印章的管理非常严格,凡是未加盖印玺或印章的公文均被视为"伪书",凡丢失、私制或盗用官印者要依法严惩。所谓"封泥",就是在所要发出的简册封页的结绳处糊上一块黏泥,在黏泥上加盖印章,这是公文生效的标志。这一制度的推行保证了公文的严肃性和权威性,起到了防止伪造公文的作用,为国家实施有效的行政管理创造了条件。

到了汉朝,汉袭秦制,公文有了新的发展,产生了书、议、策、论、疏等公文体式,明确了皇帝对臣下用诏、制、策、敕等文体,臣下对皇帝则用章、奏、表、议等文体。在表述上也采用了相对固定的格式,为公文走向程式化开了先河。

二、魏晋南北朝时期公文

魏晋南北朝时期历时约400年,在公文发展史上占有重要地位,是公务应用文发展的自觉时期,不仅在写作实践上名篇迭出,而且对应用文的写作理论也进行了大量的探索与研究。

东汉末年的曹操，对公文的发展作出了突出的贡献。曹操不仅是杰出的政治家、军事家、文学家、书法家、诗人，精兵法，善诗歌，还对公文的发展起到了不可磨灭的作用，取得了很多成就。在几十年的政治生涯中，曹操不仅提倡应用文，而且亲自动手写作，有很多规范简明的应用文流传后世。在曹操之前，公文和散文不分，公文具有散文的特点，长篇大论抒写个人情感，发表自己的见解。自曹操起，公文和散文分流，文章有了"文""笔"之分。"文"即有情辞声韵直叙，着眼于述事达意，施于实用。"笔"有一定格式，类似于近代文牍，凡表、奏、书、檄都称为"笔"。

曹操的公文现存 150 余篇，最多的是令教类，其次是书表类，比如建安年间连下三道的《求贤令》，真切地表明了自己的政见。他的公文不感性抒发感情，不长篇大论，只用最简洁的文字和最少的内容，理性传达指令，具有不可动摇的权威性，十分务实有效。"文""笔"之分，说明公文写作成为一项专门技能，成为独立的文体，有其独特的要求、规格，这是文书工作史上的一次飞跃。

三、隋唐宋时期公文

隋唐宋时期是中国古代公务应用文发展的高峰期，这一时期的特点是名家辈出，而且名篇如云。特别是唐朝诗歌的黄金时代与散文方面的古文运动，对于当时公务应用文的发展都产生了巨大而深远的影响，出现了一大批应用文的大手笔和名作。如魏徵的《谏太宗十思疏》、柳宗元的《段太尉逸事状》等。到了宋朝，作为应用文的一种，序跋文有了较大的发展，其代表作有欧阳修的《五代史伶官传序》和文天祥的《指南录后续》等。

四、元明清时期公文

元明清时期是中国古代公务应用文的稳定发展时期。随着封建王朝中央集权的极端化，公牍文书更为严格，应用文的各种文体趋于定型化。在公牍文书中，如海瑞的《治安书》、杨继盛的《弹严嵩书》和康有为的《请废八股折试帖楷法试士改用策论折》等，充分体现了公牍文书的重要作用。在公务应用文的理论研究方面，明代吴纳的《文章辨体》、徐师雪的《文体明辨》和清代姚鼐的《古文辞藻纂》等，从不同侧面对应用文的写作进行了理论概括，产生了广泛的影响。

五、辛亥革命以后公文

1911 年的辛亥革命，推翻了清王朝，结束了君主专制制度；1919 年五四运动之后，中国进入了新民主主义革命时期；1949 年新中国成立。社会的巨大变革，必然引起公务应用文的变革。这一时期可以被称为公务应用文的巨大变革时期，从行政公文看，1912 年南京临时政府颁布了第一个公文程式条例，废除了封建王朝公文体式，确立了新体式，要求公文写作用白话，使用新式标点符号。

与国统区形成鲜明对比的是，1921年中国共产党成立后，不仅组建了自己的工作机关，还同时产生了自己的公文。第一批党的公文，是中共全国代表大会所产生的决议、纲领和宣言。1931年，瞿秋白代表中央起草了《公文处理办法》。1942年，在延安整风运动中，还颁布了《陕甘宁边区新公文程式》。

第二节　新中国成立后公文处理法规制度

新中国成立以来，党和国家先后多次制定和发布有关公文处理方面的法规和规章，引导和规范公文处理工作的科学化、制度化、规范化发展。

一、党内公文处理法规制度

1989年4月25日，中共中央办公厅发布《中国共产党各级领导机关文件处理条例（试行）》。

1996年5月3日，中共中央办公厅发布修订后的《中国共产党机关公文处理条例》。

二、行政公文处理法规制度

1951年9月29日，中央人民政府政务院召开全国秘书长会议，通过并颁布《公文处理暂行办法》，为新中国公文体裁的确立奠定了基础。

1964年2月，国务院办公厅发布《公文处理试行办法》。

1981年2月27日，国务院办公厅发布《国家行政机关公文处理暂行办法》。

1987年2月18日，国务院办公厅发布《国家行政机关公文处理办法》。

1993年11月21日，国务院办公厅发布修订后的《国家行政机关公文处理办法》，1994年1月1日起施行。

2000年8月24日，国务院发布新的《国家行政机关公文处理办法》，2001年1月1日起施行。

三、党政机关公文处理工作法规一体化

新中国成立后相当长的一段时间，党的机关、国家行政机关的公文处理法规规章（诸如条例、规定、办法、细则）是各自制定、分别颁发的。2012年7月1日前，党的系统执行1996年5月3日中共中央办公厅发布的《中国共产党机关公文处理条例》，行政系统执行2000年8月24日国务院发布的《国家行政机关公文处理办法》。2012年

4月16日，中共中央办公厅和国务院办公厅联合印发《党政机关公文处理工作条例》，2012年7月1日起施行。自此，党政机关公文处理工作法规合二为一，实现了我国党政机关公文处理工作法规的一体化，堪称公文发展史上一个新的里程碑。

《党政机关公文处理工作条例》共有8章42条，相比此前党和行政系统的法规，在内容修订上做到了继承与创新有机结合，谋篇布局、框架结构有较大幅度的调整，对公文处理工作流程进行了优化，在公文版式、格式统一与规范上取得突破，并出台了与之配套的《党政机关公文格式》（GB/T 9704—2012）国家标准同步执行。同时，《党政机关公文处理工作条例》的标题中，在公文处理之后首次增加了"工作"二字的表述，将公文处理工作定位为各级党政机关的一项基础性工作，成为办公厅（室）和文秘部门的重要核心业务。

第三节　现行公文处理工作法规制度和标准规范

《党政机关公文处理工作条例》于2012年7月1日正式施行以来，结合落实中央八项规定精神、建设法治政府部门等重要工作部署，中共中央办公厅和国务院办公厅就公文精简、审核把关、规范行文、提高实效、加强规范性文件管理等工作相继制定出台了一系列规定，公文处理工作的法规制度体系不断丰富和完善。依据这些法规制度和标准规范，交通运输部及时结合本部门实际，研究制定了相关的实施办法和细则，细化并编制了公文处理的工作流程和格式规范，促使本机关的公文处理工作朝着科学化、制度化、规范化的方向不断推进。

一、常用公文处理工作法规和标准

（1）《党政机关公文处理工作条例》（中办发〔2012〕14号）。

（2）国家标准《党政机关公文格式》（GB/T 9704—2012）。

（3）标点符号用法（GB/T 15834—2011）。

（4）出版物上数字用法（GB/T 15835—2011）。

（5）校对符号及其用法（GB/T 14706—1993）。

二、上级机关公文处理工作制度

近年来，在共同执行《党政机关公文处理工作条例》《党政机关公文格式》等法规标准的框架下，中共中央办公厅和国务院办公厅对进一步精简文件和简报、规范公文报送等提出了工作意见和要求。针对重要公文的制发，尤其是出台涉及公民、法人或其他组织权利和义务的政策性、规范性文件，在控制发文数量、提高文件质量、强化合法性审查、加强审核把关、规范文件出台前征求意见和政策评估、做好同步政策解读和舆论引导等工作提出了指导意见和工作要求。同时，对提高会议审议文件办理实效、规范性文件报备等提出明确具体的要求。

2015年4月，《国务院办公厅关于贯彻落实国务院常务会议精神有关事项的通知》（国办函〔2015〕31号）明确指出，国务院常务会议讨论通过的拟以国务院或国务院办公厅名义印发的文件，须在会议结束后7个工作日内印发；有重大修改意见需要协调的，须在10个工作日内印发。此外，国务院常务会议讨论通过的拟以部门名义印发或联合印发的文件同样需按照此标准执行。

2015年8月，中共中央办公厅对做好党组（党委）规范性文件报送备案工作下发了通知，对报备范围、报备材料和方式、备案审查的内容以及工作时限提出了明确具体的要求。执行过程中，还定期对规范性文件备案工作予以通报。

2018年以来，《国务院办公厅关于做好政府公报工作的通知》（国办发〔2018〕22号）、《国务院办公厅关于加强行政规范性文件制定和监督管理工作的通知》（国办发〔2018〕37号），分别就政府公报规范管理、创新发展和优化服务，加强行政规范性文件制定和监督管理工作作出部署。这两份国务院办公厅文件，对健全规范性文件公开审查机制和督促约束机制、建立和完善各部门文件报送制度，对严管行政规范性文件制发、防止"奇葩文件"出台了11条新规。

上级机关上述关于公文处理的工作制度和管理规定，不仅对相关法规和标准进行了完善和细化补充，也为下级机关开展工作提供了强有力的指导和借鉴。

三、交通运输部机关公文处理工作制度

（一）《交通运输部公文处理办法》

为全面深入贯彻执行《党政机关公文处理工作条例》，切实落实中央八项规定精神有关公文精简的部署和要求，进一步规范交通运输部公文处理工作，2014年3月6日，修订后的《交通运输部公文处理办法》以交通运输部文件的形式印发，2014年4月1日起施行。该办法共10章58条，在引用《党政机关公文处理工作条例》有关章节条款的基础上，增设了公文形式和公文精简两章。公文形式一章，规定了常用的8种公文形式及其适用范围。公文精简一章，则阐述了控制公文数量、规格、篇幅和印发范围的精简措施，将公文精简要求作为工作制度加以固化。《交通运输部公文处理办法》是规范部机关文秘工作的基本工作制度，也是直属单位等下级机关和单位开展公文处理工作的指导和依据。

（二）《交通运输部公文格式规范》

参照《党政机关公文格式》国家标准，结合交通运输公文处理工作实际，2014年

5月15日,《交通运输部公文格式规范》以交通运输部办公厅文件形式印发,于2014年6月1日起施行。《交通运输部公文格式规范》的制定,不仅严格执行了《党政机关公文格式》国家标准,结合实际对文件格式、命令(令)格式、信函格式、纪要格式做了细化、补充和完善,还首次对内部情况通报格式、电报格式、公告通告格式、人事任免通知格式、人大建议答复格式、政协提案答复格式以及签报格式做出了具体规定,为促进机关公文规范化、制度化、标准化发展奠定了基础。

(三)《交通运输部印章管理办法》

为了加强印章管理,严格审批程序,规范印章使用,根据《国务院关于国家行政机关和企业事业单位、社会团体印章管理的规定》《交通运输部公文处理办法》以及公安部门的有关规定,结合交通运输部工作实际,2015年10月19日,修订后《交通运输部印章管理办法》以交通运输部办公厅文件形式印发,2015年11月1日起施行。该办法共5章41条,对部机关及内设机构印章的制发、使用、管理做出规定,增加了议事协调机构及临时性机构一般不予刻制印章的规定,并对内设机构法定名称章的使用范围做出严格规定。印章作为公文格式要素的最重要的组成部分,通过这一办法将《交通运输部公文处理办法》和《交通运输部公文格式规范》相关要求加以明确并督促实施。

(四)《交通运输部重大行业政策后评估工作暂行办法》

为适时掌握交通运输政策落实情况和实施效果,增强政策实效,同时结合上级机关督查评估有关要求,2015年12月31日,《交通运输部重大行业政策后评估工作暂行办法》以交通运输部办公厅文件形式印发,2016年1月1日起施行。该暂行办法共17条,重点就交通运输部贯彻党中央、国务院决策部署,执行法律、法规和上级文件的规定,依照职责权限和程序制定并公布的各类指导意见、意见以及重要规划和管理制度等,针对这些重大行业政策实施后如何开展后评估活动给予指导和规范。后评估工作完成时形成评估报告,提出评估结论,包括政策的执行效果、执行成本、社会反映、存在的主要问题、延续、修改或终止的意见,制定配套制度、改进管理、提升服务质量等方面的意见和建议,为领导决策提供参考,同时也为相关公文的废止、修订和制发提供依据。

(五)《交通运输部行政规范性文件制定和管理办法》

为深入贯彻落实党中央、国务院关于推进依法行政、建设法治政府的部署要求,根据《法治政府建设实施纲要(2015—2020年)》和《国务院办公厅关于加强行政规范性文件制定和监督管理工作的通知》等规定,2018年11月27日,《交通运输部行政规范性文件制定和管理办法》以交通运输部文件形式印发,2019年1月1日起施行。

该办法共 8 章 47 条，明确了交通运输部行政规范性文件的概念和制发程序，对行政规范性文件的起草、审核、批准、公布、清理、监督等作出具体规定，是交通运输部制定和管理行政规范性文件的重要依据。

（六） 其他常用工作制度和流程规范

公文处理是机关工作的重要组成部分和基本手段，贯穿于各项职能活动的始终，起着承上启下、综合全局、协调各方、承内联外的中枢作用。随着近年来法治型、服务型、责任型、效能型机关建设的推进，与公文处理相关的各项制度、流程和规范逐步得到丰富和完善。《交通运输部重大行政决策工作流程》《交通运输部规范性文件合法性审查办法》《发文起草及审核责任清单》《公文起草审核签发办理工作流程》《部务会议文件及纪要编印指南》，以及交通运输部与管理的国家局职责分工和工作程序暂行办法、进一步做好公文审核工作的意见、加强发文稿清样校对工作的通知等相继实施，为机关政务运行规范化起到强有力的支撑作用。

本书后续章节，将结合不同的知识点，分专题对上述常用公文处理制度进行详细讲解和阐述。

第三章 公文处理

第一节 公文处理工作

《党政机关公文处理工作条例》第四条明确规定,公文处理工作是指公文拟制、办理、管理等一系列相互关联、衔接有序的工作。与2000年国务院发布的《国家行政机关公文处理办法》中的界定相比,原来的表述为"公文处理是指公文的办理、管理、整理(立卷)、归档等一系列相互关联、衔接有序的工作"。把公文拟制从办理中剥离出来,更加准确严密,也更为科学合理。这一规定,不仅使我们把握了公文处理的基本内容,而且更加深刻地认识到它们之间的内在关系。公文处理工作,从拟制、办理到管理,是一个不可分割的整体,构成了公文从产生到归宿的全过程。这个过程,无论哪个环节出现问题,都将影响其整体效应。这就要求我们在公文处理过程中,必须树立整体观念,坚持系统思维,加强对公文处理工作的全面质量管理,对重要公文实行全寿命周期管理。

一、公文处理任务

公文处理工作的基本任务是:通过及时、准确、有效地拟制、办理和管理公文,做到文书组织工作科学规范,收发文高效有序运转,信息提供利用安全便捷,档案资料齐全完整,服务保障机关工作平稳运行。

(一) 拟制公文

公文的拟制,包括公文的起草、审核、签发等程序,是指从事公务活动的机关单位对有关的信息材料进行系统的收集、加工、整理,创造出适用的信息,将其记录下来形成文稿,再进行修改、完善、审核、签批的过程。

(二) 办理公文

公文的办理,包括收文办理、发文办理和整理归档。收文办理,指本机关单位收到外部送达的公文以后,对其进行拆封登记,直至阅办完结的过程。发文办理,严格意义上是指以本机关名义制发的公文,从签批以后直至成文印制完毕、传递发出的一系列工作过程。整理归档,即处置办毕公文,指按照一定的标准,对已办结公文的不同归宿做出安排,归档、清退、暂存或销毁的过程。

（三）管理公文

公文的管理，包括涉密公文保管和使用、公文公开发布、公文撤销和废止、公文移交等内容。公文管理是指以保密、公开、档案等法律法规的相关要求为遵循，对公文保管、利用、安全等实施科学系统管理的过程。

二、公文处理程序

如上所述，公文处理工作是一项复杂的系统工程。任何一件公文的处理，从起草到完成它的现实效用后立卷归档，都要经过若干必不可少的工作程序。在公文处理过程中，这些工作程序组成一个先后有序、环环相扣、首尾相连的整体。公文处理工作程序是公文处理工作法规的客观要求，也是公文本质属性的具体体现。只有按程序办事，公文的处理才能做到科学化、规范化、标准化；不按程序办事，公文的处理就容易出现混乱和差错，不仅质量难以保证，还可能误时误事。

（一）收文办理程序

《党政机关公文处理工作条例》第六章第二十四条明确，收文办理主要包括签收、登记、初审、承办、传阅、催办、答复等七个程序。各程序办理方法和注意事项本书将设专章详述。

（二）公文拟制程序

《党政机关公文处理工作条例》将公文拟制程序，列为专章。第五章第十八条至二十二条明确，公文拟制包括公文的起草、审核、签发等程序，包括公文起草应当做到的七点要求，公文文稿签发前发文机关办公厅（室）进行审核的五点要求，需要发文机关审议的重要公文文稿，审议前由发文机关办公厅（室）进行初核的特别要求，并对审核后退回起草单位继续修改完善的程序做了补充要求，发文机关负责人审批签发、授权签发以及联合发文签批等有关程序要求。具体内容将在本书的后续章节中分专题详细阐述。

（三）发文办理程序

《党政机关公文处理工作条例》第六章第二十五条明确，发文办理必须经过复核、登记、印制、核发等四个程序。

（1）复核。已经发文机关负责人签批的公文，印发前应当对公文的审批手续、内容、文种、格式等进行复核；需作实质性修改的，应当报原签批人复审。

（2）登记。对复核后的公文，应当由办公厅（室）统一确定发文字号、分送范围和印制份数并详细记载。

（3）印制。公文印制必须确保质量和时效。涉密公文应当在符合保密要求的场所印制。公文付印前应由承办部门负责校核,重要公文由文秘部门复核清样。

(4) 核发。公文印制完毕,应当对公文的文字、格式和印刷质量进行检查后分发。

(四) 整理归档程序

《党政机关公文处理工作条例》第二十七条规定,需要归档的公文及有关材料,应当根据有关档案法律法规以及机关档案管理规定,及时收集齐全、整理归档。两个以上机关联合办理的公文,原件由主办机关归档,相关机关保存复制件。机关负责人兼任其他机关职务的,在履行所兼职务过程中形成的公文,由其兼职机关归档。已办理完结的公文,应按以下程序处理:

(1) 办结暂存。将收发文中已经办理完毕的公文,即收文经注办、发文经分发递送的公文,在文秘部门暂时存放一段时间,然后按照档案管理有关标准和要求,分别立卷归档或清退、销毁。

(2) 整理立卷。立卷是整理与保管公文的一种方法,即将已经办理完毕并有保存价值的公文,在收集齐全完整的基础上,按照一定的标准加以分类,而后按照一定特征和联系组合形成案卷的过程。《中华人民共和国档案法》规定,应及时将公文定稿、正本和有关材料整理立卷。立卷后确定保管期限,按规定定期移交给档案部门。

(3) 移交归档。归档工作是公文处理的终结,也是档案工作的开始,它是公文转化为档案的中间环节。在移交之前,拟移交的案卷的质量要经过档案部门检查验收。完成移交工作,公文就正式转化为档案。

(五) 公文管理程序

《党政机关公文处理工作条例》第七章第二十八条至三十七条,阐述了加强公文管理的各项程序,要求各级党政机关应当建立健全本机关公文管理制度,确保管理严格规范,充分发挥公文效用。同时要求,党政机关公文由文秘部门或者专人统一管理。设立党委(党组)的县级以上单位应当建立机要保密室和机要阅文室,并按照有关保密规定配备工作人员和必要的安全保密设施设备。

(1) 定密。公文确定密级前,应当按照拟定的密级先行采取保密措施。确定密级后,应当按照所定密级严格管理。绝密级公文应当由专人管理。公文的密级需要变更或者解除的,由原确定密级的机关或者其上级机关决定。

(2) 公开。公文的印发传达范围应当按照发文机关的要求执行;需要变更的,应当经发文机关批准。涉密公文公开发布前应当履行解密程序。公开发布的时间、形式和渠道,由发文机关确定。经批准公开发布的公文,同发文机关正式印发的公文具有同等效力。

(3) 复制。复制、汇编机密级、秘密级公文,应当符合有关规定并经本机关负责人批准。绝密级公文一般不得复制、汇编,确有工作需要的,应当经发文机关或者其上级机关批准。复制、汇编的公文视同原件管理。复制件应当加盖复制机关戳记。翻印件应当注明翻印的机关名称、日期。汇编本的密级按照编入公文的最高密级标注。

（4）撤销和废止。公文的撤销和废止，由发文机关、上级机关或者权力机关根据职权范围和有关法律法规决定。公文被撤销的，视为自始无效；公文被废止的，视为自废止之日起失效。涉密公文应当按照发文机关的要求和有关规定进行清退或者销毁。

（5）销毁。不具备归档和保存价值的公文，经批准后可以销毁。销毁涉密公文必须严格按照有关规定履行审批登记手续，确保不丢失、不漏销。个人不得私自销毁、留存涉密公文。

（6）移交和清退。机关合并时，全部公文应当随之合并管理；机关撤销时，需要归档的公文经整理后按照有关规定移交档案管理部门。工作人员离岗离职时，所在机关应当督促其将暂存、借用的公文按照有关规定移交、清退。

（7）发文户头管理。新设立的机关应当向本级党委、政府的办公厅（室）提出发文立户申请。经审查符合条件的，列为发文单位，机关合并或者撤销时，相应进行调整。

三、合理确定工作流程

公文处理的程序，好比工厂里的流水线作业的工艺流程，各道工序的组合排列有其内在的规律，必须先后有序、上下衔接，不能错位，不能颠倒顺序。不同的公文，办理程序有所不同。例如，在办理发文时，审核、校对这两道工序必不可少，而在办理收文时，则不需要这道工序。又如，同样是办理收文，来文为请示，须提出拟办意见，请有关单位予以答复；办理报告，则呈请领导和有关方面阅知即可。因此，只有准确地把握公文处理的基本程序，才能确保公文运转有序进行。一般情况下，确定公文处理各项工作流程的顺序应注意把握以下三点：

（一）根据各程序间的相互关系来确定

在公文处理的各道工序中，有的工序是为其他工序提供前提条件的，这道工序完成以后，别的工序才能进行，这道基础性工序的位次就必须排在前面，而其他非基础性工序的位次只能排在其后。比如，在制发文件的一系列工序中，有领导签批、印刷、用印盖章三道工序。这三道工序的排列，必须是领导签批文件安排在最前面，其次是印刷文件，最后才是用印盖章，顺序不能颠倒错位。

（二）根据决策民主化科学化的要求来确定

许多公文的处理过程实质上是领导决策形成的过程。在公文处理过程中，虽然有的本身不是决策，但对于正确决策的形成具有辅佐、借鉴和支撑保障作用，如为决策提供政策法律依据和信息资料、征求和协调有关方面的意见、拟订公文处理的预案，等等。《党政机关公文处理工作条例》修订时，特意增加了"需要发文机关审议的重要公文文稿，审议前由发文机关办公厅（室）进行初核"的程序要求，来确保审议前的必要程序履行到位，以提高会议文件质量，从而提高决策效率。

（三）根据公文之间的内在联系来确定

公文处理的拟制、办理和管理三个环节相互联系，有时互为因果关系，在操作上也不仅仅是简单的上下游工序的衔接，而是交错进行。比如，来自上级机关的一件收文，针对贯彻落实提出的工作措施将成为本机关拟制公文的主要内容；本机关制发的对外征求意见的公文，外单位反馈意见来文的归档整理工作则应与其一并办理；档案管理工作中，针对涉密公文的解密公开需求，本机关也会因此产生新的公文作为开展这项工作的依据。公文处理过程中，坚持系统思维，尊重客观规律，注意发现事物间的本质内在联系，科学合理确定公文办理工作流程，对于服务保障整个机关运行至关重要。

第二节 公文处理工作原则

按照《党政机关公文处理工作条例》第五条的规定，公文处理工作应当坚持实事求是、准确规范、精简高效、安全保密的原则。

一、坚持实事求是原则

（1）发文要立足实际。要根据实际需要发文，不该发的坚决不发，可发可不发的坚决不发，真正做到发文确有需要、确有必要。

（2）拟文要切合实际。文中提出的措施要具体可行，能够解决实际问题；阐述的内容要重点突出、观点鲜明，不模棱两可、不漫无边际；使用的语言要庄重平实、严谨规范、简洁明了，有话则长，无话则短。

（3）办文要结合实际。要紧密结合本单位的工作实际，注意总结办文经验，严格规范办文流程，着力提高办文水平。

二、坚持准确规范原则

准确是公文处理的生命线，规范是公文处理的基本要求。贯彻准确规范原则，要着重把好三个关口：

（1）把好公文处理质量关。切实强化责任意识和质量意识，把"质量第一"的要求贯穿公文处理的各个环节和全过程，体现到公文的思想内容、文字表述、运转环节等各个方面，真正做到严谨细致、精益求精，努力实现零差错、零失误。

（2）把好公文处理程序关。严格遵循公文处理在文种、格式、行文规则、公文管理等方面的要求，按程序、按规矩办理公文。

（3）把好公文处理出口和入口。要坚持标准、从严要求，既把好发文关，不让质量不合格的公文发出去；又把好收文关，不能把不符合行文规则、不符合公文起草要求的公文收进来。通过严把出口、入口两个关口，增强公文处理的严肃性和权威性，不断提升公文处理的整体质量和水平。

三、坚持精简高效原则

精简高效，是党政机关优良作风在公文处理工作中的具体体现，也是对公文处理工作作风、文风方面的总要求。

（一）少发文发短文

精简公文是改进机关作风的客观要求。所谓精简，就是要尽量少发文、发短文，发管用的文，做到少而精，控制发文数量，压缩发文篇幅。"言当其时，一字千金；言背其实，一文不值"。要弘扬"短实新"的文风，避免虚话套话，做到要言不烦、意尽言止。

（二）运转高效

运转高效是公文处理的时限要求。所谓高效，就是公文处理要迅速及时。要切实增强效率观念，优化工作流程，完善运行机制，在公文拟制、办理、流转等各个环节中，做到一环扣一环，最大限度缩短公文处理时间。要合理划分文秘部门和业务部门的职责范围，明确责任边界，加强综合协调，建立科学的工作秩序和严格工作制度，避免因分工不合理、职责不清而推诿扯皮，造成公文处理挤压拖延。

（三）健全应急办文机制

推进机关信息化建设，推行公文标准化处理流程，降低运行成本，提高运行效率。同时，建立健全应急办文机制，根据公文办理时限和内容性质，区别主次先后、轻重缓急，紧急公文急件急办，重要公文随到随办，加强催办和督促检查，保证公文处理及时高效。

四、坚持安全保密原则

安全保密，是公文处理特别是公文管理的重要原则，贯穿于公文处理工作的始终。任何环节出现失误都可能给工作造成被动，甚至给党和国家事业带来重大损失。

（一）要确保公文定密前的安全

公文确定密级前，应当按照拟定的密级先行采取保密措施。同时要妥善处理好信息公开和安全保密的关系，即便是非涉密公文，在履行公开发布程序之前，仍须按内部公文管理，不能在公开的资料、出版物、会议和新闻媒体、互联网上使用。确定为主动公开的公文，应履行审批程序，由公文制发机关予以公开，个人不得私自通过社交媒体或即时通信工具传发加盖公章的成文图片。

（二）要确保涉密公文内容和载体的安全

起草涉密公文时，应当使用符合国家保密规定的计算机、网络及移动存储介质。公文确定密级后，应当按照所定密级严格管理。涉密公文应当在符合保密要求的场所印制。涉密公文应当通过机要渠道进行传递或传输。绝密级公文应当由专人管理。

（三）要确保涉密公文保管和使用的安全

设立党委（党组）的县级以上单位应当建立机要保密室和机要阅文室，并按照有关保密规定配备工作人员和必要的安全保密设施设备。涉密公文公开发布前应当履行解密程序。复制、汇编机密级、秘密级公文，应当符合有关规定并经本机关负责人批准。涉密公文应当按照发文机关的要求和有关规定进行清退或者销毁。

第三节　公文处理工作组织领导

公文处理是机关日常工作的重要组成部分，是机关行使职权、开展工作的一种重要手段，涉及机关工作的方方面面，从领导到各职能部门人员都要参与公文的处理工作。为加强公文处理工作领导、强化队伍建设，须对公文处理工作的管理机构、职能定位以及文秘人员素质要求加以明确。

一、办公厅（室）职责

办公厅（室）是各级党政机关单位的综合办事机构，主要负责机关文电、会务、机要、保密、信访、档案等日常运转工作；同时负责值班、协调、督查、信息和公开等工作；有的还负责机关财务、后勤和资产管理等工作。

人们通常把机关办公厅（室）的职能分为两大板块，一块称为参与政务，另一块称为管理事务。管理事务，主要是指机关的行政后勤工作以及接待工作。参与政务，主要是指领导公务活动服务、会议服务、公文处理、调研、信息、综合、督查等秘书工作以及机要、机要交通、保密、信访等工作。从为领导决策和决策的实施所开展的各项服务工作的程序而言，调研、信息、综合等工作主要是决策前的服务，督查工作主要是决策后的服务，而会议服务、公文处理等工作，相对来讲，决策中的服务特点更为突出。在办公厅（室）各项业务工作中，公文处理是最经常的基础性工作之一，做好这项工作，对于保障机关正常运转具有重要意义。

《党政机关公文处理工作条例》第七条规定，各级党政机关办公厅（室）主管本机关的公文处理工作，并对下级机关的公文处理工作进行业务指导和督促检查。这一条规定，明确了党政机关办公厅（室）是本机关公文处理的管理机构，承担了公文处理工作两个方面的基本职责：一方面要主管本单位的公文处理工作；另一方面还要对下一级组织的公文处理工作实施业务指导和督促检查。

二、文秘部门岗位职责

《党政机关公文处理工作条例》第六条要求，各级党政机关应当高度重视公文处理工作，加强组织领导，强化队伍建设，设立文秘部门或者由专人负责公文处理工作。

就一个机关而言，公文处理工作不像人事、财务等职能部门一样，设立某一机构即可负起全部的责任，或者各机构自上而下地形成一个垂直领导的独立体系，各机关公文处理机构的设置，需根据机关规模的大小、工作任务的繁简、公文数量的多少而定。

规模较大的机关单位文秘工作往往由几个处室分别承担，如文电收发、运转及公文审核、印章管理等工作由秘书处或文秘处负责，而保密、公开、档案、文印等工作另设处室来承担。规模较小的机关单位，文电处理、公文核稿、印章管理、机要、档案和文印等机关日常运转工作大多由一个科室统一负责。

这里要特别指出的是，一件公文从起草到立卷归档、从接收登记到运转完毕，要经过很多环节，需要多个方面的人员参与。办公厅（室）有必要设立文秘部门或者由专人负责公文处理工作，但机关的公文处理工作任务，也并非全部必须由专职文秘人员来承担，而是基本涉及机关全体工作人员。可以说，公文处理工作不仅是办公厅（室）和文秘部门的重要核心业务，也是各级党政机关的一项基础性工作，因此，公文处理能力应成为机关工作人员的一项必备技能加以学习掌握。

三、文秘人员基本素质要求

各级党政机关的工作、方针政策的传达离不开公文运转，重点工作部署和落实要依托公文的印发、传递和下达来进行，重大会议和活动也离不开公文的记载记录。文秘人员承担着机关公文的收发、运转、拟写、审核、立卷、归档、管理以及各种会议活动的记录和整理等具体工作，工作性质涉及公文处理、机要、档案等多项业务，政治性、事务性、执行性强。做好这些既繁杂又重要的机关公文处理工作，文秘人员应具备以下基本素质。

（一）具备较强的政治理论素养

公文处理工作具有很强的政治性，尤其党政机关的文秘人员，身处机关公文运转的枢纽岗位，肩负上情下达、下情上达之责，往往第一时间接触到党和国家方针政策，因此，要求文秘人员必须有坚定的马克思主义信仰和高度的政治责任感。文秘人员要认真学习马克思列宁主义、毛泽东思想、邓小平理论、"三个代表"重要思想、科学发展观、习近平新时代中国特色社会主义思想，努力提高政治理论素养；要坚持为人民服务的思想，在参与政务工作时，一切以维护国家和人民利益为准则，绝不做违背党和国家方针政策的事，兢兢业业、任劳任怨做好本职工作。

（二）具备较强的业务技能修养

公文处理工作具有很强的业务性，尤其是随着时代的发展，文秘岗位工作内容和形式也发生了一定的变化，工作节奏加快，质量要求更高，对文秘人员的素质也提出了更高的要求。新的时期，文秘人员必须刻苦钻研相关业务知识，熟练掌握文书处理基本技能，认真学习新技术新方法，借助计算机网络技术手段辅助工作，并根据形势变化，不断研究提出新思路，确保文秘工作的及时性、有效性、准确性。在知识更新换代非常迅速的现代社会，文秘人员必须树立终身学习的理念，不断提高工作能力和业务技能修养。

（三）具备严谨务实的工作作风和态度

公文处理工作程序规范、涉及环节多，要求文秘人员必须培养严谨细致的工作作风，树立求真务实的工作态度。公文处理具有很强的时效性，如果不能及时发挥其作用就有可能造成严重的损失，这就要求文秘人员必须提高工作效率，既要一丝不苟，又要雷厉风行，做到夙夜在公、日清日结。公文处理的同时，也为机关提供信息服务，文秘人员还应树立全局观念和服务意识，工作注意区分轻重缓急，服务不分对象，围绕中心工作，服务大局、服务机关、服务基层，高效完成各项工作任务。

（四）具备较强的综合协调和文字处理能力

公文处理工作不仅经常与文字打交道，还要进行审核把关、拟办分办，这就要求文秘人员必须具备一定的文字处理能力，掌握公文的写作技巧、格式和方法，还需具备较强的法制观念、政策水平和综合协调能力。在收文拟办时，能够熟知机关单位各部门的职责分工，提出精准的办理建议；在发文审核时，能够熟知相关法律法规和政策措施，对文稿提出合理的修改意见；在印文复核时，大到段落格式和语句顺序，小到标点符号和错别字，能够做到忠于原稿规范校核，切实提高公文处理工作质量水平。

第四章 公文形式

第一节 公文种类

公文种类繁多，适用范围广泛。不同文种的适用范围，不同公文格式要素的编排方式，不同种类公文的发布形式，其解决的问题、产生的作用和代表的意义不尽相同。对公文进行科学分类，揭示不同文种的属性，对于正确使用公文这一实施领导、履行职能、处理公务的重要工具，有效发挥党政机关公文应有的作用，具有十分重要的意义。

一、公文的分类

从不同的角度对公文进行分类，可以划分出不同的公文类别。常用的公文分类方法主要有以下四种：

（一） 按照公文的使用范围分类

1. 通用公文

通用公文是指各级党政机关、企事业单位和社会团体等普遍使用的公文，如《党政机关公文处理工作条例》规定的通知、通报、请示、批复等15个法定公文种类。

2. 专用公文

专用公文是指在一定业务范围内由专门机关、组织等因特殊需要专门制定和使用的公文，如司法机关形成的起诉书、判决书等，外交机关形成的国书、照会、备忘录等。

（二） 按照公文的性质作用分类

1. 指挥性公文

指挥性公文是指上级机关对下级实施领导和指导工作形成的公文，包括决议、命令、决定、批复、指示性通知、意见或指导意见、纪要等。

2. 报请性公文

报请性公文是指下级机关向上级请示事项、报告工作、提出意见和建议形成的公文，包括请示、报告、意见等。

3. 奖惩性公文

奖惩性公文是指上级机关对下级组织或个人进行表彰或惩处所形成的公文，包括命令、决定、通报等。

4. 知照性公文

知照性公文是指公文制发机关发布需要周知事项形成的公文，包括公报、公告、通告、通报、通知、函等。

5. 记载性公文

记载性公文主要指纪要、通报等，用于记载和传达会议精神。

（三）按照公文的行文方向分类

1. 上行文

上行文是指下级机关向所属上级领导机关或业务指导机关报送的公文，包括请示、报告、意见等。

2. 平行文

平行文是指同级机关或不相隶属的机关之间往来的公文，包括函、意见等。

3. 下行文

下行文是指上级领导机关或业务指导机关向所属下级机关发送的公文，包括命令、决议、决定、通知、通报、意见、批复等。

4. 泛行文

泛行文是指无特定行文方向、面向社会公布的公文，包括的公报、公告、通告等。

（四）按照公文的密级和公开属性分类

1. 涉密公文

涉密公文是指内容涉及国家秘密，泄露出去会使国家的安全和利益遭受损害的公文。根据其内容涉及国家秘密的程度，以及泄露后将给国家带来的损害程度，又可分绝密、机密、秘密三种。

2. 内部公文

内部公文是指内容不宜对社会公开，只限于机关内部使用的公文。

3. 公布公文

公布公文是指内容可以对外公开发布的公文，通常通过报纸、广播、电视、网络等媒体刊载或张贴等形式进行发布。

二、法定公文种类及适用范围

法定公文种类，特指《党政机关公文处理工作条例》规定的15种公文：

（1）决议。适用于会议讨论通过的重大决策事项。

（2）决定。适用于对重要事项作出决策和部署、奖惩有关单位和人员、变更或者撤销下级机关不适当的决定事项。

（3）命令（令）。适用于公布交通运输部门规章、宣布施行重大强制性措施、嘉奖有关单位和人员。

（4）公报。适用于公布重要决定或者重大事项。

（5）公告。适用于向国内外宣布重要事项或者法定事项。

（6）通告。适用于在一定范围内公布应当遵守或者周知的事项。

（7）意见。适用于对重要问题提出见解和处理办法。

（8）通知。适用于发布、传达要求下级机关执行和有关单位周知或者执行的事项，批转、转发公文。

（9）通报。适用于表彰先进、批评错误、传达重要精神和告知重要情况。

（10）报告。适用于向上级机关汇报工作、反映情况，回复上级机关的询问。

（11）请示。适用于向上级机关请求指示、批准。

（12）批复。适用于答复下级机关请示事项。

（13）议案。适用于各级人民政府按照法律程序向同级人民代表大会或者人民代表大会常务委员会提请审议事项。

（14）函。适用于不相隶属机关之间商洽工作、询问和答复问题、请求批准和答复审批事项。

（15）纪要。适用于记载会议主要情况和议定事项。

三、正确使用法定文种

确定文种是公文拟制的重要环节之一。文种确定和使用不当，将直接影响公文的质量和效用。具体而言，应当注意把握以下几点：

（一）规范使用法定文种

党政机关公文是党政机关实施领导、履行职能、处理公务的具有特定效力和规范体式的文书，文种的使用一般体现在公文的标题或者版头中。在机关实际工作中，文种使用不规范常见问题主要有以下几种情况：

（1）标题中缺少文种。标题是重要的公文格式要素，由发文机关名称、事由和文种组成。也就是说，公文标题末尾的词应来自15个法定文种的名称范围内，不在这个范围内的，就有可能出现文种使用错误。

（2）使用非法定文种。机关应用文中的总结、要点、方案、计划、安排、纲要、规划、建议、答复等，可以作为文字材料的名称，但不属于法定文种的范畴，作为公文印发时须使用法定文种作为发布载体。

（3）文种重叠使用。如意见报告、请示函、请示报告、意见函等，两个文种词连用，应根据行文方向和发文重点，删减保留一个即可。

（二）依据制发机关权限合理使用文种

文种名称的确定和使用，要依据公文制发机关的权限进行，不可超越职权。如命令（令）文种，一般仅限于级别高的领导机关使用，或发布法规和规章时使用。如公告、通告文种，公告适用于向国内外宣布重要事项或者法定事项，发布事项涉及面广，公文制发机关应为领导机关且级别较高；如公布事项具体且涉及面窄，仅限于一定范围内应当遵守或者周知，则可以使用通告这个文种来发布。

（三）依据行文关系和公文内容正确使用文种

文种名称的使用还要依据公文制发与收受机关的关系和公文的具体内容来确定。有上下级管理和指导关系的，拟写公文时应使用体现行文方向的文种名称，如请示、报告、批复、决定、通知等；没有上下级关系的，则宜使用函、意见等文种。实际工作中，最常见的混用或错用文种现象是：

（1）函与请示混用。向平行机关请求批准有关事项，为了表示发文机关的"谦卑"，有利于申请事项获得批准，有时不使用函文种行文，而是误用请示。

（2）请示与报告混用。报告和请示都是上行文，但报告是阅件，用于向上级汇报工作反映情况，上级机关可不予回复；而请示属办件，用于请求上级机关做出指示、指导或给予批准，需要回复。

（3）函与通知混用。函用于平行机关之间商洽、联系、询问和答复事项，通知可用于发布和传达有关单位周知或者执行的事项。实际工作中，如明确发文机关牵头负责某项工作，需其他平行机关共同参与的，可使用通知制发公文送达相关单位执行，而不是使用函文种行文。

第二节 公 文 格 式

公文格式，简而言之就是指公文的表现形式，这里专指党政机关法定文种的版式编排以及书写、字体、用纸的规格和式样要求等。公文格式是公文的策令性、专任性、规范性和庄重性等本质特征在形式上的具体表现，是公文区别于其他文体的重要标志，也是保证公文质量和提高办文效率的重要手段。

一、公文格式要素

《党政机关公文处理工作条例》列了公文格式专章，第三章第九条对公文的份号、密级和保密期限、紧急程度、发文机关标志、发文字号、签发人、标题、主送机关、正文、附件说明、发文机关署名、成文日期、印章、附注、附件、抄送机关、印发机关和印发日期、页码等18个格式组成要素做出规定。

（1）份号：公文印制份数的顺序号。涉密公文应当标注份号。

（2）密级和保密期限：公文的秘密等级和保密的期限。涉密公文应当根据涉密程度分别标注"绝密""机密""秘密"和保密期限。

（3）紧急程度：公文送达和办理的时限要求。根据紧急程度，紧急公文应当分别标注"特急""加急"，电报应当分别标注"特提""特急""加急""平急"。

（4）发文机关标志：由发文机关全称或者规范化简称加"文件"二字组成，也可以使用发文机关全称或者规范化简称。联合行文时，发文机关标志可以并用联合发文机关名称，也可以单独用主办机关名称。

（5）发文字号：由发文机关代字、年份、发文顺序号组成。联合行文时，使用主办机关的发文字号。

（6）签发人：上行文应当标注签发人姓名。

（7）标题：由发文机关名称、事由和文种组成。

（8）主送机关：公文的主要受理机关，应当使用机关全称、规范化简称或者同类型机关统称。

（9）正文：公文的主体，用来表述公文的内容。

（10）附件说明：公文附件的顺序号和名称。

（11）发文机关署名：署发文机关全称或者规范化简称。

（12）成文日期：署会议通过或者发文机关负责人签发的日期。联合行文时，署最后签发机关负责人签发的日期。

（13）印章：公文中有发文机关署名的，应当加盖发文机关印章，并与署名机关相符。有特定发文机关标志的普发性公文和电报可以不加盖印章。

（14）附注：公文印发传达范围等需要说明的事项。

（15）附件：公文正文的说明、补充或者参考资料。

（16）抄送机关：除主送机关外需要执行或者知晓公文内容的其他机关，应当使用机关全称、规范化简称或者同类型机关统称。

（17）印发机关和印发日期：公文的送印机关和送印日期。

（18）页码：公文页数顺序号。

二、公文格式标准

《党政机关公文处理工作条例》第十条规定，公文的版式按照《党政机关公文格式》国家标准执行。修订后的《党政机关公文格式》（GB/T 9704—2012）于2012年6月29日发布，与《党政机关公文处理工作条例》配套同步实施。该标准规定了党政机关公文通用的纸张要求、排版和印制装订要求、公文格式各要素的编排规则，并给出了公文的式样。

与修订前的标准相比，新的国家标准对通用文件格式的版面编排规则做了更加明确具体的规定，对公文装订要求进行适当调整，增加发文机关署名和页码两个公文格式要素，删除主题词格式要素，并对公文格式各要素的编排进行较大调整；新增联合行文公文首页版式，同时对信函格式、命令（令）格式、纪要格式等三种特定格式公文的编排要求进行了细化和补充。

关于不同公文格式各要素划分及版式编排规则，将在本书后续章节详细阐述。此外，《党政机关公文处理工作条例》第十一条规定，公文使用的汉字、数字、外文字符、计量单位和标点符号等，按照有关国家标准和规定执行。民族自治地方的公文，可以并用汉字和当地通用的少数民族文字。公文处理常用的《标点符号用法》（GB/T 15834—2011）、《出版物上数字用法》（GB/T 15835—2011）和《校对符号及其用法》（GB/T 14706—93）等国家标准，将在本书附录部分予以收录，以飨读者。

第三节 公　文　形　式

一、公文形式的概念

2001年1月1日至2012年6月30日施行的《国家行政机关公文处理办法》中多次出现公文形式的表述，包括会议纪要形式、电报形式、函的形式，如在公文格式一章规定，公文除"会议纪要"和以电报形式发出的以外，应当加盖印章。在行文规则一章规定，政府各部门依据部门职权可以相互行文和向下一级政府的相关业务部门行文；除以函的形式商洽工作、询问和答复问题、审批事项外，一般不得向下一级政府正式行文。

原《交通部公文处理办法》第十条规定，交通部行政公文的形式主要包括："文件""专用文件""电报"和"签报"。为了贯彻落实《党政机关公文处理工作条例》，进一步增强指导性和规范性，2014年《交通运输部公文处理办法》修订之时，在继承旧办法使用"公文形式"这一概念的基础上，保留了"文件""电报"和"签报"，对"专用文件"进行清理，将继续保留使用的"专用文件"按不同版头做了细分，并对

"电报"统一使用"中央国家机关发电"格式做了规范。

修订后的《交通运输部公文处理办法》增设了"公文形式"一章，调整了公文形式的定义和分类规则，规定公文形式主要包括"令""文件""函""电报""公告、通告""内部情况通报""纪要""签报"等，并在第五章对这8种形式公文的适用范围做了详细的阐述。

二、交通运输部主要公文形式及适用范围

（一）令

《党政机关公文格式》规定了命令（令）为特定公文格式。交通运输部令有专用版头标志和编排规则。"令"文种在版头的发文机关标志处体现，公文主体部分无标题，无主送机关、抄送机关。

交通运输部令适用于依照有关法律和国务院行政法规、决定、命令，在职权范围内发布交通运输部门规章；宣布施行重大强制性措施；嘉奖有关单位和人员。

目前，交通运输部令仅用于发布部门规章，其制发须符合法定的程序。《中华人民共和国立法法》第八十四条至八十六条规定：部门规章应当经部务会议或者委员会会议决定。部门规章由部门首长签署命令予以公布。交通运输部令为公开发布的公文，部门规章签署公布后，应及时在国务院公报或者部门公报和中国政府法制信息网以及在全国范围内发行的报纸上刊载，并在公布后的30日内报上级机关备案。

（二）文件

按照发文主体可分为中共交通运输部党组文件、交通运输部文件和交通运输部办公厅文件。可用文件形式制发的公文种类有决定、请示、报告、通知、意见、通报等。以交通运输部名义制发的重要文件应按照重大行政决策流程办理。重要文件实行年度计划管理。重大行政决策实施后应按规定组织开展政策评估工作。

中共交通运输部党组文件适用于向党中央请示、报告工作，传达贯彻党中央的方针政策，作出重大工作部署，公布重要人事任免，以及其他需发中共交通运输部党组文件的事项。

交通运输部文件适用于向国务院请示、报告工作，转发或者批转重要文件，发布具有规范性的重要政策和管理制度，部署全局性工作，公布重要的机构变动、职能和人员调整、奖惩事项，下达和调整长远规划、中长期计划，发布年度工作要点，以及其他需发交通运输部文件的事项。

交通运输部办公厅文件适用于转发有关部门文件，经交通运输部授权发布有关政策和管理制度，布置工作、传达事项、通报情况，公布议事协调机构和临时机构变动、职能和人员调整事项，发布年度业务工作要点，以及其他需发交通运输部办公厅文件

的事项。

（三）函（信函格式）

函，是指《党政机关公文格式》特定的信函格式。按照发文主体可分为中共交通运输部党组函、交通运输部函、交通运输部办公厅函。可用信函格式制发的公文种类有函、批复、通知、意见、通报、纪要等。

中共交通运输部党组函适用于就具体事项与同级单位党委（党组）商洽工作、征询和答复意见，批复下级单位党委（党组）的请示，以及其他需以中共交通运输部党组名义行文的事项。

交通运输部函适用于就具体事项与中央和国家机关各部门、各省区市人民政府等商洽工作、征询和答复意见，批复下级单位的请示，下达或调整重要年度计划、单项任务计划，布置具体工作，以及其他需以交通运输部名义行文的事项。

交通运输部办公厅函适用于就具体事项与中央和国家机关各部门、各省区市人民政府办公厅等商洽工作、征询和答复意见，向有关单位布置具体工作，以及其他需以交通运输部办公厅名义行文的事项。

（四）公告、通告

交通运输部公告和交通运输部通告均有专用的版头格式，分别按年度顺序编号。一般，公告、通告的主体部分有标题，无主送、抄送机关。

交通运输部公告适用于依照有关法律、法规、规章向国内外公布交通运输规范性文件和其他重要事项。公告属于泛行文，一般分为重要事项公告、法定事项公告。重要事项公告是需要国内外公民应周知或遵守的重要事项，而法定事项公告是指通过法定程序后将其结果公告于众，并需要周知或遵守的法定事项。

交通运输部通告适用于在一定范围内公布应当遵守或者周知的事务性事项。通告属于法规性、政策性、知照性的下行文文种，通告可以分送相关单位，可在一定范围内通过媒体刊载或张贴发布。

（五）内部情况通报

交通运输部内部情况通报有专用版头格式，适用于传达领导在重要会议上的讲话。内部情况通报以办公厅名义印发，文尾无落款和成文日期，不加盖印章，成文日期一般在版头标注；无"主送""抄送"，有"分送"，可送个人。

内部情况通报的公文种类名称已在版头中予以体现，其标题一般写为"某某领导在某某会议上的讲话"。刊发一位领导的讲话，原则上不加按语，标题下一行为领导发表讲话的日期，正文开头"同志们"和结尾"谢谢"等字句应删除。刊发多位部领导讲话，可加按语。公文的标题注明讲话领导的姓名、会议名称等，按语后依次刊发领导讲话，讲话的标题可简写为"某某同志的讲话"。

（六）电报

电报适用于处理紧急公务，统一使用"中央和国家机关发电"格式，加盖"发电专用章"。按照发文主体可分为中共交通运输部党组发电、交通运输部发电和交通运输部办公厅发电。

这三种电报制发时，版头中的发电单位名称、发电字号、公文标题和落款中的制发机关名称应注意保持一致。一般情况下，明传电报版头中的发文机关标志为绿色字体，密码电报版头中的发文机关标志为红色字体。

（七）纪要

与内部情况通报相似，纪要有专用版头格式，不加盖印章，无"主送""抄送"，有"分送"，可送个人。按照发文主体，可分为中共交通运输部党组会议纪要、中共交通运输部党组会议干部人事纪要、交通运输部部务会议纪要和交通运输部专题会议纪要。

纪要适用于记载会议主要情况和议定事项，综合反映会议概况和要点。纪要是在会议记录的基础上，对会议的主要内容及议定的事项，摘要整理形成的纪实性和指导性公文。纪要属内部公文，可以印发参会单位和其他相关单位执行，不得以纪要代替有关行政执法文书。

（八）签报

签报适用于机关内设机构向领导书面汇报工作、请示事项、反映情况、回复询问、就有关问题提出见解和处理办法，是具有特定格式的内部上行文。签报由主办单位负责人签署姓名，不加盖印章。

三、公文种类、公文格式和公文形式的关系

本章出现了公文种类、公文格式和公文形式三个名词的概念，以下加以梳理比较，避免混淆。

公文种类，特指党政机关公文常用的 15 种法定公文种类，在公文格式要素中由发文机关标志或公文标题的最后一个词来呈现。

公文格式，是公文的书写和印刷按照规范体式要求的表现形式。公文格式的范畴包括公文采用的介质、公文的印制要求、公文中数据的表示、公文中各要素的排布等内容。

公文形式，是交通运输部公文处理工作继承和保留的一个概念，它是指公文要素按照一定规则编排后的具体公文式样，也可以说公文形式是公文作为载体和工具的具

体表现形式，是包含了公文文种、公文格式要求的大概念，也可以理解为不同的公文版头形式。

公文种类、公文格式、公文形式，这三者的关系究竟是怎样的呢？打个比方，公文种类相当于具有不同本领的个体，公文形式相当于不同的着装和服饰搭配方式，公文格式则是服装和配饰的款式，而行文规则相当于出席不同场合去完成不同任务的装备要求。在起草公文时，根据行文规则和公文内容，首先确定文种，然后选择适当的公文格式，印制完成后形成了不同形式的公文。即：根据工作任务，决定由谁来承担；根据工作任务的场景，决定穿戴装备；至于穿戴款式，按惯例或按约定的规则。面对不同的工作任务，如果派错了个体，相当于用错了文种，任务可能完不成，或许会被退文重办。如果穿戴不合适，相当于格式要素不规范，或许会对工作效果产生负面作用，影响本单位的公文质量水平。

《党政机关公文格式》国家标准规定的 4 种格式，除了命令（令）格式和纪要格式之外，文件和信函格式与其他 13 个法定文种并不存在一一对应关系。举例来讲，要起草一个意见，如果是对下级机关具有普遍指导意义的下行文，则应使用通用文件格式；如果是对外单位征询意见的答复，则应使用信函格式予以反馈。要起草一个通知，可能使用通用文件格式，也可能使用信函格式，可能是平行文或下行文，但不可能是上行文。由此可见，熟练掌握这些概念，根据行文方向、行文目的和公文内容，规范使用公文种类、公文格式和公文形式，对于提高公文质量水平非常重要。

第五章　行文规则

行文规则是从公文拟制到运转全过程所必须遵循的规则和制度，是以公文授受机关之间关系为核心的行文制度、行文方式的总和，是维护现行领导体制、保证机关正常工作秩序、促使公文迅速准确传递和切实发挥效力而必须遵循的准则。掌握行文关系及其适用的行文规则，是做好公文处理工作的重要前提和基础。

第一节　基本概念

一、行文关系

行文是机关办理公务的主要形式。所谓行文，是指一个法定作者向另一个法定作者或下属组织机构制发公文的行为。公文制发者与受理者在公文往来中的相互关系构成了行文关系。

简而言之，机关和单位之间因组织辖属和职权范围而形成的相互关系，有四种类型：第一类是隶属关系，处于同一组织系统的上级机关与下级机关存在领导与被领导的关系；第二类是业务指导关系，处于同一专业系统的上级主管业务部门与下级主管业务部门之间存在指导与被指导关系；第三类是平行关系，处于同一组织或专业系统的同级机关之间的关系；第四类是不相隶属关系，非同一组织或专业系统的机关之间的关系。

二、行文方向

根据公文授受机关行文关系的不同，从行文方向上可以分为上行文、下行文、平行文。上行文和下行文主要存在于上述的第一类和第二类工作关系类型中，上行文是指下级机关向上级机关发送的公文，如报告、请示等；下行文是指上级机关向下级发送的公文，如命令、批复、通知等。平行文存在于以上第三类和第四类关系类型中，同级机关和不相隶属机关相互发送公文都是平行文，如函、意见、通知等。

三、行文方式

（一）逐级行文

逐级行文，是指发文机关向直接上级或直接下级机关行文。逐级行文是党政机关工作中最普遍、最基本的行文方式。为了维护正常的领导体制，有隶属关系或业务指导关系的机关之间应基本采取逐级行文的方式，即只对直接上级机关或者直接下级机关制发公文，如有需要，再由相邻的上下级机关批转或转发。

（二）越级行文

越级行文，是指发文机关越过自己的直接上级机关或者直接下级机关，向更高一级的领导机关或者更低一级的下级机关行文。越级行文打破了正常的制发程序和行文方式，一般不得越级行文，特殊情况需要越级行文的，应当同时抄送被越过的机关。

（三）多级行文

多级行文，是指发文机关根据工作需要，同时向两个或两个以上层级的上级或下级机关行文。多级行文主要在下行文中使用，如中共中央发文，有的发送范围为地市级或县团级。多级行文可以使下属几级机关同时了解和掌握公文的内容，避免因逐级转发而拖延时间、贻误工作。

（四）直接行文

直接行文，是指不相隶属机关之间，不受系统归属和级别层次的制约而直接向对方行文。任何机关和单位，不论系统、级别和所在地区，在联系工作、商洽公务、告知事项时，都可以直接行文。

第二节 行 文 关 系

机关和单位之间的行文关系决定着公文传递的基本方向。从隶属关系和职权范围两个因素来考虑，公文制发者与受理者之间的行文关系主要有以下几种：

一、领导关系

按照我国现行的政治体制以及党和国家的管理制度规定，凡有隶属关系的上下级之间是一种领导与被领导的关系。各级领导机关可直接向其隶属的工作部门和下级机关发出指示性、指挥性公文，下级机关可向其隶属的上级机关报告情况、请示工作，各级机关的工作部门也可向本级机关请示、报告工作。领导机关如果认为所属职能部门或下级机关所发的公文不妥，有权纠正或撤销；下级机关如果对上级机关所发的公文有异议时，可向上级机关提出自己的意见或建议，但在上级机关未做出答复或不改变原决定时，仍要贯彻执行，不可因为有不同意见就拒绝执行。

二、业务指导关系

上级领导机关的职能部门与下级机关相关部门之间的关系，是一种指导与被指导的关系。上级机关的职能部门在各自的职权范围内，可以向下级机关的相关部门行文，但这种行文只是一种业务上的指导与被指导行为，只能在自己的职权范围内进行，不能超越职权，即只能进行业务指导、答复问题、部署业务工作等，无权给下级机关的相关部门下达命令性、指示性公文。下级机关的职能部门可以向上级机关的相关部门请示或联系相关的业务工作，但向上一级党委、政府的主管部门请示、报告重大问题，必须先向本级党委、政府请示、报告，并经本级党委、政府同意或授权，或者由本级党委、政府向上级党委请示、报告。

三、归口管理关系

归口管理关系是党政机关的综合部门与专业部门之间在业务上的一种工作分工关系。综合部门负责统一管理其职权范围内的事项，其他部门服从综合部门的统一管理。例如，党政机关的办公厅（室）根据授权，可以向下级机关和本级机关的其他部门行文；又如，政府部门的外事、财政、重大项目审批等业务往往由相关部门归口管理，其他同级部门在办理相关业务也需向对口部门报请批准。

四、属地管理关系

属地管理中统管与被统管的关系，是指设在某一地区的上级机关和上级机关的派出机构、外地机关与企事业单位的派驻机构与当地党委、政府在某些方面的管理与被管理的关系。例如，有些中央或其他领导机关垂直管理的机构，党的组织关系在地方，在党的建设方面，这些机构应接受地方党委的统一管理；中央派驻地方的机构，如设在省会城市的机构，在社会公共事务方面，既要接受省政府的统一管理，又要接受省会城市的统一管理。又如，省直机关设在省会城市，相对于基层而言，它是领导机关，但在基建、市政管理、城市规划、社会治安等方面还是要接受省会城市及所在区政府、街道办事处、派出所的统一管理。统管单位可以在自己的职权范围内就某些方面、某些事项向与当地党委、政府没有隶属关系的单位行文，或布置任务，或要求他们遵守某些法规、政策。被统管的单位不接受统一管理，或违反了当地有关法规、政策，当地党委、政府有权进行咨询、检查或依照有关规定处理。

五、监督关系

具有监督职能的机关与被监督对象之间有一种监督与被监督的关系。如，党的纪律检查委员会与党的其他工作部门之间、各级人民代表大会常务委员会与本级人民政府之间、政府监察部门与政府的其他部门之间、人民检察院与本级公安机关和法院之间等，都有一种监督与被监督的关系。在规定的范围内，监督者与被监督对象的公文往来应体现监督与被监督的关系。例如，政府要定期或不定期地向本级人大常委会报告工作，有些紧急的、重大的问题，须随时请示或报告。政府在日常工作中形成的文件，一般应同时抄送给本级人大常委会，以便随时接受监督。

六、平行协作关系

两个机关没有隶属关系，一方对另一方没有制约的权力，这两个机关即为平行机关。平行机关不分级别高低，例如，本级机关的各部门之间、本级机关的部门与下级机关之间、本系统的各级机关与外系统的各级机关之间、本地机关与外地机关之间等，都互称为平行机关。平行机关的行文关系，是一种互相支持、配合和协作的关系，它们之间联系工作、商洽事宜的公文仅局限于使用函的形式，未经上级机关授权，不得互发指挥性、指示性公文。

第三节　行　文　要　求

《党政机关公文处理工作条例》第十四条规定，行文关系根据隶属关系和职权范围确定。一般不得越级行文，特殊情况需要越级行文的，应当同时抄送被越过的机关。这一规则体现了以下五个方面的基本要求：

一、按隶属关系行文

按照我国现行的政治体制和行政管理体制，凡有隶属关系的上下级机关之间工作上是领导与被领导的关系，也就是通常所说的块块关系。上级机关有命令、指挥和监督等权力，有权对下级机关违法或不当的决定等行为予以改变或撤销；下级机关负有服从、执行上级机关决定、命令的义务，不得违背或拒绝。上级机关对下级机关可以作指示、布置工作、提出要求；下级机关可以向直接的上级机关报告工作、提出请示，上级机关对请示事项应予研究答复。如交通运输部与所属的单位和内设部门就形成了领导与被领导关系。

二、按职权范围行文

除了块块关系，在我国现行管理体制中，还形成了一种各业务部门上下垂直的条条关系，其中有些部门属本级政府和上级部门双重领导，大部分和上级业务部门之间虽然不属直接领导与被领导的关系，但在业务上存在指导与被指导、监督与被监督的关系，也形成直接的上下级行文关系。在指导关系中，上级主管部门对下级行政机关有业务上的指导权和监督权，但没有直接指挥权。如交通运输部与各省级交通运输主管部门的关系就是业务上指导与被指导的关系，可就职权范围的具体业务对其进行业务指导、答复问题、部署工作等，这里强调的是"必须受职权范围约束"。

公文制发机关行文的内容应是本机关职权范围内的事项，且不能超出职权范围，超出即为越权。如果有涉及其他部门职权范围的事项又未与其他部门协商，或虽经协商但未达成一致意见，不可以单独向上或向下行文，如果擅自行文就构成侵权。上级机关如果发现这种情况，有权责令纠正或撤销这类公文。实际工作中，这类情况时有发生，导致"文件打架""政出多门"。应提倡部门之间多协商、多沟通，通过联合行文或会签的方式解决这类问题。

三、不越级行文

公文授受机关的隶属关系或业务指导关系体现在行文规则上，必须遵循一个基本原则，就是相邻一级的原则。每一级政府不可以越过上一级的直接管理向更上一级行文，不能越级向上行文。同样，一级政府也不可以越过相邻的下级政府向更下级政府直接行文，不能向下越权。例如，国务院普发的文件仅主送直接下级一层，即：各省、自治区、直辖市人民政府，国务院各部委、各直属机构。即便有些公文是能"一竿子捅到底"的，公文的主送机关仍只有直接下级一层，可在公文的附注部分说明发送范围，标注此件发至县团级、此件公开发布等。不越级行文，体现了一级抓一级、一级对一级负责的管理原则。通常情况下，不能破坏这种原则，破坏原则就可能造成混乱，也会影响机关办事效率。例如，交通运输部机关曾收到某县级人民政府请求支持当地交通基础设施建设项目的请示，这种行文方式不仅向上越过市、省两级政府，而且违反了条块分开的规则。一般情况下，受文机关对越级的公文，可退回原呈报机关，或作为阅件处理，不予办理或答复。实际工作中，遇有特殊情况，如发生重大事故、防汛救灾等突发事件或上级领导在现场办公中特别交办事项，可特事特办，越级行文，但要抄送被越过的上级机关。

四、机关和个人不交叉行文

除上级机关负责人直接交办事项外，不得以本机关名义向上级机关负责人报送公文，不得以本机关负责人名义向上级机关报送公文。即：报送公文时，要机关对机关、个人对个人，不得交叉行文。实际工作中，存在以机关单位名义对上级机关领导个人行文的情况。以机关单位名义对上级机关领导个人行文，大多为领导直接批示交办事项的办理落实情况的反馈。这种行文方式仅限于报告工作。请示事项一般不直接报送领导个人，应主送上级机关。请示直接呈报领导个人，一是未经综合办公部门签收、登记、分办、拟办，成了"账外公文"；二是这类公文到了领导个人手里，常常也会通过秘书退回综合办公部门研究提出审批意见，造成了公文"倒流"，破坏公文处理的正常程序，降低了公文运转效率。

五、党政分开行文

属于党务、政务各自职权范围内的工作，不得联合行文。实际工作中，党的领导机关根据工作需要，可向同级政府及部门或下级政府机关行文；而政府机关不得向党的组织行文作指示、交任务。政府部门接收党的领导机关制发的公文，综合办公部门在提出拟办意见时应注意区分公文的主送机关，如主送各部门党组织的，应以本部门党组织的名义提出贯彻落实意见；如主送各部门的，则应以本部门的名义加以贯彻落实。

第四节 机关常见行文关系及适用的行文规则

一、隶属和业务指导关系及行文规则

隶属和业务指导关系适用上行文或下行文规则。《党政机关公文处理工作条例》第十五条和第十六条规定，对向上级机关行文和向下级机关行文应当遵循的规则，做出详细的规定。具体办文时应注意以下几点：

（一）上行文主送一个上级机关

上行文原则上主送一个上级机关，根据需要同时抄送相关上级机关和同级机关，不抄送下级机关。

原则上主送一个上级机关，主要是为了增强公文的针对性，明确主办机关，防止推诿扯皮。请示性公文一般主送一个机关，相关的机关或部门宜采用抄送形式，以便主办机关征求意见或会签。请示内容是要求答复的事项，主送机关有责任研究并做出答复。如果多头呈送，会造成机关之间相互等待或意见不统一，增加协调难度，影响工作效率。由于某些特殊情况或者跨系统的工作事项，需要同时向两个上级机关请示工作的，两个下级机关联合行文时，可以主送两个上级机关。比如，地方党委、政府联合向中共中央、国务院请示工作时，可以主送中共中央、国务院。这种公文的办理流程已有规定，一般以一个机关的办公厅为主办理，另一方协助，如请示内容主要涉及政府职责且牵头部门为国务院部门的，由国务院以适当方式审议或审批后，再按程序办理。

不抄送下级机关，是因为本级机关向上级机关行文，大部分为未定事宜，有的还涉及保密、敏感或不宜向下级机关通报的事项，在上级机关批复决定前不宜抄送下级机关，以免引起混乱。

（二）请示应当一文一事

请示应当一文一事，对请示事项应当提出倾向性意见。

请示应当一文一事，机关或部门都有明确分工，各自只能办理职责范围内的事，如果一文数事，必然涉及几个主管部门，给公文交办带来困难，即使交办出去，也有可能增加办复意见汇总或办文会签等环节，降低工作效率。

对请示事项应当提出倾向性意见，是指下级机关的请示事项，如需以本机关名义向上级机关请示，应当提出倾向性意见后上报，不得原文转报上级机关。

（三） 不得在报告中夹带请示事项

不得在报告等非请示性公文中夹带请示事项，是因为报告和请示是两个不同的公文种类，适用范围不同，不能混用。报告是向上级机关汇报工作，反映情况，或向上级机关提出意见、建议，供上级机关决策参考，属于阅件。上级机关对报告一般不作答复，如果报告中夹带了请示事项，很容易误事。如果既想汇报工作让上级了解情况，又想请示解决问题，一般有两种办法解决：一是将报告内容和请示事项分开，形成两件公文分别上报；二是以请示公文为主，将报告的内容作为附件，附在请示后作为说明材料，让上级了解请示事项的背景和有关情况。

（四） 政府部门未经授权不向下一级政府正式行文

政府的办公厅（室）根据本级政府授权，可以向下级政府行文，其他部门和单位不得向下级政府发布指令性公文或者在公文中向下级政府提出指令性要求。需经政府审批的具体事项，经政府同意后可以由政府职能部门行文，文中须注明已经政府同意。除以函的形式商洽工作、询问和答复问题、审批事项外，一般不向下一级政府正式行文。

在工作实践中，有的公共管理事务庞杂、涉及部门多，需下一级政府统筹协调予以推进落实，但是按隶属关系和职权范围，政府部门又不具备布置工作提出要求的行文权限时，可通过本级政府授权行文来解决。国务院组成部门的做法是，首先向国务院报送发文请示，经批准后再拟制下行文，主送省级人民政府或国务院相关部门贯彻执行，公文的正文导语部分须注明"经国务院同意"。例如，2017年8月1日，交通运输部等10部门联合印发的《关于鼓励和规范互联网租赁自行车发展的指导意见》（交运发〔2017〕109号），就是多部门联合行文报请国务院同意后，再联合制发文件，主送各省、自治区、直辖市人民政府和国务院各部委、各直属机构，对规范和鼓励"共享单车"的发展进行工作部署。文件导语部分"为了鼓励和规范互联网租赁自行车发展，经国务院同意，现提出以下指导意见。"体现了经国务院授权，履行报批程序在先，否则就违反了下行文规则，超越了部门的行文权限。

二、机关内部关系及行文规则

机关内部关系是指一个机关内部的管理关系。机关的内设机构只能代表本单位行使自己职责范围内的业务管理工作，只有机关的办公厅（室）才是法定的管理机构，经过机关授权，可以以本机关的名义对外行文，可以代表机关的意志，以文件形式向下一级机关、所属单位以及其他内设机构发布指令性、政策性公文和管理规范，下级机关、单位和部门都应贯彻执行。

体现在行文规则上，就是《党政机关公文处理工作条例》第十六条和第十七条的具体规定：党委、政府的办公厅（室）根据本级党委、政府授权，可以向下级党委、政府行文；党委、政府部门内设机构除办公厅（室）外不得对外正式行文。

《交通运输部公文处理办法》第十七条做了更加细化的规定，以下有关"行文"或"正式行文"的表述，可理解为以文件形式制发公文。

交通运输部机关司局除办公厅外不得对外正式行文。即，交通运输部机关司局不得向部机关以外的其他机关（包括交通运输系统）发布政策性、规范性文件，不得代替部审批下达应当由部审批下达的事项。

交通运输部机关司局在业务范围内与相关单位商洽工作、询问和答复问题等，可以司局函的形式处理。严禁使用司局函进行工作部署、审核批准、奖惩人员和检查评估等。

除有关人事任免、奖惩、调动等事项外，交通运输部机关司局之间原则上不互相行文。

交通运输部议事协调机构和临时机构一般不对外行文。

三、以上级机关名义行文规则

《党政机关公文处理工作条例》第十六条规定：党委、政府的办公厅（室）根据本级党委、政府授权，可以向下级党委、政府行文，其他部门和单位不得向下级党委、政府发布指令性公文或者在公文中向下级党委、政府提出指令性要求。

政府管理事务中，涉及多个部门的工作部署或重大改革事项，须下级政府统筹安排组织落实的，就需要报请本级政府批准，以本级政府或本级政府办公厅的名义制发下行文。实际工作中，常见的有两种情况：一是报请以上级机关或以上级机关办公部门名义行文；二是以上级机关名义批转或以上级机关办公部门名义转发。

例如，近几年由交通运输部会同其他部门代拟，以国务院或国务院办公厅名义制发的三个文件：《国务院关于促进海运业健康发展的若干意见》（国发〔2014〕32号）、《国务院关于促进快递业发展的若干意见》（国发〔2015〕61号）、《国务院办公厅关于深化改革推进出租汽车行业健康发展的指导意见》（国办发〔2016〕58号），就文件内容来讲，均属于施行国家重大政策或改革事项的范畴，超越了部门的行文权限；就受文对象来讲，需要国务院部门和地方政府共同贯彻执行、落实相关工作任务，报请国务院，以国务院文件或国务院办公厅文件形式发布，主送各省、自治区、直辖市人民政府，国务院各部委、各直属机构，并在文中对各地区、各有关部门落实责任、制定相关配套措施提出了明确要求，符合《党政机关公文处理工作条例》对部门和单位不得向下级政府发布指令性公文或者在公文中提出指令性要求的规定。

再如，《国务院关于批转交通运输部等部门重大节假日免收小型客车通行费实施方案的通知》（国发〔2012〕37号）、《国务院办公厅转发发展改革委 财政部 交通运输部关于进一步完善投融资政策促进普通公路持续健康发展若干意见的通知》（国办发〔2011〕22号），这两个文件尽管内容未超出部门的职权范围，但报国务院批转或经国办转发后，受文对象由各自下级政府部门变为下级政府，易于统筹落实好各项工作部署。

按照制度要求，提请以上级机关名义及其办公厅名义印发文件，上报发文请示，除报送代拟稿及起草说明外，还应一并报送公开征求意见情况、部门合法性审查意见、政策出台评估情况以及政策解读、舆情应对方案等。主办部门文秘人员应注意加强审核把关，确保发文请示要件完备、材料齐全、符合规定。

四、联合行文规则

《党政机关公文处理工作条例》第十七条规定，同级党政机关、党政机关与其他同级机关必要时可以联合行文。属于党委、政府各自职权范围内的工作，不得联合行文。

公文涉及其他部门职权范围的，根据工作需要，应当商该部门联合行文。联合行文，指由两个或两个以上机关联合制发公文。联合行文的基本原则是级别相同，可以是同级机关联合向上级机关行文，也可以在各自职权范围内联合向相应下级机关行文。联合行文注意事项：

（1）联合行文应当确有必要，联合行文机关不宜过多。如果国务院部门中联合行文涉及单位太多，就失去联合行文的意义，涉及单位过多就有必要报请以国务院名义或国务院办公厅名义行文。

（2）联合行文时，发文机关标志可以并用联合发文机关名称，也可以单独用主办机关名称。根据《党政机关公文格式》，联合发布的命令（令）和文件一般并用联合发文机关标志，而以信函形式的联合发文，则单独使用主办机关名称。

（3）联合行文时，一般由主办机关首先签署意见，联署机关依次会签。联合行文使用主办机关的发文字号，成文日期署最后签发机关负责人签发的日期。联合上报的公文，由主办机关加盖印章；联合下发的公文，发文机关都应当加盖印章。

（4）不宜联合行文的情况。一是属于党委、政府各自职权范围内的工作，不得联合行文。二是有上下级的隶属关系的机关不宜联合行文。这种隶属关系包括省和副省级城市、政府部门及其管理的国家局。三是政府机关和企业不宜联合行文。政府机关担负着行政管理职能，作为制定和实施公共决策的机构，与某一个企业联合行文就是对其他企业的不公平。四是不同级别机关之间不宜联合行文。联合行文应同级对等。

五、归口管理关系及行文规则

国务院的各组成部门受国务院委托，归口管理某一方面事务，如发展改革委、外交部、财政部、科技部、人力资源社会保障部等，其他部门工作中涉及相关方面的事项，须向这些具有事权的归口部门行文申请批准。因此，出现了平级机关间相关事项的申请和批准，因平行机关之间不存在上下级领导或业务指导关系，所以行文时应使用适用平行关系的文种和公文形式，具体来讲，应使用平行文常用的信函格式和函文种。使用函文种行文申请和批准，也符合《党政机关公文处理工作条例》对函文种的规定，函除了适用于不相隶属机关之间商洽工作、询问和答复，还有适用于请求批准和答复审批事项。例如，交通运输部使用信函格式行文向财政部申请动用年度机动经费，标题为"交通运输部关于申请动用年度机动经费预算的函"；向人力资源社会保障部的申请授予全国技术能手荣誉称号、向外交部申报国际合作基金项目等，这些公文都属于报送归口部门请求批准事项，文尾一般要注明"请予审核""请批准""请审批"等字样。

需要注意的是，在实际工作中向两个以上部门请求批准的事项时常发生，尽管使用的是信函格式，但在公文处理过程中与请示的处理原则是相同的，应主送一个主办部门，其他部门列为抄送，避免因主办机关不明确，延误相关事项的办理。

六、相互协作关系及行文规则

《党政机关公文处理工作条例》规定，党委、政府的部门依据职权可以相互行文。严格意义上讲，机关、单位、部门之间只要没有隶属关系和业务指导关系的，均可视为相互协作关系。这些机关、单位、部门之间因工作上的相互联系、支持而形成的公文往来关系，均适用平行文规则。

办理平行文，在公文形式、文种选用以及措辞表述上，要注意避免使用有明显"方向感"的公文版头、文种和表达方式，以免引起受文单位反感。平行文一般使用信函格式，使用函、意见，也可以使用通知，未经上级机关授权，切忌给仅有协作关系的单位发文件、提出指令性要求。

工作实践中，名义上不相关联的单位，有可能还存在这样或那样的联系纽带，形成一些特殊的关系。因为这些特殊关系的存在，在行文方式上也存在一些特殊现象。

一种是具有属地管理关系。例如，交通运输部所在北京市东城区，涉及属地管理医疗、治安等政策时，就可能出现区级政府部门给部级单位制发下行文的情况；有些事务性的工作布置，即便是街道一级的政府部门，必要时也可制发通知，要求辖区的相关单位组织落实。

另一种是经上级机关批准为完成专项任务而形成的工作关系。例如，交通运输部牵头的国家海上搜救部际联席会议、国家海上搜救和重大海上溢油应急处置部际联席会议等，这些工作机制的成员单位之间应是不相隶属的平行关系，牵头单位在进行工作分工或周知有关事项时，一般采取以函格式制发通知的形式开展工作，而不是使用文件格式。这一做法，符合《党政机关公文处理工作条例》关于通知文种的有关规定，即：通知适用于发布、传达要求下级机关执行和有关单位周知或者执行的事项，批转、转发公文。向专项任务工作机制中的成员单位行文，可理解为适用其中的"发布、传达有关单位周知或者执行的事项"。

第六章　公　文　精　简

一、公文精简的概念

"精简高效"是公文处理工作的基本原则，也是党政机关优良作风在公文处理工作中的具体体现，应当贯穿于党政机关公文处理工作的始终。关于公文精简的概念，2014 年 4 月 1 日起施行的《交通运输部公文处理办法》第六章指出：公文精简是指通过采取积极有效的措施严格控制公文的数量、规格、篇幅和印发范围，做到公文数量适度、规格适用、篇幅适当、印发范围适宜。

精简，即精练、简少之意。在公文处理工作中，"精简"既是理念的总要求，也是实际操作具体的指导原则，其核心是精简数量、压缩篇幅。新形势下做好公文精简工作，就是要积极探索发文规律，在保证公文的功能和效果前提下，尽量减少公文，做到减少公文数量和提升公文质量并重，二者不可偏废，这也是办公厅（室）加强公文管理工作的关键。

二、公文精简的必要性

（一）公文处理的内在要求

中共中央办公厅、国务院办公厅于 2012 年 4 月印发的《党政机关公文处理工作条例》，是各级党政机关公文处理工作的依据和准则。该条例第三条对"党政机关公文"给出了明确清晰的定义，指出"党政机关公文是党政机关实施领导、履行职能、处理公务的具有特定效力和规范体式的文书，是传达贯彻党和国家方针政策，公布法规和规章，指导、布置和商洽工作，请示和答复问题，报告、通报和交流情况等的重要工具。"第五条规定"公文处理工作应当坚持实事求是、准确规范、精简高效、安全保密的原则。"第十三条规定"行文应当确有必要，讲求实效，注重针对性和可操作性。"可见，公文精简是公文处理工作的内在要求，也是确保公文质量的必然要求。各级党政机关应该把有效控制公文数量、有效提升公文质量作为一项重要工作来抓，不断提高公文处理工作的科学化、制度化和规范化水平。发文机关的办公厅（室）应该严格审核把关，发文理由不充分、发文意图不明确的，应退回公文起草单位。公文起草人员应该准确把握公文精简的有关要求，确保公文立意精辟、结构精当、叙述精到、文笔精悍。

（二） 铲除"文山"的有效举措

诚然，印发公文是部署、落实、推动工作的重要手段，但是发文过多、篇幅过长，将使公文的权威性和严肃性大打折扣。例如，部署同一项工作，如果上级机关今天印发意见，明天印发通知，后天又发电报，不仅增加了经费支出，而且极易引起下级机关对上级机关的工作部署产生抵触情绪。如果公文过多、过长，机关工作人员需要花费大量的时间和精力来阅读和办理，就难以拿出更多的时间和精力去深入调研、谋划工作、落实部署，最终将导致行政效率下降、工作作风漂浮。大力实施公文精简，彻底治理"文山"现象，切实把干部职工从"文山"中解脱出来，是提高行政效率、节约行政成本、减少公用经费支出的内在体现，有利于以优质高效的公共管理活动促进经济社会持续健康发展。

（三） 改进作风的必然要求

公文泛滥、篇幅冗长、内容空泛、质量和效率不高等问题有着巨大的危害和深远的消极影响。近年来，党中央、国务院多次就公文精简作出周密部署、提出明确要求，各部门各单位采取一系列措施大力精简公文，取得了重要的阶段性成效。但是在一些地区和部门，文件多、篇幅长等情况还没有得到根本改变，究其原因，就是对印发公文陷入了一些误区：认为只有印发了公文才能体现出某项工作的重要性，过多地依赖印发公文推动工作开展；认为公文篇幅越长，内容越丰富，越能体现出对某项工作的重视；还有的认为，只有印发了公文，才能证明上级机关部署的某项工作得到了落实，习惯于以"以文件落实文件"。从一定意义上说，这些都是形式主义和官僚主义的具体表现。党的十八大以来，以习近平同志为核心的党中央以踏石留印、抓铁有痕的韧劲狠抓作风建设，其中一个重要方面就是改进文风。习近平总书记强调："文风不正，危害极大"。党的十八大报告指出，要"下决心改进文风会风，着力整治慵懒散等不良风气，坚决克服形式主义、官僚主义"。中央八项规定明确提出"精简文件简报，切实改进文风""没有实质内容的文件一律不发"。大力实施公文精简，是坚决抵制形式主义、官僚主义、文牍主义等不良风气的实际举措，是公共管理活动中势在必行的一项重要工作。

三、公文精简的内容

（一） 严格控制公文数量

《交通运输部公文处理办法》第二十八条规定，要严格控制公文数量。凡国家法律法规、党内法规、交通运输部门规章已作明确规定的，不再印发公文；现行文件规定仍然适用的，不再印发公文。对中共中央、国务院文件，要结合实际贯彻落实，不得直接转发；未经党中央、国务院批准，不得向地方党委和政府发布指令性公文或者在公文中提出指令性要求，不得要求地方党委和政府报文。属于交通运输部党组职权范围内的工作，以党组名义报送党中央；属于交通运输部职权范围内的工作，以部名义报国务院，不得多头报文。

《中共交通运输部党组关于印发贯彻落实中央八项规定精神实施细则的通知》第九条规定，交通运输部落实党中央、国务院工作部署，需列入党中央、国务院发文计划的，部机关司局要结合实际，研究提出发文项目，经部主要负责同志审定同意后，由部办公厅汇总报送中央办公厅、国务院办公厅。加强对部发文的统筹，科学制定并严格执行部重要发文年度计划，减少临时性发文。未列入计划的一般不得发文，确有必要的起草单位应按程序报批。

公文精简，关键是严格执行党中央、国务院关于精简文件的系列部署要求，重点是减少不必要发文。制发各类公文要坚持少而精的原则，行文应当确有必要、注重实效，杜绝照转照抄、不解决实际问题的文件。在公文办理过程中，有配套分工方案的，应与主文一并印发，原则上不单独发文；在半年、年终总结及筹备全局性工作会议等重要时间节点，需要本机关内部有关单位提供总结类材料的，应由办公厅（室）统筹安排，避免多头印发通知、重复报送材料；针对部分文件存在内容相近、领域相同的情况，可将这部分文件合并为一个文件印发，切实减少公文数量。

（二）严格控制公文规格

《交通运输部公文处理办法》第二十九条规定，要严格控制公文规格。由部门或部门联合发文能够解决的，不再上报中共中央、国务院（含中共中央办公厅、国务院办公厅）转发或印发。以交通运输部办公厅名义发文能够解决的，不以交通运输部名义发文。通过电话、传真、电子邮件、司局函等方式能够解决的，不正式发文。部领导的讲话，不宜向社会公布的，用"交通运输部内部情况通报"印发；可以向社会公布的，通过交通运输部政府网站等媒体公布。

在实际工作中，一些部门把以上级机关名义发文作为文件有分量的标志，一些本来以部门自己名义发文就完全可以解决问题的公文，也热衷于以上级机关名义发文，认为不这样，就难以引起有关部门的重视，就难以解决问题。有些部门和工作人员存在"红头文件"情结，本来可以通过电话、电子邮件解决问题的，非要通过制发公文解决，事事发文件、事事等文件势必造成公文数量增多。通过严把发文规格关，在具体的文稿审核中可以将一些具体事务性、时限紧急但又没有存档价值的公文改成以便函的形式印发。

（三）严格控制公文篇幅

《交通运输部公文处理办法》第三十条规定，要严格控制公文篇幅。倡导清新简练的文风，不讲空话、套话、虚话。起草公文要突出思想性、针对性和可操作性，做到条理清楚、文字精练，意尽文止。

《中共交通运输部党组关于印发贯彻落实中央八项规定精神实施细则的通知》第十条规定，大力弘扬"短、实、新"文风，突出公文的政治性、思想性、针对性和可操作性，表述准确严谨，简明实用，严格落实部发文起草及审核责任清单。严格控制篇幅，部署交通运输全局性工作的文件一般不超过6000字，部署专项工作或具体任务的文件一般不超过4000字。

控制公文篇幅，核心是语言简洁，用最少的文字表现最多的信息，长话短说，惜字如金，最大限度压缩文字量，做到言简意赅。当然，"短"不是唯一标准，内容还要"精"才行。而要使自己写的公文"短小精悍"，就需要有高度的概括能力，要有一语中的、句句讲到点子上的本领。假若没有深邃的思想深度和敏锐的洞察力，没有丰富的知识储备和严谨周密的逻辑思维，三五句话是不能产生撼人心魄、让人折服的力量和效果的。所以，写短文是一种本领。

（四）严格控制公文印发范围和印发份数

《交通运输部公文处理办法》第三十一条规定，要严格控制公文的印发范围和印发份数。推进政府信息公开和信息化建设，创新行政许可事项办理方式，可以向社会公开的事项应当通过交通运输部政府网站公布或网上办理。通过媒体公开发布的公文，不再下发纸质公文。已标注公开发布的公文，不再翻印。

由于上行文和平行文多是点对点的发文，一般不存在印发范围过大的问题，因此，印发范围过大的问题主要体现在下行文中，发文机关要准确确定公文的印发范围，防止"普发文"泛滥。公文处理工作中，在确保安全保密前提下，应充分利用政务信息化系统，减少纸质公文数量，提高公文处理时效，涉密公文通过机要渠道发送，面向行业的普发性非涉密公文可通过非涉密公文传输系统发送。

四、公文精简的措施

（一）加强发文统筹管理

实行发文计划目标管理，年初可根据年度工作总体安排，着眼于"少发文、慎发文、发管用的文"，大致明确本年度精简公文的目标比例，对年度发文进行目标管理，防止发文的随意性、盲目性。当然，制定的目标不能成为"硬规定"，要预留一定的弹性空间，在围绕既定目标严控行文的同时，可根据各阶段工作任务进行适时调整。

（二）落实公文审核责任

《党政机关公文处理工作条例》第二十条、第二十一条规定，公文文稿签发前，应当由发文机关办公厅（室）进行审核；《交通运输部公文处理办法》第三十五条、第三十六条规定，公文文稿签发前，应当由主办司局和办公厅分别进行审核。审核的重点之一即是"行文理由是否充分，行文依据是否准确"，经审核不宜发文的公文文稿，应当退回起草单位并说明理由。实践证明，公文精简最有效的办法就是在进入办文程序前，对公文初稿把好前置审核关口，落实发文责任清单，做到制发文件着力于解决实际问题，注重实效，可发可不发的文一律不发。

（三）提高公文拟制能力

应加强公文业务知识培训，着力增强公文起草人员的业务能力。公文起草人员要增强责任意识，加强业务学习和调查研究，掌握第一手资料，起草公文时要在认真剖析大量事实和数据的基础上，善于通过现象把握规律和实质，讲话讲在"实"处，说理说到"点"上，避免写那些"放之四海而皆准"却无用的空话、套话和虚话，力求使公文以简短精悍的体式，承载丰富深刻的思想内容，做到开门见山、言之有物，切忌冗长空繁、照抄照搬。

第七章 公文写作

第一节 公文起草

一、基本要求

《党政机关公文处理工作条例》第十九条对公文起草提出了七点要求，概括起来分为三个方面，即内容要求、起草方法要求和文稿质量要求。

（一）内容要求

1. 公文的内容要符合国家法律法规和党的路线方针政策

拟稿人要注重政策理论和法律法规知识学习，具备较强的政策理论水平和法律素养，公文起草时应以党的理论路线方针政策和国家法律法规为依据和准绳，确保起草的公文不与有关政策、法律、法规相违背或脱节。

2. 公文的内容要完整准确，体现发文机关意图

拟稿人要全面深入理解发文所要实现的目的，包括发文的意义、要解决的问题、提出的政策措施办法要求等。公文主题的确立、材料的取舍以及表达方式和文种的选择等应围绕行文目的和要求进行。

3. 公文的内容要同现行有关公文相衔接

（1）要同上级相关公文相衔接，不能违背上级机关公文精神，要把上级机关公文要求贯彻执行到位，结合实际提出具体措施，力戒照抄照转。对中共中央、国务院文件，要结合实际贯彻落实，不得直接转发。

（2）要同本机关公文相衔接，保证工作连续性和严肃性。新制发的公文对现行公文规定作出改变时，应当予以说明。

（3）同其他机关公文相衔接，避免"政出多门""政策打架"，确保政令统一。

（二）起草方法要求

1）机关负责人应当主持、指导重要公文起草工作。

2）一切从实际出发，分析问题实事求是，所提政策措施和办法切实可行。

（1）要深入调查研究，充分进行论证，广泛听取意见。

（2）公文涉及其他单位职权范围内的事项，主办单位必须征求相关单位意见，力求达成一致。

（3）公文涉及重大公共利益、公众权益和敏感事项，可能引发社会稳定问题的，应当进行社会稳定风险评估。

（4）重要的行政规范性文件要严格执行评估论证、公开征求意见、合法性审核、集体审议决定、向社会公开发布等程序。

《国务院办公厅关于加强行政规范性文件制定和监督管理工作的通知》（国办发〔2018〕37号）要求，起草行政规范性文件，要对有关行政措施的预期效果和可能产生的影响进行评估。对专业性、技术性较强的行政规范性文件，要组织相关领域专家进行论证。评估论证结论要在文件起草说明中写明，作为制发文件的重要依据。除依法需要保密的外，对涉及群众切身利益或者对公民、法人和其他组织权利义务有重大影响的行政规范性文件，要向社会公开征求意见。起草部门可以通过政府网站、新闻发布会以及报刊、广播、电视等便于群众知晓的方式，公布文件草案及其说明等材料，并明确提出意见的方式和期限。对涉及群众重大利益调整的，起草部门要深入调查研究，采取座谈会、论证会、实地走访等形式充分听取各方面意见，特别是利益相关方的意见。建立意见沟通协商反馈机制，对相对集中的意见建议不予采纳的，公布时要说明理由。

3）起草涉密公文时，应当使用符合国家保密规定的计算机、网络及移动存储介质。

（三） 文稿质量要求

1）公文要突出思想性、针对性和可操作性，严格控制篇幅，不讲空话、套话、虚话，倡导清新简练的文风，做到主题鲜明、重点突出、结构严谨，表述准确，文字精练。

2）文种正确，格式规范。主要体现在以下几个方面：

（1）公文的文种应当根据行文目的、发文机关职权与主送机关的行文关系确定。

（2）拟制紧急公文，应当体现紧急的原因，并根据实际需要确定紧急程度。

（3）结构层次序数，第一层为"一、"，第二层为"（一）"，第三层为"1."，第四层为"（1）"。

（4）公文中使用的汉字、数字、外文字符、计量单位和标点符号等，按照国家有关标准和规定执行。人名、地名、数字、引文准确。引用公文应当先引标题，后引发文字号。日期应当写明具体年、月、日。引用外文，应当在第一次出现时注明中文含义。

二、主要步骤

（一） 领会意图

领会意图、确立主旨，是写好公文的前提条件。领会意图，主要是弄清四个问题，即发文目的、发文形式、行文对象、公文的主要内容和具体要求。

（1）弄清楚发文目的，是指找准拟文的依据，包括任务依据、职能依据、法律依据等，如履行本部门本单位法定职能，落实上级机关工作部署，或应其他部门或单位的要求行文等。

（2）弄清楚发文形式，是指根据行文目的、发文机关的职权以及发文机关与受文机关的行文关系等要素来确定文种选用以及适用的发布载体形式。

（3）弄清楚行文对象，指找准拟文角度，即：我是谁？我要和谁说话？我要说什么？我要怎么说？拟文角度是由公文作者和读者的特定性决定的。拟文时要考虑到不同的行文主体、不同的阅读对象，选择不同的公文文种，运用不同的表达方式，使用不同的语气措辞。如果没有考虑到不同的行文主体、没有把握住特定的阅读对象，便可能产生行文上的差错，或用错文种，或措辞不当、语言不得体。

（4）弄清楚公文的主要内容和具体要求，指确定拟文的基本逻辑、篇幅长短、完成时限等，即：是什么？为什么？怎么办？以此来拟订提纲、准备材料，做好公文起草的整体安排。

（二） 拟订提纲

领会意图，确立发文主题后，接着应对公文起草有个通篇的考虑，先写哪些内容，后写哪些内容；哪些为主，哪些为辅；哪些详写，哪些略写；突出什么重点，使用什么材料，这就需要拟订提纲。拟订提纲的过程也是安排公文结构的过程。

拟订提纲的方法取决于文稿的类型和拟稿人的写作习惯。例如，比较重要的、大型的公文，机关主要领导往往亲自主持、指导起草工作，通常要把相关起草人员召集在一起，不仅研究公文写作的主题，而且还有讨论提纲，确定思路，有时甚至连文稿的层次结构、材料安排与使用也要事先敲定。而一些小型的公文，一般只需要个人列出提纲。有的拟稿人擅长打腹稿，待思路明晰后挥笔而就，一气呵成。有的拟稿人则习惯于把提纲落在纸面上，大体上搭个架子、拉上几条，或者写得详细，相当于有了公文的雏形。

至于是先列提纲、再收集材料，还是先准备材料、后列出提纲，要视具体情况而定。先列提纲，再去调查研究，整理材料，同时边发现问题边修改提纲，使提纲更符合客观实际和公文写作的需要，这样有的放矢，可以避免少走弯路，但也要防止先入为主，脱离实际。无论采取哪种方法和形式，都应注意以下几点：

（1）从大处着眼，注重文章整体布局。先整体后局部，谋篇在先，层次段落、具体内容在后。

（2）编写提纲的语言要力求概括凝练，有较大容量。

（3）及时记载构思成果，反复修改，使提纲内容逐渐丰富详尽，为文稿起草打好基础。

（三）准备材料

公文写作需要拥有丰富的材料。材料是确立主旨、形成观点的基础，材料也是构成公文内容的血肉，起着证明观点、表现主旨的作用。根据提纲选择能够充分说明主题的材料，是公文内容丰富翔实的关键。公文起草人员在搜集、选择和使用材料时，必须对所选的材料进行反复研究和比较，做到去粗取精、去伪存真、由此及彼、由表及里，抓住事物的本质，从感性认识上升到理性认识，达到观点和材料相统一。

1. 收集材料

（1）要注意核实材料的真实性。公文起草所使用的材料必须是真实的、确切的，不能出现半点差错。对于那些难以把握而又限于时间和条件难以核实的材料，要坚决更换，绝不能凑合使用。

（2）要注意材料的典型性。按需要选用那些具有代表性、典型性的材料，以说明问题、突出和表现主题。

（3）要注意材料的实用性。搜集材料时，还需要进一步研究分析和筛选，留下有用的材料。判定材料是否有用，主要看其能否切题，是否能够准确地说明主题，使主题得以成立。

2. 选择材料

公文材料的选择，一般取决于两个因素：

第一个因素是材料所反映的事物的特点。任何材料都是由若干部分组成的，而这些部分就形成了材料所反映事物的不同侧面。选择角度时往往是选择这样一个侧面，使事物的特点突现出来。

第二个因素是公文阅读者的需求。这种需求根据行文方向的不同而有所区别。上行文往往选择突现材料的参谋和请示作用的角度，下行文往往选择突现材料指示和指导作用的角度。例如，同样是工作总结材料，呈报给上级机关时，应从领导的角度来阐述工作的体会和心得作为侧重点，下发给所属单位时，则应从全局的角度以阐述基层工作成绩和成功做法为侧重点。

3. 使用材料

使用材料的常用方法有以下几种：

（1）找亮点，即选择一个事物最有意义的侧面来写。

（2）找焦点，即选择一个事物最有特色的局部为侧重点来写。反映工作动态、总结新鲜经验、研究现实问题，有时需要从总体上、全貌上去写；有时需要缩小角度，从一个局部或一点上来展开，集中一点，易于深入。一般来说，后者就有找准焦点的问题，要选择最有特色的工作、最有新意的经验、最有现实性的问题，作为写作的切入点。

（3）找新点，即选择新的观察点来认识事物、研究问题。

（4）找视点，即从上级领导的关注点来选择材料的写作角度。上报的公文材料，往往要从上级机关领导需求的角度来选择材料，特别是业务性较强的材料，对这类材料就要考虑上级机关领导的关注点，确定材料的重点，使之既简明扼要，又有参考价值。

（四）起草正文

起草是公文写作最重要的环节，也是体现作风、改进文风的关键环节。交通运输公文的起草要倡导"短、实、新"，突出针对性、指导性、可操作性，表述准确严谨，做到务实管用，切实提高公文的质量。

一是短。就是要力求简短精练、直截了当，要言不烦、意尽言止，观点鲜明、重点突出。能够三言两语说清楚的事绝不拖泥带水，能够用短小篇幅阐明的道理绝不绕弯子，用尽可能短的篇幅把问题说清、说深、说透。

二是实。就是要力求反映事物的本来面目，分析问题要客观、全面，既要指出现象，更要弄清本质；阐述对策要具体、实在，要有针对性和可操作性。追求朴实的文风，实事求是，不夸大成绩，不掩饰问题，多用事例、数据来佐证，用朴实的语言阐述深刻的理论。

三是新。就是力求思想深刻、富有新意。起草公文时，既要注意采用新的立意角度，选用新的素材，使用新的语言表达方式，在谋篇布局、遣词造句上追求变化、富有新意，更要在探索规律、认识真理上有新发现，在解决问题上有新理念、新思路、新举措，把中央精神和上级要求与本地区本部门本单位实际结合起来，体现特色和创新。

（五）反复修改

1. 先统揽全局，后斟词酌句

修改文章要统观全局，从全篇着眼，从大处着手。开始修改时，不要急于逐字逐句去斟酌，而应该从大的方面，如领导意图、主题思想、内容结构、上级指示等方面去考虑，看是否符合上级领导意图，主题是否突出，观点是否正确，依据是否充分，结构是否严谨，措施是否可行等。然后再考虑局部问题，如用字、用词、用语是否简明、准确，语言是否流畅，标点符号是否规范，结构层次序数、数字书写是否符合要求，以及遣词造句、文字润色等是否有新意。

2. 增删改调，各得其所

增，就是增补，把缺少的，不足的进行补充增加，凡是观点不明确，材料不具体，以及遗漏的字、词、句、段都补充、增加进去。

删，就是把繁杂多余的抹去、删掉，凡是与表达观点无关的材料，无关的字、词、句、段都要毫不吝惜地删去。

改，就是把错的、不正确、不准确的改对、改准，凡是内容不正确，材料不准确，格式不恰当，安排不合适，以及错别字，不通、不好的句子，误用的标点符号，都要把它改对、改正、改好。

调，就是做一些结构、叙述、次序方面的调整，把次序、位置不当的加以调动、整理，凡是语句次序不当、段落层次安排不合适的，都要进行调整，做到各有其位，各得其所。

3. 逐级把关，各负其责

公文修改不同于一般文章修改，在写作过程中有法定的程序，有法定的核稿、审定的负责人。

通常情况下，公文修改要经过四个环节：一是起草者自己修改；二是本业务部门领导修改；三是办公室或文秘部门修改；四是领导修改。这四个环节都有修改把关的义务和责任，需要按各自的职责和能力认真修改。

公文修改也要防止两个倾向：一是认为反正有上级把关，在自己这一层次草率马虎，过手了事。二是不顾上下关系，不了解实际情况，自作主张，乱改一气。

4. 质量第一，宁缺毋滥

要坚持高标准，严要求，一丝不苟，认真斟酌，反复推敲。对质量水平低的文稿，要下功夫修改。对问题较严重，不能准确反映主题思想、结构层次较乱、语言文字上毛病较多的文稿，一定要推倒重来，或重新组织人员起草。衡量一个文稿修改功夫下得够不够，不是看修改了多少遍，而要看主题是否鲜明，内容是否准确，是否提出了一些新的观点，对指导工作能否产生作用。

第二节　公文的谋篇布局

公文的谋篇布局，是指公文的结构安排，也是通常所说的列提纲、搭架子，是指根据文章主题的需要，遵循一定的逻辑，有规则、有次序地对材料加以排列组合，使公文成为一个有机的整体的过程。公文的结构由层次和段落组成。安排好公文的结构，也就是安排好层次和段落，做到层次清晰、段落衔接、内容照应。

一、层次安排

层次,是公文中表达思想内容的基本单位,着眼于整篇文章内容先后次序的划分。层次要体现出客观事件发展的阶段性、客观事物组合的系统性、客观事物内部的条理性、认识与表现客观事物的程序性。一般来讲,安排层次要注意突出主旨,顺序合理,避免交叉,体例匀称。常见的安排层次的方式有以下三种:

(一) 总分式

总分式层次安排,开头先做总的概括,接着分别进行叙述。分别叙述的层次之间具有一定的并列关系。起草通知、通报、计划、调研报告等,经常采用总分式的方式。例如,年度工作计划,开头先提出全年工作总的指导思想,然后分别对经济、改革、法制、党建、精神文明建设等项工作,提出具体的工作目标。采用总分式,各分述部分层次要分明,不能互相包容;顺序要合理,避免轻重倒置;详略要匀称,防止畸轻畸重。

(二) 递进式

递进式层次安排,其特点是前后层次的内容是层层递进的关系,或者是前因后果的关系。起草调研报告、工作总结、情况通报等,经常采用这种方式安排层次。例如,一篇自查工作报告,需说明三层意思:第一层是认真学习上级文件精神,提高认识;第二层是认真开展自查,对标要求,找出差距;第三层是积极整改,采取措施,将有关要求落实到位。这三层意思是环环相扣、层层递进的,前一层是后一层的前提,后一层是前一层的结果。递进式的结构,各层次前后联系极为密切,有着严密的逻辑关系,不能随意变换次序。

(三) 时序式

时序式层次安排,也叫贯通式,就是按照所写事物进程、时间推移来安排结构。情况报告、事故报告、专题报告等,常用这种结构形式,有些会议纪要,也按照会议的进程顺序来叙写。

二、段落划分

段落,也称作自然段,它是公文结构的基本构成单位,也是公文中表达完整意思的最小单位。段落是作者思维进程中的转折、间歇在公文结构上的体现。段落一般小于层次,往往几个段落才能构成一个层次;但段落有时也等同于层次,小型简单的公文,一个段落就是一个层次。划分段落是表达内容、体现层次的需要,划分段落的方法主要有以下三种。

（一）按中心意思划分

按中心意思划分段落，即每一段落安排一个中心意思。每一段落以段旨句开头，概括提示全段的内容。其下内容围绕段旨句展开阐述，直到把中心意思表达完全。

（二）按条项内容划分

按条项内容划分段落，通常在法规性公文中比较常见，分条列项来写，一条法规形成一个段落，并标上序号，使条目清晰。其他种类公文，起草通知时也经常使用这种方法，将每一项内容划分为一个段落，用序号标明。

（三）按照事物发展阶段划分

一项工作的开展具有阶段性，在叙述每一阶段发展过程时，可以分段落来写。

三、衔接照应

（一）衔接

衔接是指层次、段落之间的连接和转换，起承上启下的作用。公文衔接须自然，一般依靠过渡词、过渡句、过渡段来进行。例如，总之、因此、可是、相反、综上所述、由此可见等，就是常见的过渡词；现将有关情况报告如下，以下分三个方面说明，等等，就是常见的过渡句。而过渡段一般在篇幅较长的公文中使用，标志前后两段内容有明显的转换。

运用过渡段进行衔接，在公文中常见以下两种情况。

（1）内容转换时需要过渡。在工作总结的写作中常有这种情况，前面讲工作中取得的成绩，接着要说明工作上还存在的缺点和问题。成绩和问题二者是对立的，因此，上下文之间通常需要这样的转折过渡段，如"但是，在成绩面前我们应当清醒地看到，无论是在领导工作，还是在机关作风上，都存在着一些值得注意的问题，主要是……"这段话承上启下，使文章前后贯通。

（2）由总括到分述时需要过渡。总分法安排结构时，在总的概括之后，分项叙述之前需要进行过渡，使上下文连贯。

（二）照应

照应是指公文的内容要前后关照和呼应。前面提到的问题，后面要有着落；后面说的内容，前面要有所铺垫，这样文稿才能浑然一体。常见的照应有三种。

（1）题文照应。这是公文写作的基本要求之一，做到这一点，关键是要拟好标题。标题应直接揭示公文的主旨，或者提示公文内容的范围，做到切题、简明、醒目、得体。公文的标题一般由发文机关、事由和文种三部分组成。从语法结构上看，公文标题通常是以文种为中心词，以发文机关、事由为限定修饰成分的偏正词组。同时，公文的主要内容，特别是开头撮要部分，也要与标题相照应，达到题文一致的效果。

（2）首尾照应。公文的开头和结尾关联密切，有什么样的开头，就应有什么样的结尾与之呼应，做到首尾圆合。例如，一篇春运工作部署的通知，开头提出的目标任务，结尾则要写采取怎样的落实措施来实现目标，以确保各项任务全面顺利完成，这样做到前后呼应，不仅使通知通篇结构完整，而且使公文主旨更加突出。

（3）前后照应。一篇公文中，后面的内容与前面的内容要照应。例如，起草一篇情况通报，在前半部分如果对工作中存在的问题和原因进行分析，那么在后半部分，则需要针对提出的问题逐项写明解决对策，做到一一照应，使公文结构更加严密。

第三节 公文的语言运用

语言是公文的基本组成单位，只有正确运用语言，才能使公文负担起传达党和国家路线方针政策以及处理公务的重要任务。公文的语言属于应用语体，有其独有的特点、特定的表达方式和使用方法。

一、公文的语言特点

公文语言以实用为目的，以传递策令和信息为内容，具有准确、平实、简练、规范的特点。

（一）准确

准确，是指语言真实确切，无虚假错漏，褒贬得当，语意明确，符合实际。公文写作要做到语言准确，就是要认真分辨词义，慎重选择词性，精心辨析词义。一是要恰当选用词语，使词的内涵与所要表达的意图完全一致，准确、清楚、无歧义。二是对词的外延要作适当和明确的限制，恰当地使用修饰、限制词语，使表意更准确。三是要认真辨别同义词、近义词，注意它们在表达范围、轻重、程度、褒贬等方面的细微差别。

（二）平实

平实，是指语言平直自然，是非清楚，明白流畅，通俗易懂。公文的实用性强，尤其是一些面向社会发布的晓谕性公文，更要求用质朴的语言反映复杂的公务活动。这对公文写作提出了更高的要求，写作时要选用质朴易懂的词语，多使用词语的直接意义或直言义，多使用直述式语言，多使用结构单纯的短句，叙事求实，论理有据，使读者易于领会公文的内容实质。

（三）简练

简练，是指语言简明扼要、精当不繁，服从行文目的及表现主题的需要，当详则详，当略则略，不拖泥带水，用最少的文字，表达尽可能多的意思。公文语言要达到简洁精练的程度，须从以下几个方面下功夫：

（1）要删繁就简，禁绝空话套话。

（2）要根据不同文种的体例结构，采用简明的表达方式，力戒浮泛空论。

（3）要注重公文专用词语的运用，如"妥否""收悉""函复"等。

（4）要选用结构稳定的概括性词语。

（5）恰当运用节缩、数概、引用等修辞方式，适当使用数字图表也有助于语言简洁精练。

公文的语言必须简明扼要，当然也要注意不要由于片面追求简练，而使文义不能得到完整、准确的表达。

（四）规范

规范，是指语句不仅合乎语法及逻辑原则，而且要合乎公务活动的特殊规范性要求。公文要遵守语法规则，使用规范化语言，用词要符合行文的语体风格。公文写作时，要使用书面语言，不用口语、方言，同时要注意用词的规范性，反对生造词语，使用非公知公用的缩略语时要加以注释，做到语法规范、词句完整、词语搭配合理，符合公文庄重性的特点要求。

二、公文语言运用的特殊方式

（一）专用词语

公文专用词语是指在长期行文实践中形成的、有约定俗成的特定含义、使用频率较高的固定词语。专用词语已经成为公文语言体系中相对稳定和程式化的组成部分。公文写作时，掌握并恰当使用专用词语，达到语言简明、格式规范、行文庄重得体的效果。常用公文专用词语主要有以下几类。

1. 开头用语

如：根据、依据、按照、依照、遵照、为了、由于、鉴于、据查、近查、关于、对于等，多用于表示行文的目的、原因、根据、时态、范围和背景情况等。

2. 称谓用语

如：我、本，表示第一人称；贵、你，表示第二人称；该，表示第三人称。

3. 经办时态用语

如：经、已经、业经、现将、已将、既定等，常用于说明工作处理过程的时态。

4. 引述用语

如：前接、近接、欣闻、惊悉、收悉、获悉等，用于引述来文，作为回复行文的依据。

5. 期请用语

如：请、敬请、拟请、特请、报请、即请、务请、希、希望、如无不妥请批转、如可行请转发等，用于表示发文机关的期望、请求或要求等。

6. 征询用语

如：当否、可否、妥否、是否可行等，用于表示征询受文单位的意见建议和态度。

7. 期复用语

如：请批准、请示、请予审核、请审批、请审阅、请函复、请回复等，用于上行文的请示或平行文的商请函、请求批准函的结尾，以期答复。

8. 表态用语

如：批准、同意、照准、可行、照办、原则同意、不予同意、按此办理、照此执行、应予否定、暂不执行等，常用于不同程度地表明对某一事项的态度。

9. 综述转接用语

如：为此、据此、对此、鉴于、因此、总之、综上、综上所述、有鉴于此等，常用于承上启下，领起下文，起到过渡作用。

10. 结尾用语

如：为要、为盼，特此（通知、通告、批复、报告、函告），专此（函复、报告），此复，请认真执行，请遵照执行，请迅速办理等，用于公文的结尾。

（二）介词短语

公文写作时，为了说明原因、摆出根据、表明目的、限定对象、划定范围、讲清道理，常常使用一些介词短语或介词词组作为句子成分。例如，对、对于、关于、向，用于表示对象和范围；为、为了，表示目的；根据、依据、按照、遵照，表示根据；当、从、在，表示时间、处所。

介词短语在公文中使用频率较高。最常见的是在公文标题中，公文制发机关后的事由部分，使用"关于"与其后的词语组成介词短语作为文种的定语。在公文正文中，介词短语通常充当状语、定语，从目的、原因、范围、对象、程度、依据、方式等方面对被表述对象做出限定，使得概念和内容更加明确、严密。

（三）数字使用

公文中数字的具体使用方法按照《出版物上数字用法》（GB/T 15835—2011）有

关规定执行。使用时要确保数据准确，表述正确科学，同时要注意定量和定性相结合，对数据的背景作必要的介绍，对主要数据有分析和说明。

（1）倍数、番数的使用。倍数只能用于表示数量的增加，不能用于表示数量的减少，不能说减少了几倍。反映数字的减少只能使用分数或成数，如某商品价格由100元降为50元，可表述降价50%、价格减半、打五折。番数多用于数量的增加，不用于数量的减少，上缴利税由去年的100万元增加到今年的400万元，可表述为上缴利税翻两番，反之，如数量减少，则不能表述为减少了两番。

（2）数字增、减的表达。增加、扩大、提高、上升、增长等词，其后有"到""为""至"的，均包括原底数，指增加后的总数，而其后有"了"或者直接为数字的，均不包括原底数，仅指净增数。例如，数值从5变为10，可表述为"增加到2倍""增加了1倍""增加1倍"。反之，减少、下降、缩小、降低等词语，使用方法相同。

（3）确数、约数、概数的表达。确数反映确认的认识，公文中请求批准的事项、核准同意的事项，一般使用确数。约数、概数反映粗略的认知和数量的近似值，常在数字后带上"左右""上下""以上""以下"等字样，或者在数字前写上"约""大约""近"字样。说明基本情况、基本动态，对趋势作出预测、估计，通常用约数来表示。另外，使用"以下""以上"时，必要时应说明是否包含本数。

三、公文的表达方式

公文的语言表达，就是用语言文字把公文的思想内容表现出来的方法。一般文章的语言表达主要有叙述、描写、说明、议论、抒情等方法，而公文的表达主要使用叙述、议论和说明这三种方法。

（一）叙述

叙述，即述说工作、事件、人物的基本情况和变化过程等，给人以清晰明确的印象。一般文章要求叙述详尽，而公文的叙述则要求简明。叙述的方法有两种。一是概括叙述。即对总体情况、发展过程的叙述，也称作综合叙述。在阐述形势、反映工作全貌、交代事物背景时，大多采用概括叙述的方法。二是具体叙述。即对事物、人物某一方面的详细叙述。在调查报告、经验材料中，常常要用具体的事实来证明某个观点，这时就要采用具体叙述的方法。按结构形式分类，叙述有纵叙和横叙。前者按事件发生的时间先后或事件本身的发展过程来叙述；后者按事物的空间位置来叙述。按时间顺序分类，有顺叙、倒叙、插叙、补叙，这实际上是把常用的纵叙法按时间顺序进行的再细分；此外，还有一种为平叙，即叙述两件或两件以上同时发生的事件，先叙述一件，再叙述另一件。

（二）说明

说明，是对事物、事理进行解说的表达方式。在应用文章中使用较多。当公文中叙述一件事，介绍环境和背景材料时往往用说明方式。常用的说明方法有诠释说明（也叫"下定义"）、分类说明、数字说明、对比说明、类比说明、举例说明、比喻说明、图表说明等。说明的基本要求是：客观、准确、科学。

（三）议论

议论，是通过逻辑推理来证明观点、辨明是非，借以说服人的表达方式。论点、论据、论证是议论的三要素。议论可以分为立论、驳论、兼论三类。公文中常用的是立论。立论，就是建立自己的论点，证明这一论点的正确性，所以也叫"证明"。立论的方法有直接论证的例证法（注意典型事例）、分析法（完全归纳法和演绎法），有间接论证的引证法、对比法、类比法等。议论在公文中较少使用，使用时也要少而精。

第四节　公文的写作技巧

一、开头的写作技巧

公文的开头，也称为导语，一般要点题或者揭示全文内容走向，领起下文。公文的开头，通常使用"撮要"的写作技法，将全文的核心内容加以概括，开门见山、下笔入题、起句发意，使公文所要表达的内容更加鲜明、突出、醒目，更加易于读者理解和把握，使其较为直接地领会公文的精神实质，达到提纲挈领、纲举目张的效果。公文种类不同，开头部分的写法也有所不同。

（一）指示性公文

决定、决议、意见、通知、通报、通告等指示性公文，开头撮要大多为"目的依据式"，即把制发公文的目的、依据、缘由、原则要求等，用简明的语言高度概括于开篇之处。

（1）介绍目的。常用"为了""为""为此"做句首，形成一个比较固定的目的句，领起下文。

（2）说明根据。常以"根据""遵照""按照"等词语领起，行文有据，增加文稿的权威性。

（3）交代原因。常用"由于""因为""鉴于""当前""进一个时期"等作句首，陈述原因。

（4）阐述观点。通常以"为此""决定""必须"等强调语作句首，先提出结论性意见或者点明主旨，下文再具体解释、说明、阐述。

（二）情况综合性公文

含有工作报告、总结、情况简报、调研报告等内容的陈述性公文，开头部分大多为"情况概述式"，写作时通常用非常简明的语言，概述某一时期或某一方面的基本情况，或者综合阐述基本内容，或者简要介绍有关情况、背景和主要收获等。

（三）申请答复类公文

请示、申请函等公文的开头多为"交代缘由式"，开头着重讲明原因，请示或申请的目的句通常置于"缘由"之后，并以"为此""为""鉴于""为解决上述问题"等作句首，形成目的前置。批复、答复函等公文开头多为"引述来文式"，即以引述来文的标题和发文字号等作为开端，再表明态度，做出评价，提出看法等。

二、小标题的写作技巧

公文的篇章结构，表现为段落层次的有机组合，简而言之，由段而层，由层而篇。篇幅较长的公文，常将全文分为几个部分，每部分用一个小标题，或将全文分为若干层次、段落或条项，每个层次、段落用一个短语或短句提示内容，形成小标题、层首句、段旨句或条首句（以下简称小标题）。小标题的语法结构，通常由名词性偏正短语、动词性述宾短语、主谓短语或动词性谓语构成。实际工作中，小标题的拟写，经常会用到六字短句和四字格词组。

（一）六字短句的使用

六字短句其特征为动宾结构，其效果是铿锵有力、简洁明快。可作为小标题前半句使用，可两三句作排比使用，也可前后穿插长短句使用。

1. 综合业务类

如：关注衣食住行，抓好基本民生，关爱生老病死，保障底线民生，关切安居乐业，强化热点民生，厚植发展优势，提升发展质量，勤思富民之策，笃行利民之举，传承文化基因，筑牢精神家园，发出中国声音，讲好中国故事，澎湃中国动力，彰显中国实力，标注中国能力，激发中国活力，推进融合发展，壮大主流舆论，奏响时代强音，谱写崭新篇章。

2. 方式方法类

直击问题关键，抓住问题要害，坚持问题导向，着眼长远发展，坚持理念先行，坚持改革攻坚，坚持开放先导，做实协同战略，找准攻坚战术，打好年度战役，敬畏发展规律，尊重地方实际，增强工作力度，体察基层疑难，完善制度细节，落实主体责任，理清责任链条，拧紧责任螺丝，提高履责效能，勇立时代潮头，抓住主要矛盾，明确主攻方向，区别轻重缓急，聚焦重点难点。

3. 党的建设类

增强政治能力，严守政治纪律，强化政治担当，提高政治觉悟，廓清思想迷雾，增强理论自信，抓好理论武装，加强阵地建设，开出醒脑良方，筑牢思想根基，补足精神之钙，高扬信念之帆，把牢思想之舵，校准思想之标，绷紧纪律之弦，调整行为之舵，常修为官之德，常怀律己之心，坚守为政之本，上紧作风发条，织牢制度牢笼，紧握法纪戒尺，挺起精神脊梁，增强党性修养，强化宗旨意识。

（二）四字格词组

四字格词组是现代汉语词组的基本结构形式。它具有简洁凝练、朗朗上口的特点，富有概括性和表现力，被广泛应用于段旨句，产生较好的表达效果。

1. 条件评价类

稳步提升，稳中有进，不断巩固，不断涌现，不断扩大，明显提升，显著增强，更加凸显，更加彰显，得到增强，得到提高，取得突破，日益健全，扎实推进，成果丰硕。

2. 列举情状类

脱离实际，脱离群众，滥用权力，思想僵化，墨守成规，机构臃肿，不讲效率，互相推诿，捕风捉影，歪曲事实，蛊惑人心，不负责任，不守信用。

3. 希望要求类

自力更生，艰苦奋斗，无私奉献，奋勇前进，谦虚谨慎，戒骄戒躁，拼搏进取，监督指导，满足需要，专心致志，精益求精，不畏劳苦，百折不回。

公文写作时使用小标题，要注意紧扣主题、围绕主旨和中心思想，从不同方面说明、阐述或论证主旨。同时，小标题的使用还要注意准确全面、包举、对等，从表达主旨需要出发，涉及的方面、表述的角度尽可能完备，内容互不包含，彼此间相对独立、并列。另外，小标题的语言形式要与公文整体保持协调，同一部分、同一层次的小标题力求句式相似、修辞相类、字数相近、匀称和谐。

三、归纳综合的写作技巧

归纳综合是公文写作常用的一种方法，就是把反映各方面情况的零散材料联系起来思索，归纳成一个整体材料，来反映事物的本质和全貌。工作报告、通报等公文，通常需要对某项工作情况做整体上的综合，以反映全局情况。归纳综合分为横向综合和纵向综合两种。

(一) 横向综合

横向综合，这种方法是对某一横向层面的情况进行归纳汇总，得其概况和特点。一个机关的内设机构是一个横向层面，某个系统的所属单位及其负责业务指导的下级机关又是另外一个横向层面。公文中经常需要对这种横向的情况进行综合，以反映事物发展的总趋势。例如，对某个系统下属单位的工作情况进行年度汇总，反映出全系统一年工作的基本情况和主要成绩；对某个行业各单位开展专项活动的做法进行归纳，反映普遍做法和工作成效，等等。横向综合一般常用堆积法和归纳法。

（1）堆积法，也称为"机械组合法"。它是将若干单位开展某项工作的情况逐个叠加起来。比如，起草交通运输系统所属单位学习贯彻党的十九大精神的情况，就是把不同单位学习的情况、讨论的情况等，逐条叙写在一起。

堆积法是一种初级综合方法，使用这种方法时要注意两点：一是要有所选择。有时需要综合的材料很多，不可能一一堆积，就需要选择那些内容突出、有代表性的材料进行综合，其他单位的情况可在开头作一总述。二是要有所侧重。对堆积的材料，要突出各自的特点，不能千篇一律、千人一面。

（2）归纳法，也称为"分条列项法"。采用归纳法综合的材料，提纲挈领，眉目清楚，给人一种完整、系统的印象。比如，同样是交通运输系统所属单位学习贯彻党的十九大精神的情况，采用归纳法起草，就需对综合的情况先进行分析，先归纳出几个观点，然后再围绕每个观点分段表述，观点作为小标题或段旨句，其下分别列举两三个单位的情况。

一般情况下，总结经验、分析问题、介绍情况时，常用归纳法，分条列项来写。运用这一方法，关键是归纳的观点要准确新颖，起草过程中需要在材料提炼上多下功夫。

(二) 纵向综合

纵向综合，这种方法是对某一时间段的纵向情况进行的综合，得出事物发展趋势和阶段性特点。例如，对上半年某项工作进展情况进行综合，对三年来某一问题的发展过程进行总结等，这些都属于纵向综合。纵向综合一般常用累积法和阶段法。

（1）累积法，就是将一段时期的情况进行机械叠加。例如，对上半年交通运输经济运行情况进行分析，就需要对铁路、公路、水路、民航、邮政等领域工作的完成情况做数量上的汇总和罗列。

（2）阶段法，就是对一段时期的情况分析，找出不同阶段的特点，再将相关的材料置于各项特点以下。例如，专项工作开展的各个阶段，如何部署、怎样组织实施、取得哪些工作成效、存在什么问题等，就是运用纵向阶段法进行综合。通常的写法是，首先将反映某项工作或问题的材料按时序排列好，经过阅读和思考划分出不同阶段，再将每个阶段的材料内容归纳出一个观点，以此作为各部分的小标题，最后将相关材料改写后放到各个部分。

横向综合与纵向综合，这两种方法在公文写作中常常交叉运用。例如，做全年工作总结，一般先将一个单位的工作横向划分为几大块，再将每块工作进行纵向分阶段综合，每个阶段中又会有横向小综合。不论哪一种方法，提炼观点非常重要，它决定了综合质量的高低，也是能否成功运用综合方法的关键。

四、结尾的写作技巧

结尾是对全文的总括，是行文的收束。公文的结尾要简明概括，意尽言止，既不能虎头蛇尾、草率作结，也不能画蛇添足，或者胡乱"穿靴"，以空话、套话为尾。常见的结尾有以下几种。

（一）总结式

收篇点题，对全文的主要内容和基本思想作出进一步概括和归纳，用简练的语言画龙点睛似地提出主旨，或针对开头交代的论题和初步揭示的方向点明主旨，加深认识，强调和明确行文意图。

（二）指令要求式

对正文中所阐述的主要措施、意见或办法，提出明确具体的贯彻落实意见，或者要求下级机关将落实、执行情况按时反馈，或者对主体内容作必要的强调、补充说明、征求意见等。

（三）展望号召式

使用充满激情和希望的笔调，提出希望、号召、意见、建议，激励读者为实现文中所提的目标不懈努力拼搏。

（四）自然式

即自然作结，随着正文结束自然地收尾。某些特定文种，如请示、批复、通知、报告等，以固定格式的习惯用语"妥否，请审批""此复""特此通知""特此报告"等结尾，具有简洁、凝练、庄重的特点。

第八章 公文审核

第一节 基本概念

一、公文审核含义

《现代汉语词典》中,审核是指审查核定(多指书面材料或数字材料)。包含两层意思,一是审查,检查核对是否正确、妥当;二是核对审定。《党政机关公文处理工作条例》中规定:公文文稿签发前,应当由发文机关办公厅(室)进行审核。《交通运输部公文处理办法》规定:公文文稿签发前,应当由主办司局和办公厅分别进行审核。规范性文件应当由法制机构进行合法性审核。通过以上的分析,公文审核含义可以理解为,公文的审核人员按照一定的原则和方法在公文签发之前对其进行全面检查、修正的活动。公文审核的主体是发文机关办公厅(室)人员,必要时还包括法治部门相关工作人员,客体是待发的公文文稿。

审核是公文拟制程序的一部分,是公文拟制过程中的关键环节。一般情况下,审核工作由部门负责人、综合办公机构的文秘人员进行,重要文稿的审核还应由机关领导亲自参与,必要时也可以传阅形式或会议形式请领导集体共同审核并批示修改意见。审核中发现的问题,通常需退还撰稿人或其他工作人员修改。在实践中,审核和写作(针对修改部分)往往交互进行、边改边核,直至确认消除一切可能存在的错漏为止。

二、公文审核程序

公文审核一般由起草部门审核、办公厅(室)审核组成。交通运输部公文审核的基本程序为:起草人拟制文稿—处室领导审核—司局综合处室审核—司局领导审核—办公厅文秘处审核—办公厅领导审核。

建立程序完备、权责一致、相互衔接、运行高效的审核机制,是做好公文审核工作的重要保证。起草部门要及时将送审稿及有关材料报送制定机关的办公机构和负责合法性审核的部门,并保证材料的完备性和规范性。公文审核部门要对起草部门是否严格依照规定的程序起草、是否进行评估论证、是否广泛征求意见等进行审核。负责合法性审核的部门要对文件的制定主体、程序、有关内容等是否符合法律、法规和规章的规定,及时进行合法性审核。未经公文审核或者合法性审核的,不得提交集体审议。

第二节 公文审核重点

公文是一个机关和单位的"脸面",公文质量的高低优劣,直接关系到机关和单位的形象和发文效果。做好公文审核工作是确保公文质量的前提。做好公文审核工作,有利于准确反映和体现党中央、国务院精神,推动党中央、国务院及发文部门决策部署贯彻落实。

一、审核重点

《党政机关公文处理工作条例》第二十条规定,审核的重点是:
(1) 行文理由是否充分,行文依据是否准确。
(2) 内容是否符合党的理论路线方针政策和国家法律法规;是否完整准确体现发文机关意图;是否同现行有关公文相衔接;所提政策措施和办法是否切实可行。
(3) 涉及有关地区或者部门职权范围内的事项是否经过充分协商并达成一致意见。
(4) 文种是否正确,格式是否规范;人名、地名、时间、数字、段落顺序、引文等是否准确;文字、数字、计量单位和标点符号等用法是否规范。
(5) 其他内容是否符合公文起草的有关要求。
需要发文机关审议的重要公文文稿,审议前由发文机关办公厅(室)进行初核。
《交通运输部公文处理办法》规定,审核的重点是:
(1) 行文理由是否充分,行文依据是否准确。
(2) 内容是否符合国家法律法规和党的路线方针政策;是否完整准确体现发文机关意图;是否同现行有关公文相衔接;所提政策措施和办法是否切实可行。
(3) 涉及部内其他司局或者部外有关地区、部门职权范围内的事项是否协商会签并达成一致意见。
(4) 社会稳定风险评估、合法性审查是否符合程序,密级确定、公开属性标注是否符合规定,紧急程度是否恰当,主送、抄送机关以及文件印数是否合理。
(5) 文种是否正确,格式是否规范;人名、地名、时间、数字、段落顺序、引文等是否准确;文字、数字、计量单位和标点符号等用法是否规范。
(6) 其他内容是否符合公文起草的有关要求。
需要交通运输部党组会议审议或者交通运输部部务会议审议的重要公文文稿,审议前由办公厅进行初核。

二、重点把关环节

具体而言,公文审核要把好六个重要关口,即行文关、政策法规关、内容文字关、公文体例格式关、程序关、定密关。

（一）把好行文关

行文关，是指是否需要行文，应当向谁行文，行文形式和名义，行文的方向、级别和方式是否妥当。把好行文关应当注意以下几个方面：

（1）严格落实党中央、国务院关于大力精简公文有关要求，对可发可不发的文电坚决不发。

（2）会议上已经部署的工作，不再重复行文部署。

（3）领导在会议讲话不以正式文件下发。

（4）贯彻上级文件精神，如没有实质性的贯彻意见，可不再发文，应采取翻印的形式下发或通过公文处理系统将原文件直接远程分发到下级机关。

（5）可登报或在内部刊物上登载的典型经验和各级各类工作会、座谈会、专业会议纪要等，可不正式发文。

（6）公文印发份数要根据实际，从简确定，无关单位原则上不发。

（二）把好政策法规关

政策法规关，是指行文是否符合党和国家的方针、政策，与相关法律、法规、规章和规定是否相一致，提出的政策是否与已发布的公文矛盾，与过去发文不一致的表述是否需要解释和说明，政策规定是否明确和可执行等。把好政策法规关应当注意以下几个方面。

（1）公文内容不得与法律、法规相抵触，必须符合党和国家的方针政策。

（2）要保持政策的连续性和一致性，制发的公文要与现行政策相衔接，在对现行政策调整和变更的同时，要对原有政策规定如何处理做出明确交代，或废止或撤销等。

（3）政策规定应当明确、切实可行，便于操作。

（三）把好内容文字关

内容文字关，是指公文要体现领导决策意图，观点鲜明准确、符合实际。公文内容必须真实有据，情况可靠，观点正确，提法妥当，措施要求符合实际，切忌似是而非。文稿结构要条理清晰，段落安排合乎逻辑，联系过渡连贯自然。使用文字要符合语法、严谨简洁，语言准确精练，没有不通、不准、不明之处。标点符号、数字计量、人名地名、专用术语使用正确。

（四）把好体例格式关

体例格式关，是指制发公文要符合行文规则，在文种使用、行文关系、标题文号、主送抄送等方面符合公文处理的有关规定，公文要素全面无遗漏，标识准确规范等。

（五）把好程序关

程序关，是指审核文稿是否按公文制发程序办理，是否遗漏必经程序。对重要公文，要确保部门会签、评估论证、公开征求意见、合法性审核等程序不缺不漏。

（六）把好定密关

定密关，是指审核文稿是否为涉密公文。对于涉密公文，应按照密级要求，在公文相应位置标注密级和保密期限，保密期限要准确适当。杜绝失泄密事件发生。

第三节 公文会签

一、公文会签

公文会签是指起草的公文，涉及其他部门、单位职权范围内的事项，由主办部门、单位与有关部门、单位对文稿进行协商、征求其意见，并由各部门、单位负责人签署姓名的程序。有的公文需要协商、会签，是因为该公文有关内容涉及其他单位的职权范围，本单位无权直接作出决定。只有经过其他单位同意或征求意见并签字后，该公文才具备相关法律效力。会签的原则是相互尊重、平等协商、协同一致。

会签文涉及会签部门的职权范围，该部门会签同意并对其负责，对该部门职权范围内的业务具有约束力。会签文稿均以会签部门负责人签字为有效，涉及多个单位或部门职权范围内的事务，未协商一致的，不得向下行文。会签文应当抄送会签部门。

二、会签种类

公文会签分为内部会签、对外会签、外来会签。

内部会签是指同一单位内主办部门起草的公文，涉及该单位内其他部门职权范围内的事项，主办部门应当主动与有关部门协商，并商得其他部门同意或征求意见。会签前，主办部门应明确会签范围和签署意见，再送其他部门。

对外会签是指本单位起草的公文，涉及其他单位职权范围的，应根据发文意图、内容和发送范围提出联合行文或者会签的建议，用规范的发文稿纸，严格履行发文流程，商得其他单位同意或征求该单位意见。会签前，本单位负责人应先签发。

外来会签，是指由外单位主办的联合行文或外单位来文会签，征求本单位意见。会签单位要按照发文办理程序，对来文内容、发文形式、发送范围等进行认真研究，提出会签意见，办理核稿程序后，报领导审签，重要会签文应当报单位主要负责人审签或阅知。如来文需进行合法性或公平竞争审核，应当先送法制部门。

三、会签范围和时限要求

《交通运输部公文处理办法》第三十三条规定：公文涉及其他单位职权范围内的事项，主办单位必须征求相关单位意见，力求达成一致。涉及部外单位职能的，办理部外会签。涉及部内司局的，主办司局应当主动与有关司局协商，取得一致意见并办理部内会签。

第三十四条规定了公文文稿会签注意事项：

（1）会签文稿均以会签单位负责人签字为有效。

（2）部内会签，由主办司局送转会签。有关司局如有不同意见，应当协商一致后报部领导；如经充分协商仍不能取得一致意见，应当如实报部领导协调裁定。

（3）部外会签（包括会印），由主办司局指定专人承办。部外单位对会签稿有重大修改，应当重新送部领导审签。

（4）部外单位送交通运输部会签的文稿，按职权范围由部内主办司局提出意见，然后按部发文程序办理。

（5）上报的公文，如与部外单位意见不能一致，部内主办司局的主要负责人（必要时部领导）应当出面协调，仍不能取得一致时，须在文中列明各方理据，提出建设性意见，并经有关单位会签后，报请上级机关协调或裁定。

（6）会签文必须严格按照规定的时限要求完成。

《交通运输部办公厅关于进一步做好公文审核工作的意见》《交通运输部办公厅关于进一步规范会签文办理工作的通知》对认真做好征求意见和公文会签工作做出进一步要求：公文涉及其他单位职权范围内的事项，主办单位必须征求相关单位意见。除主办单位另有时限要求外，部外单位来文征求意见或外来文会签，一般应在 5 个工作日内回复或者按照规定时限反馈，因特殊情况不能按期回复，主办司局应当主动与来文单位沟通并商定回复时限及方式；部内征求意见或会签，一般应在 3 个工作日内回复。如因特殊情况不能按时反馈的，会办单位要主动与主办单位联系并说明原因。特殊紧急事项需要加快办理的，主办司局应当说明理由，会办司局予以配合。对反馈的意见，要充分研究吸收，需进一步协调的，由主办单位与有关单位沟通协调，力求达成一致意见；经反复协调仍有重要分歧的，可由办公厅提出处理建议，报请部领导审定。

四、会签文办理程序

《交通运输部办公厅关于进一步规范会签文办理工作的通知》中对会签文办理程序的规定如下。

（1）办理内部会签文，会办司局应当认真研究讨论后提出会签意见。如无不同意见，由司局负责人签署姓名和日期。如有不同意见，由司局负责人签署"见会签意见"和姓名、日期，并将会签意见反馈主办司局。对反馈的意见，主办司局应当充分研究吸收。如有意见分歧，主办司局要主动与会办司局协商，会办司局应当予以配合。经协商仍不能取得一致意见的，主办司局应当列明各方意见及理据，并与有关司局会签后报请分管部领导协调或裁定。

(2)办理对外会签文，如根据会办单位反馈修改意见，需对发文稿作出相应调整并有重大修改的，主办司局应当起草会签情况说明，简述会办单位修改意见及采纳情况，并将发文稿誊清后送原签批部领导重新签署意见。上报国务院的审批事项，如与有关会办单位意见不能一致，主办单位主要负责人要亲自协商，协商后仍不能取得一致意见的，主办单位应当列明各方理据，提出办理意见，并与相关单位负责人会签后报国务院决定。对外会签，由主办司局指定专人承办。如需紧急办理的，可派人持会签文直接送该单位。如需会签的单位较多，可将会签文复印后分头送达。会签完毕，主办司局将会办单位签批意见收集齐全，经部办公厅文秘处复核、登记后办理印制手续。

(3)办理外来会签文，主办司局要按照部机关发文办理程序，对来文内容、发文形式、发送范围等进行认真研究，提出会签意见，送办公厅办理核稿程序后，报部领导审签，重要会签文应当报部主要负责人审签或阅知。如来文需进行合法性或公平竞争审核，应当先送部法制司。会签文经部领导签批后，主办司局须将会签文稿复印留存。对会签的来文，如无不同意见，由部领导签署姓名和日期；如有完善性修改意见，应当在文中进行修改，并征得来文单位同意后，由部领导签署姓名和日期；如有原则性修改意见，主办司局与来文单位充分沟通，并将意见行文反馈，由部领导签署"见会签意见"和姓名、日期；如有重大原则性分歧意见不同意会签，由主办司局向部领导请示后向来文单位说明理由并将来文退回，待来文单位修改达成共识后再予以会签。

第四节　审核依据和步骤

一、审核依据

做好公文审核，离不开权威有效的审核依据，所谓无规矩不成方圆，没有审核的依据作为标尺，公文审核工作也难以开展。常用的公文审核依据有：

(1)《党政机关公文处理工作条例》(中办发〔2012〕14号)。

(2)《党政机关公文格式》(GB/T 9704—2012)。

(3)《国务院机构简称》(国办秘函〔2018〕22号)。

(4)《关于加强对行政机关公文中涉及字母词审核把关的通知》(国办秘函〔2010〕

14号)。

(5)《交通运输部公文处理办法》(交办发〔2014〕58号)。

(6)《交通运输部规范性文件合法性审查办法》(交法发〔2015〕144号)。

(7)《交通运输部办公厅关于进一步做好公文审核工作的意见》(交办办〔2016〕84号)。

(8)《交通运输部公文起草审核签发办理工作流程》。

(9)《国务院关于在我国统一实行法定计量单位的命令》。

(10)《出版物上数字用法》(GB/T 15835—2011)。

(11)《标点符号用法》(GB/T 15834—2011)。

(12)《校对符号及其用法》(GB/T 14706—93)。

二、核改步骤

(一) 修正主题

个别情况下,文稿内容并不能准确反映拟稿人的主题思想和意图,审核时应首先明确主题。问题严重的,可退回主办部门进行修正。

(二) 订正观点

观点正确与否是准确体现主题的关键所在。对错误的或片面的观点必须进行修改。衡量观点正确与否,是看观点是否符合客观事件,是否符合法律法规政策的要求,是否符合领导的意图。

(三) 材料增删

本着观点统帅材料、材料和观点相统一的原则进行审核。删减堆砌臃肿、情况不实、离题万里的材料,增加准确全面、典型实际、贴近主题的材料。

(四) 调整结构

调整结构时,要对文稿的层次、段落、开头、结尾以及各部分的详略、衔接等,作出全面的分析,在此基础上进行调整,力求做到层次清楚,段落合理,详略得体。

(五) 强化论证

在明确论点和论据的基础上,对论证过程进行分析完善,使论证严密有力,增强论据和论点之间的联系,充分表达观点和主题。增强文稿的逻辑性。

(六) 锤炼字句

力求做到合乎语法,斟酌删减不准确的字句,拨冗还简,不用晦涩、口头词句,多用通俗、书面用语。选用恰当的字词和修辞方法。

（七）核对细节

文稿中的数据、人名、地名、专有名词要一一核对，发现错误或疑问的，逐一与主办人员沟通、确认和更正，确保公文政策和内容的准确和严谨。

第五节 责 任 清 单

公文制发机关应按照公文审核环节，针对不同角色，提出相关要求并加以提炼，进一步明晰公文审核责任边界，形成各角色分工合作的必核项目清单，同时结合公文拟制电子化、系统化趋势，将公文审核责任清单与电子办文系统相结合，以问题为导向，明确和落实责任，解决公文拟制过程中"层层画圈"问题。

一、处室领导审核清单

（1）重要发文，落实前置审核要求，对开展调查研究、征求意见、评估论证、合法性审查等是否提出工作建议。普通发文，背景及说明材料是否齐全完整。

（2）行文理由是否充分，发文意图和行文依据是否准确。

（3）文稿结构是否合理、内容是否准确、文字是否精练。文中机构、人名、地名排序以及新词、专有名词、重要的统计数据是否准确规范，字词、标点使用是否规范，前后表述是否一致。

（4）会签意见是否合理，本单位其他处室会签程序是否完备。

（5）对呈报本单位领导签批运转程序提出意见。

审核重点：政策法规关、文字内容关、体例格式关。

二、部门综合处（办公室）文秘人员审核清单

（1）发文形式、文种是否恰当，是否符合行文规则。

（2）主送抄送机关是否恰当，印数是否准确，公文格式要素是否规范。

关于公文印数问题，要充分利用信息化网络传输渠道，如内部情况通报等，可将文稿电子版发送相关单位；公开发布的，通过部门政府网站等媒体公布；普发类的事务性部函、厅函，通过办公专网（如密通网）发送，减少纸件印数。

（3）公文密级或公开属性标注是否符合规定。公文紧急程度标注是否恰当。紧急程度标注为"特急"的，是否说明具体理由、本单位办理过程，是否对下一步会签、审核及签批时限要求提出明确意见。

（4）内部或外部会签意见是否合理，呈报本单位分管领导以及主要领导签批运转

程序是否合理完备，重要公文须呈主要领导审签。

审核重点：文字内容关、体例格式关。

三、部门领导审核清单

（1）重要发文是否按部重大行政决策工作流程办理，经前置审核、会议审议后报批的，是否按照审议意见予以修改完善。

（2）发文内容是否符合党的路线方针政策、国家法律法规、国务院有关文件要求和部党组决策部署，是否同现行公文相衔接，所提政策措施、办法和分工是否切实可行。

（3）发文程序是否完备。征求其他相关单位的反馈意见是否采纳。对于不采纳的，理由是否充分。

（4）核定公文密级或公开属性。

审核重点：政策法规关、文字内容关、程序关和定密关。

四、合法性审查清单

一般由单位法制部门进行审核，审核内容一般包括：

（1）是否超越本部门和本单位的法定职权范围。

（2）是否设定行政处罚、行政许可、行政强制以及其他不得由规范性文件设定的事项。

（3）有关行政许可、行政处罚、行政强制的具体规定是否违法。

（4）是否违法限制行政相对人权利或增设其义务。

（5）是否违法授予行政机关权力或免除其责任。

（6）对涉及市场主体经济活动是否设定了排除和限制竞争的政策措施。

（7）起草单位认为涉及合法性问题的其他事项。

审核重点：政策法规关。

五、办公厅（室）审核清单

（一）审核内容

由各单位的办公部门进行全面审核，审核内容一般包括：

（1）是否列入年度重要公文发文计划，是否属于精简范围。可否不发文、可否合并发文、可否降低发文规格。

（2）是否全面执行中办国办和部公文处理有关具体要求。

（3）起草单位审核项目是否齐全，需提供合法性审查意见、外事审核意见的，要件是否完备。

（4）发文程序是否合规，各方意见是否达成一致，是否充分体现各有关会签单位意见。

（5）重大行政决策事项是否按照规定程序办理。

（6）需报请以上级机关名义发文的，要件是否完备。

（二） 上行文审核要点

针对上行文的审核，尤其要注意以下几点：

（1）是否越级行文。

（2）是否向上级机关负责人个人行文。

（3）请示事项是否与情况报告分开，情况报告中是否夹杂请示事项。

（4）请示事项是否涉及其他单位的职责，是否与该单位协商一致；未能达成一致的，是否将有关单位的意见及理据等作为附件。

（5）请示文是否一文一事并标明联系人和联系电话。

审核重点：行文关、政策法规关、内容文字、体例格式关、程序关、定密关。

（三） 审核程序和原则

办公厅（室）文秘部门要针对审核中发现的问题，认真进行修改。文稿基础较差、须作较大改动的，请主办部门修改；基础较好、无需作大改动的，由办公厅（室）文秘部门修改。

办公厅（室）文秘部门修改公文文稿应遵循以下原则：

文字和技术型修改由办公厅（室）文秘人员负责；涉及实质性内容的修改应征求主办部门和有关部门的意见。如意见不一致，应通过协调在取得一致意见后作出修改；实质性内容改动较大的，应请主办部门负责人审阅修改稿并签署意见，必要时请有关会签部门负责人审阅并签署意见。

办公厅（室）领导在公文审核工作中，还要对办公厅（室）文秘人员的修改内容进行把关。

第六节　审　核　技　巧

一、明确意图，实事求是

发文意图体现了发文的目的性和实用性。探明发文意图，是做好公文工作的第一步。公文审核工作伊始，多问几个为什么。

一是为什么要发文？是根据领导批示指示，还是为了应对特定的现实情况或问题，或是上级统一部署要求？文稿起草的背景情况或来龙去脉如何？只有先搞清楚这些，工作才能心中有数、有的放矢。

二是能不能不发文？公文是机关实施领导、履行职能、处理公务的方式之一，发文过多、过滥、过糙、过长，滋生"文牍主义"，不但不能有效履行机关职能、解决问题，反而会产生负面作用，影响机关权威。发文应当确有必要、讲求实效，可发可不发的一律不发。

三是发什么样的文？确需发文的，拟稿和核稿人员要一一判定：发给哪些单位，写什么内容，篇幅是长是短，以什么规格发文（就低不就高），用什么文种，是平件还是急件，可公开的还是涉密的？等等，只有准确把握发文单位的意图，才能做到有的放矢，审核有据。

二、严守规范，依法依规

规范是文稿的度量尺，准确规范是公文的生命线。不论拟稿还是核稿，都必须依法依规、有理有据，不能凭空想象、乱写一气、乱改一气。因此，关键是搞清楚规范在哪里。核稿的规范大致分两类：

一是各级党政机关的共性规范，包括我国宪法及相关法律法规，党的路线方针政策，机构设置及各单位的全称、规范化简称、排序及职责，领导同志的姓名、职务、排序及分工，《党政机关公文处理工作条例》《党政机关公文格式》，现代汉语语法，数字、计量单位和标点符号用法等国家标准等。

二是各单位、各专业、各行业领域的特殊规范，这往往技术性、专业性更强。

三、依循先例，合理参考

先例是公文的参照物，是一种广义的规范，一般约定俗成、无明文规定。先例的来源形式多样、不拘一格：有本单位的，也有外单位的；有正面的范例，也有反面的典型，如有"硬伤"的公文、被领导颠覆性修改过的花脸稿；既包括近期相关重要文件、会议资料，又包括已存档的文件资料，甚至历史典籍。核稿人员要做有心人，勤于学习和积累，随时发现、甄别和归纳、整理先例，做到有备无患、厚积薄发。

先例的使用体现在诸多方面，遇到要不要发文、是否重复发文、前后左右的公文是否"打架"，发什么样的文、写什么内容，如何选用发文规格、文种、格式、缓急、密级等，都可以参考先例。当同时有几个先例时，要认真比对、筛选，以最恰当的先例作为参考。特别要区分新旧惯例，不能死守先例、故步自封，拘泥于错误、淘汰、失效的先例，甚至将原本严谨有序的文稿写成了千人一面的"八股文"。

四、遵守程序，不走捷径

严守公文审核程序，是公文质量的重要保证，必须衔接有序、环环相扣。一旦程序出错，往往影响公文的准确高效，甚至造成严重错误。要严守发文的程序。要避免程序缺项，如遗漏了征求意见、上会研究、请示汇报、会签协商、合法性审查等重要程序。要避免程序紊乱，如将文稿"直送"领导，先签后核，出现文件"倒流""倒签"；或者"横传"公文，影响效率，甚至导致公文丢失，贻误工作。要注重核稿程序。核稿人员要坚持客观公正的立场，从整体和部分、宏观和微观、理论和实践、逻辑和形象、内容和形式、文字和格式等不同层面，对文稿进行综合"体检"，立体把关，反复推敲，精益求精。

五、摆正位置，重在服务

服务是公文审核的落脚点，核心是坚持服务至上，把好发文"质量关"。核稿人员必须践行工匠精神，寓服务于严守质量上，做一只"啄木鸟"；寓服务于任劳任怨中，当一头"老黄牛"。要明确定位。核稿人员既要坚持原则，强化底线思维，对"硬伤"要理直气壮大胆审核，做到有疑必问、有错必纠；又要时刻牢记处于辅助、服务的位置，对公文质量是拾遗补阙、锦上添花，有建议权而无决策权，要做到工作到位不越位、帮忙不添乱。切忌喧宾夺主、越俎代庖。要强练内功。核稿费心费脑、综合性强，能不能发现问题、消除错误"隐患"，关键看知识全不全、心思细不细。核稿人员要勤学习、苦练习、善总结、多感悟，既有广博的知识储备和扎实的语言功底，又有严谨细致、咬文嚼字的钻研精神。要任劳任怨。核稿人员长期伏案、埋头苦干、默默无闻、加班加点。只有脚踏实地、甘于奉献，坐得了冷板凳、耐得住小寂寞，才能在平凡的核稿岗位上服务大局、建功立业。

第七节 常 见 错 误

一、文种使用方面

（1）不按规定使用文种。如使用"实施方案""办法""汇报""制度"等非法定文种替代公文文种。

（2）"请示"与"报告"文种使用不当。如向上级机关请示事项以"报告"行文；汇报工作、反映情况时以"请示"行文。或文种叠用，如"请示报告"，应根据内容分别以"请示"或"报告"行文。

（3）平行文使用上行文的文种。如对不相隶属机关之间商情事项，使用"请示"文种，应改为"函"行文。

（4）上行文使用平行文文种或使用非正式公文。如下级机关向上级机关以"函"

或"便函"行文，应改为"报告"或"请示"行文。

（5）下行文使用平行文文种。如上级机关答复下级机关的"请示"以"函"行文，应以"批复"行文。

（6）错用"批复"文种。如对不相隶属机关来文商情有关事项时，以"批复"行文，应按来文的内容以"通知"或"函"行文。

二、行文规则方面

行文规则，是机关之间行文时所应当遵循的准则，是公文规范体式的基本要求。公文处理中在行文规则方面应注意避免以下常见错误。

（1）向领导人个人行正式公文。按规定，除领导人要求本机关以正式公文报送本人和答复人大建议、政协提案外，一般不得对领导人个人行正式公文。

（2）多头请示。向上级机关行"请示"文，主送两个或两个以上单位。按规定"请示"只能主送一个单位，如确需同时报送其他上级机关，应采取抄送形式标列于抄送机关。

（3）报告中夹带请示事项。

（4）以行政公文替代党组文件或以党组文件替代行政公文。

（5）先签后核。先由机关负责人签发后，再送办公厅（室）核稿。

（6）越级行文。非特殊情况，下级机关不得越过上一级机关向更高一级的机关行正式公文。

（7）超越职权范围行文。涉及其他单位的事项，不会签有关单位而自行制发；或机关之间对有关问题未经协商一致，各自向下行文。

（8）超越必经程序行文。需要执行部门会签、评估论证、公开征求意见、合法性审核、集体审议决定等程序的公文，遗漏部分程序。

三、公文格式方面

公文格式是规定公文各个组成部分标识规则和标准的一种形式，是公文规范体式的具体体现。公文格式方面应当注意避免以下常见错误。

（1）发文字号标注有误。如字号空缺或不按规定标注，或发文字号与发文机关标识不相符。

（2）签发人标注不规范。如上报的公文不标注"签发人"，上报重要的公文不是机关主要负责人或主持工作的负责人签发，联合行文只标注本机关签发人姓名等。

（3）缺少标题或标题不规范。如标题中未按照规定标注发文机关，标题中"关于""对"等介词连用，标题冗长或标题中使用标点符号不规范。

（4）主送、抄送机关未按规定或习惯顺序排列，主送、抄送机关未使用规范名称。

（5）附件、附注不规范。如带附件材料的行文，不标注附件或者标注不规范；主件与附件不装订在一起或份数不一致；公文末页的附注使用"此页无正文"；"请示"文未标注联系人和联系电话等。

（6）成文日期标注不规范。如成文日期用汉字日期标注。

（7）公文用印不当或不规范。如正式发出的公文不盖印章或所盖印章与机关名称不相符；用印位置不当，上下倒置或用印不清晰。

（8）印发机关、印发日期缺项或书写不规范，版记内容不符合要求等。

（9）抄送机关不规范。应当抄送未抄送，或抄送单位简称不规范，次序混乱。

四、发文办理方面

（1）超时限办文。未按规定时限办文或未按来文单位标注的时限办文。

（2）违反保密规则。密级、保密期限标注不当，如来文有密级，回文时未标注相应的密级，或者保密期限设置有误。

（3）引用公文不规范。如只引标题不引发文字号，或只引发文字号不引公文标题等。

（4）公文中数字、序数用法不规范。

（5）简称使用不规范，英文缩写使用不当等。

（6）数据计算错误和错别字等。

第九章 公文格式

第一节 公文格式的发展演变

党政机关公文是党政机关实施领导、履行职能、处理公务的具有特定效力和规范体式的文书。规范体式指的就是公文格式，公文格式是保障质量和行文效率的要求，也是法定权威性和约束力在形式上的表现。

一、古代公文格式

公文在我国古已有之，是反映时代兴衰、历史更迭、文明进步的一面重要镜子，最晚在国家体系形成之时就已出现。与公文发展相伴随，对公文格式作出要求是我国公文衍变的一个重要方面。甲骨文中所发现的较为成熟的文字体系，表明当时公文已达到一定水平。甲骨学专家董作宾先生在其著作《商代龟卜之推测》中指出"沿中缝而刻辞者向外，在右右行，在左左行，沿首尾之两边者而刻辞者向内，在右左行，在左右行。"这种文字排列的规则，充分体现了对公文格式的自觉追求，对后世影响深远。纸张普遍使用之前，简牍是中国书籍最主要的形式，秦简对长和宽度有严格要求；汉简规定儒家经典及律令用长简，诸子百家著作用短简。唐朝规定皇帝昭敕文书高一尺三寸、长三尺 。明朝奏本文字必须依照《洪武正韵》。清朝规定公文字体必须用"馆阁体"。这些都反映出我国古代的公文中对公文格式的自觉追求。

二、近现代公文格式

1912 年南京临时政府成立，为规范文书处理工作，确保新的国家机构体系有序运行，南京临时政府制定颁布了《新公文程式》，明确公文种类为"令、示、公布、状"等类别，取消"老爷、大人"等称呼，并明确公文需用白话写作、用新式标点，开启了我国公文写作由文言文进入白话文的新阶段。

中国共产党自成立之日起，就十分重视公文的规范处理工作。1942 年 1 月颁布了《陕甘宁边区新公文程式》，把公文分为"主要的"和"辅助的"两类，主要公文包括命令、布告、批答、公函、呈文；辅助公文包括指示信、报告、快邮代电、签条、通知，共计 10 种。并规定命令、布告、批答、指示信为下行公文，呈文、报告为上行公文，公函、通知为平行公文，快邮代电通用不分，签条只限机关内部使用。

三、党政机关公文格式

新中国成立后,党和国家十分重视公文处理工作。1951 年政务院颁布《公文处理暂行办法》,分总则、种类、体式、办理程序、行文关系、催办检查、档案、保密等八章四十条。其中第三章"体式",对公文用纸和格式等进行了规定。1956 年国务院秘书厅印发《关于改变国家机关公文用纸格式的通知》,规定公文从左到右横排,左侧装订。

改革开放后,我国公文处理进入新阶段。党的公文处理方面,1989 年制定了《中国共产党机关公文处理条例》,并于 1996 年进行修订。行政机关公文处理方面,1981 年制定了《国家机关公文处理管理办法》并于 1987 年、1993 年、2000 年进行修订。《中国共产党机关公文处理条例》和《国家机关公文处理管理办法》中均对公文格式进行了规范,同时国家还先后发布了《国家机关公文格式》(GB/T 9704—1988)、《国家行政机关公文格式》(GB/T 9704—1999)国家标准。

2012 年,《党政机关公文处理工作条例》施行,其中第三章"公文格式"对公文格式进行了规定:公文一般由份号、密级和保密期限、紧急程度、发文机关标志、发文字号、签发人、标题、主送机关、正文、附件说明、发文机关署名、成文日期、印章、附注、附件、抄送机关、印发机关和印发日期、页码等组成。与之相配套的《党政机关公文格式》(GB/T 9704—2012),明确了公文格式各要素编排规则,这是本书讨论的公文格式的基本遵循。

第二节 公文格式编排规则

《党政机关公文格式》(GB/T 9704—2012)包括 11 个部分,分别为范围、规范性引用文件、术语和定义、公文用纸主要技术指标、公文用纸幅面尺寸及版面要求、印制装订要求、公文格式各要素编排规则、公文中的横排表格、公文中计量单位、标点符号和数字的用法、公文的特定格式、式样。

一、公文用纸幅面尺寸及版面要求

(一) 公文用纸幅面尺寸要求

一般情况下,公文用纸采用 A4 型纸,其成品幅面尺寸为:210mm×297mm。党政机关公文用纸统一采用国际标准 A4 型纸。这是首次将党政机关公文用纸对原来的 16 开等幅面纸张加以统一。作出这项重大改变主要是基于三个方面考虑:

一是国际上已普遍采用 A4 型纸作为公文用纸,将我国公文用纸统一采用 A4 型纸是接轨国际的现实行动。

二是我国已经具备采用国际标准 A4 型纸公文用纸的条件,《国家行政机关公文格式》（GB/T 9704—1999）将行政机关公文用纸从16开纸调整为A4型纸，党的机关公文用纸仍维持用16开，同一单位党政部门为印制不同的公文往往需要采购不同的设备，统一公文用纸规格，有利于减少行政运行成本，符合公文处理规范高效的内在要求。

三是16开纸型标准实际上是日本早期用的标准，现今日本已不再使用该种纸型，16开纸型其本身无统一规格，还有用B5纸型与16开纸型混用的，纸型规格不统一，导致有些公文出现前后页大小不一的情形，影响了公文的权威性。

（二）公文版面要求

公文用纸天头（上白边）为37mm±1mm，公文用纸订口（左白边）为28mm±1mm，版心尺寸为156mm×225mm。一般每页22行，每行28字，正文用三号仿宋。如使用Office办公软件，其版心和行距的设置方法如下：

打开"Microsoft Word"，进入Word界面。首先，进行页面设置。选择"文件"—"页面设置"选择"页边距"附签，上：3.7厘米 下：3.5厘米 左：2.8厘米 右：2.6厘米。选择"版式"附签，将"页眉和页脚"设置成"奇偶页不同"，在该选项前打"√"，"页脚"距边界设置为2.6厘米。选择"文档网格"附签，"字体设置"，"中文字体"设置为"仿宋"；"字号"设置成"3号"，单击"确定"按钮；选中"指定行网格和字符网格"；将"每行"设置成"28"个字符；"每页"设置成"22"行。单击"确定"按钮，即将版心设置成了以三号字为标准、每页22行、每行28个汉字的国家标准。

公文中的文字颜色，如无特殊说明，均为黑色。公文版面要求干净无底灰，字迹清楚无划断，尺寸标准，版心不斜。公文要求双面印刷，左侧装订。骑马订或平订，订位为两钉外订眼距版面上下边缘各70mm（允许误差±4mm），骑马订钉锯均订在折缝线上，平订钉锯与书脊间的距离为3～5mm。

二、公文格式要素划分

版心内的公文格式各要素分为版头、主体、版记三部分，共包含18个格式要素。

（一）版头

公文首页红色分隔线以上的部分称为版头，具体包括份号、密级和保密期限、紧急程度、发文机关标志、发文字号、签发人、版头中的分隔线7个要素。

（二）主体

公文首页红色分隔线（不含）以下、公文末页首条分隔线（不含）以上的部分称为主体，具体包括标题，主送机关，正文，附件说明，发文机关署名、成文日期和印章，附注，附件7个要素。

（三）版记

公文末页首条分隔线以下、末条分割线以上的部分称为版记，具体包括版记中的分隔线、抄送机关、印发机关和印发日期3个要素。页码位于版心外。

三、文件格式编排规则

（一） 份号

（1）定义。公文份数序号是将统一文稿印制若干份时每份公文的顺序编号，简称为份号。

（2）标注目的。编份数序号的目的是准确把握公文的印制份数、分发范围和对象。当公文需要收回保管或销毁时，可以对照份数序号把握其是否有漏掉或丢失。发文机关根据份数序号可以掌握每一份公文的去向，在涉密公文流失时也可按图索骥找到责任单位。

（3）标注场合。涉密公文应当标注份号，非涉密公文可以不标注，如发文机关以为有必要，也可对不带密级的公文编制份数序号，如国务院文件每份都编有份数序号。

（4）编排位置。顶格编排版心左上角第一行。

（5）标注要求。一般用6位3号阿拉伯数字，如第一份标注为000001，第二份标注为000002，序号依次递增。

（二） 密级和保密期限

（1）定义。公文的秘密等级和保密的期限。

（2）密级等级分类。涉及国家秘密的公文应当按照国家秘密及其密级详细范围的划定分别标明"绝密""机密"和"秘密"。划分密级等级的标准是泄露后导致的后果程度，"绝密"是最重要的国家秘密，泄露会使国家的安全和利益遭受特别严重的损害；"机密"是重要的国家秘密，泄露会使国家的安全和利益遭受严重的损害；"秘密"是一般的国家秘密，泄露会使国家的安全和利益遭受损害。

（3）保密期限。是对公文密级的时效加以划定的说明。如公文制发单位能够知道保密期限，可按照国家保密局的要求在密级程度后标注保密期限，在秘密等级和保密期限间用"★"隔开。如：绝密★3个月，意味着该公文属于绝密等级，保密的期限为3个月，过时即可解密。按照保密相关规定，不标注保密期限时，秘密级公文保密期限为10年，机密级公文保密期限为20年，绝密级公文保密期限为30年。

（4）编排位置。顶格编排在版心左上角第二行。

（5）标注要求。密级字体采用3号黑体，保密期限中的数字用阿拉伯数字。密级和保密期限间须用"★"分隔。需要强调的是，如不标识保密期限，秘密等级两字之间应空1字间隔；如需标注保密期限，则秘密等级的两字间则不空1字间隔，以使该字段不致过长。

（三）紧急程度

（1）定义。公文送达和办理的时限要求。需要强调的是，要准确理解公文紧急程度的概念，紧急程度是对公文成文后送达、办理两个环节的时限要求，目的是要求收文方要在规定的时限内处理公文，提升公文流转效率，而不是公文发文过程中对核稿、签发、印制的时限要求。公文紧急程度的标注要根据公文内容实际确定，一方面要避免紧急的公文当作普通公文办理，紧急事情延误的情况出现；另一方面也要避免将普通公文人为误标为紧急公文，从而影响其他紧急公文的办理。

（2）紧急程度类别。电报按紧急程度依次递减可分为特提、特急、加急、平急 4 种；其他公文分为特急、加急 2 种。

（3）编排位置。顶格编排在版心左上角。如需同时标注份号、密级和保密期限、紧急程度，依次自上而下分行排列，即编排在版心左上角第三行；如非涉密公文，标注份号，则编排在版心左上角第二行；如公文不需标份号和密级，仅标紧急程度，则编排在版心左上角第一行。

（4）标注要求。一般用 3 号黑体字标注。如同时标注保密期限，紧急程度两字中间不空字，以便与秘密等级对齐；其他情况下，紧急程度两字之间应空 1 字间隔。

（四）发文机关标志

《党政机关公文格式》（GB/T 9704—2012）规定发文机关标志颜色为红色（明传电报除外），这即是人们通常所说的"红头"，发文机关标志体现出是哪个单位印发的公文。

（1）构成。由发文机关全称或者规范化简称加"文件"二字组成，也可以使用发文机关全称或者规范化简称。需要注意的是，发文机关的规范化简称应由该机关的上级机关核定，不能人为随意简写，如中华人民共和国交通运输部的规范化简称为交通运输部，不简称为交通部。

（2）标注要求。发文机关标志居中排列，上边缘至版心上边缘为 35mm，推荐使用小标宋体字，颜色为红色，醒目、美观、庄重为原则。联合行文时，如需同时标注联署发文机关名称，一般应当将主办机关名称排列在前。如"党政军群"部门联合行文时，按"党政军群"的顺序由上至下排列发文机关标志。如有"文件"二字，应当置于发文机关名称右侧，以联署发文机关名称为准，上下居中排布。

（3）注意事项。不论联合行文机关多少，第一页必须显示正文，这是公文格式的一个硬性要求。如联合行文的机关过多导致公文首页无正文时，可通过缩小字号、行距和调整页面设置等方式解决。

（五）发文字号

发文字号是公文的"身份证号码"，公文标题可能有相同的情况，但发文字号是唯一的。标注发文字号主要有两方面的作用：一是为检索和引用公文提供专指性较强的代号，二是为统计和管理公文提供依据。

（1）构成。由发文机关代字（如"交"为交通运输部的发文代字）、公文格式代字（如"发"代表文件格式、"函"代表函格式、"电"代表电报格式）、年份和发文顺序号组成。如"交××发〔2017〕8号"代表的是交通运输部2017年发的第8号文件。

（2）编排位置。如果是下行文，排列于发文机关标志下空二行位置，居中排布。如果是上行文，发文字号居左空一字编排，与最后一个签发人姓名同行。

（3）注意事项。一是年份需标全，如"2018"不能简化成"18"。二是年份用六角括号"〔〕"括入，而不是圆括号"（）"或中括号"【】"。三是发文顺序号不加"第"字，不编虚位（即1不编为01），在阿拉伯数字后加"号"字。

（六）签发人

（1）定义。签发人即签发文件的人。一般为单位的正职或主要领导授权人。

（2）标注范围。上行文应当标注签发人姓名。上行文标注签发人姓名，体现了领导负责制和公文的严肃性。

（3）构成。由"签发人"三字加全角冒号和签发人姓名组成。"签发人"三字用3号仿宋体字，签发人姓名用3号楷体字。

（4）编排位置。居右空一字，编排在发文机关标志下空二行位置。如有多个签发人，签发人姓名按照发文机关的排列顺序从左到右、自上而下依次均匀编排，一般每行排两个姓名，回行时与上一行第一个签发人姓名对齐。

（5）注意事项。向上级报送的请示和重要事项报告应当是本单位的主要负责人，但如涉及主要负责人个人事项，如出访请示等，则由分管负责人签发，同时标注主要负责人已阅。

（七）版头中的分隔线

发文字号之下4mm处居中印一条与版心等宽的红色分隔线。

（八）标题

（1）基本构成。由发文机关名称、事由和文种组成。如《交通运输部关于加强道路运输安全工作的通知》。标题要准确扼要概括公文的主要内容，可使用书名号、引号、顿号、连接号和括号等标点符号。

（2）字体字号。一般用2号方正小标宋字体。

（3）编排位置。编排于红色分隔线下空2行位置，分一行或多行居中排布。

（4）回行要求。一是要确保词义完整，不能把固定称谓或词语拆分排列成两行，如"副部长"是一个职位不能跨行排列。二是要排列对称、长短适宜、间距恰当，排列成梯形或菱形，不能排列成矩形和沙漏形。

（九）主送机关

（1）定义。公文的主要受理机关。

（2）编排要求。主送机关应当使用机关全称、规范化简称或者同类型机关统称。同类单位统称是指同一性质类单位统一名称，如"部属各单位"。

（3）编排位置。编排于标题下空一行位置，居左顶格，回行时仍顶格，最后一个机关名称后标全角冒号。如主送机关名称过多导致公文首页不能显示正文时，应当将主送机关名称移至版记。

（4）特殊情况。纪要、内部情况通报、令、公告、通告等特定公文格式没有主送机关，但设置了分送范围项目。

（5）主送机关排列顺序原则。交通运输部公文主送机关书写顺序原则为："先地方、后中央，先部外、后部内，先企业、后事业，先部属、后部内"。

（6）注意事项。一是党组织发文主送单位名称与行政发文主送单位名称不要混淆。党组织发文主送单位应当是党组织的名称，如"各单位党支部、党组织"。二是主送单位应当明确，除主送单位特别多无法一一罗列，且公文正文中已具体明确各单位工作任务外，一般应避免"各相关单位"之类的泛型主送，避免互相推卸责任，影响公文执行。三是同类型单位之间用顿号隔开，不同类型单位之间用逗号隔开。

（十）正文

（1）定义。公文的主体，用来表述公文的内容。

（2）编排要求。一般用3号仿宋体字，编排于主送机关下一行，每个自然段左空2字，回行顶格。

（3）结构层次序数标注要求。正文中结构层次序数依次可用"一、（一）1.（1）"标注，一般第一层用黑体字、第二层用楷体字、第三和第四层用仿宋体字。需要强调的是，第三层阿拉伯数字后是小角圆点而不是顿号，即应该为"1."，而不是"1、"。在实际运用中，如果正文只有一个或两个层次时，可以按顺序跳用，例如，只有一个层次时，可在"一、"或者"1."中选用，只有两个层次时，可用"一、（一）"或者"一、1."表示。但如果一篇公文中第一段分了两个层级，第二段分了四个层级，这时就应按照四个层级来依次标注序数，而不能第一段跳用，总而言之，一篇公文中结构层次序数选用要保持原则统一。

（4）注意事项。公文内容前后表述的概念外延、内涵应该保持统一，前后称呼也应一致，体现公文的严谨性。如某公文前面表述为"各省（区、市）交通运输厅（局、委）"，后面表述为"各省级交通运输主管部门"，应当进行修改保持前后统一。

（十一）附件说明

（1）定义。公文附件的顺序号和名称。

（2）标注方法。"附件"二字，后标全角冒号和附件名称，附件名称较长回行时，与上一行附件名称首字对齐。需要特别注意的是，附件说明中附件名称后不需加标点符号。

（3）编排位置。正文下空一行左空二字。

（十二）发文机关署名、成文日期和印章

（1）定义。发文机关署名，即署发文机关全称或者规范化简称。成文日期为会议通过或者发文机关负责人签发的日期，联合行文时，署最后签发机关负责人签发的日期。除特定发文机关标志的普发性公文外，公文应当加盖发文机关印章，并与署名机关相符。

（2）成文日期标注要求。用阿拉伯数字将年、月、日标全，年份应标全称，月、日不编虚位（即1不编为01）。如"2018年1月1日"。

（3）加盖印章的公文编排要求。单一机关行文时，一般在成文日期之上、以成文日期为准居中编排发文机关署名，印章端正、居中下压发文机关署名和成文日期，使发文机关署名和成文日期居印章中心偏下位置，印章顶端应当上距正文（或附件说明）一行之内。联合行文时，一般将各发文机关署名按照发文机关顺序整齐排列在相应位置，并将印章一一对应、端正、居中下压发文机关署名，最后一个印章端正、居中下压发文机关署名和成文日期，印章之间排列整齐、互不相交或相切，每排印章两端不得超出版心，首排印章顶端应当上距正文（或附件说明）一行之内。

（4）不加盖印章的公文编排要求。单一机关行文时，在正文（或附件说明）下空一行右空二字编排发文机关署名，在发文机关署名下一行编排成文日期，首字比发文机关署名首字右移二字，如成文日期长于发文机关署名，应当使成文日期右空二字编排，并相应增加发文机关署名右空字数。联合行文时，应当先编排主办机关署名，其余发文机关署名依次向下编排。

（5）加盖签发人签名章的公文编排要求。单一机关制发的公文加盖签发人签名章时，在正文（或附件说明）下空二行右空四字加盖签发人签名章，签名章左空二字标注签发人职务，以签名章为准上下居中排布。在签发人签名章下空一行右空四字编排成文日期。联合行文时，应当先编排主办机关签发人职务、签名章，其余机关签发人职务、签名章依次向下编排，与主办机关签发人职务、签名章上下对齐；每行只编排一个机关的签发人职务、签名章；签发人职务应当标注全称。签名章一般用红色。

（6）注意事项。一是当公文排版后所剩空白处不能容下印章或签发人签名章、成文日期时，可以采取调整行距、字距的措施解决。务必使印章与正文同处一面，不得

采取标识"此页无正文"的方法解决。二是加盖印章的公文,印章顶端应当上距正文(或附件说明)一行之内,以避免私自增加公文内容伪造公文。

(十三) 附注

(1) 定义。公文印发传达范围等需要说明的事项。

(2) 附注分类。一是上行文必须标注的"联系人和电话"。二是部分下行文标注的发行范围,如"此件发至县团级"。三是公开属性,如"此件公开发布"等。

(3) 编排位置。居左空二字加圆括号编排在成文日期下一行。

(4) 注意事项。附注不是对公文的内容作出解释或注释。对公文内容的注释或解释一般在公文正文中采取句内括号或句外括号的方式解决。

(十四) 附件

(1) 定义。公文正文的说明、补充或者参考资料。

(2) 编排位置。应当另行编排,并在版记之前,与公文正文一起装订。

(3) 编排要求。"附件"二字及附件顺序号用 3 号黑体字顶格编排在版心左上角第一行。附件标题居中编排在版心第三行。附件顺序号和附件标题应当与附件说明的表述一致。附件格式要求同正文。如附件与正文不能一起装订,应当在附件左上角第一行顶格编排公文的发文字号,应在其后标注"附件"二字及附件顺序号。

(十五) 版记中的分隔线

版记中的分隔线与版心等宽,首条分割线和末条分割线用粗线(推荐高度 0.35mm),中间的分隔线用细线(推荐高度 0.25mm)。首条分割线位于版记中第一个要素之上,末条分割线与公文最后一面的版心下边缘重合。

(十六) 抄送机关

(1) 定义。除主送机关外需要执行或者知晓公文内容的其他机关。其应当使用机关全称、规范化简称或者同类型机关统称。

(2) 抄送机关排序原则。交通运输部公文抄送机关排列顺序原则为:"先中央、后地方,先部外、后部内,先企业、后事业,先部属、后部内"的原则。

(3) 编排要求。抄送机关,一般用 4 号仿宋体字,在印发机关和印发日期之上一行、左右各空一字编排。"抄送"二字后加全角冒号和抄送机关名称,回行时与冒号后的首字对齐,最后一个抄送机关名称后标句号。

如需把主送机关移至版记,除将"抄送"二字改为"主送"之外,编排方法同抄送机关。既有主送机关又有抄送机关时,应当将主送机关置于抄送机关之上一行,之间不加分隔线。

(4) 注意事项。一是抄送机关同样是需要执行公文内容的机关,决定将其列为主送还是抄送主要由发文单位和受文单位的政务关系决定，应当避免抄送单位是不需要执行公文内容的认识误区。二是不要为了表示尊敬，而将"抄送"改为"抄报"。

（十七）印发机关和印发日期

（1）定义。公文的送印机关和送印日期。

（2）编排要求。印发机关和印发日期一般用 4 号仿宋体字，编排在末条分割线之上，印发机关左空一字，印发日期右空一字，用阿拉伯数字将年、月、日标全，年份应标全称，月、日不编虚位（即 1 不编为 01），后加"印发"二字。

（3）注意事项。印发机关不是指公文的发文机关，发文机关已有显著的"红头"标志并在公文标题中显示。这里的印发机关是指公文的印制主管部门，一般应是各机关的办公厅（室）或文秘部门。有的发文机关没有专门的办公厅（室）或文秘部门，也可标识发文机关。

（十八）页码

（1）总体要求。一般用 4 号半角宋体阿拉伯数字，编排在公文版心下边缘之下，数字左右各放一条一字线；一字线上距版心下边缘 7 mm。单页码居右空一字，双页码居左空一字。

（2）横排表格页码编排。对于横排 A4 表格的页码，应将页码放在横表的左侧，单页码置于表的左下角，双页码置于表的左上角，单页码横表表头在订口一边，双页码横表表头在切口一侧。

（3）注意事项。一是公文的版记页前有空白页的，空白页和版记页均不编排页码。二是公文的附件与正文一起装订时，页码应当连续编排。三是页码数字左右均为一条一字线，如"— 1 —"，而不是短横线"- 1 -"。

第三节　特定公文格式编排规则

一、信函格式

（一）发文机关标志编排

发文机关标志使用发文机关全称或者规范化简称，居中排布，上边缘至上页边为 30mm，推荐使用红色小标宋体字。联合行文时，使用主办机关标志。

（二）分隔线编排

发文机关标志下 4mm 处印一条红色双线（上粗下细），距下页边 20mm 处印一条红色双线（上细下粗），线长均为 170mm，居中排布。

（三）其他格式要素编排

如需标注份号、密级和保密期限、紧急程度，应当顶格居版心左边缘编排在第一条红色双线下，按照份号、密级和保密期限、紧急程度的顺序自上而下分行排列，第一个要素与该线的距离为 3 号汉字高度的 7/8。

发文字号顶格居版心右边缘编排在第一条红色双线下，与该线的距离为 3 号汉字高度的 7/8。

首页不显示页码。这是由于信函式公文的各页距下页边 20mm 处有一条红色分隔线，位置刚好在页码上，为了避免分隔线与页码重叠情况出现，所以规定信函格式公文的首页不显示页码。

版记不加印发机关和印发日期、分隔线，位于公文最后一面版心内最下方。

二、命令（令）格式

（一）发文机关标志编排

发文机关标志由发文机关全程加"命令"或"令"字组成，居中排布，上边缘至版心上边缘为 20mm，推荐使用红色小标宋体字。联合行文时，主办机关标志排在前。

（二）其他格式要素编排

发文机关标志下空二行居中编排令号，令号表示为"××××年第××号"。令号下空二行编排正文。

命令（令）须加盖签发人签名章，签名章一般用红色。

命令（令）公文无主送机关和抄送机关，可注明分送范围。

三、纪要格式

（一）主要特点

（1）正文中无主送单位，在版记处列明分送单位和部门。

（2）发文字号常以序号或期数表示。

（3）在正文结束后不标注成文日期、不落款和不加盖印章，发文单位和成文日期标注在眉首的红色反线以上。

（二）发文机关标志编排

由"××××（发文机关全称或规范化简称加会议类别名称）会议纪要"组成，居中排布，上边缘至版心上边缘为 35mm，推荐使用红色小标宋体字。

（三）标题

为"研究××××问题""讨论××××事项"等。

（四） 其他格式要素编排

在正文或附件说明下空一行左空二字用 3 号黑体字编排"出席"二字，后标全角冒号，冒号后用 3 号仿宋体字标注出席人单位、姓名，回行时与冒号后的首字对齐。姓名间用顿号分隔，单位间用逗号分隔。

四、公告通告格式

（一） 发文机关标志编排

公告或通告标志由发文机关全称或规范化简称加"公告"或"通告"组成，居中排布，上边缘至版心上边缘为 35mm，推荐使用红色小标宋体字。联合制发公告或通告时，主办机关标志排在前，并遵从联合行文规定。

（二） 其他格式要素编排

公告和通告一般为主动公开，无密级、无份号、无主送机关和抄送机关，可有分送范围。

报刊、媒体转载转发通告或通告时，可只标注版头和正文部分。

五、内部情况通报格式

（一） 发文机关标志编排

内部情况通报标志一般由"×××（发文机关全称或规范化简称）内部情况通报"组成，居中排布，标志上边缘至版心上边缘为 35mm，其标志用红色小标宋体字，字号由发文机关酌定。

（二） 其他格式要素编排

发文机关标志下空二行居中以"第××期"编排期号，期号不编虚位（即第 1 期不编为第 01 期）。期号下空一行编排印发机关名称和印发日期。印发机关名称左空一字编排，印发日期右空一字编排。印发机关和印发日期下 4mm 处居中印一条与版心等宽的红色分隔线。

红色分隔线下第一行空二字 3 号黑体标注小标题，注明"×××、×××、×××在××××××会议上的讲话"。

小标题下空一行行首空二字，可编写编者"按"，"按"字为黑体字，后用全角冒号，冒号后用仿宋体编写"按"具体内容。

编者"按"具体内容下空二行 2 号小标宋体字标注公文标题。

公文标题下一行 3 号楷体字标注讲话领导人全名。领导名称下一行以 3 号仿宋体字"（20××年×月×日）"标注讲话日期。

日期下空一行，行首空二字 3 号仿宋体字编写正文。

多个领导讲话，自第二位领导讲话时起，第二位领导讲话单起一页编写。

内部情况通报文尾不加盖印章、不标注成文日期；无主送机关和抄送机关，只有分送机关；分送机关标识方法同抄送机关。印发机关和印发日期、分隔线，位于公文最后一面版心内最下方。

密级、份号、保密期限、页码等其他要素遵从公文国家标准相关要素规定。

内部情况通报公文格式须标注版记，以示公文正式结束。

六、电报格式

中共交通运输部党组、交通运输部和交通运输部办公厅电报统一使用中央和国家机关发电格式。

（一）发文机关标志编排

电报标志由"中央和国家机关发电"组成，居中排布，标志上边缘至版心上边缘为35mm，其标志用大标宋字体。电报版心为 160mm×242mm，正文 25 行、每行 28 字，页边上空 30mm、下空 25mm、左空 26mm、右空 24mm。

（二）其他格式要素编排

电报分为明电和密电。明电标志用绿色字体，密电标志用红色字体。

电报须在版头"签批盖章"位置后或签名或加盖电报专用章。加盖电报专用章要求上压发电机关标志，下不压发电字号。无电报专用章时，可在文尾加盖发电机关单位印章。

联合制发电报时，仅在电报版头发电机关单位标志主办单位，正文标题应标注联合发电单位名称，并在文尾标注联合发电单位署名、成文日期。

第十章　发文办理

第一节　基本原则及主要程序

一、基本原则

发文办理是指以本机关名义制发公文的过程。应遵循以下原则：

（1）准确。这是发文工作的核心，每一环节都要准确无误，切不可疏忽大意。

（2）高效。发文工作程序性较强，实际操作中应理顺工作流程，加快公文运转速度，这是机关转变工作作风，改进工作方式的重要体现。

（3）安全。确保公文运转安全，是做好发文工作的重要原则。发出涉密公文的信封上应标明密级，传递机要公文时要按规定的渠道和方式发送。

二、主要程序

（1）签发。是指机关或部门负责人对审核过的文稿进行最后审定并签署意见的程序。

（2）复核。经发文机关负责人签批的公文，印发前应当对公文的审批和会签手续、内容、文种、格式等进行复核；需做实质性修改的，应当报原签批人复审。

（3）登记。对复核后的公文，应当确定发文字号、分送范围和印制份数，并详细记载。

（4）缮校。交通运输部发文由文印部门负责前二校，承办人负责三校；其他公文均由承办人负责校对。交通运输部上报的公文，付印前由文秘部门复核清样。

（5）印制。公文印制必须确保质量和时效。涉密公文应当在符合保密要求的场所印制。

（6）核发。公文印制完毕，应当对公文的文字、格式和印刷质量进行检查后分发。

第二节　文稿签发

签发是公文定稿形成的最后环节，是公文制发机关负责人对公文进行严格把关的一项决策性程序。签发是公文形成的最后一个关键性环节。文稿经过核准签发后即已生效。

一、签发原则

（一）按职权划分的原则

公文制发机关负责人在工作上各有分工，一般情况下仅对自己职权范围内的有关公文有签发权。

（二）集体负责的原则

对于某些关乎全局的长期性、关键性公文，必须由领导集体讨论通过，共同负责，最后由主要负责人签发。

（三）授权代签的原则

公文的法定签发人因公外出或因其他原因不能亲自签发的，可以授权或委托其他负责人代为签发，事后再送法定签发人阅知。

（四）禁止越权的原则

公文签发是制发机关负责人行使权力的一项决策性程序，必须严格按签发权限进行。超越签发人职责权限签发公文，容易造成决策失当，权责脱节。

二、签发流程和权限

文稿先审后签，是公文签发必须坚持的操作程序。一般情况下，签发前审阅的运转程序是：先下级、后上级，先副职、后正职；同一级别，先主管领导、后其他领导，先排名靠后的领导、后排名靠前的领导。需送其他单位联合签发或会签的公文，由主办单位负责人签发后，依次送联合发文单位或会签单位负责人签发。

（一）签发基本流程

公文应当经本机关负责人审批签发。重要公文和上行文由机关主要负责人签发。办公厅根据授权制发的公文，由办公厅主要负责人签发或者按照有关规定签发。签发人签发公文，应当签署意见、姓名和完整日期；圈阅或者签名的，视为同意。

联合发文由所有联署机关的负责人会签。其中，联合制发的上行文，由机关主要负责人或者主持工作的负责人签发。对会签的来文，如无不同意见，由机关负责人签署姓名和日期；如有完善性修改意见，应当在文中进行修改，并征得来文单位同意后，由机关负责人签署姓名和日期；如有原则性修改意见，主办部门与来文单位充分沟通，并将意见行文反馈，由机关负责人签署"见会签意见"和姓名、日期；如有重大原则性分歧意见不同意会签，由主办部门向机关负责人请示后向来文单位说明理由并将来文退回，待来文单位修改达成共识后再予以会签。

（二）签发权限

1. 以中共交通运输部党组名义发文

党组文件、函、电报由党组书记签发。

2. 以交通运输部名义发文

（1）部令。部令发文稿应经部务会议审议通过，由分管法制工作的部领导签批后，由部长签发。

（2）部文件。报国务院的请示和报告由部长签发，或部长授权副部长签发，并注明部长已阅；涉及部长本人出访活动的请示，由分管外事工作的副部长签发；同时涉及部长和分管外事工作的副部长出访活动的请示，由其他副部长签发，并注明部长已阅。

发文稿由部管国家局起草的，由国家局主要领导审签，按程序送部办公厅审核，涉及外事工作的请示经办公厅登记后送国际司审核，由部长签发。

以文件形式印发下级机关和所属单位的决定、意见、通知、通报等，按照工作分工由分管部领导签批，涉及多位部领导分工的，先送主办司局的分管部领导签批，依次经其他分管部领导传签后，由部长签发。其中涉及公民、法人和其他组织权利义务，具有普遍约束力的行政规范性文件的发文稿，应经部务会议审议通过。

（3）部公告、通告。部公告、通告按照工作分工由分管部领导签批，也可由分管部领导提请部长签发。

（4）部函。以部函形式印发的批复、意见、通知、函等，按照工作分工由分管部领导签批，也可由分管部领导提请部长签发。

（5）部明传电报。部明传电报原则上按照工作分工由分管部领导签批，情况紧急时可由带班的部领导签批。

3. 以交通运输部办公厅名义发文

（1）部务会议纪要。部务会议纪要由部长签发。

（2）部专题会议纪要。部专题会议纪要由主持会议的部领导签批，重要内容提请部长签发；如会议由部领导授权部总师或司局长主持召开，纪要仍由授权的部领导签批。

（3）部内部情况通报。部党组成员代表部或部党组出席会议发表的讲话，原则上不印发内部情况通报，确需印发的须报经部主要负责同志批准；部总师、部机关司局负责同志讲话不单独印发。

（4）办公厅文件。办公厅文件为部授权办公厅发布的下行文，须在文中注明"经交通运输部同意"，按照工作分工由分管部领导签批，重要发文由分管部领导提请部长签发。

（5）办公厅函。办公厅函属代部答复审批、许可事项的，须在文中注明"经交通运输部同意""经交通运输部批准""经部领导同意"等,由分管部领导签批。

办公厅函属征求意见反馈或提供情况材料的,内容重要且涉及多位分管部领导分工的,应先送主办司局的分管部领导签批,依次经其他分管部领导传签后,由部长签发。

办公厅函由业务司局起草的,原则上由分管部领导签发,如分管部领导已就相同内容在签报中签批明确意见同意发文的,办公厅主任可直接签发。

办公厅函由办公厅起草且仅涉及办公厅业务的,由办公厅主任签发,也可提请分管部领导签批。

办公厅函主送部管国家局综合司或办公室的,由办公厅主任签发。

(6)办公厅明传电报。办公厅明传电报原则上按照工作分工由分管部领导签批,情况紧急时可由带班的部领导签批,或由带班部领导授权值班的司局级领导签发。

三、公文签发常用批语

签发公文常用批语主要有以下几种:

(1)"发"。

(2)"请×××核后发"(注:需请职位高者审核后发)。

(3)"请×××阅后发"(注:需请职位低者阅知后发)。

(4)"请会签后发"(注:需请其他部门会签后发)。

四、公文签发注意事项

(1)签发公文应当在适当的位置上,字迹清晰、工整,意见明确、简要。圈阅也应写姓名全称和完整日期。

(2)签发公文应当符合存档要求。不得使用圆珠笔和铅笔,不得使用蓝黑色和黑色以外其他颜色的墨水。

(3)凡未经办公厅(室)审核的公文,机关负责人一律不予签发。

第三节 公文复核与登记

一、公文复核

(一)基本概念

公文复核是指已经发文机关负责人签批的公文,登记文号前应当对公文的审批和会签手续、内容、文种、格式等进行全面检查的程序。公文复核是公文印制前必经的一道把关程序,是避免公文差错、遗漏和失误,确保公文质量的重要环节。

(二) 公文复核注意事项

公文复核的重点主要为以下几个方面:

(1) 审批、签发手续是否完全。确认文稿的审批人、签发人是否合法,有无越权情况;是否规范地签注了发文意见、姓名和日期。

(2) 会签单位意见是否均为同意。逐一检查会签单位意见,若有签署"见会签意见"的,则要联系承办人,确认相关内容是否与会签单位意见达成一致。

(3) 复核发文各个要素是否准确。检查主送机关和抄送机关范围是否明确、排序是否准确,紧急程度、密级、保密期限、印制份数等是否合理。

(4) 附件材料是否齐全。核对附件说明内容与附件是否一致,确认齐全完整。

经复核,不符合要求的公文,不予登记文号和缮印。公文复核时,一般不得对文稿内容进行实质性修改。如确需对签发后的文稿进行实质性修改的,应当送办公厅(室)负责人复审,并征得签发人同意。

二、公文登记

(一) 基本概念

公文登记是对已经发文机关负责人签批的公文复核无误之后,予以登记并确定发文字号的过程。

发文字号由发文机关代字、公文格式代字、年份和发文顺序号组成。一般情况下,发文字号是公文的唯一识别标志,一个发文字号只能对应一份公文。

(二) 公文登记注意事项

公文登记编号时应重点注意以下几点:

(1) 发文字号中的发文机关代字应当与公文主办部门名称相符。例如,以交通运输部党组名义制发的公文在登记编号时应当使用"交党发〔2018〕××号""交党函〔2018〕××号"等,以交通运输部名义制发的公文应当使用"交××发〔2018〕××号""交××函〔2018〕××号",以交通运输办公厅名义制发的公文应当使用"交办××〔2018〕××号""交办××函〔2018〕××号"。

(2) 发文字号中的发文机关代字应规范标准,不可随意多字、漏字。例如,交通运输部运输服务司主办的公文在登记编号时应使用"交运发〔2018〕××号""交办运函〔2018〕××号"等,而非"交运输发〔2018〕××号""交规划发〔2018〕××号""交办运输函〔2018〕××号"等。

(3) 发文字号中的公文格式代字应当与公文的发文形式相符,确认使用的发文字号种类正确。例如"交××发〔2018〕××号"的字号只适用于发文形式为部文件的公文;"交办××函〔2018〕××号"的字号只适用于发文形式为办公厅函的公文。

(4) 同一发文形式中发文字号的发文顺序号在同一年度应确保不重复、不空缺。登记公文时,应前后对照,确认顺序号无误后再行编制发文字号。

第四节 公文校对

公文校对处在发文编排之后、印制成文前的质量把关环节。审核公文内容和排版的疏漏,通过校对工作来弥补和完善。校对既是公文印制前的关键环节,又是防范化解公文错误风险、提升公文质量的重要环节,更是公文质量保障体系的最后一道防线。校稿人要通过严谨认真的工作,切实把好把牢发文稿清样校对关,把错误消灭在公文发送之前,从而有效减少和杜绝重印、退文等问题,提高公文的质量。

一、基本概念

公文校对是以签批原稿为基准,同排版后的清样进行核对的工作。公文校对有两个功能:一是校异同,二是校是非。

(一) 校异同

校异同,是指以签批原稿为唯一依据或标准来核对清样,分辨二者的异同,同则不改,异则以签批原稿为准对清样进行订正。签批原稿与清样的异同,除了文字异同外,还有标点符号、表格、图表等的异同。

通过校异同,能够消灭公文排版过程中发生的差错,去除发文稿清样与签批原稿之间的差异。校异同是公文质量的基本保证。

(二) 校是非

校是非,是指凭借校稿人自身储备的知识或其他权威资料来判断原稿中的是非,确认其"是"就通过,确认其"非"就改正。校是非是一种层次更高、难度更大的校对方法。校是非与公文核稿相似,不对之处均须改正。

就机关公文校对而言,重点在于校异同。

二、公文校对方法

(一) 唱校法

通常由两人合作进行,一人朗读签批原稿,另一人核对清样,并改正清样上的错误。朗读时,读稿者要将每个字、每个标点符号读准,语速要缓慢,音调要有节奏;

文稿标题、每行另起等都要口头交代清楚。

（二）折校法

签批原稿放在校对者正前方的桌面，清样拿在双手的食指、大拇指与中指之间，从第一行起校一行折一行，使签批原稿每一行的文字紧紧靠近清样上要校对的那一行文字。校对时，尽量做到一眼能同时看清签批原稿和清样的字句。折校法一般适用于签批原稿是打印稿，而不适用于手写修改比较多的签批原稿。

（三）对校法

签批原稿放在左边，清样放在右边。先看签批原稿，后核对清样。左手食指指着签批原稿上要校对的文字，右手执笔，顺着清样上相应的字句移动，遇到打错或排错之处，随即用校对符号或文字在清样上批注。校对时，特别要注意按照签批原稿逐字、逐句、逐个标点比对，看、念、想结合进行。眼睛要在每个文字、每个符号上停留一下，不要一滑而过，同时有节奏地默读文句，并使头脑作出反应。

以上三种校对方法各有优缺点。具体采用哪种方法，要根据参与校对的人数、签批原稿的清晰程度等因素决定。比如，唱校法必须由两名及以上人员完成，折校法和对校法由一人即可完成；签批原稿上手写改动多的，不适合用折校法，而应优先选用唱校法或对校法。重要的公文稿件要采用两种以上的校法，至少有两人参与校对，并提倡采用唱校法。

三、公文校对工作机制

《交通运输部公文处理办法》第四十一条，明确了发文办理主要程序中校对工作的责任和内容。即：部发文由文印室负责前二校，主办处室负责三校；其他公文均由主办处室负责校对。部上报的公文，付印前由文秘处复核清样。《交通运输部办公厅关于进一步加强发文稿清样校对工作的通知》（交办办〔2018〕41号），对健全完善发文稿校对工作机制提出了具体明确的要求。

（一）清样校对主办处室唱校制

清样经文印室编排完成后，主办处室应当安排包括拟稿人在内的两名或以上人员进行唱校。唱校时如发现错误，必须用色笔（墨水笔、圆珠笔等）规范、准确书写校对符号和示意改正的字符。重要发文稿在正式办文运转前，提倡由主办处室先通读一遍，从源头上消除错误。

（二）清样付印主办处室处长审签制

清样校对要忠实于签批原稿，确因有错别字、顺序号排列错误等需作个别非实质性修改的，应当在签批原稿和清样修改处签字确认；确需作实质性修改的，应当在签批原稿、清样修改处签字确认后，报原签批领导复审签字。发文稿交付印刷前，要确保签批原稿、清样及领导复审签字等各要件齐全完整。主办处室拟稿人、处长在部公文印制工作单上签字确认后，送文印室印制。如清样修改内容较多，文印室清稿后可视情提请主办处室再次唱校。

（三）成文发出主办处室确认制

公文印制完成，由文印室通知主办处室领取成文，主办处室确认无误并签字后，按照现行发文方式和渠道将成文发出。主办处室在领取成文时如发现有错误，需查明原因、提出整改措施后，报经办公厅负责同志审核同意，并在签批原稿、清样上作同步修改，确保签批原稿、清样、成文在内容上一致。

第五节　公文缮印与分发

一、公文缮印

公文缮印是指对完成签发、复核、登记文号、校对等程序的公文，根据负责人签发的原稿，印制成正式文本的过程。

公文缮印工作主要依据 2012 年 7 月 1 日新修订的国家标准《党政机关公文格式》（GB/T 9704—2012）和 2014 年 5 月 15 日交通运输部办公厅印发的《交通运输部公文格式规范》。公文缮印应注意以下事项：

（1）检查公文原稿上有无负责人签字，校对程序是否完整。

（2）缮印时，必须以负责人签发的原稿为依据，以最终校对后更正的清样为缮印稿，不得随意改动。

（3）公文印制的版面、格式要符合规定。字迹清晰，页面整洁美观，页码不错不漏，双面印刷，左侧装订。

（4）加盖印章的公文份数应当与公文原稿上标明的印数相同，多余份数不予盖章。

（5）加盖印章时，应清晰端正，上沿不压正文，下沿盖在落款的成文日期上，骑年压月。

二、公文分发

公文分发是将制成的公文，按照主送机关、抄送机关或分送机关的范围传递至受文单位。公文分发主要有普通邮寄、专人送达、机要通信、网络传输等方式。公文分发应注意以下事项：

（1）公文分发之前，应当对印制完毕的公文的文字、格式、印刷质量进行检查，确认无误。

（2）对发送范围、公文密级、办理时限、有无附件、是否用印等逐项确认无误。

（3）需要装信封进行传递的，信封上的收件单位名称、地址、邮编等各项信息应准确清晰。

（4）紧急件、涉密件应当在信封上加盖相应的戳记，并进行登记。绝密件应使用专用信封。

（5）公文装封后，应确认封口是否严密，不得使用订书钉装订，使用胶水、糨糊封口的不得粘住内装的公文。

（6）涉密公文应当通过机要交通、邮政机要通信、城市机要文件交换站或者收发件机关机要收发人员进行传递，通过密码电报或者符合国家保密规定的计算机信息系统进行传输。

（7）公文分发情况应当有相应的记录或登记。

第六节　办结公文处置

《党政机关公文处理工作条例》第七章公文管理，对办结公文的归档、清退、暂存和销毁做出了一系列规定。

一、归档

归档，是指对已办结的公文，对照归档范围，需要归档的公文及有关材料，应该根据有关档案法律法规以及机关档案管理规定，及时收集齐全，整理归档。联合发文的公文材料原件由主办机关归档，联署机关保存复制件。机关负责人兼任其他机关职务的，在履行所兼职职务过程中形成的公文，由其兼职机关归档。机关合并时，全部公文应当随之合并管理；机关撤销时，需要归档的公文经整理后按照有关规定移交档案管理部门。

二、清退

清退，是指已经办毕的公文按照要求退还原发文机关或由其指定的有关单位。需要清退的公文有绝密公文、有重大错漏的公文，被明令撤销的公文，仅供征求意见或审阅的公文、发文机关指定需要清退的公文，等等。工作人员离岗离职时，所在机关应当敦促其将暂存、借用的公文按照有关规定移交、清退。办理清退手续应当进行详细登记。

三、暂存

暂存，是指公文办毕后不在归档、清退范围内暂不宜销毁的公文，需要继续留存备查的情况，以便日常工作中随时查阅参考。暂存公文的范围具体包括：需频繁查阅的已归档文件的重份文本或者复制件；具有参考价值的公文、简报等；一时难以准确判定是否归档或销毁的公文；等等。

四、销毁

不具备归档和保存价值的公文，经批准后可以销毁。销毁涉及公文必须严格按照有关规定履行审批登记手续，确保不丢失、不漏销。个人不得私自销毁、留存涉密公文。

第十一章 收文办理

收文办理是指收进外部送达本机关的公务文书和材料，包括文件、电报、信函、内部刊物及其他文字资料，并对这些资料实施处置与管理。收文办理是公文管理的重要环节。收文办理工作运转有序、安全高效，才能保证公文处理的科学性、规范性和严密性。同时，收文办理工作也展示了机关公文运转的工作水平和管理能力，体现机关良好管理形象。

第一节 基本原则和主要程序

一、基本原则

收文办理是操作性很强的工作，流程严密，专业性强，时效性强。既涉及公文的流转效用，也涉及公文的存档备查；既要求文秘人员有较高的政治素养和业务水平，熟悉本机关各部门职责职能，还要对来文的格式、保密要求等了如指掌，在收文办理工作中做到职责分明、处理及时，以便安全、快速处理来文运转和办理等事宜。

所谓职责分明，是指公文运转由各单位综合办公部门负责，来文单位人员不得持来件运转，本单位文秘人员需及时接收来文，按收文要求处理。

所谓处理及时，是指本单位文秘人员接收来文后，要及时、规范地按规定流程处理来文。登记来文后，交领导阅示或按职责规范运转来文。

尤其应该注意的是，机要文件的收文办理要做到"四个一"，即进出一个口，拆封一只手，登记一本账，传阅一个点。

进出一个口，是指机要信函的收发进出，要坚持一个"口"，这个"口"就是机要文书部门。与机要文书工作无关的部门或人员，不得参与机要文件的装封与传递，不得让非机要人员捎带机要信函。

拆封一只手，是指除上级发来的指定领导人拆封的"亲启"信件外，拆封机要文件只有机要文书部门才可执行。这是文书处理工作的一个重要环节，是党和国家赋予机要文书部门一项特有的职责。

登记一本账，是指对收到的秘密、机密和绝密文件，应与非涉密性的文件分开，单独建立一本账册来登记，设立"机要文件收文登记簿"。

传阅一个点，是指机要文件传阅应当坚持"点传"，即以机要文书为"中心点"，阅件人和机要文书之间有严格的取还登记手续，阅件人相互之间不发生直接关系。这既可防止文件丢失，又可以防止阅件人积压文件。

二、主要程序

《党政机关公文处理工作条例》第二十四条规定了收文办理有七项主要程序：

（1）签收。对收到的公文应当逐件清点，核对无误后签字或者盖章，并注明签收时间。

（2）登记。对公文的主要信息和办理情况应当详细记载。

（3）初审。对收到的公文应当进行初审。初审的重点是：是否应当由本机关办理，是否符合行文规则，文种、格式是否符合要求，涉及其他地区或者部门职权范围内的事项是否已经协商、会签，是否符合公文起草的其他要求。经初审不符合规定的公文，应当及时退回来文单位并说明理由。

（4）承办。阅知性公文应当根据公文内容、要求和工作需要确定范围后分送。批办性公文应当提出拟办意见，报本机关负责人批示或者转有关部门办理；需要两个以上部门办理的，应当明确主办部门。紧急公文应当明确办理时限。承办部门对交办的公文应当及时办理，有明确办理时限要求的应当在规定时限内办理完毕。

（5）传阅。根据领导批示和工作需要将公文及时送传阅对象阅知或者批示。办理公文传阅应当随时掌握公文去向，不得漏传、误传、延误。

（6）催办。及时了解掌握公文的办理进展情况，督促承办部门按期办结。紧急公文或者重要公文应当由专人负责催办。

（7）答复。公文的办理结果应当及时答复来文单位，并根据需要告知相关单位。

第二节　各环节工作流程及要求

一、签收流程及要求

签收是指机关收文人员从发文机关、邮政部门、机要通信部门、文件交换站，或通过自备通信设备收取公文后，在对方投递单、送文簿或通信设备系统中签字，以示收到的流程。签收是收文办理的第一道流程，认真做好签收工作既是明确交接双方的责任提供凭证的需要，也是保证公文运行安全的需要。

交通运输部及交通运输部办公厅的收文，由交通运输部办公厅负责签收。部机关司局的收文，由其办公室负责签收。对收到的公文应当逐件清点，核对无误后签字或者盖章，并注明签收时间。签收公文时，要认真做好检查和清点工作：

（1）检查来件是否是发给本机关、本单位的，封面编号是否与记载相符。发现错投应当及时退回或转投，有散包或被拆后重封等现象的应当立即追查原因。

（2）清点公文，确认收到公文的标题、编号、数量与投递通知单或回执单标明内容是否一致。检查公文是否完整，是否有附件缺失、正文缺页或夹带空白页等，印章、落款等其他公文格式要求是否存在瑕疵。

（3）检查来文是否符合本单位公文处理要求，如果来文内容不在本单位职责范围内，或者来文内容不是本单位所涉及范围，对不符合要求的来文要及时退回，以保证公文的处理效率。

（4）收到机要文件后，必须在机要室存放，且由专人保管。对阅后按页清退的绝密文件要逐页清点，不要少页，确认绝密文件完整后再予以签收。

二、登记流程及要求

登记是指公文签收无误后，对来文进行编号、记录主要内容和处理情况的流程。公文登记信息包括：来文机关、文号、标题、来文日期、收文编号等。登记是收文办理的重要依据，也是办公室人员一项经常性的工作。

（一）登记工作方法

随着办公自动化的发展和完善，登记的形式主要有簿式、卡片式、联单式、电子登记等。登记的方法总体上可以分为两种：

（1）分类式登记法，是指根据本单位确定的公文分类标准进行分类登记。分类标准可以按来文方向分，可以按"办件"和"阅件"分，也可以采取其他分类方法，总之，分类标准的制定应便于高效工作。

（2）流水式登记法，是指根据收文时间不分种类依次登记。这种方法一般适用于收文较少、内容较为单一的单位使用。

总体来看，建议使用分类登记法，它有利于区别来文的主次和轻重缓急，可以对重点来文进行有序管理，提高公文处理工作的质量和效率。

（二）收文登记注意事项

（1）平件、密件与急件应分别进行登记。

（2）急件随到随登记，平件分批登记。

（3）登记序号应不留空号，不出重号。

（4）登记时如用手写，字迹要工整、不滥用简称；如用电子登记，要避免使用错别字。

（5）登录项目应完整准确，对于无标题的收文应代为拟出简明、确切的标题。

收文登记完成后，公文送至本单位收发部门，由其统一启封或直接送有关领导亲启。启封应由专人负责；标明亲收的亲启件，由领导人亲启；启封后应检查公文的完整情况。

三、初审重点及退文情况

（一）初审重点

做好收文初审工作，有利于公文的管理作用，体现公文的严肃性和规范性；有利于收文的及时、有序办理，体现公文的时效性。初审的重点内容：

（1）来文是否应当由本机关办理，是否符合行文规则。

（2）文种、格式是否符合要求，涉及其他地区或者部门职权范围内的事项是否已经协商、会签。

（3）是否符合公文起草的其他要求。

（二）退文情况

对于以下情况，经初审不符合规定的公文，应当及时退回来文单位并说明理由。

（1）退回不规范公文。如：文头与机关代字相矛盾的，文种使用不当的，标题和引用公文不规范的，正文错误、层次序数混乱的，附件错误、未注明附件或附件有缺失的，未加盖印章或印章不规范的，请示报告不分、请示一文多事、多头主送的，上行文签发人不符合要求、应注明签发人而未注明的。

（2）退回不符合行文规则的公文。如：不应当由本机关办理的公文，应当协商、会签，却未协商、会签的，以单位名义报送领导个人、越级行文的。

（3）退回内容和文字篇幅不符合要求的公文。

四、承办方式及要求

承办是指对符合规定的收文进行分类筛选后，根据公文内容、要求和工作需要，由办公厅（室）文秘人员根据公文的重要程度、各部门职责分工及有关流程规定，及时提出拟办意见，并将公文分送有关领导、有关部门阅知、办理的过程。

（一）承办建议拟写

对阅知性公文和批办性公文，文秘部门拟写承办建议，主要有以下四种情况：

（1）阅知类。即只写明请某某领导同志阅知，不提出任何具体意见。如"请××同志阅""请××部长阅"等。

（2）阅示类。即只写明请某某领导同志给予批示，不提出具体参考意见。如"请××副部长阅示"。

（3）建议类。即不仅要写明公文的送阅对象，还提出有关办理意见。如"请××

同志阅后交××同志办理"等。

（4）评议类。即不仅写出评论性意见，还提出相应建议。如"此件第×点提法欠妥，望再作调查研究后上报。请××同志阅示"。

（二）公文拟办原则

公文拟办应坚持阅办分处的原则，即阅知性公文和批办性公文分别处理。一般情况下，应遵循以下几个规则：

（1）业务对口的规则。在以对口处室联系部门为分办第一依据的前提下，充分考虑文件要解决的问题，强化对口业务办理。

（2）兜底办理的规则。综合性强、内容较多或处室职能交叉的文件，通常由对口常务副职领导的处室兜底。

（3）协商办理的规则。需要两个以上部门办理的，应当明确主办部门。一般由任务较集中的处室牵头主办，相关处室协办，办理中要加强协调、沟通，防止出现推诿扯皮现象。

承办部门对交办的公文应当及时办理，有明确办理时限要求的应当在规定时限内办理完毕。确有困难的，应当及时向来文单位说明，协商办理时限。对不属于本单位职权范围或者不宜由本单位办理的，应当及时退回交办部门并说明理由。

（三）公文拟办注意事项

（1）文秘人员要熟悉本单位的工作情况和有关业务，认真研究来文的内容和制文机关的要求，然后周密考虑适宜的处理方案，不得越权批办公文。

（2）拟办意见要言简意赅，便于执行。不经批办同样能得到有效办理的公文、已批办过统一处置意见的公文、他人已有合法而明确批办意见的公文，原则上不再批办，转由有关部门直接处理。

（3）对一些需要批复、回复或批转、转发的公文，承办部门拟稿人可将来文与回复、批办的草稿一并送领导批办，避免重复批办。

五、传阅方法及要求

传阅是指将收文送给多位领导或者部门负责人阅知。办理公文传阅应当随时掌握公文去向，不得横传、漏传、误传、延误。阅件按礼宾顺序，从前向后送，先送主要领导，再送分管领导、其他领导。办件按礼宾顺序，从后向前送，先送分管领导，再送需协办的领导，提出完整办理意见，最后送主要领导。

实际工作中，有组织传阅和个人传阅两种形式。文秘人员要根据收文的内容和形式选择适宜的传阅方法，对特急件、绝密件的传阅，需要专人传送。

（一）组织传阅

组织传阅是指独份或份数很少的公文需经多部门或多位工作人员阅知处理时，使公文在他们中间得到有效传递和阅读。在组织传阅时应注意：

（1）选择合理的传阅路径。

（2）正确排序，随情况变化做适当调整。要根据阅文者实际责任而不仅仅是以级别高低确定传阅顺序。

（3）适当分流，如复制若干副本。

（4）积极利用多种传阅形式，可开辟阅文室、召集阅文者集中阅文、利用现代化手段传阅文件等。

（5）完善传阅登记手续。

（6）及时检查阅读情况，有效落实有关领导者阅后的批示。

（二）个人传阅

个人传阅是指按领导职责要求，将公文递交给个别领导或者需要知晓公文内容的人传阅。

个人传阅要及时。如是纸质文件传阅，要及时送到阅读者个人手中，先送第一应阅人，第一应阅人退回后，再送第二应阅人。应阅人相互之间不要横传，由文秘人员采用一送一退的办法直接传阅。特殊情况下，如时间紧迫、应阅人办公室相邻等，可以在文秘人员协调下横向传阅。如是电子传阅，文秘人员应通过适当方式通知应阅人，协调好阅文次序，以免应阅人因事务繁多影响电子阅文运转。

传阅完成后，文秘人员要将传阅意见汇总，及时向相关传阅人报送，以便应阅人了解公文处理的综合情况。

六、催办流程及要求

催办是指由公文处理管理机构根据承办时限和其他有关要求对公文承办过程实施的督促检查的过程。对于紧急公文或重要公文，应由专人负责催办。催办工作的一般过程为：

（1）明确承办工作要求，如时限、方式、原则等。

（2）将催办工作所需信息以文件催办单等形式记录在案，作为催办依据。

（3）定期或随时向承办部门或人员催询、检查承办工作进展情况；及时协助制定和实施解决问题的方法、措施，保证公文迅速有效地运转；验收办毕公文，综合反映承办工作实际情况与结果，注销已办结公文。

七、答复方法及要求

答复是指需要办理的公文在办理完毕后对来文机关所做的答复，它体现收文办理的最终结果。答复环节要注意把握时间。能在最快的时间答复的，要争取尽快答复。需要一定时期答复的，要做好记录，在总体有了安排后及时答复。同时，还要注意把握答复内容。内容较单一的答复，语言简练，语意明确；内容较为复杂的答复，要逻辑清晰，理由、措施、方法得当，有具体操作性。常用的答复形式有以下四种：

（一）行文答复

用行文的形式答复一般有两种情况：一种是由公文内容主办部门代拟文稿，经部门负责人审查签署同意后，连同交办文件及领导批示一并退回交办机关的综合部门审核，并由其送领导签发；另一种是以职能部门的名义行文，即由公文内容主办单位拟好文稿后，送交领导人签发。

（二）口头答复

这种形式主要用于答复下级机关来文时采用。对于下级机关来文请示的比较简单的问题，有时可以不必行文，而以口头方式答复。口头答复，可以用电话沟通、可以面谈，但答复时间、地点、内容、受话人、答复意见等一定记录详细。

（三）传送领导批示

有些下级机关来文，领导批示具体的处理意见，不需要另行办理，可以将领导的批示意见或复印后发送给来文单位。这样的处理方式可减少办理流程，提高运转效率。

（四）统筹回复

针对有些来文内容不需逐件答复的，可从部门或系统的全局来统筹考虑，统一予以答复。

第十二章 印章管理

第一节 印章基础知识

一、印章的起源

印章是"印"和"章"的合称。印章早在西周就已经出现，但当时只是作为个人凭证，春秋战国时期才用于公文的封印。古代的印章称为"玺"，是官员权力和身份的象征。任职时授予，免职时收回。秦朝统一中国后，对文书用印进行了调整和统一，它规定皇帝的印章称为"玺"，皇帝有六玺：皇帝行玺、皇帝之玺、皇帝信玺、天子行玺、天子之玺、天子信玺，不同的公文加盖不同的印玺。百官之印统称为"印"，根据官职大小分别授予不同质地的印，并系以不同颜色的绶带。凡是官府发出的公文均必须加盖印章，以证明公文的真实性和有效性。

古代官印图案完全由文字组成，汉字整体形状都呈方块状。为体现对称之美，从秦代到明清，皇帝、王侯、官署的正式印章都是方形的。民国时期的官印也是沿用方形的。

1949年以前中国普遍使用方形公章。中华人民共和国成立之初，制作过"中华人民共和国中央人民政府之印"，为边长为9厘米的方形铜印，1949年10月31日启用。1954年颁布宪法以后这枚印章停止使用。

1955年1月27日，国务院颁发《关于国家机关印章的规定》，规定国家机关公章改为圆形，省部级以上机关公章的中央为国徽，其余机关公章的中央为五角星，并且规定了各级机关印章的尺寸。

二、印章的种类

印章按用途可分为私印、公章，按内容形式可分为名章、官印、趣章、收藏鉴赏章等，按材质可分为石章、玉章、角章、铜章等，按形状可分为方形、圆形、椭圆形等。

本书介绍的印章包括公章和具有法律效力的个人公用名章。

（一）公章

公章是指国家机关、人民团体、社会组织、企业单位、事业单位、个体工商户以及其他组织（以下简称单位或者机构）的法定名称章，单位或者机构冠以法定名称的内设机构章、分支机构章和合同、财务、发票、审验、报关等业务专用章。公章形状有圆形和椭圆形两种：

（1）圆形公章用于：党政机关、工会组织、国有企业、国营股份制企业、专用章、其他企业所属部门及个体、私营企业工商企业合同专用、有限责任公司、股份有限公司、地方性社会团体、学校及其所属职能机构。

（2）椭圆形公章用于：中外合资（合作）企业、外商独资经营企业。国际上，多数国家或地区习惯用椭圆公章，蓝色油墨。

（二）个人公用名章

具有法律效力的个人公用名章是指单位或者机构的法定代表人、经营者、主要负责人以及财务负责人等人员用于非因私事务的个人名章。

三、公文印章的规格

（一）行政机关印章

1999年10月31日，国务院印发《关于国家行政机关和企业事业单位社会团体印章管理的规定》（国发〔1999〕25号）对行政机关印章的规格做出明确规定：

各省、自治区、直辖市人民政府和国务院办公厅、国务院各部委的印章，直径5厘米，中央刊国徽，国徽外刊机关名称，自左而右环行，由国务院制发。

国务院部委管理的国家局的印章，直径4.5厘米，中央刊国徽，国徽外刊机关名称，自左而右环行，由国务院制发。

国务院部委的外事司（局）的印章，直径4.2厘米，中央刊国徽，国徽外刊机关名称，自左而右环行，由国务院制发。

国务院部门的内设机构和所属事业单位，法定名称中冠"中华人民共和国"或"国家"的单位的印章，直径4.2厘米，中央刊国徽，国徽外刊单位名称，自左而右环行，由国务院制发。

国家行政机关内设机构或直属单位的印章，直径不得大于4.5厘米，中央刊五角星，五角星外刊单位名称，自左而右环行或者名称前段自左而右环行、后段自左而右横排，分别由国务院各部门和地方各级国家行政机关制发。

国家行政机关和企业事业单位、社会团体的其他专用印章（包括经济合同章、财务专用章等），在名称、式样上应与单位正式印章有所区别，经本单位领导批准后可以刻制。

（二）党的机关印章

根据中共中央办公厅印发《关于各级党组织印章的规定》的通知（中办发

〔1983〕37号）规定：

省、市、自治区党委和中央各部委下属各级党组织（党委、党组、顾委、纪委总支部、支部）及其工作部门的印章：圆形，直径4.2厘米，圆边宽0.15厘米，中间刊镰刀锤子图案，直径1.6厘米，图案外刊党组织名称。

（三）其他印章形式

1. 钢印

这种印章材质为钢制，有上下两个模，一般上方是凹模，下方是凸模，通过印床的机械压力，使凹凸模版相互咬合，从而在纸张等平面物件上形成凸起的印面文字、数字和图记。钢印常用于证件及重要文书等上面的印记，是鉴别证件、文书和文件真伪的重要印鉴。毕业证、退休证等都会盖钢印。

2. 印模

印模是将公章清晰、完整的印痕留在整洁、干净的纸张上，即印迹模型，规格、样式与正式印章等同。其作用：一是用以辨别加盖该公章的公文、证明、相关材料的真伪；二是用于外单位会印。联合行文时，需要加盖所有发文机关的印章，主办机关正式印制公文时，其他联署机关就需要出借印模。

四、主要工作依据

（1）《国务院关于国家行政机关和企业事业单位社会团体印章管理的规定》（国发〔1999〕25号）。

（2）《中共中央办公厅印发〈关于各级党组织印章的规定〉的通知》（中办发〔1983〕37号）。

（3）《交通运输部印章管理办法》（交办办〔2015〕158号）。

（4）《交通运输部办公厅关于进一步加强印章使用管理的通知》（交办办函〔2018〕896号）。

第二节 印章的制发、启用与废止

一、印章的制发

印章制发机关应规范和加强印章制发的管理，严格按程序办理审批手续。国家行政机关和企业事业单位、社会团体刻制印章，应到当地公安机关指定的具有合法资质的刻章单位刻制。任何单位或者个人不得私制印章。

单位或者机构可以申请制作法定名称的一般实物印章、钢印和电子印章各一枚。

业务专用章可制作多枚,但每枚业务专用章应当用阿拉伯数字区别。

需要制作印章的单位或者机构,应当按照公安机关要求提供有关证明材料,比如:依法批准设立的文件原件和复印件、委托证明(介绍信)、经办人员身份证明等。

交通运输部及其内设机构的印章可根据制发机关不同,分为以下两种:

(一) 上级制发的印章

中共交通运输部党组章向中共中央办公厅申领。交通运输部章、交通运输部电子印章、交通运输部国际合作司章以及部机关和部属单位的法定名称中冠"中华人民共和国"或"国家"的单位名称章,印制公文时使用的套印印章、印模,向国务院申领。

由上级机关制发或经上级机关批准刻制的公章,部办公厅归口办理领用和申请报批等手续。

(二) 部审核制发的印章

部机关司局法定名称章和冠以部法定名称或部机关司局法定名称的业务专用章,由交通运输部审核制发。申请刻制部门应持有编制、人事或相关部门批准文件的原件和复印件、经本司局主要领导签批的申请,送部办公厅审核。

部机关司局的内设机构、部议事协调机构及临时机构一般不刻制公章,确因工作需要申刻公章的,参照申刻司局法定名称章的手续。其中,部议事协调机构及临时机构印章刻制申请送部办公厅审核后报部领导批准。

二、印章的启用与废止

(一) 印章启用

新刻公章须交由部办公厅进行验印登记,根据需要印发启用通知后方准启用。

启用印章通知的内容一般应包括启用印章的文件依据(完整标题+文号)、生效日期、启用印章的式样以及同时废止印章的有关信息等。若涉及机构调整需要重新明确发文机关代字的,应一并予以明确。

(二) 印章废止

因单位撤销、更名或换用新公章等原公章停止使用的,原公章应由制发机关统一收缴,移交档案管理部门归档保存。

(三) 印章重制

因单位或者机构变更、名称变更、法定代表人或经营者变等原因需要更换印章的,按照新刻制公章的规定办理刻制手续。

因新旧印章更替等原因需要延续使用原印章的,单位或者机构可以书面报县级人民政府公安机关备案，延用期限不得超过三个月。

因损坏等原因需要重新刻制公章的，公章丢失的，由申请单位在设区的市级以上公开发行的报纸上声明公章作废，凭作废声明及有法定代表人签字的公章丢失说明材料，按照新刻制公章的规定办理准刻手续。

第三节 印章的使用

交通运输部及部机关司局的印章可用于公文、信函、授权委托书、证件、证书、财务报表、统计报表及对外签署的合同、协议及其他须用印章的文本等。

一、印章的使用权限

（一） 部党组章的使用

（1）使用中共交通运输部党组印章，重大事项凭党组书记签字批准的原件；一般事项凭党组成员签字批准的原件。

（2）以部党组名义制发的公文，须凭党组书记或者由党组书记委托党组副书记签发的公文原稿用印，公文原稿应按交通运输部发文流程办理，各项要素齐全完整。

（3）部机关人事部门定期保存的干部人事材料，凭分管党组成员签字批准的《用印审批单》用印。

（二） 部章的使用

（1）使用交通运输部章，须经部领导批准。

（2）以交通运输部名义制发的公文，须凭部长或副部长签发的公文原稿用印，公文原稿应按交通运输部发文流程办理，各项要素齐全完整。

（3）交通运输部发文的附件（如技术鉴定证书、奖状、业务报表等）需用交通运输部印时，凭发文并按该文中限定发给附件的单位、数量用交通运输部印。

（4）部机关日常业务需使用交通运输部印的，如财务报表、政府采购合同、外事礼遇函、部属事业单位年审材料等，凭分管部领导签字批准的《用印审批单》用印。

（三） 部长签名章和名章的使用

（1）部长签名章适用于部长署名制发的公文、以部长名义发出的信函、以部长名义颁发的证书以及其他需要使用部长签名章的情况。

（2）部长名章适用于需要法定代表人署名的相关报表、合同书、协议书、委托书、任务书、申报表、审批表等以及其他需要使用部长名章的情况。

需加盖部长签名章的公文信函等，须经部长批准后用印；需加盖部长签名章和名章的证书、报表等，须经部长批准后用印或凭部长签字批准的《用印审批单》用印。

（四）部办公厅章的使用

（1）使用交通运输部办公厅章，须经部办公厅领导批准。

（2）以部办公厅名义制发的公文，须凭分管部领导或办公厅领导签发的公文原稿用印，公文原稿应按交通运输部发文流程办理，各项要素齐全完整。

（五）钢印的使用

交通运输部钢印、交通运输部办公厅钢印主要用于加盖经部或部办公厅批准印发的有关证件。老干部离休荣誉证、干部退休证等需陆续加盖钢印的证件，可凭一并批准的文件用印。其他证件需加盖钢印，凭部领导或部办公厅领导签字批准的原件办理。

（六）印模的使用

印模与手盖印章具有同等效力。印模只限用于印制经领导人签发的公文和格式固定的证件等，严禁用于其他事项。

应严格办理借用手续，不得安排交流借调人员借用印模，不得使用机要交换方式传递印模。与其他单位联合发文需用印模时，经办人须凭部长或副部长签字批准的文件原稿或首页复印件，填写《用印审批单》和《印模使用承诺书》，到部办公厅印章管理部门登记取用。经办人外出会印要确保印模安全，原则上应派应急保障车送印，途中不得停留或出入公共场所，用印时要在场监督印模复印使用、印模复印件销毁等环节，用毕立即送回，不得逾夜。

（七）部机关司局法定名称章的使用

部机关司局的法定名称章，主要用于在职责范围内处理公务，以及与有关单位联系工作。部机关司局除办公厅外不得对外正式行文。即，不得使用司局公章向部机关以外的其他机关（包括交通运输系统）制发政策性、规范性文件，不得代替交通运输部审批下达应当由交通运输部审批下达的事项。严禁使用部司局公章制发公文进行工作部署、审核批准、奖惩人员和检查评估等。除有关人员任免、奖惩、调动等事项外，部机关司局原则上不互相行文。外事方面的公文，依照外事主管部门的有关规定处理。

（八）部议事协调机构及临时机构公章的使用

部议事协调机构和临时机构一般不对外行文。加盖部议事协调机构及临时机构公章制发的公文应仅发送本机构成员单位。需对外行文的事务类工作可使用承担该机构具体工作的部司局公章代章，按部司局函形式处理；需对外行文的部署类工作，以交通运输部名义或者交通运输部办公厅名义办文。

未经部领导签批同意，部议事协调机构及临时机构不得向地方交通运输部门发布指示性公文。

二、印章的使用方法

（一）用印工作要求

部机关各司局工作人员应深入学习、准确掌握、严格落实《交通运输部印章管理办法》，确实做到签批手续完备、使用程序规范、用印登记详细。正式公文原则上均应提交文印室缮印，不得自行排版用印。负责印章管理的工作人员对不符合规定的用印请求，有权拒绝；一些有特别保密要求，需要监印人员回避的用印请求，应由用印单位负责人在《用印审批单》注明，由办公厅安排符合保密规定要求的人员在现场监印，任何人不得私自使用印章。

（二）用印注意事项

（1）印章使用时经办人和印章专管员须同时在场，一人用印、一人监印。经办人按要求在用印登记簿上登记用印信息，印章专管员核实签发人姓名、用印内容与落款。有下列情况之一的，不予用印：

①未按批准权限批准用印或用印件内容有误的；
②经办人不许印章专管员审核用印件内容的；
③领导人签批页与用印件分离的；
④以签报代替领导人签批的；
⑤签批件有多处涂改或关键内容字迹不清的；
⑥外文函件未附领导人签发译文的；
⑦有违背《交通运输部印章管理办法》仍需核实或内容不实的；
⑧其他不符合用印管理要求的情况。

（2）加盖印章应做到：

①盖章位置准确恰当，印迹端正清晰。
②印章名称与用印件的落款应一致（代用印章除外）。
③严禁在空白的纸张、介绍信、证件、奖状、授权书、担保函等上面盖章；介绍信、证明信等如有存根，须在落款和间缝处一并加盖印章；合同书、协议书有多页的，须加盖骑缝章。
④加盖印章的份数须与申请用印的份数相同，不漏盖，不多盖。

（3）印章使用的登记簿、审批单等有关资料，应每年按时移交本单位档案管理部门归档。

第四节　印章的管理

一、管理责任和要求

交通运输部及部机关司局领导按照职责分工和权限负责审批本单位的用印事项，单位主要领导对印章的安全管理和规范使用负领导责任。

部办公厅、部机关司局办公室（综合处）是印章的管理部门，对印章的安全保管和规范使用负管理责任。

印章专管员是印章安全保管和规范使用的直接责任人。

部机关司局公章由相关司局指定处室和专人保管。

部议事协调机构及临时机构公章由承办具体工作的单位指定处室和专人保管。

二、印章保管要求

印章保管应安全保险，做到人离章收、入柜上锁。

（1）印章专管员每天下班前应检查印章是否齐全，并将印章锁进专柜，妥善保管，不得将印章存放在办公桌内；次日上班后，首先检查印章有无异样，发现意外情况应立即报告。

（2）印章专管员因事、病、休假等原因不在岗位时，应指定他人代管印章，印章专管员要想代管人员交接工作，交代用印事项。交接工作时，应严格办理交接手续，填写书面印章交接单，登记交接日期、印章类别，交接人员签字认可后备存。

（3）印章专管员岗位调整时须及时办理正式交接手续。

交通运输公文写作方法与规范

第十三章　公告和通告的写作方法与规范

一、基本概念

公告和通告都是《党政机关公文处理工作条例》规定的法定文种。公告适用于向国内外宣布重要事项或者法定事项。通告适用于在一定范围内公布应当遵守或者周知的事项。公告和通告都是具有公开属性的发布性公文或知照性公文，无固定行文方向，属于泛行文，但二者在使用上有着各自不同的特点。

（一）发布机关

由于公告具有向国内外宣布重大事项和法定事项的功能，具有其严肃、庄重、权威的特点。公告的发文机关一般规格较高，且被限制在的一定范围之内，如国家最高权力机关（人大及其常委会）、国家最高行政机关（国务院）及其所属部门，各省市、自治区、直辖市行政领导机关以及其他法定机关等，这些机关可以制发公告，而一般的基层机关、地方政府主管部门、党团组织、社会团体以及企事业单位不得使用公告来宣告事项。

通告的发文机关和单位较为广泛，党政机关、企事业单位和人民团体根据工作需要都可以对外发布通告。

（二）发布内容

公告多用于发布事关全局、国内外普遍关注、能产生重大影响的重要事项或法定事项。公告的内容庄重严肃，体现着国家权力部门的威严，既要能够将有关信息和政策公之于众，又要考虑国内国际可能产生的影响。一般性的决定、指示、通知的内容，不用公告的形式发布。按其发布内容性质的不同，公告可以分为法规性公告、重大事件公告、政策性公告等。

通告通常发布对社会某一方面工作的规定和安排，内容较为具体，业务性强。按其发布内容性质的不同，通告可分为执行性通告和周知性通告。

（三）发布范围和途径

公告和通告虽然都是公开发布、一体周知的公文种类，但在发布范围和途径方式上有所区别。

公告具有庄重性和告知对象的广泛性的特点，一般通过广播、电视、报纸、网络等方便快捷、波及面广的媒体面向国内外发布。拟写公告时一般不写分送范围，下级机关和单位也不需层层转发。

通告具有约束性和告知对象的区域性的特点，仅限于在一定范围内发布，告知社会各有关方面。通告除通过媒体发布外，还可以利用发布范围相对较小、更易于引起相关范围内组织和个人注意的形式发布，例如张贴、悬挂或印发文本等。拟写通告时一般在分送范围中写明应当知悉的下级机关和有关单位。

二、公告和通告的体例格式

公告和通告属于对外公开的知照性公文，与其他公文相比，格式要素项目略有不同，如不标注密级，无紧急程度，无主送机关和抄送机关，可以有分送范围。《交通运输部公文格式规范》规定，交通运输部公告和通告有专用版头和编排格式。公告和通告一般由发文机关标志、发文字号、标题、正文、附件说明、发文机关署名、成文日期、印章、附件、分送范围、印发机关、印发日期等部分组成。

（一）发文机关标志

公告和通告标志由发文机关全称加"公告"或"通告"组成。居中排布，上边缘至版心上边缘为20mm，推荐使用红色小标宋字，字号由发文机关酌定。联合制发公告或通告时，主办机关标志排在前，并遵从联合行文规定。

（二）发文字号

发文字号按签发日期所属年度分别进行编号，在发文机关标志下空二行编排。

（三）标题

标题为"发文机关+事由+文种"构成，在发文字号下空二行编排。如《交通运输部关于加强国（境）外进口船舶和中国籍国际航行船舶从事国内水路运输管理的公告》《交通运输部关于世界海员日船舶挂满旗的通告》。

（四）正文

正文一般包括发布缘由、发布事项和结语三个部分。发布缘由要求用简要的语言写出依据、原因、目的，然后用"现对某某事项（问题、要求等）公告/通告如下："作为过渡句承启发布事项。发布事项是公文的主体，要求明确写出公告或通告的决定和要求。结语一般用"现予公告""特此公告""特此通告"或"本通告自发布之日起实施"等习惯用语结束正文。

拟写公告或通告，可根据发布内容灵活安排正文的结构。发布事项单一的公告，可采用篇段合一的结构形式，正文写明依据和事项，或直接写明发布事项，省略结语。发布应当遵守事项的通告，如果涉及的要求和措施较多，应尽量采用撮要分条的写法，在讲明背景和缘由之后分项予以说明。分项说明宜采取递减法，由主及次、由大到小，各条段落之间既要保持内在的密切联系，又要保持相对独立，使得通篇结构层次明朗，令人一目了然。

（五）落款

公告和通告作为公文印发的，落款包括发布机关署名、成文日期和印章三项内容；通过报刊或网站刊发的，一般仅保留发布机关署名和成文日期；通过电台发布也可不写落款。

（六）分送范围

公告和通告面向社会公开发布，受文者不仅包括下级机关和单位这些法定读者，还包括与之相关的公民、法人和其他组织，因此，公告和通告一般情况下不写分送范围。一些执行类的通告，主要向受文者交代需要遵守、执行的政策、措施以及其他行为规范，具有一定的强制力，通告事项如涉及下级机关或有关单位工作的，则有必要将其列入分送范围，以确保上情下达、政令统一。

三、公告和通告的办理要点

（一）要注意公告和通告的办理程序

公告和通告的公开属性以及具有发布内容政策性、发布范围广泛性等特点，要求这两类公文必须按照规定的程序制发。一是公告和通告面向社会公开发布，其中不得含有涉及国家秘密的事项，拟制过程中须履行严格的定密审查程序。二是公告和通告的内容，涉及公民、法人和其他组织权利义务，具有普遍约束力的，拟制过程中须履行合法性审查程序。三是公告和通告无特定的行文方向，文中如含有制发机关内部管理事项和执行要求的，应尽量分开单独行文，难以分别行文的，须在分送范围的写法上予以充分考虑。

（二）要注意公告和通告的写作方法

公告和通告的具体事项要面向公众，要求公众周知或执行，因此公告和通告的写作方法应有别于其他公文。一是表意要明确。有的公告内容具有很强的政策性，有的通告内容具有约束力，它们是党的方针政策和国家法律法规在某些方面的具体体现。因此，遣词造句要准确无误，切忌产生歧义。二是文字要简洁明了，通俗易懂。对告知的事项，叙写清楚即可，不必加以描述和议论，尽量做到篇幅简短。三是结构层次要清晰,内在逻辑要严密,内容要具体明确,以利于读者或听众迅速准确地理解和领会公文的精神实质。

(三) 要注意公告与公报的区别

公报适用于公布重要决定或者重大事项,公告适用于向国内外宣布重要事项或者法定事项。公报和公告,这两个文种名称都有一个"公"字,这两种公文都有对外公布的用途,但在使用习惯和适用范围上有所区别。一是在使用习惯上,公布重要会议的情况,公布重大事件,公布重要信息,如经济发展和国家计划执行情况、重要数据统计情况,多使用公报发布;公布党和国家领导人重要活动及人事变动,公布重要消息,公布重要的政策和事项,多用公告发布。二是在内容性质上,公报公布的是重要决定或者重大事项,公告公布的是重要事项或者法定事项。在公布内容的重要性、庄重性和严肃性上,公报强于公告。

(四) 要注意通告与通知和通报的区别

通告、通知、通报,这三个文种名称都有一个"通"字,这三种公文都有沟通情况、传达信息的作用,但又有所区别:一是告知对象不同。通知和通报一般是上级机关把应当周知或者执行的事项、有关工作情况或带有指导性的经验教训,通过公文传发渠道传达给下级机关或有关单位,对受文单位具有指定性。通告所告知的对象是一定范围内的社会各有关方面,它所公布的内容,具有政策性、法规性和权威性,要求公民、法人和其他组织遵照执行。二是公文制发时机不同。通报通常是对已发生的事情或已开展的工作进行分析评价,通报有关单位,从中吸取经验教训,公文制发于事后或工作进程中。而通告和通知应制发于事前,预先告知有关情况,提出执行要求。三是发文目的不同。通告公布在一定范围内必须遵守的事项,有着较强的、直接的和具体的约束力。通知主要是通过具体事项的安排,要求下级机关和有关单位知晓和执行。通报主要是通过典型事例或重要情况的传达,向下级机关进行宣传教育或沟通信息,指导和推动今后的工作,对工作仅提出原则性的要求,一般不做具体部署与安排。

四、例文评析

例文1

中华人民共和国全国人民代表大会公告

第一号

中华人民共和国宪法修正案已由中华人民共和国第十三届全国人民代表大会第一

次会议于 2018 年 3 月 11 日通过,现予公布施行。

中华人民共和国第十三届全国人民代表大会

第一次会议主席团

2018 年 3 月 11 日于北京

评析:这是一篇以第十三届全国人民代表大会第一次会议主席团的名义发布的法规性公告。正文仅用一句话即阐明了公告的主要内容,向国内外宣布了宪法修正案的工作过程以及公布施行的起始时间,严肃庄重,简洁明了。

例文 2

国务院公告

为表达全国各族人民对四川汶川大地震遇难同胞的深切哀悼,国务院决定,2008 年 5 月 19 日至 21 日为全国哀悼日。在此期间,全国和各驻外机构下半旗志哀,停止公共娱乐活动,外交部和我国驻外使领馆设立吊唁簿。5 月 19 日 14 时 28 分起,全国人民默哀 3 分钟,届时汽车、火车、舰船鸣笛,防空警报鸣响。

评析:这是一篇国务院发布的重大事件公告。正文采用篇段合一的形式,对汶川大地震以后全国哀悼日期间有关活动和安排予以公告。

例文 3

交通运输部关于加强国(境)外进口船舶和中国籍国际航行船舶从事国内水路运输管理的公告

为提高国内船舶运力供给质量,促进水运安全绿色发展,根据《国内水路运输管理规定》《老旧运输船舶管理规定》等有关要求,现就加强国(境)外进口船舶(以下简称进口船舶)和中国籍国际航行船舶从事国内水路运输管理的有关事项公告如下:

一、自 2018 年 9 月 1 日起,申请从事国内水路运输的进口船舶和中国籍国际航行船舶,其柴油机氮氧化物排放量应满足国际海事组织《经 1978 年议定书修订的 1973 年国际防止船舶造成污染公约》(MARPOL73/78)附则Ⅵ规定的 Tier Ⅱ 排放限值要求。

二、有关船舶检验机构、海事管理机构和水路运输管理部门要按照职责认真把关,加强对进口船舶和中国籍国际航行船舶从事国内水路运输的监督管理。

本公告有效期5年。

交通运输部
2018年6月28日

评析:这是一篇交通运输部公告,发布了加强国(境)外进口船舶和中国籍国际航行船舶从事国内水路运输管理的有关政策,属于政策性公告。正文开头部分说明了发布事项的目的、依据,以"现就……有关事项公告如下"领起下文,分两项说明政策实施的时间、内容和要求。文尾按照有关规定,对公告事项设置了有效期。

例文4

交通运输部关于世界海员日船舶挂满旗的通告

2018年6月25日是第八个"世界海员日"。为广泛宣传"世界海员日"的重要意义,营造热烈的节日气氛,交通运输部决定:

2018年6月25日当天日出至日落,中国籍民用船舶、中国航运企业拥有或光租的非中国籍船舶挂满旗。我国航运、港口、船舶代理、海事、救捞、水运工程等涉海管理机关、企事业单位、科研院校和交通运输系统非涉海的各单位,可参照船舶挂满旗的方式悬挂旗帜。

特此通告。

交通运输部
2018年6月22日

评析:这是一篇交通运输部通告,将2018年"世界海员日"当天船舶挂满旗的有关安排告知社会有关方面。正文分三个部分叙写:第一部分为通告事项发布的缘由和目的,为了广泛宣传"世界海员日"的重要意义,营造热烈的节日气氛;第二部分为通告事项的具体内容,对挂满旗的船舶范围和实施时间提出执行要求,并对其他有关单位悬挂旗帜提出原则性要求。第三部分以"特此通告"结束正文。

例文5

中国船级社关于开展渔业船舶检验业务的通告

经中华人民共和国海事局授权,自2018年4月20日起,中国船级社对中国籍远洋渔业船舶和中国籍渔业船舶船用产品实施法定检验和发证。为切实做好相关工作,现就有关事项通告如下:

一、中国船级社设立"中国船级社渔业船舶检验中心",负责中国籍远洋渔业船舶的审图、建造检验、营运检验等相关业务。

联系方式:

电话:+××-××-××××××××

传真:+××-××-××××××××

邮箱:×××××.×××.cn

地址:中国北京市东城区东直门南大街9号船检大厦

邮编:××××××

二、中国船级社总部船用产品处负责中国籍渔业船舶船用产品认可和检验业务。

联系方式:

电话:+××-××-××××××××

传真:+××-××-××××××××

邮箱:×××××.×××.cn

三、为服务客户,船东、船厂、设计院及相关船用产品厂家可与所在地或就近的中国船级社分支机构进行业务联系。

中国船级社全球分支机构联系方式请登录中国船级社网站×××.×××.×××.××查询。

特此通告。

中国船级社

2018年4月20日

评析:这是一篇以中国船级社名义发布的通告,面向拥有中国籍远洋渔业船舶的公民、法人和有关组织,公布该社经授权开展渔业船舶检验业务的有关事项。正文采取撮要分条的写法,第一段简要说明通告事项的背景和目的;然后分三条分别说明了不同的业务范围及联系方式;最后以"特此通告"结束全文。通篇层次清晰、文字凝练、语言通俗易懂,符合此类通告的结构安排和拟写要求。

第十四章　意见的写作方法与规范

一、基本概念

意见是《党政机关公文处理工作条例》规定的法定文种之一，适用于对重要问题提出见解和处理办法。意见所涉及的内容必须是重要问题，对重要问题不仅要有所"见解"，而且要有"处理办法"。所谓"重要问题"，应当是当前工作中所遇到的涉及全局性、方针政策性的重大事项和主要问题。

在15个法定公文种类中，意见最具兼容性的特点，不仅可用于上行文、下行文，还可用于平行文，行文方向具有多向性，行文内容具有广泛性，但是不同行文方向、不同内容的意见，其作用不尽相同。有的意见具有指导、规范的作用，如《中共中央　国务院关于支持海南全面深化改革开放的指导意见》和《交通运输部关于全面加强生态环境保护坚决打好污染防治攻坚战的实施意见》；有的意见具有建议、参考作用，如《交通运输部办公厅关于十三届全国人大一次会议第×××号建议的协办意见》；有的意见具有评估、鉴定意见，如《交通运输部关于国道×××段可行性研究报告的审查意见》《交通运输部办公厅关于××省水运工程质量安全督查的意见》。

二、意见的种类

按照意见内容的性质和用途划分，意见种类可分为呈转性意见、呈报性意见、指导性意见、实施性意见、征询性意见等。

（一）呈转性意见

呈转性意见，是指职能部门就开展、推动某项工作拟采取的行政措施超出了本机关的职权范围，或在实施时需要其他机关给予协助和支持，该职能部门为开展、推动工作而提出见解和处理办法，并征得相关部门同意形成一致意见后，报请上级机关批准转发，从而使该意见产生具有上级机关行文的效力，这种意见称为呈转性意见。如《国务院办公厅转发公安部　交通运输部关于推进机动车驾驶人培训考试制度改革意见的通知》（国办发〔2015〕88号），主送机关是：各省、自治区、直辖市人民政府，国务院各部委、各直属机构。按照行文规则，公安部、交通运输部不能对地方政府发布指令性公文或者在公文中向地方政府提出指令性要求，两部门《关于推进机动车驾驶人培训考试制度改革的意见》只能呈请国务院批转地方人民政府。国办发〔2015〕88号文件指出"公安部、交通运输部《关于推进机动车驾驶人培训考试制度改革的意见》已经国务院领导同志同意，现转发给你们，请认真贯彻执行。"国务院办公厅转发后，该意见就具有了上级机关行文的效力。

（二）呈报性意见

呈报性意见，用于向上级机关提出某方面工作的建议，供上级决策参考，属于上行文。上级机关对此类意见可不行文反馈。呈报性意见与呈转性意见不同，呈转性意见是有关单位将意见呈请上级机关审定并批转更大范围的有关方面执行的意见，一经上级机关批转，就代表了上级机关的意见，呈报性意见则是提出一些供上级机关决策参考的建议性见解。

（三）指导性意见

指导性意见，通常用于向下级机关布置工作，属于下行文。它对下级机关有一定的规范作用和行政约束力，具有较为突出的指导性，主要是阐明工作的原则和方法，以便下级机关遵照执行或者参照执行，为下级开展工作留有更多的余地。如《国务院办公厅关于深化改革推进出租汽车行业健康发展的指导意见》，该意见注重中央顶层设计与地方实际的统分结合，在深化出租汽车行业改革和规范网约车发展方面提出总的指导性意见，赋予地方充分的自主权和政策空间，要求各地"结合本地实际，制定具体实施方案""对改革中的重大决策要开展社会稳定风险评估"。

（四）实施性意见

实施性意见，用于对某一时期某方面的工作提出明确的目标和任务，提出具体措施、方法和步骤，属于下行文。如《交通运输部办公厅关于全面推进政务公开工作的实施意见》，是为贯彻中共中央办公厅、国务院办公厅印发的《关于全面推进政务公开的意见》而结合交通运输工作实际制定的具体实施意见，明确了总体要求、工作目标及具体处理办法，便于有关单位有针对性地贯彻执行。

（五）征询性意见

征询性意见，是指同级或不相隶属机关来函征求意见，应对方要求就有关重要问题提出看法、主张，以前答复时多由"复函"来承担，现在常用"意见"，也就是说在这一功能下"意见"和"函"可以通用，这时作为平行文的"意见"具有被动行文的特征。用"意见"答复时，公文标题直接用"意见"作为文种，如《交通运输部办公厅关于×××省内贸散货跨境运输业务的反馈意见》，不使用"关于……反馈意见的复函"，否则造成"意见""函"两个文种重叠的错情。

三、意见的体例格式

（一）标题

标题有两种形式：一种是完全式。由"发文机关+事由+文种"三要素组成，如《交通运输部办公厅关于深入学习贯彻习近平总书记重要讲话精神进一步加强部机关干部队伍建设的意见》。另一种是省略式。由"事由+文种"组成，如《关于进一步激励交通运输系统广大干部新时代新担当新作为的实施意见》，但发文机关不能省略，该实施意见以通知的形式印发，题目为《交通运输部办公厅印发〈关于进一步激励交通运输系统广大干部新时代新担当新作为的实施意见〉的通知》。

（二）主送机关

用于上行或平行的意见，一定要写明主送机关，且主送机关一般是一个；用于下行的意见，执行范围、对象比较具体、针对性较强的，要写明主送机关，不能用"有关单位""有关部门"这些模糊的称谓。

（三）正文

意见的正文，一般由引言、主体、结语组成。

（1）引言。一般概括写明制定意见的背景、依据、目的，常用"现提出如下意见"作为承启语转入意见的主体。

（2）主体。写出对问题的见解和处理办法，是正文的核心部分。根据《党政机关公文处理工作条例》，意见内容主要包括认识和操作两大部分，即"见解"和"处理办法"。因此，意见的写作要求不仅是对"重要问题"有所"见解"，而且要有"处理办法"。写"见解"就是阐明解决某项重要问题的意义，对某项重要问题做出全面中肯的分析，提出自己的见解、阐明自己的观点，要注意其针对性、政策性、科学性，以增强说服力。写"处理办法"就是要写明解决此项问题的各项要求、基本原则、具体措施和职责分工等。在结构安排上，一般应先写原则性意见，后写具体性意见；先写理论性认识，后写解决办法。内容较多、篇幅较长的意见，可以用序号或小标题形式排列，以使结构更加清晰明朗。

（3）结语。下行意见一般以结语提出要求，如"请结合实际贯彻执行""在贯彻执行中遇到困难和问题及时报告""要结合实际情况制定具体实施方案"等。呈转性意见可用"以上意见如无不妥，请批转有关部门执行"。有的意见也可以没有结语，把有关意见讲完自然结束。

四、意见的写作要求

（一）政策性要强

意见拟稿人必须全面深刻地领会和掌握党的有关方针、政策，以此作为提出意见的指导思想，这是写好意见的前提和基础。

（二）内容要明确

意见的制发往往针对工作中亟待解决的问题，其提出的见解、办法，必须对症下药。也就是说，无论何种意见，意思表示都必须非常明确，文字表述应严谨周全，能充分反映有关机关或部门对问题的看法和认识，主张什么、反对什么，应清清楚楚，不能含糊其辞，使人产生误解。

（三）理由要充分

拟稿人必须掌握大量的第一手材料，从中把握问题的本质和有关事宜的规律性。特别是拟写建议上级机关批转的意见，要做到"行上而意下"，瞄准普遍指导性。无论是上报还是下发的意见，或是上报后建议转批的意见，都应充分阐明其必要性及其理论依据和事实依据。

（四）行文要及时

意见多属于根据实际情况为解决现实工作中亟待解决的问题而提出来的。因此，意见行文的及时性对意见的价值具有重要影响。错过了时机，再恰如其分的意见也会失去其应有的作用和意义。

（五）具有可操作性

意见是对重要问题的见解和处理办法的阐述，应该具有可操作性。例如，写"指导意见"可以写得原则一些，提出大体要求和办法即可；写"实施意见"则需要更为明确具体，以便规范实施。但无论是写何种意见，都要注意针对性、实效性，力戒空泛地发表见解和主张。

五、意见的办理要点

（一）用于上行的意见

用于上行的意见主要是向上级机关就有关工作、事项提出建议，所提建议要具有可行性。作为上行文，应按请示性公文的程序和要求办理，所提意见如涉及其他部门职权范围的事项，应主动与有关部门协商一致后行文；如不能协商一致，应在文中说明情况，列明各方理据，提出建设性意见，并与有关部门会签后报请上级机关决定。

（二）用于下行的意见

用于下行的意见主要是针对专项工作提出见解和处理办法，或针对下级机关在开展工作中出现的新情况、新问题提出带有指导性的意见，具有较强的指示性、针对性。行文时，应按通知的要求拟写。处理时，意见对贯彻执行有明确要求的，下级机关应遵照执行；无明确要求的，下级机关可参照执行。

（三）用于平行的意见

用于平行的意见主要是就某项工作、某些事项提出观点和建议，并阐明主要理由，供对方参考。行文时，应按函的要求拟写。如《交通运输部办公厅关于长江保护修复攻坚战作战方案（第二次征求意见稿）的反馈意见》。

六、意见与其他文种的区别

（一）意见与请示的区别

凡属向上级机关要钱、要物、要机构、要编制等问题时，要用请示而不能使用意见。上行的意见，应使用下级对上级汇报见解、陈述办法的语气，如"我们考虑、我们认为、我们建议、我们的意见是"等。请示则具有"请求性"，适用于向上级机关请求指示、批准，一份请示只能请求一个事项，结语一般用"妥否，请审批""专此请示，请予批复"等。

（二）意见与报告的区别

报告主要是向上级机关汇报情况，尽管也可以提出建议，但其提出的建议一般是原则性的，而意见所提出的建议是具体的、实在的。报告中尽管也有建议的内容，但其主体是向上级汇报工作或反映情况，而意见中的建议则是主要内容，是写作的重点。

（三）意见与决定、通知的区别

意见与决定、通知的共同特点是，作为下行文，都可以用于对即将开展的工作作出部署、提出要求。但是又有明显的区别：意见适用于对重要问题提出见解和处理办法，以"指导"为主，带有弹性；通知适用于发布、传达要求下级机关执行和有关单位周知或者执行的事项，批转、转发公文，具有很强的规定性、强制性，必须执行和办理；决定适用于对重要事项作出决策和部署、奖惩有关单位和人员、变更或者撤销下级机关不适当的决定事项，要求下级机关必须严格执行。

（四）意见与函的区别

法定公文中平行文除意见之外还有函，意见与函的相同之处在于，两者都可用于同一系统的平行机关或单位之间、不同系统没有隶属关系的机关或单位之间互相行文，均应使用平等协商的语气，以获得对方的理解与支持。二者的区别在于，意见是就重要问题提出观点、主张、建议等，为对方提供参考，如《交通运输部办公厅关于〈××××保护管理条例（修订草案）〉的反馈意见》；函适用于不相隶属机关之间商洽工作、询问和答复问题、请求批准和答复审批事项，如《交通运输部办公厅关于征求××港总体规划意见的函》《交通运输部办公厅关于申请调整××××委员及联络员人选的函》。

七、例文评析

例文6

交通运输部　国家发展改革委　国家旅游局　国家铁路局　中国民用航空局　国家邮政局　中国铁路总公司关于加快推进旅客联程运输发展的指导意见（内容有删减）

各省、自治区、直辖市、新疆生产建设兵团交通运输厅（局、委）、发展改革委、旅游发展委（局），国家铁路局所属各单位、民航各地区管理局、国家邮政局所属各单位，中国铁路总公司所属各单位：

　　旅客联程运输是通过对旅客不同运输方式的行程进行统筹规划和一体化运输组织，实现旅客便捷高效出行的运输组织模式。旅客联程运输可充分发挥各种运输方式的比较优势、提高综合运输组合效率、改善旅客出行体验，对于推进交通运输供给侧结构性改革，促进现代综合交通运输体系发展，建设人民满意交通具有重要意义。当前，我国旅客联程运输发展尚处于起步阶段，联运设施不完善、信息资源不共享、运营规则不衔接、法规标准不适应、联运服务不规范等问题还比较突出，与人民群众的出行期待还有较大差距。为深入贯彻党的十九大关于建设交通强国的战略部署，落实《"十三五"现代综合交通运输体系发展规划》任务安排，加快推进旅客联程运输发展，更好地满足人民群众对美好生活的需要，现提出以下指导意见。

一、总体要求

（一）指导思想。

　　深入学习贯彻落实党的十九大精神，以习近平新时代中国特色社会主义思想为指导，牢固树立创新、协调、绿色、开放、共享的发展理念，以建设交通强国为导向，以优化运输组织、促进各种运输方式服务融合为切入点，着力加强资源共享、模式创新，着力优化市场环境、激发企业活力，加快推进旅客联程运输健康、有序、快速发展，更好地满足旅客个性化、多样化、高品质出行需求，增强人民群众获得感、幸福感和安全感。

（二）基本原则。

——坚持便民利民。坚持以人民为中心的发展思想，全面提升旅客出行全链条、各环节的服务效率和服务品质。

——坚持市场主导。充分发挥市场在资源配置中的决定性作用，积极培育旅客联程运输经营主体，激发市场主体活力。

——坚持创新驱动。切实推进理念创新、制度创新和技术创新，着力破解旅客联程运输发展的瓶颈和障碍。

——坚持统筹协调。加强部门间的协同协作，推动各种运输方式设施共建共享、信息互通、管理协同。

二、完善旅客联程运输服务设施

（三）统筹规划建设综合客运枢纽。按照"统一规划、统一设计、统一建设、统一运营管理"的要求，统筹考虑不同运输方式网络结构结点，优化完善综合客运枢纽布局。加快推进综合客运枢纽一体化建设，积极引导立体换乘、同台换乘。

（四）鼓励共建共享联运设施设备。鼓励各种运输方式共建共享售票、取票等联运设施设备。鼓励枢纽站场设置封闭、连续的联运旅客换乘通道，并通过跨方式安检标准互认，在保证运输安全的前提下，减少旅客换乘过程中的重复安检。

（五）完善枢纽站场联运服务功能。加强旅客联程运输服务设施建设，加快既有综合客运枢纽功能优化改造。鼓励在枢纽站场根据需要配设城市候机（船）楼、高铁无轨站、旅游集散中心等联运服务设施。

三、优化旅客联程运输市场环境

（六）培育旅客联程运输经营主体。加快培育专业化的旅客联程运输经营主体。支持不同运输方式企业依托运输线路、站场资源等纽带，联合成立旅客联程运输企业联盟，合作开展旅客联程运输经营业务。

（七）改善旅客联程运输业务衔接条件。优化跨省（区、市）机场巴士线路管理政策，民航机场经营主体应开放道路接续运输服务市场，为道路运输企业开通机场接续运输线路提供便利。鼓励连接城市群的城际高铁公交化开行，提升旅客出行便利性。

（八）加强道路水路旅客售票工作。加快推进道路和水路客票实名制，为联运旅客实名查验、一证通达、安检确认创造条件。加快推进道路客运全国联网售票系统建设，实现部省系统联网运行。加快推进渤海湾、琼州海峡等重点水域旅客联网售票。

四、提升旅客联程运输服务品质

（九）推进联运票务一体化。鼓励不同运输方式站场互设自动售（取）票设备，方便旅客购（取）联运客票。积极探索旅客联程运输电子客票，为实现"一站购票""一票出行"创造条件。

（十）推进联运服务多元化。鼓励不同运输方式企业依托互联网等信息化手段，积极发展"空铁通""空巴通"、公铁联运、海空联运等服务产品。规范和鼓励各类第三方出行服务平台整合不同运输方式信息资源，为旅客提供客票信息查询、跨方式出行规划、联程客票代购等"一站式"出行服务。

（十一）推进联运服务专业化。鼓励地方政府、有关部门、运输企业根据需要加快发展城市候机（船）楼、高铁无轨站，合理规划布局网点，完善配套服务功能，为旅客提供信息查询、票务、候乘、行李托运、联运接续运输等服务。

（十二）推进行李服务便利化。鼓励运输企业在城市候机（船）楼及枢纽站场为联运旅客提供"行李直挂"服务。鼓励运输企业与第三方企业合作拓展提供行李托运门到门服务。鼓励有条件的枢纽站场实施行李推车跨区域共享使用。

（十三）推进联运接续便捷化。建立健全城市交通与城际交通协调联动机制，推动城市轨道交通、公共汽电车、出租汽车企业与铁路、公路、水路、航空企业建立常态化合作机制，统筹开通连接枢纽站场的公交专线、夜间班次和定制客运服务。

五、提高旅客联程运输信息化水平

（十四）提高公共信息服务能力。鼓励运输企业以及各类信息服务主体利用电子显示屏、广播、手机短信、手机APP、微信等手段，向旅客及时公布旅客联程运输班次运行信息、换乘时间预估、延误预警、延误后调整出行方案建议等信息。

（十五）促进信息资源开放共享。推进运输企业间运行班次、运行时刻、各班次客流规模及运行动态、售票状态、延伸服务、旅客中转换乘等信息的开放共享、数据交换与整合利用，为运输企业开展旅客联程运输服务组织提供支撑。

六、健全旅客联程运输法规标准体系

（十六）完善旅客联程运输法规规则。加快推进综合运输服务相关法律法规的研究制定工作，明确旅客联程运输发展中各方的权利义务。积极开展旅客联程运输法规规则研究。

（十七）健全旅客联程运输标准体系。加快研究制定旅客联程运输信息代码、标志标识、服务质量要求等标准规范。鼓励企业联盟或行业协会制定旅客联程运输相关团体标准。

七、加强旅客联程运输组织保障工作

（十八）加强组织领导。各级交通运输、铁路、民航、邮政等部门和单位要在当地人民政府的统一领导下，完善综合交通运输协调工作机制，加强与其他相关行业主管部门的沟通协调，强化不同运输方式之间的协同联动，积极开展旅客联程运输发展规划、行动计划的编制工作，有序推进旅客联程运输健康发展。

（十九）加大政策支持。各级交通运输、发展改革委、旅游、铁路、民航、邮政等部门和单位要积极加强与地方政府有关部门的协调，积极从融资、信贷等方面加强对旅客联程运输发展的政策支持，并进一步加大对综合客运枢纽建设的投入力度。

（二十）推进试点示范。结合当前正在推进的综合运输服务示范城市创建等载体，加快推动旅客联程运输发展的各项具体任务落地实施。鼓励各地以旅客需求为导向，因地制宜选择条件成熟的线路、枢纽、企业，组织开展旅客联程运输试点。

各级交通运输、发展改革、旅游、铁路、民航、邮政等部门和单位要按照工作要求，加强组织领导，加大政策支持，健全工作机制，强化协调配合，抓紧推进旅客联程运输发展工作。力争通过3~5年时间，基本建立起规范有序的旅客联程运输市场体系，旅客联程运输发展环境有效改善，服务产品更加丰富，服务能力明显提高，服务品质显著提升，更好满足人民群众出行需求。

交通运输部　国家发展改革委
国家旅游局　国家铁路局
中国民用航空局　国家邮政局
中国铁路总公司
2017年12月31日

（此件公开发布）

评析：从现实情况看，指导意见、实施意见的篇幅一般比较长，这是由意见的内容所决定的，因为它是用于对重要问题提出见解或处理办法，不是简单的几段文字所能承载的。这是一个由七部门和单位联合印发的关于加快推进旅客联程运输发展的指导意见，主旨明确、结构严谨、条理清晰、用语精当、指导性突出。该意见共分七个部分二十条，采用总分总的结构形式。在正文的引言部分，对"旅客联程运输"这一概念给出了清晰明确的定义，并从问题导向、目标导向的角度摄要说明了行文的背景、目的、依据。在正文的主体部分，采取分条列项的表述形式，立足我国交通运输发展的阶段特征和现状实际，聚焦现阶段可突破的关键环节，提出加快推进旅客联程运输发展的总体要求（指导思想和基本原则）、工作任务（处理办法），为未来一段时期我国旅客联程运输发展指明了方向，具有很强的指导性、针对性和可操作性。在正文的结尾部分，对受文单位提出"加强组织领导，加大政策支持，健全工作机制，强化协调配合，抓紧推进旅客联程运输发展相关工作"等要求，并明确了3至5年的工作目标。

例文 7

交通运输部关于全面加强生态环境保护坚决打好污染防治攻坚战的实施意见（内容有删减）

各省、自治区、直辖市、新疆生产建设兵团交通运输厅（局、委），部属各单位，部内各司局：

为深入贯彻习近平总书记重要讲话精神和《中共中央国务院关于全面加强生态环境保护坚决打好污染防治攻坚战的意见》，进一步推进交通运输生态文明建设，加强生态环境保护，打好污染防治攻坚战，制定本实施意见。

一、深入贯彻落实习近平生态文明思想

习近平生态文明思想是习近平新时代中国特色社会主义思想的重要组成部分，是新时代交通运输生态文明建设的根本遵循。交通运输生态文明建设要以习近平生态文明思想为指导，紧密围绕统筹推进"五位一体"总体布局和协调推进"四个全面"战略布局，牢固树立和贯彻落实新发展理念，坚持人与自然和谐共生、坚持绿水青山就是金山银山、坚持良好生态环境是最普惠的民生福祉、坚持山水林田湖草是生命共同体、坚持用最严格制度最严密法治保护生态环境、坚持共谋全球生态文明建设，推动交通运输转型升级，提质增效，加快形成节约资源和保护环境的空间格局、产业结构、生产方式、生活方式，推进交通运输生态文明建设取得新成效，更好地服务交通强国和美丽中国建设。

到 2020 年，交通运输污染防治攻坚战任务圆满完成，绿色交通制度基本健全，资源集约节约利用进一步加强，运输结构进一步优化，绿色出行比例进一步提升，污染防治和生态保护取得明显成效，交通运输生态环境保护水平与全面建成小康社会的发展要求相适应。

二、建设绿色交通基础设施

坚持保护优先、自然恢复为主，优化交通基础设施布局，因地制宜推进强化生态环保举措，加快形成节约资源和保护环境的空间格局和生产方式。

（一）统筹交通基础设施空间布局。

研究编制综合交通运输发展规划，统筹铁路、公路、水运、民航、邮政等各领域融合发展，推动铁路、公路、水路、空中等通道资源集约利用。严格港口岸线使用审批管理与监督，提高岸线使用效率。推进区域港口一体化发展，促进港口集约化经营。（责任单位：综合规划司、水运局、公路局，国家局有关司局）

(二) 全面推进绿色交通基础设施建设。

将绿色发展理念贯穿于交通基础设施工可、设计、建设、运营和养护全过程，积极推进绿色铁路、绿色机场、绿色公路、绿色航道、绿色港口建设。（责任单位：综合规划司、公路局、水运局，国家局有关司局）

(三) 推动贫困地区交通绿色发展。

充分发挥贫困地区的生态环境优势，坚持保护环境优先，以生态为基础，推动贫困地区交通旅游融合发展，因地制宜打造集绿色文明、生态景观、文化旅游等为一体的景观长廊和经济走廊，服务生态农业、生态旅游等发展。（责任单位：综合规划司、公路局、水运局，国家局有关司局）

三、推广清洁高效的交通装备

优化交通装备结构，推广应用新能源和清洁能源，完善加气供电配套设施，提高交通运输装备生产效率和整体能效水平。

(四) 推进新能源和清洁能源应用。

推动LNG动力船舶、电动船舶建造和改造，重点区域沿海港口新增、更换拖轮优先使用清洁能源。支持长江干线、京杭运河和西江干线等高等级航道加气、充（换）电设施的规划与建设。推广应用新能源和清洁能源汽车，加大新能源和清洁能源车辆在城市公交、出租汽车、城市配送、邮政快递、机场、铁路货场、重点区域港口等领域应用。配合有关部门开展高速公路服务区、机场场内充电设施建设。到2020年底前，城市公交、出租车及城市配送等领域新能源车保有量达到60万辆，重点区域的直辖市、省会城市、计划单列市建成区公交车全部更换为新能源汽车。（责任单位：运输服务司、水运局、综合规划司、海事局，国家局有关司局）

(五) 推广港口岸电建设与应用。

根据《港口岸电布局方案》，重点推动珠三角、长三角、环渤海（京津冀）排放控制区、沿海及内河主要港口岸电设施建设，全国主要港口和排放控制区内港口靠港船舶率先使用岸电。加大船舶受电设施建设和改造力度，完善港口岸电设施建设、检测以及船舶受电设施建造、检验相关标准规范，积极争取岸电电价扶持政策，推动船舶靠港后使用岸电，逐步提高岸电设施使用率。到2020年底前，长江干线、西江航运干线和京杭运河水上服务区和待闸锚地基本具备船舶岸电供应能力，沿海主要港口50%以上专业化泊位（危险货物泊位除外）具备向船舶供应岸电的能力，新建码头同步规划、设计、建设岸电设施。（责任单位：水运局、海事局、综合规划司）

四、推进交通运输创新发展

充分发挥创新在绿色交通发展中的引领作用，依托管理创新、技术创新和模式创新，推动形成交通运输绿色发展的新业态、新模式。

（六）深化交通科技创新。

开展基础设施、载运工具、运输组织等方面的科技攻关，协同推进先进轨道、大气和水污染防治、水资源高效开发利用等重点专项及高科技船舶科研项目的实施，为交通运输行业推进生态环保重点工作提供科技支撑。编制交通运输行业重点节能低碳技术目录，加快成果转化与应用。（责任单位：科技司、综合规划司、公路局、水运局、运输服务司、海事局，国家局有关司局）

（七）推进交通智能化发展。

充分利用物联网、云计算、大数据等新一代信息技术，推动交通与相关产业融合发展，培育物流新动能。深化国家交通运输物流公共信息平台建设，加强多部门物流相关信息交换共享。推动智能航运发展。推动智慧港口、智慧物流园区、智慧客运枢纽等建设，实现港站枢纽多种运输方式顺畅衔接和协调运行。（责任单位：综合规划司、公路局、水运局、运输服务司、科技司、海事局，国家局有关司局）

（第五至第九略）

十、健全生态文明治理体系

深化体制机制改革，推进制度创新，完善法规标准，强化评价引导，构建导向明确、制度完善、运行有效、保障有力的生态文明治理体系。

（二十四）深化综合交通运输体制机制改革。

不断建立健全综合交通运输发展协调体制机制，完善与自然资源、住建等部门之间多规衔接的规划编制机制，加强铁路、公路、水路、民航、邮政发展的统筹规划，促进各种运输方式融合发展。（责任单位：政策研究室、综合规划司、人事教育司，国家局有关司局）

（二十五）加强法规标准建设。

推动修订铁路法、民用航空法、公路法、道路运输条例等法律法规，通过健全法治，促进行业生态文明建设的稳定与发展。开展交通运输生态文明制度创新研究。开展交通运输绿色发展相关标准研究及制修订，在铁路、公路、水路、民航、邮政等标准制修订中增加绿色发展的内容。（责任单位：法制司、综合规划司、公路局、水运局、科技司，国家局有关司局）

（二十六）强化经济政策引导。

积极争取财政资金支持，探索应用价格、税收等优惠机制引导绿色交通建设可持续发展，引导和鼓励社会资本进入绿色交通领域，积极争取绿色信贷、绿色债券、绿色保险等支持，拓宽绿色交通融资渠道。（责任单位：财务审计司、综合规划司，国家局有关司局）

（二十七）强化评价引导。

依据国家绿色发展指标体系，研究交通运输绿色发展评价指标，对各省交通运输

绿色发展情况进行评价，引导行业推进绿色交通发展。（责任单位：综合规划司，国家局有关司局）

十一、全面加强党的领导

各级交通运输主管部门要守土有责、守土尽责、分工负责、共同发力，要把学习贯彻习近平生态文明思想作为重大政治任务，增强"四个意识"，坚决维护习近平总书记权威和核心地位，坚决维护以习近平同志为核心的党中央权威和集中统一领导，按照新时代党的建设总要求，全面加强党对绿色交通发展的领导，严格落实生态环境保护责任清单任务，明确时间表、路线图和责任人。

各相关司局主要领导对本单位有关任务负总责，要做到重要工作亲自部署、重大问题亲自过问、重要环节亲自协调、重点工作亲自督办，要按照"一岗双责"的要求，制定具体的行动计划，更好地推动交通运输生态文明建设。

国家铁路局、中国民用航空局、国家邮政局要根据行业实际制定具体实施方案。

交通运输部
2018 年 6 月 26 日

（此件公开发布）

抄送：中国铁路总公司，国家铁路局、中国民用航空局、国家邮政局，中央纪委国家监委驻交通运输部纪检监察组。

评析：这是一篇实施性意见，以"交通运输部文件"形式公开发布。全文先用简短的引言，表明制定和发布本实施意见的依据、目的。主体部分采用条文式，从行文的内在逻辑结构上看，十一个大的方面采用了"总—分—总"的结构布局，第一部分"深入贯彻落实习近平生态文明思想"明确了交通运输系统全面加强生态环境保护坚决打好污染防治攻坚战必须坚持的指导思想以及工作目标。第二部分至第十部分，就全面加强生态环境保护坚决打好污染防治攻坚战提出"处理办法"，每一部分采用撮要句提领各个部分的主要内容，然后自然引出具体措施，细化责任分工，逐项明确了责任单位，便于有关单位有针对性地贯彻执行。第十一部分"全面加强党的领导"，明确了保障措施。

例文 8

交通运输部办公厅关于国务院口岸工作部际联席会议
第四次全体会议发言材料的反馈意见

国家口岸管理办公室：

《国家口岸管理办公室关于征求国务院口岸工作部际联席会议第四次全体会议主要发言材料意见的函》（国岸函〔2018〕67号）收悉。经研究，我部认为发言材料客观、公正的评价了联席会议第三次全体会议议定事项的落实情况，针对口岸工作数据安全问题及时提出系统的管理办法，为各成员单位下一步工作指明了方向、提供了抓手。现针对发言材料中涉及我部的工作内容，提出如下意见：

一、在第3页第二行"信息化改造"后增加：开展船舶自动申报系统研究和应用。

二、在第3页第2段第七行"每年再减轻企业负担2亿元"后增加：2018年起，上海港、天津港集团等7家港口企业集团合理调降自主定价的港口作业包干费收费标准，可再降低进出口物流成本约44.6亿元。

三、在第5页"3.大力支持海南全面深化改革开放"部分最后增加：交通运输部支持将境外游艇临时进入海南非开放水域审批权下放至海南省。

四、在第6页"2.成员单位自身业务改革创新深入推进"一段中，将交通运输部相关工作情况调整为：交通运输部制定了关于推进通关一体化改革提升海事港口服务效率的意见，加快港口物流智能化、信息化建设，优化现行国际航行船舶联合登临检查机制，最大限度压缩通关过程中非必要的现场执法检查。

（第五条至第八条略）

交通运输部办公厅
2018年6月11日

抄送：部水运局、运输服务司。

评析：这是一个针对国家口岸管理办公室征求意见来函提出的反馈意见，属于平行意见。意见的开头部分，准确引用了来函名称《国家口岸管理办公室关于征求国务院口岸工作部际联席会议第四次全体会议主要发言材料意见的函》、来文字号（国岸函〔2018〕67号）。意见的正文部分，针对来函征求意见事项提出了总的原则性意见，即"我部认为发言材料客观、公正地评价了联席会议第三次全体会议议定事项的落实情况，针对口岸工作数据安全问题及时提出系统的管理办法，为各成员单位下一步工作指明了方向、提供了抓手"，然后分条提出了修改完善的具体建议，表述清楚，条理清晰，值得借鉴。

　　反馈意见应用较多，办理此类意见时，应注意以下几点：一是引用来文名称及字号应准确；二是在提出修改意见建议时，如果能简要列明修改意见建议的理由，则对受文单位具有更高的参考价值；三是所提意见建议涉及部内其他司局业务范围的，应征求有关司局的意见或会签；四是应在来文单位明确的时限内及时回复，情况特殊不能按期回复的，必须主动与来文单位沟通并商定回复时限及方式；五是准确确定"紧急程度"，"特急""加急"是要求公文送达和受文单位办理有关事项的缓急程度，而非在办文过程中审核、印制的缓急程度。

第十五章　通知的写作方法与规范

一、基本概念

通知是《党政机关公文处理工作条例》规定的法定文种之一，适用于发布、传达要求下级机关和有关单位周知或执行的事项，批转、转发公文。通知也是党政机关应用广泛、使用频率最高的文种之一。发文主体不论级别高低与否，均可使用通知来告知、传达某种意向或事项；发文内容不论轻重与否，重要决策、日常工作或具体事项的处理，均可使用通知来部署或知照。

通知的使用在行文方向上较为灵活。一般情况下，通知用于上级机关向下级机关传达指示、布置工作、知照事项时所使用，为下行文。在特定情况下，通过上级机关授权，通知可主送平行机关；通过本级机关授权，以办公厅（室）名义制发，通知可主送下级机关。另外，结合不同发布载体的合理使用，通知可抄送或主送平行机关以及不相隶属的机关单位。《党政机关公文处理工作条例》规定，以通知发布的重要的工作部署，应当同时抄送发文机关的直接上级机关。

二、通知的种类及体例格式

按照内容和特点分类，通知可分为发布性通知、指示性通知、批转性通知、事务性通知等。

（一）发布性通知

发布性通知用于发布《党政机关公文处理工作条例》规定的15个文种以外的其他文种，如，准则、条例、规则、规定、办法、细则、规划、方案等。

发布性通知标题的撰写采用三要素具备的形式，交代出发文机关名称、发布对象和文种。一般情况下，正文部分篇段合一，无明显的开头，也不交代缘由，开门见山表明态度，提出明确具体的要求。撰写时应当阐明两层涵义：一层是明确指出所发布的内容，施行或生效日期及相关事项说明；另一层是提出贯彻执行要求等。如：现将《××××》印发给你们，请结合实际遵照执行。根据不同情况，可以分为颁发、发布（公布）、印发三种。一般来说，极为重要的发布，尤其是涉及荣誉称号、证书的，用颁发；公布重要的制度办法，领导机关加了比较多批语、提出执行要求的，多用发布；没有批语按语，认可性的发布，或者机关办公厅（室）授权发布，则用印发。

（二） 指示性通知

指示性通知用于发布、传达要求下级机关执行和有关单位周知或者执行的事项。它对受文单位的全体或部分，包括主送或抄送机关，就某项工作或某方面工作发出指示、提出要求、做出安排，有一定的指挥、指导作用。通知有明显的时效性，通知事项一般要求立即办理、即刻执行或知晓，不容拖延。通知有一定的权威性和强制性，对下级机关、有关单位不宜使用命令（令）、决定行文的，可使用通知。

指示性通知撰写的基本要求，是要明确"为什么""干什么""谁来干""怎么干"的问题。首先要明确行文目的，即为什么写这个通知，通知的主要内容是什么；其次要确定写作的范围和对象，针对什么问题，解决什么问题；然后再提出切实可行的措施。通知主要是向下级机关发布的下行文，要体现对下级机关的领导与指导作用，既要讲任务、要求，又要讲方法、步骤、措施。通知的语言表述要逻辑严谨、简练务实。通知的行文结构可采用自然段形式，也可采用条文式，做到层次清晰、排列有序，段落与条文之间避免出现内容交叉、重复现象。

指示性通知的标题一般由"发文机关＋事由＋通知"组成，正文在开头导语部分简要说明制发通知的原因、目的或根据，然后用承启用语"现将有关事项通知如下"，加冒号提起转入通知事项主体部分，最后在结语部分提出执行要求。

1. 导语

导语部分一般交代写作依据、目的和写作意图。写作依据包括事实依据和理论依据。事实依据是本通知要解决的问题，或通知中所提出事项的重要意义；理论依据是指解决问题应遵循的法律法规、方针政策和上级的指示精神等。写作目的是实现写作意图所要得到的结果。写作意图是通知要办理的事项。

2. 主体

主体应表明实现写作意图的具体措施。正确、全面、系统地提出解决问题的措施，是指示性通知正文写作的重点和难点，只有措施得力，才能实现写作意图，只有实现写作意图，才能达到写作目的，该通知才能真正发挥解决问题、推动工作进展的作用。

3. 结语

结语一般要对贯彻落实通知精神、做好工作提出要求。有的通知在结尾处对贯彻落实通知精神产生的积极意义做出预测，使受文单位对工作充满信心；有的通知对出现的问题提出防范措施，树立防患于未然的意识。如果通知的正文已将要表达的意思表达清楚，也可不加结语。

（三）批转性通知

批转性通知用于批转下级机关公文、转发上级机关或不相隶属机关的公文，提出贯彻落实要求。具体分为三种情形：一是"上转下"，将某一下级机关的公文批转给所属下级机关；二是"下转上"，即将上级机关的来文转发给所属下级机关；三是"平转平"，将平级机关或不相隶属机关的来文转发给所属下级机关。需要特别说明的是，2012年上级机关对进一步加强公文精简做出规定，中共中央、国务院文件（含中共中央办公厅、国务院办公厅文件），受文单位要结合实际贯彻落实，不得直接转发。因此，在实际工作中，省部级单位一般不应直接转发其上级机关的公文。

批转性通知标题，一般由"发文机关＋事由（批转、转发＋被转发的公文标题）＋通知"组成。标题拟写时应注意以下四点：一是省略重复词语。当被转发公文中标题的事由部分已有"关于"和"的"时，现标题的事由部分应省略"关于"或"的"，如《交通运输部批转××省交通运输厅关于××××报告的通知》。二是直接使用被转发的文种词。当被转发公文是通知时，为避免"通知套通知"，现标题中的文种词可以省略，如《交通运输部办公厅转发财政部关于××××的通知》。三是删去中间层次。当被转发公文为多层转发时，现标题可直接引述第一个发文机关的文件标题，删去中间层次，将标题写成"发文机关＋转发（最上一级公文）的＋通知"，具体转发情况在通知正文中通过引文标题和发文字号来加以说明。四是合并被转发公文。如果一个通知中转发几个相关公文，正确的写法是将几个公文的标题合并，而不是将被转发的文件标题一一列出。

批转性通知的正文，一般应包括转发对象和批注意见这两个部分。转发对象要准确写明所转发公文的标题和发文字号，批注意见要写明对转发对象的态度、意见和执行要求。正文篇幅长短不限，照批照转时，可简单地表明态度、做出评价、提出要求；也可在写明态度、评价和要求之后，再针对实际情况，对转发对象的重要意义或者某一方面的精神加以强调，说明所部署工作的重要性，对贯彻执行提出具体明确的要求，以引起受文单位的重视；也可对转发对象做出基本肯定后，结合本机关实际情况，就相关内容加以补充和说明。

（四）事务性通知

事务性通知用于告知或知照相关事项。会议通知是事务性通知中使用较多的一类。另外，任免和聘用有关人员的任免通知，公布机构设置、印章启用和废止、评选结果等专门事项的晓谕类通知，在机关单位也较为常用。这类通知主要起到知照性的作用，内容单一、格式相对固定。事务性通知的写法与通告、启示相似，大多篇段合一，直陈其事，简明扼要；内容较多的通知，则采用多段式或总分条文式等结构形式。

以会议通知为例，其标题一般有两种类型：一种是"发文机关＋事由＋文种"，如《交通运输部办公厅关于召开×××视频会议的通知》；另一种是"事由＋文种"，如《部务会议通知》。正文部分要说明通知的具体事项及相关要求，包括会议的时间、地点、与会人员范围，会议的指导思想、主要任务、主要内容（会议议题），报到时间、地点，会前准备工作，对与会人员的有关要求等，最后还要写清楚联系人和联系方式，以便与会人员与会议主办单位沟通联系。撰写会议通知，既要从会议主办单位的角度考虑通知事项是否周全，是否能满足会议召开的多方面要求；又要站在与会人员的角度，考虑通知所列事项能否使与会人员做好参加会议的各方面准备，能否按时报到参会，等等。实际工作中，上述会议通知的各方面内容并不需要一一列全，可根据会议的特点和要求，恰当选择写作内容。例如，有的会议是经过上级领导机关批准召开的，会议通知中不仅要写清楚主办机关，还要注明批准机关。有的会议是几个机关联合召开的，则应联合制发通知。

任免通知、公布专门事项的晓谕性通知，其正文格式固定，写法极为规范。通知任免事项的，需简明扼要地写明任命或免职的根据和内容，有的还要写明任命、聘用的任期和待遇等。公布机构设置或变更的，需列出新设立组织的职责、组成人员名单、分工等，以及变更后的名称、隶属关系、职责的变化等情况。公布印章启用和废止的，应写明相关印章的名称并附以印模式样、启用和废止的日期。公布评选结果的，应列出评选项目名称及对应的名单等。

三、通知的写作

（一）要讲求实效，不要滥用通知

由于发布通知是要求所属机关单位以及有关单位贯彻执行或周知的，其目的在于指导和推动工作的深入开展，因此要特别注意发文的必要性，讲求实效，严禁随意滥发，严格控制发文数量，做到量度适中。实践中，有些机关单位事无巨细，逢事必"通知"，导致过度使用，有损通知的严肃性和权威性。

（二）要把握内涵，不要误用通知

由于通知具有多功能的特性，使用频率高，有的公文从其内容性质和收发主体之间关系来看，应当使用"函""意见"或"通告""通报"等文种更为适宜，却往往被"通知"取代，造成文种使用不当或收发主体之间行文关系不当，导致公文效用降低，或引起受文单位误解，或造成工作被动。

（三）要表述恰当，不要错用通知

发布通知是为了解决实际问题而且需要贯彻执行的，通知的内容须做到主旨明确、

结构严谨、庄严郑重、语气肯定、不容置疑。在写作时要多用祈使句、四字格词组或六字短句，如"坚决""必须""严禁""要切实"等，这类语句简短、节奏明快，有利于增强坚定有力的气势。有的通知拟写时在导语部分使用"拟开展某项工作"，在主体部分使用"商请有关单位"，改为"决定开展""有关单位要"，则使工作部署更加明确，执行要求更加具体。

四、通知的办理要点

（一）准确选用发文形式

《党政机关公文格式》国家标准规定的"文件"格式和"信函"格式都可作为通知的发布载体形式。实际工作中，发布通知选用哪种载体形式颇为讲究。

发布性通知和重大工作部署类的指示性通知，肩负着传递与贯彻党和国家政策、法令的特性，具有权威性、强制性和约束力，应使用"文件"形式发布。

批转性通知，被转发公文内容属于政策类的，或在相当长时期内普遍适用的，一般以机关办公厅（室）的名义，使用"文件"形式发布；如来文内容为具体的事务性工作布置，则应结合实际情况提出贯彻落实措施，转化为本单位的具体工作要求，而不应将来文照转，复杂工作事项可将来文作为附件予以印发供参考，这类通知应使用"信函"形式发布。

事务性通知中，人事任免和重要机构设置类的通知，以本机关的名义，使用"文件"形式发布；公布临时机构设置或变更、评选结果、印章启用和废止的通知，以本机关办公厅（室）的名义，使用"文件"形式发布；常规会议通知，一般以本机关办公厅（室）的名义，使用"明传电报"或"密码电报"形式传发，仅对机关内设机构发送的通知可采用特定格式快速传发。

（二）合理界定发送范围

通知的发送范围，由公文作者的专任性和读者的专任性这两方面因素共同决定。以本机关名义或经授权以本机关办公厅（室）名义，使用文件形式制发的发布性通知、重大工作部署类和政策类的指示性通知、晓谕类通知，一般采取普发方式，传达给具有领导和指导关系的直接下级机关单位执行或知晓。转发性通知、事务性工作布置类通知、会议通知，可根据通知事项内容主送或抄送相关单位执行或知晓。对于非周知性的通知，应一律写明主送机关和抄送机关名称，所有受文单位都应当列明，一般不使用"有关单位"的表述，除非通知文内详细列明了所涉及的单位，例如，以会议通知附件印发的参会名额分配表，评选结果公布通知中列出的单位名单等，以确保公文精准传发，不漏发错发。

（三）规范使用其他格式要素

经授权发布的通知，要在开头或导语中加以说明，如报请国务院同意后以本部门名义、使用"文件"形式向平级机关发布的通知，要注明"经国务院同意"；以本部门办公厅（室）名义向下级机关发布的重要政策和规范、做出的工作布置，应注明"经交通运输部同意"，体现出公文拟制、签批等决策过程的规范性和权威性。

发布性通知，其发布的主体，如准则、条例、规则、规定、办法、细则、规划、方案等，因在通知正文中已写明，不需在"附件说明"处列出，其后也无需再标注"附件"二字。发布多项内容的，按照通知正文写明的顺序依次编排即可。

以"文件"形式发布的通知，一般不主送与本机关无领导或指导关系的机关或单位，通知事项需要相关单位执行或知晓的，可采取抄送的方式。按职责分工，本机关或单位牵头负责某项工作需制发通知的，可使用"信函"形式，主送共同参与该项工作的同级机关单位执行或知晓。

五、例文评析

中共中央办公厅　国务院办公厅关于印发《党政机关公文处理工作条例》的通知

各省、自治区、直辖市党委和人民政府，中央和国家机关各部委，解放军各总部、各大单位，各人民团体：

《党政机关公文处理工作条例》已经党中央、国务院同意，现印发给你们，请遵照执行。

中共中央办公厅　国务院办公厅
2012 年 4 月 16 日

（此件公开发布）

评析：这是一篇发布性通知，经授权以"中共中央办公厅和国务院办公厅文件"形式普发下级机关。标题采用完整式结构，令人一目了然。正文部分采用篇段合一的方式说明发布的内容，提出相关要求，并用"《党政机关公文处理工作条例》已经党中央、国务院同意"的表述体现授权制发。

例文 10

交通运输部关于交通运输部系统公务接待禁止饮酒的通知

部属各单位，部内各司局：

为深入贯彻全面从严治党要求，进一步严格落实中央八项规定精神，按照《党政机关厉行节约反对浪费条例》《党政机关国内公务接待管理规定》等法规和部党组有关制度要求，现就交通运输部系统国内公务接待禁止饮酒有关事宜通知如下：

一、交通运输部系统各级行政、事业单位国内公务接待和国有企业国内公务接待、商务接待一律禁止饮酒（包括私人自带的酒类），严禁超标准接待。

二、交通运输部系统各单位外事接待严格按照外事接待规定执行。

三、交通运输部系统举办的各类会议，开展的考察调研、交流研讨、学习培训、检查指导、课题评审、项目验收等公务活动用餐禁止饮酒。

各部门各单位要充分认识禁酒规定的重要性，严明纪律要求，做到令行禁止。要加强组织领导，落实主要领导责任制。要强化内部管理，织严织密制度的笼子。要加强监督检查，如发现问题，将严肃追究相关单位和人员的领导责任和直接责任，同时予以通报曝光。

交通运输部
2017 年 9 月 13 日

（此件公开发布）

抄送：中央国家机关工委，国家铁路局、中国民用航空局、国家邮政局，中央纪委驻交通运输部纪检组。

评析：这是一篇指示性通知，以"交通运输部文件"形式发布，主送所属下级单位，抄送部管国家局执行，抄送有关平级机关阅知。全文先用一个独立且简短的开头"撮要"，表明发布通知的目的和依据，并用"现就交通运输部系统国内公务接待禁止饮酒有关事宜通知如下"过渡语句提领下文，转入主体部分。全文采用"总—分—总"的结构布局。开头部分为"总"，然后采用条文式从三个方面具体阐述，最后一个自然段强调通知事项的重要性，并对贯彻执行提出总体要求。从整体上看，全文篇幅短小、语言简练、内容严整、结构顺畅，是指示性通知的典范。

例文 11

交通运输部 公安部 中华全国总工会关于组织开展 2017 年"公交出行宣传周"活动有关事项的通知

各省、自治区、直辖市、新疆生产建设兵团交通运输厅（局、委）、公安厅（局）、总工会：

为深入贯彻城市公共交通优先发展战略，实施《城市公共交通"十三五"发展纲要》，倡导绿色、安全、文明出行，交通运输部、公安部、中华全国总工会决定联合组织开展 2017 年"公交出行宣传周"活动。现将有关事项通知如下：

一、活动安排

（一）活动主题和时间。

2017 年"公交出行宣传周"活动的主题为"优选公交 绿色出行"，活动时间为 9 月 18 日至 24 日。

（二）活动目的。

通过组织开展多样化的城市公共交通宣传活动，积极宣传公交优先发展政策、普及交通安全知识，提升城市公交从业人员服务意识、乘客交通安全意识和文明出行意识，进一步培育"优选公交、绿色出行"的城市公共交通文化，在全社会营造了解公交、关心公交、支持公交、选择公交的良好氛围，积极引导社会公众参与城市公共交通治理。

（三）活动组织。

各地交通运输部门、公安交通管理部门在当地人民政府的统一领导下，联合当地工会组织动员各城市公共交通企业、行业协会、新闻媒体及社会公众等积极参与 2017 年"公交出行宣传周"活动。

二、活动内容

1. 公开征集和宣传主题作品。围绕"优选公交 绿色出行"活动主题，在统一使用"公交出行宣传周"标识（Logo）基础上，面向社会公众征集 2017 年"公交出行宣传周"宣传页或海报，以及文字、图片、视频等作品，在公交车辆、车站和微博微信等新媒体平台集中展示、广泛宣传。各地可于 9 月 10 日后在交通运输部、公安部、中华全国总工会网站下载"公交出行宣传周"相关宣传材料。

2. 举办"公交出行宣传周"活动启动仪式。9 月 18 日，交通运输部、公安部、中华全国总工会联合举办"公交出行宣传周"活动启动仪式，并现场展示"公交出行宣传周"标识、活动宣传海报等，对活动进行集中动员和宣传。鼓励各地结合实际通过启动仪式、发布会等多种形式对活动进行集中动员。

3. 组织"百城市长乘公交"活动。以公交都市创建城市为主体，由交通运输、公安交通管理、工会等部门提出倡议，在宣传周活动期间争取全国百位市领导带头选择公交出行，倡导政府公务人员、企事业单位职工等社会公众选择城市公共汽电车、城市轨道交通、公共自行车、互联网租赁自行车等绿色交通出行方式。

4. 策划集中宣传和展览活动。在交通枢纽、公交站点、车厢等张贴发布宣传海报，以滚动字幕、视频、公益广告等形式播出"公交出行宣传周"相关消息和主题提示。鼓励各地在学校、广场等公共场所组织举办公交文化、"互联网+"公交、公交车辆装备等相关公益展览活动，大力宣传公交优先发展成果，引导市民自觉选择公交出行。

5. 关爱残疾人无障碍出行。加强无障碍公共交通站台设施、站牌设施建设，鼓励和支持城市公共交通企业加强无障碍车辆投放和车载设备升级，出台和宣传残疾人乘车优先、优惠政策，强化司乘人员服务意识和水平，为社会公众提供更好的"无障碍"出行方式。

6. 深入开展公交开放体验。鼓励并指导各地组织公交开放体验活动，邀请市民、学生走进公交企业、调度中心、公交枢纽和快速公交（BRT）车站、新能源公交车，参观体验城市公交运营的各个环节，宣传公交出行在节能环保方面的知识，让社会公众走进公交、体验公交，拉近城市公交和公众的距离。

7. 开展文明安全出行活动。在活动期间，各地公安交通管理、交通运输部门集中组织开展公交车带头礼让斑马线、公交专用道违法占道整治等活动，维护通行秩序。发挥志愿者作用，在公交站点和车厢宣传公交出行方式，维持车辆进站秩序，引导乘客有序乘车、文明让座。组织公交车辆应急疏散演练活动，提升城市公交从业人员的应急处置能力，向市民宣传公交应急疏散知识。

8. 开展先进典型选树活动。鼓励各地交通运输部门联合公安交通管理、工会部门面向城市公共交通运营企业，通过企业挖掘、媒体发现、公众推荐等渠道遴选出一批遵章守法、工作扎实、成绩突出的个人和班组。对表现突出的先进集体和先进个人，交通运输部、公安部、中华全国总工会将联合予以通报表扬。

9. 开展先进典型事迹宣讲活动。组织开展城市公交行业涌现的劳动模范、爱岗敬业楷模、竞赛优胜选手、最美人物等先进典型宣讲活动，让先进事迹进机关、进企业、进校园、进社区，依托电视、电台和新媒体平台策划先进典型微话题讨论、访谈活动，展现劳模精神和职业风采。各级工会组织开展向公交从业人员特别是一线职工送温暖活动。

10. 组织公交优先建言献策。组织相关部门、人大代表、政协委员、专家学者、企业、社会组织、劳模代表、乘客代表等开展公交出行研讨活动，就促进公交优先、创建公交都市、鼓励和规范城市公交新业态新模式发展、提升公交服务、建设智慧公交、推进城乡公交一体化等方面座谈交流、建言献策。

三、活动要求

（一）加强组织领导。各地交通运输、公安交通管理、工会等部门要按照本通知要求，把开展好今年"公交出行宣传周"活动，作为落实"十三五"时期我国城市公共交通发展愿景和城市道路交通文明畅通提升行动的重要举措，紧扣活动主题，切实加强领导，周密部署，精心组织，确保活动取得实效。

（二）加强舆论宣传。交通运输部、公安部、中华全国总工会将组织有关中央和行业媒体宣传地方经验做法及成效。各地要加强与各级各类媒体的沟通，广泛利用报纸、广播、电视、电台、网络等媒体渠道丰富传播载体，推出"公交出行宣传周"联播、互动、特刊等，开展多角度、多方位宣传，加强舆论引导，扩大活动的覆盖面和影响力。

（三）做好活动总结。活动结束后，各地交通运输部门牵头，会同公安交通管理和工会等部门认真做好活动总结工作，及时总结活动经验。各省级交通运输部门要将本地区活动的总结材料（含宣传照片、媒体报道、宣传素材等）于9月29日前报交通运输部。

联系人及联系方式：

交通运输部运输服务司×××、××，电话：×××-××××××、××××××，传真：×××-××××××，邮箱：××××××@×××.×××.××

公安部交通管理局×××，×××-××××××

中华全国总工会××，×××-××××××

交通运输部　公安部
中华全国总工会
2017年8月16日

抄送：各省、自治区、直辖市道路运输管理局（处）、公安交警总队、交通（公路运输）工会，中国道路运输协会，中国交通报社，中国道路运输杂志社，部办公厅、政策研究室、综合规划司。

评析：这是一篇交通运输部、公安部、中华全国总工会三部门联合，以"信函"形式发布的通知。通知事项为布置开展"公交出行宣传周"活动这项具体工作，有效期为8月16日通知发布到9月29日报送总结材料活动结束，仅一个半月，所以用"信函"形式发布较为适宜。通知分别主送与三部门具有业务指导关系的直接下级机关，同时抄送各自的省级下属相关部门，抄送负责宣传工作的报社、杂志社以及部内有关司局。

通知缘由部分交代了开展2017年"公交出行宣传周"活动目的和背景，表明了通知的主旨。通知事项部分采用归纳的结构方式，分为活动安排、活动内容、活动要求三部分加以阐述。活动安排部分，说明了活动的主题和时间、目的以及组织方式。活动内容部分，以条文形式详细写明了十项具体工作任务，每一条第一句话简练概括了本条的主要内容，形成条旨句，提纲挈领，观点鲜明。活动要求部分，分为三段，每段以一个动宾词组作为段首句，分别从组织领导、舆论宣传、活动总结等方面对通知事项的执行效果提出要求。通知末尾给出三部门承办该项工作的联系人及联系方式，以便沟通联络和收集活动总结材料。

例文 12

国务院关于批转交通运输部等部门重大节假日
免收小型客车通行费实施方案的通知

各省、自治区、直辖市人民政府，国务院各部委、各直属机构：

国务院同意交通运输部、发展改革委、财政部、监察部、国务院纠风办制定的《重大节假日免收小型客车通行费实施方案》，现转发给你们，请认真贯彻执行。

国务院
2012 年 7 月 24 日

（另起一页）

重大节假日免收小型客车通行费实施方案

交通运输部　发展改革委　财政部
监察部　国务院纠风办

为进一步提升收费公路通行效率和服务水平，方便群众快捷出行，现就重大节假日期间免收 7 座及以下小型客车通行费有关问题制定如下实施方案：

一、实施范围

（一）免费通行的时间范围为春节、清明节、劳动节、国庆节等四个国家法定节假日，以及当年国务院办公厅文件确定的上述法定节假日连休日。免费时段从节假日第一天00：00开始，节假日最后一天24：00结束（普通公路以车辆通过收费站收费车道的时间为准，高速公路以车辆驶离出口收费车道的时间为准）。

（二）免费通行的车辆范围为行驶收费公路的7座以下（含7座）载客车辆，包括允许在普通收费公路行驶的摩托车。

（三）免费通行的收费公路范围为符合《中华人民共和国公路法》和《收费公路管理条例》规定，经依法批准设置的收费公路（含收费桥梁和隧道）。各地机场高速公路是否实行免费通行，由各省（区、市）人民政府决定。

二、工作要求

（一）加强收费站免费通行管理。为确保免费政策实施后车辆有序通行，各地区要对公路收费站现有车道进行全面调查，结合重大节假日期间7座及以下小型客车免费通行的要求，合理规划和利用现有收费车道和免费专用通道，确保过往车辆分类分车道有序通行。

（二）完善收费站应急处置预案。地方各级交通运输主管部门和收费公路经营管理单位要全面分析本辖区公路收费站的运营管理状况，特别是交通拥堵等有关情况，督促收费站制定并完善重大节假日期间应对突发事件的应急预案。一旦出现突发事件，要迅速启动应急响应，及时采取有针对性的应对措施，确保收费站正常运行和车辆有序通行。

三、保障措施

在重大节假日期间免收7座及以下小型客车通行费是调整和完善收费公路政策的重要举措，对于提高重大节假日公路通行能力和服务水平，降低公众假日出行成本具有重要意义，各省（区、市）人民政府和国务院有关部门要高度重视，切实抓好贯彻落实。

（一）加强领导，明确责任。重大节假日免收7座及以下小型客车通行费的具体工作，由各省（区、市）人民政府负责统一组织实施。各省级交通运输、发展改革（价格）、财政、监察、纠风等部门要在省级人民政府统一领导下，制定方案，落实责任，明确分工，密切配合，共同做好实施工作。交通运输部、发展改革委、财政部、监察部、国务院纠风办要成立联合工作小组，加强对各地区的指导、协调和督查，及时帮助解决出现的问题。

（二）深化研究，完善政策。各省（区、市）人民政府及国务院各有关部门要深入研究分析、科学评估该政策实施效果及影响，不断完善相关措施，妥善解决实施过程中出现的问题；要切实做好与收费公路经营者的沟通，争取其理解和支持，确保各项工作顺利开展。同时，要加快研究完善收费公路管理、提高公路服务水平、促进收费公路健康发展的长效机制和政策措施，更好地服务经济社会发展。

（三）注重宣传，正面引导。各地区要通过政府及部门网站、新闻媒体等多种渠道,加强舆论引导和政策宣传,及时发布相关信息,使社会公众及时、全面了解本方案的重大意义及具体内容,为公路交通健康持续发展创造良好的舆论氛围。

评析:这是一篇批转性通知,以"国务院文件"形式发布,主送国务院所有下级机关和单位,体现了执行通知事项的权威性、严肃性和强制性。这个通知在写法上包含两层意思:一是对交通运输部、发展改革委、财政部、监察部、国务院纠风办等下级机关联合制定的《重大节假日免收小型客车通行费实施方案》表明态度;二是用"现转发给你们,请认真贯彻执行"等固定性语句,对通知事项贯彻落实提出一般性要求。

例文 13

交通运输部办公厅关于召开全国汽车维修电子健康档案系统建设视频会议的通知

各省、自治区、直辖市、新疆生产建设兵团交通运输厅(局、委):

为深入贯彻落实《国务院关于积极推进"互联网+"行动的指导意见》(国发〔2015〕40号)、《交通运输部办公厅关于开展汽车维修电子健康档案系统建设工作的通知》(交办运〔2017〕69号)有关精神,加强汽车维修与互联网深入融合和创新发展,在全国范围内全面推进汽车维修电子健康档案系统建设,按照交通运输部会议计划并经部领导批准,决定召开全国汽车维修电子健康档案系统建设视频会议。现将有关事项通知如下:

一、会议时间

2017年6月9日(周五)10:00—11:30。

二、会议内容及议程

贯彻落实交办运〔2017〕69号文件精神,交流2016年试点省份系统建设经验,部署安排2017年部分省市深入开展系统建设试点和2018年全国范围内全面推进汽车维修电子健康档案系统建设工作。

会议由部××总工主持。议程如下:

1. 部运输服务司介绍系统建设政策性文件主要内容。
2. 江苏省、浙江省交通运输厅围绕前期开展试点工作的经验及取得成效分别作发言。
3. 部公路科学研究院发言。
4. ×××副部长讲话。

三、会场设置

主会场设在交通运输部机关五楼会议室(543视频会议室),分会场设在各省、自治区、直辖市及新疆生产建设兵团交通运输厅（局、委）。

四、参会单位及人员

主会场：交通运输部领导和部规划司、财审司、运输服务司、科技司有关负责同志，部公路院、交科院、通信信息中心领导及有关技术支持团队，中国汽车保修设备行业协会、中国汽车维修行业协会负责人。

分会场：各省（区、市）及新疆生产建设兵团交通运输厅（局、委）分管领导及相关处室负责人，各省（区、市）道路运输管理局主要领导、机动车维修工作分管领导及有关业务处（科）室负责人，省级汽车维修行业协会负责人、维修企业（含4S店）代表（各地自行确定）。各地参会人员届时统一到各分会场参会。

五、注意事项

1. 会议联系人及电话：

交通运输部运输服务司×××，×××-×××××××。

2. 各分会场要做好相关参会组织工作，交通运输部门要做好联系协调工作，邀请相关人员准时参会。

3. 各分会场要做好此次视频会议的技术支持和服务工作，提前对接调试，保障线路畅通可靠、视频图像及话音清晰。

4. 此次视频会议的技术保障工作由交通运输部通信信息中心负责。联调时间：2017年6月8日9：30，联系人：××，电话：×××-×××××××。

交通运输部办公厅
2017年6月5日

抄送：各省、自治区、直辖市、新疆生产建设兵团道路运输管理局（处），部规划司、财审司、科技司，部公路院、交科院、通信信息中心，中国汽车保修设备行业协会、中国汽车维修行业协会。

评析：这是一篇召开视频会议的通知，以"交通运输部办公厅明传电报"形式发布，主送各省级交通运输主管部门，抄送省级道路运输管理部门，抄送相关部属单位和行业协会，受文对象与参会单位一致。因通知发布日期与会期临近，所以宜采用明传电报形式传发，紧急程度标注为"特急"。通知导语部分对召开会议的目的和缘由作出说明，用"现将有关事项通知如下"引出主体部分。主体部分依次通知了会议的时间、主要内容（会议议题）、召开形式和地点、参会人员范围，最后写明联系人和联系方式，并对会场技术保障和服务工作提出要求。此篇会议通知内容全面、结构严谨，可作为部机关视频会议通知的范本。

第十六章　通报的写作方法与规范

一、基本概念

通报是《党政机关公文处理工作条例》规定的法定文种之一，适用于表彰先进、批评错误、传达重要精神和告知重要情况。

通报，在党政机关工作中使用普遍，是沟通信息、交流经验、传达情况、批评错误、宣传教育的重要工具。通常情况下，通报作为文种使用，用于表彰先进、批评错误、交流经验时，可通过"文件""信函""电报"等载体形式制发。通报也可以使用特定版头，作为专用公文形式制发，如"中办通报""内部情况通报"等，专门用于传达上级机关重要指示精神、重要会议精神。"交通运输部内部情况通报"作为交通运输部主要公文形式之一，适用于传达交通运输部领导在重要会议上的讲话。

通报多为下行文。通报的主送机关，可以是普发性机关的统称，也可以专指具体的行文对象。如通过媒体刊载或张贴形式发布，通报也可以不写主送机关。

通报作为专用公文形式使用时，没有主送机关和抄送机关，仅有分送机关。根据实际情况和工作需要，除下级机关和单位外，重要精神和重要情况的通报可分送领导个人以及相关单位。

二、通报的种类及体例格式

通报作为文种使用时，无论其通过何种载体发布，其格式要素均应遵从相应公文形式的编排要求。从公文的内容性质上，可分为表彰性通报、批评性通报和情况性通报。

（一）表彰性通报

表彰性通报用于表扬先进集体和个人，表彰先进事迹，评价典型经验，宣传先进思想，树立学习榜样。

这类通报的标题通常为"发文机关关于表扬×××的通报"，如《国务院关于表扬全国"两基"工作先进地区的通报》《交通运输部　公安部　国家安全监管总局　中华全国总工会　共青团中央关于表扬2017年春运"情满旅途"活动成绩突出集体和个人的通报》《交通运输部办公厅关于表扬全国两会建议提案办理工作先进单位和先进个人的通报》。

这类通报的正文一般包含4项主要内容：一是概述表彰对象的先进事迹或事件情

况；二是阐明所述事件的性质和意义，对其做法、经验、作用、意义等做分析和评价；三是宣布通报决定；四是提出希望和要求。

通报正文也可简要概括为 10 个要素：时间、被表彰的单位个人、做出的突出成绩或贡献、表彰目的、作出表彰决定的机关、表彰决定、给予的奖励等级、对表彰对象的希望与要求、对受文机关单位和人员的要求、学习号召等。其中，对表彰对象的突出成绩或贡献，要从具体到抽象、从感性到理性认识作出概括；对表彰对象的希望与对其他相关单位和人员的要求，要有针对性和指导意义，以引起共鸣，起到激励和鼓舞作用。如果被表彰的单位和个人数量较多，正文可只写明一个领头的单位或个人的名称，全部被表彰单位和个人的名单在附件中予以列明。

（二）批评性通报

批评性通报用于批评违规违纪事件。一般分两种，一种是对个人的通报批评；另一种是对工作中造成重大事故负有责任的部门或单位的通报批评。对个人的通报批评，侧重于写明错误事实、对错误事实进行分析评论、通报决定等内容；对单位的通报批评，侧重于叙写事实、分析原因、提出要求和改进措施等内容。

这类通报的标题由"发文机关＋通报的主题＋通报"组成。如《国务院办公厅关于西安地铁"问题电缆"事件调查处理情况及其教训的通报》《国务院安委会办公室关于近期 3 起生产安全事故的通报》《中共交通运输部党组关于部属单位九起违纪案件查处及问责情况的通报》。

这类通报正文应包含 4 项主要内容：一是概述错误事实，叙述批评对象的基本情况及所犯的错误；二是对错误事实进行评议，或针对带有倾向性的问题或有代表性的错误做法，分析其性质、产生原因以及造成的恶劣影响等；三是宣布处理决定；四是提出希望和要求。

通报正文也可简要概括为 10 个要素：事件发生的过程、原因、责任单位和责任人、责任单位和责任人应承担的责任、政策和法律法规依据、应采取的措施、对事件的处理（包括对单位的处理和对个人的处分等）、应吸取的教训、重申或传达上级有关重要精神、对所有受文单位和人员的要求等。在阐述事件发生的过程、原因时，要抓住事物的本质，揭示事物的要害。不能避重就轻，不能隐瞒事实真相，应实事求是，一针见血。对事件的处理，要坚持按法律和政策办事，从大局出发，重在吸取教训，处分的目的是为教育和警示，举一反三，防止类似事件再次发生。重申和传达上级机关的指示精神、对受文单位和人员的要求，应注意表达方式和语气措辞，分项阐述。

（三）情况性通报

情况性通报用于就某个领域、某一专项工作情况进行回顾，分析问题，总结规律，交流经验，对下一阶段工作的开展提出指导性意见。这类通报的标题通常为"发文机关关于×××情况的通报",如《交通运输部办公厅关于规范网约车行业发展有关工作情况的通报》《交通运输部办公厅关于2016年全国公路建设市场管理情况的通报》《交通运输部办公厅关于2017年交通运输信用体系建设情况的通报》。

这类通报正文分为导语和主体两个部分。导语部分一般写明通报的背景、缘由和目的后,用转承启合句"现将有关情况通报如下"引入通报主体内容。通常情况下,通报主体应包含3项内容:一是基本情况,回顾总结某一阶段或某项工作开展以来的基本情况;二是特点分析,既可以归纳提炼经验和做法,也可以对照工作目标要求查找差距和不足,从正反两方面列举典型实例,交流工作情况,分析问题原因;三是工作建议,可以对先进单位的典型经验做法加以推广,对工作进展落后的单位加以督促,或者针对工作中存在的问题,对继续开展下一阶段工作提出要求和指导意见。

三、通报的写作

(一) 通报起草要选准时机

通报先进经验、反面典型或相关信息,能够达到学习先进、推广经验,揭示错误、引起鉴戒,沟通信息、指导工作的目的。对实际工作中好的做法或差距与不足,要及时通过通报予以表扬或批评,错过时机,通报就失去了指导意义。因此,起草制发通报一定要选准时机,不搞过时通报,特别是对某些重大的事项和重要情况,要不失时机地予以通报。

(二) 通报事例要有典型代表性

起草通报时,应当具有明确的针对性,选择具有典型意义、指导意义和借鉴意义的材料,要能反映当前某些领域的可复制推广的新做法、新经验,或者能反映某些领域的苗头或不良倾向,以及具有警示作用的事件等。因此要求写作之前,一定要做好调查研究工作,注意发掘典型事例,选择有代表性的、体现时代特征的、对某项工作有普遍指导意义的事件进行通报,力求以点带面,发挥通报应有的作用。

(三) 通报内容要真实客观

通报所反映的内容必须真实可信,真实的通报才具有生命力和说服力。无论是起草表彰性通报,还是批评性通报,或者是情况性通报,都必须尊重客观事实,时间、地点、人物、数据、事件的叙写要准确无误,忠实于事件原貌,不能人为地拔高或贬损,更不可胡编乱造、掺杂水分。

(四) 通报用语要简明庄重

通报作为重要的下行文,发送范围比较广泛,内容涉及现实的人或事,且不扬则抑、非褒即贬,具有表彰鼓励或惩戒警示的作用,因而其使用应十分慎重。通报的语言要简洁明了、庄重严肃,明确反映发文机关的目的和要求。通报的写作,特别是表彰性和批评性通报的写作，往往要在叙述事实的基础上作出分析和评价，挖掘事件或事故发生的根本原因和责任归属，据此揭示问题的实质，概括出可资借鉴的经验和应当吸取的教训。因此，无论是哪一种通报，文字表述都要做到态度鲜明、分析中肯、评价实事求是、结论公正准确、用语分寸得当。

四、通报的办理要点

（一）注意把握表彰批评性通报与奖惩性决定的区别

1. 发文意图不同

奖惩性决定发文着眼点在于奖惩有关单位或个人，奖功罚过为首要目的，教育或警示为次要目的。通报发文目的则是使受文单位了解某一重要情况或典型事件，从而受到教育或警示。

2. 标题写法不同

奖惩性决定的标题中常常含有处置性动词，诸如授予、处理、给予等动词，通常拟写为"发文机关关于授予×××称号的决定"或"发文机关关于给予×××表彰的决定"，如《交通运输部关于授予×××等207名同志全国交通技术能手称号的决定》《交通运输部关于在全国交通运输行业开展向×××同志学习的决定》《交通运输部关于给予×××处分的决定》。表彰批评性通报的标题中一般不使用类似的处置性动词，如《交通运输部办公厅关于表扬执行渤海湾5起救助任务专业救助力量的通报》《国务院办公厅关于督查问责典型案例的通报》。

3. 正文的结构不同

奖惩性决定重在处置，表彰批评性通报重在宣传与教育，发文目的不同，内容结构也就不同。奖惩性决定一般先简要叙述先进事迹或错误事实，然后写明组织的处理决定；而表彰批评性通报，在概述事迹或事件经过，表明对通报事项的态度的基础上，往往还要总结做法经验和意义、分析产生的原因和造成的危害，最后提出号召学习的要求、引以为戒或警示的要求和希望。

（二）注意把握指导性通报与指示性通知的区别

指示性通知和指导性通报都是上级机关开展工作的重要工具，规范使用非常关键。在传达交流情况方面，通报与通知相似，都有知晓性和指导性的特点。但是与通知不同的是，通报更侧重于传达，对下级机关和有关方面的指导作用重于指挥作用，提出的工作要求一般为原则性要求，指令性不强，也不具体。在时效性和权威性方面，指示性通知一般用于工作部署，对即将开展的工作予以指导、提出要求，下级机关和有关单位必须遵照执行。指导性通报则往往对已部署开展的事项或者已发生的情况进行回顾和分析，总结情况、交流经验，对下一步工作予以指导。指导性通报既可对阶段性工作进展情况进行通报，也可在工作完成后进行总结通报。

（三） 注意把握通报的内容性质和时机使用不同的发布形式

通报作为法定文种之一，是党政机关实施领导、履行职能的重要工具，也是通报和交流情况的专用工具。实际工作中，发文机关要根据通报的内容性质和发布时机，用好这个工具。通常情况下，具有积极示范带动效应的表彰性通报或问题严重、影响恶劣的批评性通报，使用"文件"形式发布；反映阶段性工作进展的情况性通报，一般以发文机关办公厅（室）名义，使用"信函"形式发布；对于突发事件或安全事故通报，考虑到时效性要求，可使用"明传电报"等形式，紧急发布，快速传达。

五、部内部情况通报的编排要求

交通运输部内部情况通报适用于传达部领导在重要会议上的讲话。部党组贯彻落实中央八项规定精神实施细则规定，部党组成员代表部或部党组出席会议发表的讲话，原则上不印发内部情况通报，确需印发的须报经部主要负责同志批准；部总师、部机关司局负责同志讲话不单独印发。

部内部情况通报具有专用的版头和编排格式。内部情况通报的版头部分，"交通运输部内部情况通报"居中排布，上边缘至版心上边缘为35mm，用红色小标宋体字，其下空二行居中以"第××期"编排期号，期号不编虚位（即第1期不编为第01期）。期号下空一行编排印发机关名称"交通运输部办公厅"和印发日期。印发机关名称左空一字编排，印发日期右空一字编排。印发机关和印发日期下4mm处居中印一条与版心等宽的红色分隔线。

内部情况通报的主体部分，在红色分隔线下第一行空二字3号黑体标注小标题，注明"×××、×××、×××在××××××会议上的讲话"。小标题下空一行行首空二字，可编写编者按，"按"字为黑体字，后用全角冒号，冒号后用仿宋体编写"按"的具体内容。编者按具体内容下空二行2号小标宋体字标注公文标题。公文标题下一行3号楷体字标注讲话领导人全名。领导姓名下一行以3号仿宋体字"（20××年×月×日）"标注讲话日期。日期下空一行，行首空二字3号仿宋体字编写正文。

内部情况通报如果只印发一位领导的讲话，可略去编者按和小标题，直接编排公文标题，标题应由"姓名＋职务（姓名＋同志）＋会议名称＋讲话"构成，一般写为"×××部长在×××会议上的讲话"或"×××同志在×××会议上的讲话"；印发多位领导讲话，因为相关信息可在小标题和编者按中予以体现，所以讲话的标题可简化为"×××同志的讲话"或"×××同志的总结讲话"。自第二位领导讲话时起，单起一页编写。编辑讲话稿时，首尾的"同志们："和"谢谢大家！"等语句应删去。

内部情况通报的文尾部分，不加盖印章、不标注成文日期。无主送机关和抄送机关，只有分送机关。分送领导个人时，使用统称或将领导姓名按礼宾顺序列明，排列于第一行，并用句号结束，下一行起按顺序书写其他分送机关。内部情况通报须标注版记，版记中的印发机关和印发日期、分隔线，位于公文最后一面版心内最下方，以示公文正式结束。

六、例文评析

例文 14

国务院关于表扬全国"两基"工作先进地区的通报

各省、自治区、直辖市人民政府，国务院各部委、各直属机构：

在党中央、国务院正确领导下，经过各地区、各部门和全国人民的共同努力，2011 年我国全面实现九年义务教育，青壮年文盲率下降到 1.08%。这是我国教育改革发展的重大成就。在实施"两基"（基本普及九年义务教育、基本扫除青壮年文盲）巩固提高和"两基"攻坚过程中，各地党委政府认真贯彻落实教育法律法规和方针政策，坚持教育优先发展，突出"两基"重中之重地位，加强组织领导，广泛宣传动员，上下一心、扎实工作，许多地区作出了显著成绩，创造了丰富经验。为表扬先进，激励和动员全社会进一步重视、关心、支持教育事业，推动义务教育工作迈上新的台阶，国务院决定，对北京市顺义区等 80 个"两基"工作先进地区予以通报表扬。

希望受到表扬的先进地区再接再厉，开拓进取，改革创新，把本地区的义务教育提升到一个新水平，开创教育改革发展新局面。各地区要向受到表扬的先进地区学习，坚持以科学发展观统领教育事业全局，坚持把义务教育摆在重中之重的位置，深入贯彻落实《国家中长期教育改革和发展规划纲要（2010—2020 年）》，努力办好人民满意的教育，推动教育事业在新的历史起点上科学发展，为全面建设小康社会和中华民族伟大复兴作出新的更大贡献。

附件：全国"两基"工作先进地区名单

国务院
2012 年 9 月 5 日

（此件公开发布）

附件

全国"两基"工作先进地区名单

(共80个)

(略)

评析：这是一篇表彰性通报。以"国务院文件"形式发布，通报表扬全国"两基"工作先进地区，发文规格高，体现了党中央、国务院对基本普及九年义务教育、基本扫除青壮年文盲"两基"攻坚工作的高度重视，对各地区取得的显著成绩和创造的丰富经验给予了高度肯定。

通报正文分为两个自然段，第一个自然段叙写了表彰的背景和缘由、表彰对象在"两基"攻坚工作中的成绩和贡献、表彰的目的和意义以及表彰决定；第二个自然段对表彰对象提出期望，同时号召全体受文机关学习先进，并对重视义务教育、深入贯彻落实国家中长期教育改革和发展规划纲要等工作进一步提出要求。

这篇通报篇幅较短，主旨鲜明，内容包含了表彰性通报的基本要素，语言简洁凝练，全文不足500字，对于表扬先进、宣传典型起到了较强的激励和鼓舞作用。

 例文15

国务院办公厅关于西安地铁"问题电缆"事件
调查处理情况及其教训的通报

各省、自治区、直辖市人民政府，国务院各部委、各直属机构：

党中央、国务院高度重视质量安全。习近平总书记明确指出，供给侧结构性改革的主攻方向是提高供给质量，提升供给体系的中心任务是全面提高产品和服务质量，要树立质量第一的强烈意识，下最大气力抓全面提高质量。李克强总理强调，我们追求的发展必须是提质增效升级的发展，提质就是要全面提高产品质量、服务质量、工程质量、环境质量，从而提高经济发展质量。西安地铁"问题电缆"事件曝光后，习近平总书记、李克强总理作出重要批示，要求加强全面质量监管，彻查此事，严肃处理。国务院责成质检总局会同有关部门和单位组成西安地铁"问题电缆"部门联合调查组，赴陕西省开展了深入调查，并组织对"问题电缆"进行排查更换。近日，国务院常务会议听取了调查处理情况汇报，决定依法依纪对西安地铁"问题电缆"事件进行严肃问责，严厉打击违法犯罪，进一步落实"放管服"改革要求，加强全面质量监管。现将有关情况通报如下。

一、主要问题及原因

通过调查核实，2014年8月至2016年底，陕西省西安市地铁3号线工程采购使用陕西奥凯电缆有限公司（以下简称奥凯公司）生产的不合格线缆，用于照明、空调等电路，埋下安全隐患，造成恶劣影响。这是一起严重的企业制售伪劣产品违法案件，是有关单位和人员与奥凯公司内外勾结，在地铁工程建设中采购和使用伪劣产品的违法案件，也是相关地方政府及其职能部门疏于监管、履职不力，部分党员领导干部违反廉洁纪律、失职渎职的违法违纪案件。暴露的问题主要有以下几个方面：

一是生产环节恶意制假售假。奥凯公司为牟取非法利益，低价中标后偷工减料、以次充好。生产过程中故意只将线缆的两端各15米左右按合同要求标准生产以备抽检，中间部分拉细"瘦身"，通过内部操作来控制产品质量等次。其产品大多未经有关机构检验，而是通过弄虚作假、私刻检验机构印章、伪造检验报告等手段蒙混过关。

二是采购环节内外串通。（略）

三是使用环节把关形同虚设。（略）

四是行政监管履职不力。（略）

以上问题叠加，导致"问题电缆"被大量采购使用，造成恶劣社会影响，严重损害了政府公信力。总结问题原因，主要有以下五个方面。

（一）质量安全意识不强。尽管这些年陕西省开展了"质量强省"活动，但在思想认识上没有牢固坚持质量第一，在抓具体工作上存在重部署、轻落实，重发文、轻检查的倾向，对重大民生工程项目质量安全督促检查不力、掉以轻心。西安市人民政府在地铁工程建设中片面追求低成本，对工程质量安全问题认识不足，为材料供应商不顾质量降低成本以最低价中标留下空间。杨凌示范区管委会组织相关职能部门开展质量监督检查工作较少。这些都导致"问题电缆"被大量用于地铁工程建设项目，埋下了安全隐患。

（二）落实"放管服"改革要求不到位。（略）

（三）协同监管执法机制不健全。（略）

（四）工程建设管理不完善。（略）

（五）党风廉政建设和反腐败工作抓得不实不细。（略）

二、责任追究情况

（一）严肃追究相关政府和监管部门责任。责成陕西省人民政府向国务院作出深刻书面检查。陕西省人民政府责令西安市人民政府作出深刻书面检查并进行整改，责令杨凌示范区管委会和陕西省质量技术监督局、省住房和城乡建设厅、省工商行政管理局作出深刻书面检查。西安市人民政府责令西安市地铁建设指挥部办公室、市质量技术监督局、市城乡建设委员会作出深刻书面检查。

（二）严肃追究相关人员领导责任和监管责任。（略）

（三）严肃追究建设单位、施工单位和工程监理单位及人员责任。（略）

（四）严肃追究奥凯公司及涉案人员责任。（略）

三、举一反三，全面加强质量安全工作

西安地铁"问题电缆"造成安全隐患和重大经济损失，严重损害了政府的形象和公信力，性质十分恶劣，教训十分深刻。各地区、各部门要引以为戒、举一反三，以对人民高度负责的态度，深入推进"放管服"改革，进一步加强全面质量监管。

（一）必须树立质量第一的强烈意识，下最大气力抓全面提高质量。强化企业主体责任和政府监管责任，注重发挥企业主体作用、政府部门监管作用、社会组织和消费者监督作用，切实加强质量共治。加强对质量工作的领导，广泛开展质量提升行动，加强全面质量监管，严把各环节、各层次关口，进一步强化全过程全链条全方位监管，切实保障质量安全。推动企业加强全面质量管理，建立健全质量管理体系，提高制度执行力和质量控制力，确保涉及生命财产安全的重要产品、重要工程的质量安全。着力提高质量和核心竞争力，把质量打造成为新的竞争优势，全面提高产品质量、服务质量、工程质量和环境质量总体水平。当务之急，要全面深入排查"问题电缆"涉及的工程项目，尽快全部拆除更换"问题电缆"，同时在全国开展线缆产品专项整治，排查和消除各类安全隐患。

（二）必须加强事中事后监管，全面落实好"放管服"改革各项工作要求。（略）

（三）必须完善机制，加快构建健康有序的市场环境。（略）

（四）必须压实责任，进一步加强党风廉政建设和反腐败工作。（略）

国务院办公厅
2017年6月21日

（此件公开发布）

评析： 这是一篇批评性通报。以"国务院办公厅文件"形式发布，对西安地铁"问题电缆"事件调查处理情况及其教训进行通报。

通报的正文分为两个部分：第一部分为引言，说明发文背景、缘由和目的；第二部分为通报主体，用三个小标题，按"提出问题—分析问题—解决问题"的思路安排内容。第一项为主要问题及原因，首先叙述错误事实，交代时间、地点、经过及后果；然后指出其危害，认定错误的性质，分析错误事实暴露出的4个问题；最

后总结归纳出导致问题的5个方面原因。第二项为责任追究情况，分层次提出处分决定和要求，逐条写明对相关政府和监管部门、有关单位和人员应承担的责任以及处理情况。第三项对各部门各地区提出引以为戒、举一反三，全面加强质量安全监管的要求。

这篇通报结构严谨，层次清晰，行文严肃，措辞得体，格式规范。通报在叙述错误事实时材料具体、重点突出，在分析错误性质及其危害时，用语掌握分寸，评论恰如其分。错误事实的客观叙述和错误性质的准确认定，为处分决定提供了重要依据。文尾有针对性地提出工作要求，在写法上与分析出的问题和原因做到前后呼应，强调了下一步的工作重点和努力方向。

例文 16

国务院安委会办公室关于近期3起生产安全事故的通报

各省、自治区、直辖市及新疆生产建设兵团安全生产委员会：

近日在全国安全生产大检查"回头看"期间，一些地方接连发生多起生产安全事故，造成重大人员伤亡或被困井下。分别是：

12月16日，福建省龙岩市新罗区南城辖区"阿古制造"餐厅发生爆炸，造成7人死亡、3人受伤。

12月16日，黑龙江省鹤岗市向阳煤矿发生瓦斯爆炸事故，造成19人被困井下，目前正在救援中。

12月17日，辽宁省葫芦岛市连山钼业兴利矿业公司发生火灾事故，目前造成17人死亡、10人受伤。

上述事故的发生，暴露出一些地方和企业安全生产大检查"回头看"与岁末年初工作责任不落实、措施不得力、隐患排查整改不彻底，以及企业安全防范意识不强、安全管理制度缺失、易燃易爆物品管理使用不规范、违规违章作业和应急措施不到位等突出问题。马凯副总理和杨晶、郭声琨、王勇国务委员等国务院领导同志作出重要批示，要求全力、科学做好抢险救援和事故处置等工作，防止发生次生灾害；查明事故原因，吸取教训，举一反三，警钟长鸣，进一步落实各项安全生产措施，严防重特大事故发生。

为认真贯彻落实国务院领导同志重要批示精神，深刻吸取事故教训，切实做好岁末年初安全生产工作，有效防范和坚决遏制各类事故发生，特提出以下要求：

一、严格落实责任和措施，切实抓好安全生产大检查"回头看"。（略）

二、针对岁末年初安全生产特点，深入排查治理重点行业领域事故隐患。（略）

三、依法依规严肃查处事故，强化警示教育。（略）

四、加强安全宣传培训教育，扎实做好应急管理工作。（略）

国务院安委会办公室
2015 年 12 月 18 日

评析： 这是一篇批评性通报。以"国务院安委会办公室明传电报"形式发布，对近期 3 起生产安全事故进行通报。从通报发布时间看，成文日期为 2015 年 12 月 18 日，针对 12 月 16 日至 17 日全国连续发生的 3 起生产安全事故，分析指出了岁末年初一些地方和企业在生产安全领域暴露出来问题、不良倾向和苗头隐患，提出了四项工作要求。这篇通报不仅发布的时效性和针对性非常强，选用的发布形式也非常有代表性。通报使用明传电报这种紧急发文形式，可通过传真、媒体宣传等多种形式，将通报内容快速、广泛地传达给受文对象和社会有关方面，起到较强的教育和警诫效果。

例文 17

交通运输部内部情况通报（示意）

第××期

交通运输部办公厅　　　　　　　　　　　　　　2017 年 12 月 29 日

×××同志、×××同志在 2018 年全国交通运输工作会议上的讲话

按：2017 年 12 月 25 日至 26 日，交通运输部召开了 2018 年全国交通运输工作会议，现将×××、×××同志在会议上的讲话印发给你们，请结合本地区、本部门实际，抓好贯彻落实。

（另起一页）

×××同志的讲话

（2017 年 12 月 25 日）

（另起一页）

×××同志的讲话

（2017 年 12 月 25 日）

（另起一页）

×××同志的总结讲话

（2017 年 12 月 26 日）

评析：这是使用"交通运输部内部情况通报"形式发布的部领导在 2018 年交通运输工作会议上的讲话，包括两位部领导在两天会期内的三次讲话。首先使用小标题写明讲话领导的姓名职务和会议的名称，然后在编者按中说明会议召开的具体日期、会议名称、发表讲话的领导以及讲话的内容，最后对贯彻落实提出原则性要求。一般情况下，如有小标题和编者按，领导的姓名职务和会议名称等信息已有所反映，其后编排的讲话标题可略写为"×××同志的讲话"；如仅印发一位领导讲话且略去编者按的，通报的小标题和讲话标题合二为一，领导的姓名职务和会议名称要在标题中予以反映。

第十七章 报告的写作方法与规范

一、基本概念

报告是机关部门经常使用的重要上行文,是《党政机关公文处理工作条例》规定的法定文种之一,适用于向上级机关汇报工作、反映情况,回复上级机关的询问。报告按照内容分类,可分为工作报告、情况报告、答复报告和报送报告。工作报告用于向上级机关汇报工作进展、反映问题、总结工作经验教训,又可进一步划分为综合报告和专题报告。情况报告用于向上级机关或领导同志反映情况,特别是反映重大情况、特殊情况、新情况或突发情况等,较为系统全面地为上级机关和领导同志提供信息动态。答复报告用于答复上级机关的查询、提问,汇报反馈上级领导同志批示指示落实进展情况等。报送报告用于向上级机关说明报送有关文件、材料或物品的情况,如备案报告等。

二、报告的写作

报告是下情上达、沟通和反馈信息的主要方式,是上级机关决策的依据,也是上级机关领导和指导工作的依据。报告的写作一般使用陈述性的语言,采用叙述的手法,对已经做过的工作或者已经发生的情况进行综合分析和概括提炼。报告的内容要真实客观、重点突出,以便上级机关和领导同志及时了解和掌握有关信息,并据此做出正确决策,有效指导工作。

(一)撰写综合报告应注意处理好三个关系

第一,点与面的关系。要突出重点,兼顾全面。所谓重点,就是影响全局的主要工作、工作中的显著成绩、有普遍意义的经验教训、带倾向性的事物或苗头、工作中的严重困难或突出问题等。报告中既要根据写作意图突出这些重点,又要注意围绕重点反映一般情况,做到点面有机结合。有点无面,不能给人总体印象,也就不能称其为综合报告;而有面无点,又使人抓不住重点,内容不具体,缺乏说服力。

第二,事与理的关系。"事"即有关的工作或事件的情况,"理"即对工作或事件情况进行分析。一篇优秀的综合报告应是"事"与"理"的高度统一体。正确处理好二者的关系是写好综合报告的重要环节。如果只有分析说理而无必要的事实做基础和论据,不介绍情况、不列举事实和数据,所撰写的报告必然空洞浮泛、言之无物;如果只简单堆砌事实、罗列材料,不加分析、不予综合,所撰写的报告又显肤浅,缺乏理论高度。撰写时既要将有关的事实情况详尽、具体地加以叙述,又要对其进行必要的分析,提出问题的本质,说明本机关本部门已经做的工作或拟采取的办法措施。

第三,详与略的关系。综合报告内容丰富,涉及本机关本部门多个方面,但由于篇幅所限,撰写时必须对材料进行合理地安排和组织,做到重点突出、详略得当、主次分明。对于重点内容则详写,使之居于主导、突出的地位,反之非重点内容则略写甚至不写。能够影响全局的工作或情况的材料,对当前或今后工作有重要指导和推动作用的材料,能够充分显现本机关本部门工作成效、状况和水平的材料,以及能够代表本机关本部门工作存在带有普遍性或倾向性问题的材料,这些内容都是综合报告的写作重点。

另外,撰写工作报告,往往对已完成的工作进行总结、回顾和评价。总结,就字面而言,包含汇总和归纳两重含义,所以,总结工作不能停留在工作情况的汇总上,而要对完成的工作进行系统的分析研究,从成绩中找到经验,从不足中找到教训,从得失中找到主观和客观的差距,进而得出使工作思路更加符合客观实际的规律性认识,以利于今后工作,少走弯路。在具体写法上,反映工作情况和成效要采用概述的方式,做到简练清晰、疏而不漏;阐述工作经验体会则要采用议论和叙述相结合的方式,运用典型事例、典型数字、典型语言说明观点或证实结论。向上级机关总结汇报工作情况,旨在求得上级机关的了解、指导和帮助,应站在上级机关领导的高度来写,从工作思路上总结规律性的认识,从工作的实践中总结对全局工作具有推广价值的经验,从工作的不足中总结出思想认识上的根源。在篇幅上,工作情况和不足要略写,经验体会要详写。例如,反映贯彻落实上级工作部署的报告,目的是让上级了解本机关本部门贯彻的实际情况,因此要着重写贯彻的具体思路、采取的措施以及实际进展情况,其他情况可从略。不宜把笔墨过多放在如何学习领会、如何开会动员这些规定动作上,而应该用主要篇幅来报告采取什么方法贯彻以及贯彻的具体效果如何,这样才能做到主旨突出、详略得当。

(二) 撰写专题报告要着力把握好 "三要"

第一,速度要快。专题报告应当就工作中发现的新情况、新问题及时向上级机关做出报告。专题报告不必等到工作结束后呈报,也可在工作进程中取得阶段性工作进展、暂时告一段落时撰写,以便及时向上级反馈工作情况和工作建议。此种报告迅捷、灵便,如不失时机,就可使上级机关领导及时了解和掌握有关问题和事件的情况,从而迅速做出决策。专题报告的写作要及时迅速,注重实效,否则时过境迁,就会失去专题报告的意义,也很有可能影响决策的及时性和科学性。

第二,内容要专。专题报告力求"一事一报",这是它的主要特性。撰写专题报告应注意明确重点，突出中心，内容集中、单一，便于领导了解和掌握，从而有针对性地做出处理。撰写时应根据具体情况，首先确定报告的主旨和基调，然后围绕主旨选材，做到不枝不蔓，中心明确，向上级机关反映新情况，反馈新信息，汇报新经验，提出新办法。

第三，情况要实。专题报告中对工作过程和成绩的表述、对有关情况的叙写，必须如实反映事物发展的本来面貌和客观过程，做到从实际出发，实事求是，既要报喜也要报忧，不能任意夸大或缩小。否则，会从根本上失去专题报告的存在价值，严重者还会给领导提供虚假信息，导致决策失误，造成严重后果。

三、报告的体例格式

（一）标题

报告的标题一般由"发文机关名称＋事由＋报告"组成。

（二）主送机关

报告是典型的上行文，原则上主送一个上级机关，受双重领导的机关必要时抄送另一个上级机关，不抄送下级机关。向党和国家领导同志报送直接交办事项贯彻落实情况的专题报告，标题下空 1 行标注主送领导同志称谓，同时主送多位领导同志的，按党和国家领导同志礼宾排名顺序排列，之间用顿号隔开，一般不使用"某某同志并某某同志"的表述。

（三）正文

正文一般包括导语、主体和结语三部分。

1. 导语

导语是报告的开头，一般交代报告所述工作的背景、缘由或依据、目的，概括工作基本情况等，然后用过渡句"现将有关情况报告如下""为此，特作如下报告"等引起下文，其后用冒号、句号均可。

2. 主体

报告主体结构一般以"三段式"为主，主要有三种形式：情况—做法—问题（意见建议）；情况—原因—下一步做法；情况—原因—责任及处理意见等。在结构安排上，如果报告内容较为简单，则采用篇段合一的形式；如果内容复杂，则分层分段或几个部分进行叙写。工作报告，应先概述工作进程、做法、成绩、措施、经验及体会，再指出工作中的缺点与不足，最后提出今后工作意见。问题报告，侧重写问题状况及来龙去脉，分析问题产生的原因、说明其后果，提出方法和措施。答复报告，则应强调针对性，紧紧围绕上级机关的询问和要求，写清问题和答复的依据，表明态度，提出意见。报送报告，简单说明报送的材料或物件。

综合报告的主体部分，一般分为基本情况、主要成绩、经验体会、存在问题、基本教训、今后意见等几部分。综合报告篇幅较长，应恰当安排其层次结构。可标出序数分条分项陈述，也可列小标题分部分或分问题写。应写清楚做了哪些工作，采用了哪些做法，取得了什么成绩，从中总结出什么经验；还存在什么问题，产生问题的原因是什么，从中吸取什么教训，如何改进；今后的工作打算、思路和建议等。基本情况，可简要交代时间、背景和工作条件；主要成绩，应把工作过程、措施、结果和成绩叙述清楚；经验体会，是对工作实践的理性认识，要从实际工作中概括提炼出规律性的内容，以便指导今后的工作；存在问题，要写出工作中的缺点与不足；基本教训，是分析工作失误的原因和反思值得吸取的教训；今后意见，提出改进工作的措施，或提出今后开展工作的建议和思路等。不同类型的综合报告，在内容表述上应有不同的侧重点。例如，偏重总结经验的报告，可以主要写情况、成绩和经验，少写或不写问题和意见；偏重汇报情况的报告，着重写情况、成绩和问题，少写或不写经验教训。

情况报告的主体部分，一般应包括事件发生的时间、地点、经过、结果、善后工作等，以及事件发生的原因、具体处理意见和处理结果、整改和防范保障措施等内容。

3. 结语

报告的结语，一般有固定的表述方式，报送报告以"请查收""请审阅"做结语，其他报告通常以"特此报告""专此报告""以上报告如有不当，请指正"等做结语。结语另起一段，独占一行。

四、报告的办理要点

（一）行文规范

以部党组名义的报告主送中共中央，也可主送中共中央办公厅；以部门名义的报告主送国务院，也可主送中共中央、国务院，不主送国务院办公厅。除上级机关负责人直接交办事项外，不得以本机关名义向上级机关负责人报送公文，不得以本机关负责人名义向上级机关报送公文。即，以个人名义向上级领导同志报告，以单位名义向上级机关报告，不交叉报告。

（二）格式规范

主送上级机关的报告应按照文件格式编排制发，版头中须标注签发人姓名。主送上级机关领导同志的专题报告按照信函格式编排，署名及成文日期于正文下空 3 行，署名在成文日期之上，以成文日期居中为准，在"职："后签署；成文日期一般右空 4 个汉字，用阿拉伯数字将年、月、日标全，年份标全称，月、日不编虚位。

（三）报送规范

主送中共中央的报告一般报送 70 份（其中，关于贯彻落实中央领导同志具体指示批示的报告报送 25 份，关于党组民主生活会情况的报告报送 30 份）。主送国务院的报告一般报送 25 份，可报送电子版的不再另行报送纸件，印制份数相应核减。除领导同志有明确要求外，不得通过特急、限时信件向党和国家领导同志呈送一般工作情况报告。紧急程度标注为"加急""特急"的，应对紧急原因做出说明，并注明联系人和联系电话。

五、例文评析

例文 18

关于贯彻落实习近平总书记重要指示精神
深入推进"四好农村路"建设有关情况的报告

×××同志：

党的十八大以来，习近平总书记多次对农村公路工作作出重要指示，要求把农村公路建好、管好、护好、运营好。2016 年 9 月，习近平总书记再次指出，"四好农村路"是总结经验，特别是成功经验所提出的，要求我们继续努力，认真落实，久久为功。

近年来，我部始终将习近平总书记对交通运输工作的重要指示精神作为根本遵循，将"四好农村路"建设作为推进农村公路工作的指导方针，坚持以人民为中心的发展思想，全面推进农村公路建管养运协调发展，为改善农村地区交通条件、打赢脱贫攻坚战当好先行，取得了积极成效。党的十九大把习近平新时代中国特色社会主义思想确立为我们党必须长期坚持的指导思想，提出了新时代坚持和发展中国特色社会主义的基本方略，提出了一系列新战略、新目标、新举措，鼓舞人心，催人奋进。我们将认真学习贯彻党的十九大精神，深入学习贯彻习近平新时代中国特色社会主义思想，全面贯彻落实乡村振兴、交通强国、脱贫攻坚、区域协调等战略部署，系统谋划下一阶段"四好农村路"交通扶贫工作。现将有关情况报告如下。

一、深入贯彻落实习近平总书记重要指示精神

我部将"四好农村路"工作作为服务决胜全面建成小康社会、推进农业现代化、让人民共享改革发展成果的重要载体，做到重点部署、重点支持、重点督促，主要开展了以下几项工作。

一是思想上自觉把习近平总书记重要指示精神作为根本遵循。我部党组在认真学习总书记重要指示基础上，印发了《关于推进"四好农村路"建设的意见》，在甘肃庆阳、湖北竹山、山东临沂分别组织召开了三次"四好农村路"现场会予以重点推进。结合实践开展了《习近平总书记"四好农村路"建设思想在交通脱贫攻坚战中的成功实践》课题研究工作。

二是始终以习近平总书记重要指示精神为指导推进相关制度建设。出台了《农村公路养护管理办法》，印发了《关于稳步推进城乡交通运输一体化提升公共服务水平的指导意见》《关于加快推进农村客运发展有关事项的通知》，加快推进《农村公路建设管理办法》《农村公路管理养护体制改革方案》修订工作。

三是实化落实习近平总书记重要指示精神各项政策措施。将"四好农村路"建设实化为16项任务目标和5项保障措施。连续三年将"四好农村路"相关工作作为"交通运输更贴近民生实事"的重要内容。党的十八大以来，共安排农村公路建设车购税资金3976亿元，带动全社会投入1.6万亿元，新改建农村公路125万公里以上，每年新增通客车建制村5000个以上。

四是以钉钉子精神落实习近平总书记重要指示精神。部党组同志分头带队赴集中连片特困地区进行专项督导，部相关司局对内蒙古等14个省区"四好农村路"实地督导，印发通报并要求及时整改。积极开展"四好农村路"示范县和交通运输一体化示范县创建工作。

二、主要成效

在党中央、国务院的正确领导下，在地方各级党委、政府和有关方面共同努力下，"四好农村路"建设取得了新成效。

一是农村"出行难"问题得到有效解决。党的十八大以来，共解决了406个乡镇、59588个建制村通硬化路问题。截至2016年底，全国农村公路总里程已经达到396万公里，乡镇和建制村通硬化路率分别达到99.0%和96.7%，通客车率达到99.0%和95.4%。

二是服务脱贫攻坚成效显著。重点支持西藏、南疆四地州等"三区三州"深度贫困地区和集中连片特困地区，建设了资源路、旅游路、产业路约2.5万公里。贫困地区县城二级以上公路覆盖率不断提高，许多贫困县还通了高速公路，许多地区正在形成综合交通运输网络。

三是助力美丽乡村提档升级。牢固树立绿色发展理念，大力开展美丽农村路建设，将农村公路建设作为"村容整洁"和"乡风文明"的重要切入点，开展公路绿化美化建设，积极服务特色小镇和美丽乡村建设。

四是助力城乡统筹换挡加速。加大城乡客运统筹力度，创新城乡客运管理和服务模式，提高农村客运安全出行环境。整合交通运输、农业、供销、商务、邮政等资源，健全完善农村物流网络节点体系。推进"交通+电商快递"工程，提高深度贫困地区农村物流服务水平。

五是群众获得感进一步增强。随着基本出行条件的改善，基本公共服务逐步向农村地区纵深覆盖，农村地区资源优势转化为经济优势、发展优势，农民群众感受到实实在在的获得感，很多地方反映，路通了，大家干劲足了，党和群众的距离近了，党在基层的执政基础更加稳固了。

三、下一步工作

对照习近平总书记的重要指示，我们深刻认识到现阶段农村公路发展中，还存在着服务脱贫攻坚任务繁重、"油返砂""畅返不畅"等问题凸显、地方政府主体责任落实不到位、管护资金筹措难度大、城乡交通运输一体化有待提高等问题，与人民群众对美好生活的需求相比还有一定差距。下一步，我们将重点做好以下几项工作。

一是服务好乡村振兴战略。（略）

二是扎实推进交通扶贫工作。（略）

三是深入推进城乡交通运输一体化发展。（略）

四是完善"四好农村路"建设体制机制。（略）

五是加强"四好农村路"交通扶贫督导考核。（略）

我们将认真贯彻落实党的十九大精神，以习近平新时代中国特色社会主义思想为指导，深入贯彻落实习近平总书记关于交通运输事业改革发展的重要指示精神，奋力推进交通强国建设，扎实推进"四好农村路"建设，努力服务乡村振兴战略，为决胜全面建成小康社会、开启全面建设社会主义现代化国家新征程不懈奋斗！

特此报告。

职：

2017年12月2日

抄报：××、××同志。

评析：这是一篇专题报告，也是一篇以部主要领导名义向国务院分管领导同志汇报我部贯彻落实习近平总书记重要指示精神深入推进"四好农村路"建设情况的工作报告。报告采用开门见山、篇末做结、一线贯通相结合等方式，主旨突出、内涵丰富，言简意赅。导语部分简要说明了报告的缘由和背景，概括了报告的主要内容。主体分三个部分，第一部分重点阐述近年来我部贯彻落实习近平总书记重要指示精神采取的政策措施、开展的主要工作；第二部分重点阐述主要成效，经过总结归纳，条段首句、数概运用，使观点非常鲜明。第三部分首先分析了现阶段农村公路发展面临的困难和问题，然后以问题为导向，提出了下一步工作目标和思路。这篇报告篇幅不长，全文两千多字，但观点统率材料，材料充分说明观点，定性与定量说明互补，说明与叙述并重，内容具体务实，逻辑严谨，语言顺畅，文字精练，为领导同志了解情况、作出决策提供了重要的参考信息。中央领导同志据此做出重要指示批示，为推进新时代"四好农村路"建设提供了根本遵循，具有十分重大的理论意义和实践意义。

例文 19

<h1 style="text-align:center">关于三峡船闸停航检修及坝区通航有关情况的报告</h1>

×××同志：

按照您在新华社信息专稿上批示要求，我部认真研究落实，优化过闸调度，加强现场监管和服务，强化应急处置，确保安全稳定。有关情况报告如下：

一、基本情况

近年来，船舶过坝需求持续增长，2016 年过闸货运量达 1.3 亿吨，连续 6 年超过设计通过能力指标，2016 年三峡坝区日均待闸船舶达 280 艘、平均待闸时间 44 小时，大量船舶长时间待闸已成常态。2016 年 7 月，三峡集团公司提出停航检修 60 天的需求。为尽可能降低停航检修对长江航运的影响，我部会同三峡集团研究制定了《三峡船闸和葛洲坝船闸联合检修中长期规划》，明确有关机制性安排，并征求沿江地方有关部门和企业意见，确定了 2017 年 2 月 2 日（正月初六）开始、工期 40 天的北线船闸停航检修计划。

截至 2 月 26 日，三峡北线船闸停航检修 25 天，三峡南线船闸共运行 354 闸次、通过船舶 1471 艘次、通过货物 393 万吨，三峡升船机运行 207 厢次、通过船舶 207 艘次，三峡南线船闸运行高效，升船机试通航平稳。检修开始 5 天后三峡坝区船舶积压明显增加，2 月 20 日积压船舶达到 971 艘。2 月 21 日启动长江全线应急联动一级响应措施，积压船舶数量呈小幅下降趋势，2 月 26 日三峡坝区积压待闸船舶 880 艘。从重庆至荆州沿途港口还积压待闸船舶约 690 艘。

二、采取的措施

（一）充分预判，科学应对。一是成立由我部长航局牵头的船闸检修期通航保障领导小组，加强趋势分析，预测本次检修 40 天会可能面临较为严峻的船舶积压形势。二是提前组织修订船闸检修期间通航保障、运输组织、应急联动等 20 多项工作方案和预案，细化全线预警、部分控制、全面控制 3 个阶段的应对措施。三是及时通报有关信息，争取港航企业、货主等各方面理解和配合，提前调整生产计划。四是鼓励航运企业在船闸检修期充分利用升船机快速过坝。

（二）多措并举，缓解压力。一是优化三峡南线船闸和升船机联合调度，尽可能提高运行效率，积极发挥升船机快速过坝功能。二是严格控制并落实重点船舶优先措施，基本满足沿江省市关系国计民生的重点物资及时过坝。三是先后启动长江全线应急联动二级响应和一级响应措施，采取沿江港口分段签证、暂缓船舶出港签证措施，在巫山港和荆州港启动水上线，初步扭转了待闸船舶快速增长势头。

（三）加强监管，确保安全。长江海事部门强化锚泊船舶安全值守检查、远程监控、停泊秩序监管，严厉打击违章锚泊、超宽锚泊以及违规使用交通艇、不按规定值班等行为。根据天气情况及时发布安全预警，对待闸的危化品船舶实施分区、分类全过程监管。严格实施船舶吃水、船载易燃易爆危险品等检查，严防不合格船舶过坝。同时，加强重点船舶和重点水域治安巡查、消防监督。目前三峡坝区水上安全和治安形势总体稳定，未发生水上交通事故和人员伤亡。

（四）强化服务，确保稳定。按照公开、公平、公正的原则实施船舶过闸调度，及时公开船舶过闸申报信息、调度计划、优先船舶及事由、投诉举报方式等，接受社会监督。我部基层单位积极为待闸船舶排忧解难，协调落实必要的生活物资供应，提供了免费交通、心理辅导、船员流动课堂、困难船员帮扶、健康咨询等服务措施，听取待闸船舶船员对通航调度、安全监管、治安保障、锚泊服务等工作的意见建议，目前坝区待闸船舶上近万名船员情绪基本稳定。

三、下一步工作

三峡北线船闸完成检修复航还有15天。为缓解矛盾，确保安全稳定，我部将持续做好以下工作：一是继续实施长江全线应急联动措施，尽可能缓解三峡坝区通航压力。二是协调三峡集团优化施工组织，保障北线船闸按时完成检修。三是优化船舶过坝调度，保障南线船闸安全高效运行，保障重点物资及时过坝。四是进一步强化现场安全监管，加强水上治安和消防检查，确保长江航运安全有序。五是加强宣传引导，提高服务水平。

特此报告。

职：

2017年2月28日

评析：这是一篇情况报告，是针对三峡船闸检修出现船舶拥堵这一偶发特殊情况而做的专题汇报。主体结构分为三个部分：第一部分写基本情况，简要说明事情起因和目前状况，并引用具体数字加以辅助说明；第二部分写采取的措施，从四个方面汇报了各有关方面采取的主要措施和工作成效；第三部分写下一步工作建议。报告通篇1500字，简明扼要、详略得当，内容集中、针对性强，为上级领导同志了解有关情况、指导具体工作处置提供了重要的参考信息。

例文 20

交通运输部关于党的十八大以来我国交通运输
发展新成就的报告

国务院：

  根据工作安排，现将《党的十八大以来我国交通运输发展新成就》随文报送，请审阅。

交通运输部
2017 年 11 月 3 日

（另起一页）

党的十八大以来我国交通运输发展新成就（略）

  评析：这是一篇报送报告。报告的正文极为简单，仅用一句话即把报送的缘由和内容说明，报送内容附后。

 例文 21

交通运输部办公厅关于修改印发《中共交通运输部
党组巡视工作实施办法》的备案报告

中共中央办公厅：

  现将中共交通运输部党组于 2017 年 10 月 31 日印发的《中共交通运输部党组巡视工作实施办法》及其修改有关事宜的说明一式 3 份报请中央备案。

交通运输部办公厅
2017 年 11 月 17 日

（另起一页）

中共交通运输部党组关于印发《中共交通运输部党组巡视工作实施办法》的通知（略）

（另起一页）

关于《中共交通运输部党组巡视工作实施办法》修改有关事宜的说明（略）

评析： 这是一篇备案报告。上级机关有关部门对备案报告的具体格式做了统一规定，正文部分用一句话概括说明了备案材料的制发机关、发布时间、主体内容和报送份数。

第十八章　请示和批复的写作方法与规范

一、基本概念

请示和批复都是《党政机关公文处理工作条例》规定的法定文种。请示适用于向上级机关请求指示、批准。批复适用于答复下级机关请示事项。请示和批复在发文缘由上存在因果关系，在发文形式存在对应关系。其主要特点如下：

（一）请示的主要特点

（1）行文关系的特定性。发文机关和受文机关之间应具有隶属关系或者业务指导关系。

（2）行文内容的特定性。超出本机关职权范围、无权处理的事项、无法解决的问题，应向上级机关行文请示，获得批准后方可执行。

（3）行文行为的事前性。请示的制发时间在所请示事项办理之前，不能先斩后奏。

（4）行文效力的确定性。无论请示事项同意与否，上级机关都有义务给予答复。

（二）批复的主要特点

（1）行文对象的确定性。批复是专门用于答复下级机关请示事项的下行文。批复的行文对象只能是上报请示的下级单位，批复内容涉及的有关单位必要时可以抄送。其他平级机关来文就有关事项请求帮助，答复文一般使用函或意见等文种，不能使用批复。

（2）行文行为的被动性。行文批复应以下级机关的请示为前提，先有上报的请示，后有下发的批复，任何一件批复都是针对请示而作出的，批复必须依赖请示而存在。

（3）行文内容的针对性。批复事项必须针对请示内容进行答复，表明是否同意或是否可行的态度，不能使用模棱两可的语言，使得下级机关不知如何处理。批复的内容必须具体明确，以利下级机关贯彻执行。

（4）行文效力的权威性。批复表示的是上级机关的结论性意见，下级机关对上级机关的答复必须认真贯彻执行，不得违背或者有选择地执行。

二、请示和批复的分类

请示和批复是上下级机关和单位之间处理特定事项或新情况、新问题往来形成的公文。根据请示内容和行文意图，可分为以下类型：

（一）请求指示类

一是对上级有关方针、政策、指示或法规、规章不够明确或有不同理解，需上级机关作出明确解释或答复。二是在工作中出现新情况、新问题需要处理而无章可循、无法可依，需要上级机关作出明确指示。三是工作中出现一些涉及面广而本机关无法独立解决的困难和问题，需请示上级机关或领导予以协调和帮助。四是与其他机关或单位就有关问题存在意见分歧，无法统一，请求上级机关裁决。

（二）请求批准类

一是按上级机关和主管部门有关政策规定，不经请示批准，无权自行处理的问题。二是从本地区、本单位的实际情况出发，需对上级的某项政策、规定作出变通处理，请求作出审查认定。三是请求上级机关解决本地区、本单位某一具体问题和实际困难。

（三）请求批转类

下级机关就某一涉及面广的事项或新情况、新问题，提出处理意见和解决措施，需各有关方面协同办理，但鉴于行业和地域的限制，无权要求同级职能部门和地方政府执行，需要请求上级机关批准后批转有关地区和部门执行，或者获得上级机关授权后印发有关地区和部门执行。

同理，根据来文请示事项内容和性质的不同，批复可以分为政策性批复、核准重大问题的批复和具体事务性批复。根据答复结果，还可以分为肯定性批复、否定性批复和解答性批复。

三、请示和批复的体例格式及写作方法

（一）请示的体例格式

请示为上行文，应使用文件形式印发。请示主要由签发人、标题、主送机关、正文、落款和附注等部分构成。

1. 签发人

请示应当在版头标注签发人姓名。以中共交通运输部党组或交通运输部名义报送党中央或国务院等上级机关的请示，必须由主要负责人签发或审核。主要负责人外出期间由主持工作的负责人签发，并在签发人处注明"某某某已阅"。涉及主要负责人的出访请示事项，由分管国际合作事务的负责人签发。请示为联合行文的，签发人处依次标注联署机关负责人姓名；请示经其他部门和单位会签同意的，在签发人下一行注明"某某某、某某已会签"。

2. 标题

标题一般由"发文机关＋事由＋请示"组成。如《交通运输部关于拟邀请外国交

通运输主管部门负责人出席 2018 世界交通运输大会的请示》《交通运输部关于提请审议〈中华人民共和国民用航空法（修订送审稿）〉的请示》。

3. 主送机关

请示的主送机关是负责受理和答复该公文的机关，每件请示只能写一个主送机关，不能多头请示。请示经有关单位会签同意的，应将其列为抄送机关。

4. 正文

正文包括导语、主体和结语三部分。

（1）导语。主要交代请示的缘由，即写"为什么要请示"，提出请示的原因、背景、依据和目的。这部分是请示事项能否成立的前提条件，也是上级机关批复的根据。因此，拟写原因要客观具体，理由要合理充分，以便上级机关参考采纳，予以有针对性的批复。然后用"请示如下"之类的语句承启下文。

（2）主体。主要说明请求事项，即写"请示什么问题"，提出要求批准、答复或具体解决的问题或事项。这部分是向上级机关提出的具体请求，也是陈述缘由的目的所在。请示应当一文一事。请示事项要写得明确具体，反映的情况和问题要真实客观，具有代表性；提出的建议和措施要符合党和国家的方针政策，切实可行；提出多种解决问题的方案时，应当提出倾向性的意见，以便上级机关给予明确批复。

（3）结语。请示的结尾一般有较为固定的结语，以示对上级机关的尊重。通常结语应另起一段，习惯用语有"妥否，请审批""当否，请批示""妥否，请示""妥否，请批复""以上请示，请予审批"或"以上请示如无不妥，请批转各地区、各部门研究执行"等。

5. 落款

一般包括发文机关署名、成文日期、印章三项内容。联合报送请示时，可仅署主办机关名称，只加盖主办机关印章，成文日期为最后一个签发机关负责人签发的日期。

6. 附注

附注部分须注明发文机关联系人姓名和电话号码，时限紧急或涉及外事工作的请示，应加注联系人的移动电话号码，以便及时取得沟通联系。

（二）批复的体例格式

批复为针对请示来文而主送特定对象的下行文，一般使用信函形式印发。批复主要由标题、主送机关、正文等部分构成。

1. 标题

标题一般由"发文机关＋事由＋批复"组成，如《国务院关于组建中国铁路总公司有关问题的批复》《交通运输部关于××省××××公路初步设计的批复》；或者在标题中表明批复结果，"发文机关＋表态词＋请示事项＋批复"，如《国务院关于同意设立"航海日"的批复》。

2. 主送机关

主送机关一般只有一个，即报送请示的下级机关或所属单位。如果批复的内容同时涉及其他机关和单位，则要采用抄送的形式送达。批复不能越级行文，当所请示的机关不能答复下级机关的问题而需要向更上一级机关转报请示时，更上一级机关所作批复的主送机关不应是原请示机关，而是转报机关。

3. 正文

正文包括导语、批复意见、批复要求、结语等四部分。

（1）导语。一般写明某文收悉，开门见山直接引叙请示来文，引文要先引标题后引发文字号，标题和发文字号应完整准确。然后简述工作过程，如"经研究""经审查""经商某某单位"等，再用过渡句"批复如下"引起下文。

（2）批复意见。这部分应针对请示事项清晰表达本机关的意见，请示要求解决什么问题，批复就答复什么问题，不管同意与否，批复意见表述要简洁清晰，态度明确，不能含糊其辞，模棱两可，以免下级无所适从。拟写批复意见时，一般要求复述原请示主要内容后再加以表态，不能笼统写上"同意你们的意见"。请示事项内容复杂，部分同意的，同意和不同意的内容要分项写明，不同意的要写明理由。如果不予批准，要在否定性意见后写明理由，以便下级接受。

（3）批复要求。这部分主要从上级机关的角度提出一些补充性意见，或是表明希望、提出号召。如同意请示事项，可写具体的执行要求；如不同意请示事项，也可提出其他解决办法。

（4）结语。另起一段写结语，可用"此复""特此批复""专此批复"等作为结束语。结束语也可以略去不写，请示事项答复完毕即告结束。

四、请示和批复的办理要点

（一）办理请示应遵循上行文基本规则

一是不得越级请示。一般不得越级请示，如果因情况特殊或事项紧急必须越级请示时，要同时抄送越过的机关。除非是领导直接交办的事项，请示一般不直接送领导个人。

二是不得抄送下级机关。请示是上行文，不得同时抄送下级机关，不能要求下级机关执行上级机关未批准的事项。

三是下级机关请示不得原文转报。下级机关的请示事项，如需以本机关名义向上级机关请示，应当提出倾向性意见后上报，不得原文转报上级机关。

（二）办理请示应注意与报告的区别

请示与报告均属上行文，都使用文件形式印发，发文格式要素编排要求基本相同，但请示和报告行文的目的、作用、时机和方式却有明显区别，收文后的办理方式也截然不同，使用时要注意加以区分，切忌用报告代替请示行文，不得在报告中夹带请示事项。

一是行文目的和作用不同。请示和报告写作各有侧重。请示旨在请求上级批准、指示，需要上级批复，重在呈请。陈述请示原因，要尽可能联系全局来说明事项的迫切、重要和必要，做到理由充分，事项明确具体。报告是向上级汇报工作、反映情况、提出意见和建议、答复上级询问，不需上级答复，重在呈报。

二是行文时机和方式不同。请示需要事前行文，报告一般在事后或者工作过程中行文。请示要求一文一事，报告内容较广泛，可一文一事，也可反映多方面情况，但不能在报告中写入请示事项，也不能请求上级批复。请示只写一个主送机关，报告根据需要可以呈送多个领导机关。

三是收文办理方式不同。请示属于办件，收文机关应及时办复，请示中须注明发文机关联系人姓名和电话，便于办理过程中及时取得沟通联系。报告属于阅件，收文机关可不行文作答，对写明联系人姓名和联系方式无强制性要求。

（三）办理批转类请示应注意要件齐全完整

中共中央办公厅和国务院办公厅对于呈报的发文请示件均做出明确的规定。文稿起草单位应提前了解，弄懂吃透上级机关的要求；文秘部门应加强统筹协调，严格审核把关，做到发文形式规范，内容质量符合要求，发文要件齐全完备。

拟报请以中共中央或中共中央办公厅名义发文的，上报文内容一般应包括发文请示、代拟通知稿、文件送审稿（含任务分工）、征求相关部门意见情况及相应的电子文档等，并需在发文请示中说明发文的依据、起草过程包括征求意见情况、发文形式和印发范围的建议、拟标注密级和保密期限以及是否公开发布等。

拟报请以国务院或国务院办公厅名义发文的，除发文请示、代拟稿外，还要一并报送公开征求意见情况（依法应当保密、未公开征求意见的，应附情况说明）、部门内部合法性审查意见、政策出台评估情况、政策解读及舆情应对方案等。

（四）办理请示应注意格式规范和程序要求

一是规范使用发文形式。主送中共中央、国务院的请示应使用文件形式，严格按照上行文格式编排。

二是完备会签手续。以部门名义报请国务院审批的事项，涉及其他部门职权的，必须主动与相关部门充分协商，由主办部门负责人与相关部门负责人会签或者联合报国务院审批。部门之间有分歧的，主办部门负责人要亲自协商，协商后仍不能取得一致意见的，主办部门应列明各方理据，提出办理建议，与相关部门会签后报国务院决定。

三是客观标注公文紧急程度。公文紧急程度是对公文送达和办理的时限要求，不是对文稿审核、签批和印制的时限要求。紧急公文应对紧急原因作出说明，并注明联系人和联系电话。需请示上级机关的，要留出足够的研究、决策时间。一般事项不少于 14 个工作日，紧急事项不少于 7 个工作日，对特别紧急的事项，应事先与上级机关办公厅沟通说明，抓紧办理，尽快报送。根据工作需要，自公文送达之日起，需上级机关 14 个工作日内批复的，标注为"加急"，需 7 个工作日批复的，标注为"特急"，特别紧急的事项应注明时限要求。通过机要渠道或者电子公文传输系统报送的紧急公文，要同时在信封上或者在电子公文传输系统内部标注与公文一致的紧急程度。

四是根据报送方式合理确定印制份数。主送中共中央的请示报送纸件 15 份。主送国务院的请示（外事请示除外）通过电子公文传输系统报送电子版，如报送纸件需 15 份。外事请示应以纸件形式送外交部 8 份，不直接报送国务院。除主送和抄送机关规定的份数外，本部文件应至少预留 15 份，用于分送部领导、归档以及办公厅留存等。

（五）办理批复应注意认真研究、表明态度、及时作答

一是要认真研究。要根据现行政策法令及办事准则，认真研究请示事项是否与党的方针政策和国家的法律法规相符，是否与近期的工作需要相符，同时还要科学研究论证请示事项的可行性，慎重答复。如请示内容涉及其他部门或单位，起草批复时应加强协商，取得一致意见后方可行文答复，办文时应履行会签手续。如请示问题具有普遍性，且涉及有关政策的调整，可使用通知的形式普发下级机关执行，不再单独复文请示单位。

二是要表明态度。批复意见是批复的核心内容，要特别注重其表达方式是否全面、准确地反映了上级领导机关的意图。表达批复意见应态度鲜明、简要明确，如"同意……"或"不同意……"。对于同意的事项，通常应补充一些简短而必要的要求性语句。对于不同意的事项，则需用恳切的语句讲明道理。对于尚不明确的问题，要尽量给予态度鲜明的答复，不能含糊其辞、模棱两可。

三是要办复及时。批复既是上级机关指示性、政策性较强的公文，又是对下级单位请求指示、批准的答复性公文。下级机关急需依据上级机关的批复意见开展工作，批复的撰写和制发都要注意时效，提高公文处理工作效率，及时给予答复。

五、例文评析

 例文 22

交通运输部文件（示意）

交国际发〔2018〕××号　　　　　　　　　　　　　　签发人：×××

交通运输部关于拟邀请外国交通运输主管部门负责人
出席 2018 世界交通运输大会的请示（内容有删减）

国务院：

　　经国务院批准，中国科学技术协会、交通运输部、中国工程院将于 2018 年 6 月 18—21 日在北京共同举办 2018 世界交通运输大会，会议主题为"交通让世界更美好"。本次大会旨在展示交通运输科技创新成果，促进世界交通科技交流合作发展，推动交通运输领域产学研协同创新。

　　会议活动主要包括：开幕式暨主旨报告、"一带一路"国际交通研讨会、学术论坛、交通科技博览会、2018 世界大学生桥梁设计大赛、世界交通运输大会智库产品发布及专项活动。

　　大会得到了"一带一路"沿线国家积极响应，许多国家交通运输主管部门负责人提出希望出席大会活动。为推动交通运输领域互利共赢国际合作，深化"一带一路"交通软、硬联通，拟以组委会名义邀请相关国家的交通运输主管部门负责人（名单附后）作为特邀代表出席本次会议，所涉及的国际差旅费及在华食宿费用由其自理，并严格执行相关经费管理办法。

　　妥否，请审批。

　　附件：拟邀请出席 2018 世界交通运输大会的外国交通运输主管部门负责人名单

交通运输部
2018 年 6 月 4 日

　　（联系人：×××，电话：×××-××××××××）

评析：这是一篇请求批准类的请示，按照涉外事项有关规定，对拟邀请外国交通运输主管部门负责人出席 2018 世界交通运输大会事宜，以部文件形式向国务院请求批准。该请示适用于按上级机关和主管部门有关政策规定，不经请示批准，本部门无权自行处理的问题。

例文 23

交通运输部　中央宣传部　中央网信办　发展改革委 工业和信息化部　公安部　住房城乡建设部　人民银行 质检总局　国家旅游局关于报送《关于鼓励和规范互联网 租赁自行车发展的指导意见（送审稿）》的请示

国务院：

　　为鼓励和规范互联网租赁自行车发展，遵照国务院领导同志重要指示批示精神，交通运输部会同中央宣传部、中央网信办、发展改革委、工业和信息化部、公安部、住房城乡建设部、人民银行、质检总局、国家旅游局等 9 个部门，在深入调研、充分论证和广泛征求意见的基础上，起草形成了《关于鼓励和规范互联网租赁自行车发展的指导意见（征求意见稿）》。

　　为加快形成鼓励和规范互联网租赁自行车发展的最大公约数，让人民群众有更多的获得感，我们对北京、深圳等城市已出台的政策或者发布的征求意见稿进行了全面梳理，发函对 36 个中心城市开展了专题调研，组织开展了网络问卷调查，对网络舆情和媒体观点等作了系统分析，各相关部门联合召开了地方主管部门、互联网租赁自行车运营企业、专家学者和用户等不同层面的座谈会，广泛听取意见。此外，还征求了各相关部门、主要运营企业的意见，并于 5 月 22 日向社会公开征求意见。我们对有关意见进行了逐一分析，认真研究，充分吸纳，召开会议研究讨论，对文件稿修改完善。经沟通协调，目前各部门意见已达成一致，形成《关于鼓励和规范互联网租赁自行车发展的指导意见（送审稿）》。现将送审稿及相关材料呈上，建议经国务院同意后，由部门联合发文印发至各省级人民政府和国务院各部门。

　　妥否，请审批。

　　附件：1. 关于鼓励和规范互联网租赁自行车发展的指导意见（送审稿）
　　　　　2.《关于鼓励和规范互联网租赁自行车发展的指导意见（送审稿）》起草说明
　　　　　3. 公开征求意见情况

4. 合法性审查意见
5. 政策评估报告
6. 政策解读及舆情应对方案
7. 部门意见采纳情况

交通运输部　中央宣传部
中央网信办　国家发展改革委
工业和信息化部　公安部
住房城乡建设部　人民银行
质检总局　国家旅游局
2017年7月6日

（联系人：交通运输部运输服务司　××，电话：×××-××××××××）

评析：这是一篇请求批转类的请示。交通运输部会同中央宣传部等9个部门就鼓励和规范互联网租赁自行车发展研究提出指导意见和解决措施，需各省级人民政府和国务院有关部门协同落实推进，但按照《党政机关公文处理工作条例》规定，部门不得向下级政府发布指令性公文或在公文中向下级政府提出指令性要求，须按程序请示国务院。报送这类请示，按照国务院办公厅的有关规定，除发文请示、代拟稿外，还要一并报送公开征求意见情况（依法应当保密、未公开征求意见的，应附情况说明）、部门内部合法性审查意见、政策出台评估情况、政策解读及舆情应对方案等。此文要件齐全、完备，是向国务院报送发文请示的范本。

例文 24

国务院关于同意设立"航海日"的批复

交通部：

你部《关于将7月11日确定为中国航海日的请示》（交水发〔2005〕103号）收悉。同意自2005年起，每年7月11日为"航海日"，同时也作为"世界海事日"在我国的实施日期。具体工作由你部商有关部门组织实施。

国务院
二〇〇五年四月二十五日

评析：这是一篇政策性批复，以国务院名义使用信函形式制发。对交通部上报的请示予以答复。标题采用"同意+事由"的结构，鲜明表达了对请示事项的态度。主送机关仅写了呈报请示的交通部一家单位，针对性和指向性强。正文采用篇段合一的结构，先简要引述请示来文标题和发文字号说明批复缘由，再以"同意"开头，使用动宾结构短句，完整清晰地写明批复意见和批复内容，最后对组织实施工作提出原则性要求。批复全文篇幅简短、要素齐全、态度鲜明、表述清晰、要求明确。

例文 25

国务院关于组建中国铁路总公司有关问题的批复

交通运输部、财政部、国家铁路局：

原铁道部关于报请审批中国铁路总公司组建方案和公司章程的请示收悉。现就组建中国铁路总公司有关问题批复如下：

一、原则同意《中国铁路总公司组建方案》和《中国铁路总公司章程》。

二、中国铁路总公司是经国务院批准，依据《中华人民共和国全民所有制工业企业法》设立，由中央管理的国有独资企业，由财政部代表国务院履行出资人职责，交通运输部、国家铁路局依法对公司进行行业监管。

三、中国铁路总公司以铁路客货运输服务为主业，实行多元化经营。负责铁路运输统一调度指挥，负责国家铁路客货运输经营管理，承担国家规定的公益性运输，保证关系国计民生的重点运输和特运、专运、抢险救灾运输等任务。负责拟订铁路投资建设计划，提出国家铁路网建设和筹资方案建议。负责建设项目前期工作，管理建设项目。负责国家铁路运输安全，承担铁路安全生产主体责任。

四、中国铁路总公司注册资金为10360亿元人民币，不进行资产评估和审计验资；实有国有资本数额以财政部核定的国有资产产权登记数额为准。

五、中国铁路总公司的领导班子由中央管理；公司实行总经理负责制，总经理为公司法定代表人。

六、中国铁路总公司为国家授权投资机构和国家控股公司，财务关系在财政部单列，并依照国家有关法律和行政法规，开展各类投资经营业务，承担国有资产保值增值责任，建立健全公司的财务会计制度。

七、同意将原铁道部相关资产、负债和人员划入中国铁路总公司，将原铁道部对所属18个铁路局（含广州铁路集团公司、青藏铁路公司）、3个专业运输公司及其他企业的权益作为中国铁路总公司的国有资本。中国铁路总公司的国有资产收益，应按照国家有关法律法规和有关规定执行，历史债务问题没有解决前，国家对公司暂不征收国有资产收益。在保证有关企业合法权益和自身发展需要的前提下，公司可集中部分国有资产收益，由公司用于再投入和结构调整。

八、建立铁路公益性运输补贴机制。对于铁路承担的学生、伤残军人、涉农物资等公益性运输任务，以及青藏线、南疆线等有关公益性铁路的经营亏损，研究建立铁路公益性运输补贴机制，研究采取财政补贴等方式，对铁路公益性运输亏损给予适当补偿。

九、中国铁路总公司组建后，继续享有国家对原铁道部的税收优惠政策，国务院及有关部门、地方政府对铁路实行的原有优惠政策继续执行，继续明确铁路建设债券为政府支持债券。对企业设立和重组改制过程中涉及的各项税费政策，按国家规定执行，不增加铁路改革成本。

十、中国铁路总公司承继原以铁道部名义签订的债权债务等经济合同、民事合同、协议等权利和义务；承继原铁道部及国家铁路系统拥有的无形资产、知识产权、品牌、商标等权益，统一管理使用。妥善解决原铁道部及下属企业负债，国家原有的相关支持政策不变，在中央政府统筹协调下，综合采取各项措施加以妥善处理，由财政部会同国家有关部门研究提出具体处理方式。

十一、中国铁路总公司组建后，要加强铁路运输调度集中统一指挥，维护良好运输秩序，保证重点运输、公益性运输，确保铁路运输安全和职工队伍稳定。要有序推进铁路建设，按期完成"十二五"规划建设任务。要根据国家产业政策，完善路网结构，优化运输组织，强化安全管理，提升服务质量，提高运输效率和效益，不断增强市场竞争力。要继续深化铁路企业改革，按照建立现代企业制度的要求，推进体制机制创新，逐步建立完善的公司法人治理结构，不断提高管理水平和市场竞争力。《中国铁路总公司组建方案》和《中国铁路总公司章程》由财政部根据本批复精神完善后印发。

组建中国铁路总公司是深化铁路管理体制改革、实现政企分开、推动铁路建设和运营健康可持续发展的重要举措，各地区、各有关部门要积极支持，做好组建中国铁路总公司的各项工作，确保铁路体制改革顺利、平稳实施。

国务院
2013年3月14日

评析：这是一篇核准重大问题的批复。请示由原铁道部呈报国务院，但因机构改革后铁道部不复存在，所以组建中国铁路总公司有关问题的批复主送了交通运输部、财政部、国家铁路局三家单位。正文分为批复缘由、批复意见和批复要求三部分。批复意见采用分条列项的写法，态度明确，逻辑严密，条理清晰，指导性和执行性强。

例文 26

交通运输部关于贵州省仁怀至遵义公路初步设计的批复（内容有删减）

贵州省交通运输厅：

《贵州省交通运输厅关于报请审批仁怀至遵义高速公路初步设计文件的请示》（黔交呈〔2018〕18号）收悉。根据《交通运输部关于仁怀至遵义公路可行性研究报告的审查意见》（交规划函〔2017〕892号）和《省发展改革委关于仁怀至遵义高速公路可行性研究报告的批复》（黔发改交通〔2017〕1964号）确定的建设规模、技术标准和估算总投资，经审查，批复如下：

一、建设规模与技术标准

（略）

十、实施要求

（一）同意本项目采用改进的传统模式进行管理，项目建设管理法人为贵州省公路开发有限责任公司，项目管理机构设置及主要管理人员基本满足项目建设管理要求。应按照《交通运输部关于深化公路建设管理体制改革的若干意见》（交公路发〔2015〕54号）要求，在监理合同中进一步明确建设管理法人与监理单位的职责界面，建设管理法人对项目建设管理负总责。

（二）请你厅加强建设管理，督促有关单位进一步提升公路建设理念，将绿色公路和钢结构桥梁建设实施要求落实到工程建设的各个环节，有重点、分阶段制定落实方案，细化工作措施，确保落实。

（三）应按本批复要求组织编制施工图设计和招标文件，加强详测、详勘验收工作，确保设计与工程地质勘察紧密结合。施工图设计文件由你厅审查批复，审查意见、本批复执行情况于招标前报部。做好开工前各项准备工作，依法办理用地手续，完善管理制度，加强工程管理，推行项目管理专业化、工程施工标准化、管理手段信息化，注重环境保护、水土保持和节能减排。加强施工安全管理，保证安全生产投入，确保工程质量、安全。

（四）项目总工期（自开工之日起）4年。

交通运输部
2018年6月15日

评析： 这是一篇核准类的批复。以交通运输部名义使用部函形式制发，对贵州省交通运输厅上报的贵州省仁怀至遵义公路初步设计文件进行审核，从建设规模与技术标准、工程地质、路线、路基路面、桥梁、隧道、路线交叉、交通工程及沿线设施、概算等九个方面有针对性提出批复意见，并在第十部分明确提出了执行要求。

第十九章　函的写作方法与信函格式规范

一、基本概念

（一）函

函是《党政机关公文处理工作条例》规定的法定文种之一。函与其他文种一样具有制发机关权限决定的法定效力。函适用于不相隶属机关之间商洽工作、询问和答复问题、请求批准和答复审批事项。函大多为平行文，主要用于平行机关之间或者不相隶属的机关和单位之间联系公务、办理事项。特殊情况下，函也可用于上下级机关之间事务性的工作联系，还可以用于机关单位与个人的公务联系，如政府部门对人大代表建议和政协委员提案的答复函等。

（二）信函格式

信函格式是一种特定的公文格式。除通用的文件格式外，《党政机关公文格式》（GB/T 9704—2012）还对信函、命令（令）和纪要这三种公文格式做出了规范。信函格式通常简称为函格式，也称为函的形式，是使用范围最广泛的一种公文发布载体。以函的形式制发的公文，其发文字号中一般有"函"字作为标志，如国函、国办函、交××函、交办××函等。通常情况下，函文种由信函格式发布，但信函格式并非函文种的专用发布载体，信函格式还可以与意见、通知、通报、批复、纪要等法定文种搭配使用。以信函格式制发的公文与文件格式制发的公文，同样属于正式公文，都具有法定效力。

二、函的种类及体例格式

根据函的内容和用途的不同，可分为商洽函、问答函、批请函和两会答复函四类。函的标题通常由"发文机关＋事由＋函"组成。函的正文一般由缘由、主体和结语三部分组成。

（一）商洽函

商洽函是指平行机关之间或者不相隶属机关或单位之间商洽工作、联系有关事宜的函，例如洽谈工作、联系调研、请求提供材料、查询了解有关情况等。商洽函的叙写，要注意分寸和礼貌，语言表述要清晰、明确、扼要。

去函，一般在缘由部分先写目的和背景，然后在主体部分写明需商洽或联系的具体事项，最后以"请大力协助为盼""盼复""望函复""请即复函"等作为结语。如联系协商事项简单，一般采取篇段合一；如事项复杂，缘由部分表明目的后，另起一段分项表述，文尾写明联系人姓名和联系方式。

复函，写法与批复类似，由引语和答复意见两部分组成。引语就是引述来函的标题和发文字号。答复意见即针对来函所提出的事项予以答复。文末通常以"特此函复""此复"做结语。

（二）问答函

问答函是指机关或单位之间询问和答复有关具体问题、征询和反馈有关意见的函。《党政机关公文处理工作条例》在公文起草环节提出要求，公文涉及其他地区或者部门职权范围内的事项，起草单位必须征求相关地区或者部门的意见，力求达成一致。发文机关通过去函向有关单位书面征求意见，受文单位反馈意见可以采用函文种予以答复，也可以采用意见文种予以反馈。来文的标题一般拟写为"××关于征求××××意见的函"，复文的标题可以拟写为"××关于××××的复函"，也可以拟写为"××关于××××的反馈意见"。另外，上下级机关之间就某个具体问题进行询问和解答，不宜使用请示、报告或批复、通知等文种时，可使用函文种来处理。

（三）请批函

请批函是指同级的平行机关或单位之间，业务主管或归口部门与其他部门办理请求批准和答复审批事项的函。如国务院组成部门中，外交、发展改革、科学技术、财政、人力资源社会保障等部门，分别归口管理相关事务的审核批准工作，其他平级部门办理相关业务时，因与其不存在上下级的隶属或业务指导关系，不使用请示、批复行文，而使用申请函和审批函办理。申请函的标题通常拟写为"××关于申请××××经费预算的函""××关于申请授予××××荣誉称号的函""××关于申报××××项目的函"，审批函的标题通常拟写为"××关于同意××××的函"。申请函可使用"请批准""请核准""请予审核"做结语，以表示对业务主管部门的尊重；审批函的结语，则不宜使用"特此批复"，而应使用"特此函复""此复"等作为结语。

（四）两会答复函

两会答复函是政府部门制发公文的重要组成部分。每年两会召开以后，对人大代表建议、政协委员提案的答复是政府部门的一项重要工作。按照工作要求，人大代表建议、政协委员提案大多一事一案，由代表委员个人或集体提出。两会答复函写作时，要结合这一特点提高复文的针对性，开诚布公，直奔主题，力戒空话套话、答复流于形式，避免以工作情况介绍代替答复，注重向提出人反馈其所提意见的采纳、落实情况和所提问题的推动解决情况。另外，两会答复函绝大多数为政府部门对代表和委员个人行文，在措辞语气上务必要体现对代表和委员的尊重，绝不能出现写错姓名和称呼的情况。对本部门主办的人大代表建议、政协委员提案，应按照政府信息公开的有关要求以及"谁答复、谁公开，谁公开、谁审查"的原则，做好向社会公开办理结果工作。

三、函的写作

函广泛应用于不相隶属机关或单位之间办理公务事项，行文简便，使用频率高，写作过程中应注意以下几点：

（一）要注意行文的针对性

一是要有的放矢。如同书信一样，函的行文对象为单一指向，起草前应了解对方的职权和业务范围，针对联系商洽具体事项，合理提出对方能够予以支持或协助办理的需求。

二是要坚持"一函一事"。无论是商洽函、问答函或是请批函，都需做到主旨明确，中心突出，内容具体，不要把性质不相关的几个事项置于一件函中，以免给对方答复和处理造成困难，影响办理效果。

三是要简明扼要，叙述开门见山、直陈主题，意见表达直接，篇幅短小精练。

（二）要注意行文的措辞用语

商洽工作、询问事项、请求批准、答复建议，行文的目的是为了得到对方的帮助、取得对方的理解与支持。因此，去函用语多使用谦敬语和商洽语，语气诚恳、态度平和，既要讲究礼貌，又要力避客套。即便是上级机关给下级机关发函，也要用平等商量的语调，使对方乐于支持帮助和答复，达到有效沟通和交流，以达成合作意愿。

发文单位征求意见时，应给受文单位合理的工作时限，避免出现"逾期不反馈，视为无意见"等生硬的表述。根据实际情况，除商洽函可做口头答复或反馈外，对于问答函、请批函，受文单位原则上均应做出书面答复。提供材料、答复问题、批准请求，回函时要准确引述来文的标题和发文字号，以便受文单位文秘人员准确分办；反馈不同意见时，还要注意措辞得体、有理有据；答复审批事项时，要态度鲜明，切忌模棱两可，不使用"必须""应该""注意"等指示性词语。

（三）要注意行文的格式规范

一是要注意申请函与请示的区别。日常公文处理中，具有协作关系的平行机关或单位之间，请示与申请批准函混淆使用的情况时有发生，虽然它们都有请示的性质，但也有明显的区别。请示适用于向上级机关请求指示、批准，是上行文。而申请批准函的制发和受文机关之间为不相隶属的协作关系，申请函为平行文。

二是要注意审批函与批复的区别。对于无隶属关系或业务指导关系的部门或单位的来文，即便对方出于谦恭使用了请示，去文也不宜使用批复，而应使用审批函形式，使用函文种予以答复。

三是要注意文件格式和信函格式的区别。向上级机关报送请示和报告的，应使用文件格式制发，并按规定标注签发人姓名。使用函文种行文，即便主送上级机关，往往也只能使用信函格式制发，而不使用文件格式。

四是要注意两会答复函格式要素的区别。人大和政协机关对复文的体例格式要求有具体明确的规定，两类答复函在类别和公开属性标准、标题拟写、附件名称、抄送机关以及印数等方面均有所不同，要注意区分，避免混用误用。

四、信函格式规范

（一）信函格式的技术规范

《党政机关公文格式》规定，信函格式是特定公文格式的一种，是对通用文件格式的补充。与通用文件格式相比，信函格式的版头、主体、版记等部分的格式要素排版规则有所不同。

1. 版头部分

版头部分包括发文机关标志、分隔线、份号、密级和保密期限、紧急程度、发文字号等要素。发文机关标志推荐使用红色小标宋体字，居中排布，上边缘至上页边为30mm。发文机关名称可使用发文机关全称或者规范简称，其后不加"文件"二字，字号大小根据字数多少并兼顾美观而确定。联合行文时，仅使用主办机关标志。发文机关标志下4mm处印一条红色双线（上粗下细），距下页边20mm处印一条红色双线（上细下粗），线长均为170mm，居中排布。如需标注份号、密级和保密期限、紧急程度，应当顶格居版心左边缘编排在第一条红色双线下，依次自上而下分行排列。发文字号顶格居版心右边缘编排在第一条红色双线下。

2. 主体部分

主体部分包括公文标题、主送机关、正文、附件说明、发文机关署名、成文日期、印章、附注、附件等要素。标题居中编排，与版头部分最后一个要素相距二行。首页不显示页码，从第二页起开始标注页码。主体部分的其他格式要素，其编排规则与通用文件格式相同。

3. 版记部分

与通用文件格式相比，信函格式的版记中不加印发机关和印发日期，只有抄送机关、抄送机关的上下不加分隔线，位于公文最后一面版心内最下方。

（二）信函格式的使用规范

《党政机关公文格式》规定的四种公文格式中，命令（令）和纪要格式适用于特定文种的制发，使用范围相对较窄。相比较于通用文件格式，信函格式在处理机关日常事务性工作时被广泛运用，使用频次高，所载发的文种也较为多样化，除了用于函文种发布外，还常用于制发意见、通知、通报、批复、纪要等公文。

使用信函格式行文，首先要根据公文的内容、行文的对象和工作的性质来判定选用。如果公文的内容既不是政策性规范性的，也不是长期有效可反复适用的；行文的对象不是普发下级机关及所属单位，仅发送特定下级机关、部分下级机关以及其他不相隶属机关的；工作的性质不属于全局性工作部署，仅属于局部的或事务性、阶段性的工作布置，可以使用信函式格式行文。例如，《国务院关于西部大开发"十三五"规划的批复》（国函〔2017〕1号）、《国务院办公厅关于做好政府网站年度报表发布工作的通知》（国办函〔2018〕12号）、《国务院办公厅关于全国互联网政务服务平台检查情况的通报》（国办函〔2017〕115号）、《国务院办公厅关于完善反洗钱、反恐怖融资、反逃税监管体制机制的意见》（国办函〔2017〕84号），这几件公文均使用信函格式制发，从公文内容和行文对象上看，符合上述条件。使用信函格式行文，还应注意区分行文的方向。实际工作中，信函格式绝大多数用于制发平行文或下行文，极少情况下作为上行文使用。

信函格式作为公文发布载体，形式灵活、使用广泛，不同的发文机关，其使用规则不尽相同。总之，使用信函格式承载不同文种制发公文，应尽量做到发文形式与行文关系相匹配、与行文方向相一致、与公文内容相符合、与工作部署相适应，结合本机关工作实际，将这一重要工具用好、用准、用恰当。

五、例文评析

例文 27

交通运输部办公厅征求《关于规范国家高速公路和普通国道局部路线调整工作的通知（征求意见稿）》意见的函

国家发展改革委办公厅：

为规范国家高速公路和普通国道局部路线调整工作，我部依据《中华人民共和国公路法》及《国家公路网规划（2013年—2030年）》，研究起草了《关于规范国家高速公路和普通国道局部路线调整工作的通知（征求意见稿）》，拟与你委联合印发。现征求你委意见，请于 2018 年 7 月 19 日 12 时前将书面意见反馈我部。我部修改完善后，将履行后续程序。

感谢你委对我部工作的支持。

交通运输部办公厅
2018 年 7 月 17 日

评析：这是一篇征求意见函。部门对外征求意见和反馈意见一般以办公厅名义使用信函格式制发。按照部公文签发流程，这种征求和答复意见的办公厅函，原则上应由分管部领导签批，对于拟提请国务院常务会议审议的重要文件稿征求意见的反馈，建议呈请部主要领导签发。此篇征求意见函内容相对简单，采取篇段合一的结构形式，简要写明了征求意见的主体、意见反馈形式和截止时间。需要强调的是，征求意见稿应作为公文的正文而不是附件印发。

例文 28

交通运输部办公厅关于分段建成高速公路收费
期限核定工作的复函

广东省交通运输厅：

《广东省交通运输厅关于分段建成高速公路收费期限核定工作的请示》（粤交规〔2018〕389 号）收悉。经研究，现函复如下：

2010 年我部印发的《公路工程竣（交）工验收办法实施细则》第五条第四款规定"对分段通车的项目，项目法人可按合同约定分段组织交工验收"。《收费公路管理条例》第二十五条规定"收费公路建成后，应当按照国家有关规定进行验收；验收合格的，方可收取车辆通行费"。根据上述规定，分段建成的高速公路，每段均应在完成交工验收后，方可通车运营并收取车辆通行费，且每段的收费期限，均不得超过《收费公路管理条例》的规定。

交通运输部办公厅
2018 年 6 月 13 日

评析：这是一篇解答问题的复函。问答函中有一种适用情况，上下级机关之间就某个具体问题进行询问和解答，不宜使用请示、报告或批复、通知等文种时，可使用函文种来处理。广东省交通运输厅就分段建成高速公路收费期限核定工作向交通运输部上报请示，但复文内容主要是对相关法规和政策的解释，不宜使用批复下达，改用函文种以办公厅名义予以答复。

例文 29

<h3>交通运输部关于申请调整 2016 年度政府采购预算的函</h3>

财政部：

　　根据政府采购管理有关规定，结合我部所属单位 2016 年度政府采购预算执行情况，现申请调整我部 2016 年政府采购预算，具体情况如下：

　　一、申请调增一般公共预算基本支出政府采购预算××××万元。

　　二、申请调增一般公共预算项目支出政府采购预算××××万元。

　　三、申请调增政府性基金支出政府采购预算××××万元。

　　申请调整上述政府采购预算的主要原因：一是部分单位根据业务工作实际确需增加采购项目；二是个别单位在年初填报部门预算时存在少报或错报政府采购预算的情况。

　　以上情况，请核批。

交通运输部
2016 年 11 月 1 日

　　评析：这是一篇申请批准函。以交通运输部名义向财政部申请调整 2016 年度政府采购预算。财政部与交通运输部同为国务院组成部门，属于不相隶属的平行机关。受国务院委托，财政部负责审核批复部门（单位）的年度预算。因此，交通运输部在办理相关事项时，不能使用请示文种，而应使用函文种行文申请批准。

例文 30

<h3>国务院办公厅关于同意建立市场监管部际联席会议制度的函</h3>

工商总局：

　　你局关于建立市场监管部际联席会议制度的请示收悉。经国务院同意，现函复如下：

国务院同意建立由工商总局牵头的市场监管部际联席会议制度。联席会议不刻制印章，不正式行文，请按照国务院有关文件精神认真组织开展工作。

附件：市场监管部际联席会议制度

国务院办公厅
2017 年 11 月 6 日

（此件公开发布）

评析：这是一篇审批函，对工商总局报送国务院的关于建立市场监管部际联席会议制度的请示予以答复。请示事项经国务院同意，以国务院办公名义行文答复，行文主体与工商总局为不相隶属关系，因此只能使用信函格式、函文种予以答复。标题采用了"××关于同意××××的函"结构形式，批复意见采用"国务院同意……"。全文表述简明扼要，直陈主题，意见表达直接，篇幅短小精练。

 例文 31

A 类
同意对外公开

中华人民共和国交通运输部

交公路建字〔2017〕××号　　　　　　　　　　　签发人：×××

关于十二届全国人大五次会议第 5485 号建议的答复函

×××等 4 名代表：

你们提出的关于推动大件运输"一站式"办证，减轻企业运输成本的建议收悉，现答复如下：

大件运输的全过程服务保障事关重点项目建设进度和社会公众利益,深受重点运输企业和相关各方关注。我部高度重视大件运输相关工作,不断改进和提升服务能力和服务水平,更好地为国家重大工程和大件运输企业服务。

在总结多年治超工作经验的基础上,结合新形势新需求以及上位法规定,去年,我部全面重新修订了《超限运输车辆行驶公路管理规定》(交通运输部2016年第62号令,以下简称《规定》)。修订的主要内容是:统一了超限认定标准,优化了大件运输许可流程,加强了对大件运输车辆行驶公路的管理,规范了对违法超限运输行为的处罚等。

优化了大件运输许可流程。《规定》对《公路安全保护条例》确定的跨省大件运输联合审批机制进行了细化:一是对大件运输许可实行等级管理,按照高4.2米、宽3米、长20米和高4.5米、宽3.75米、长28米及总质量100吨的标准将大件运输许可分为三种情形,并在申请材料、程序要求、办理时限上予以区别对待,进一步提高了许可效率。二是规定了受理时间,申请跨省大件运输的,由起运地省级公路管理机构受理,并由其在2日内向沿线各省级公路管理机构转送申请资料。三是规定了办理时间,沿线各省级公路管理机构应根据运输物品的情形分别在2日、5日或者15日内作出许可决定,统一受理和集中办理的时间分别不超过5日、10日或者20日。四是涉及上、下游省份路线或者行驶时间调整的,由起运地省级公路管理机构组织协调处理。五是沿线各省级公路管理机构同意申请的,由起运地省级公路管理机构发放超限运输车辆通行证。

与此同时,提供了多项便民服务措施。一是要求公路管理机构加强与辖区内重大装备制造、运输企业联系,及时掌握其制造、运输计划,加强服务和监督管理。二是要求公路收费站设置超宽车道。三是规定了对同一大件运输车辆多次通行固定路线,装载方式、装载物品相同,且不需要采取加固、改造措施的,申请人可以根据运输计划向公路管理机构申请办理行驶期限不超过6个月的超限运输车辆通行证。四是要求建立大件运输许可管理平台,为公众提供网上提交申请、实时查询办理进度、网上打印通行证等便民服务。我部去年完成了全国大件运输许可平台的筹备、搭建和7个省市的试点工作,成功实现了区域内跨省并联审批,形成了起运地受理,并联审批的新模式,为今年年底前实现大件运输许可全国联网、"一证通全国"提供了有力保障。

规范了加固、改造等行为。对于申请人自行采取加固、改造措施的,要求公路管理机构要对加固、改造方案进行审查,加强现场检查并组织验收。对于申请人不能采取有效加固、改造措施的,可以通过签订协议的方式,由公路管理机构制定相应的加固、改造方案,并组织实施。同时要求采取的加固、改造措施应当满足公路设施安全需要,并提出具体原则。

规范了大件运输许可收费行为。《规定》对《公路法》明确的收费范围作了细化：一是需要采取加固、改造等防护措施的，所需费用由申请人承担，相关收费标准应当公开、透明。二是需要采取护送措施的，由申请人自行采取；不能自行采取的，可委托公路管理机构实施，收费标准由省级交通运输部门会同财政、物价部门制定。此外，对经批准的大件运输车辆，途径实行计重收费的收费公路时，对其按照基本费率标准收取车辆通行费。

建立了大件运输许可信用管理制度。明确提出了承运人隐瞒有关情况或者提供虚假材料申请超限运输许可的，在1年内不准申请超限运输许可。

如你们所提出的推动大件运输"一站式"办证的建议，对于提高审批效率，降低企业成本，促进大件运输健康发展具有积极意义。我们将在前文所述的工作基础上继续完善大件运输相关政策措施，针对大件运输专业性强特点，不断优化许可工作流程，丰富大件运输全过程服务内容，切实提高大件运输许可效率，提升承运人信息服务获得感和公路运输科学治理能力。

关于你们提出的在设计和建设桥梁、立交桥和收费站时充分结合大件运输的实际情况的建议。我部认为，目前执行的公路工程技术标准，符合中国国情，与我国车辆生产标准相适应，能够满足绝大多数车辆的行驶要求，如果仅为少量大件运输而全面提高现有公路及跨路设施的建设标准，从工程投入与运输收益比上看，是不经济的，在个别路段上提高建设标准也需要进行充分论证。下一步，我部将积极指导和协调地方交通运输主管部门，进一步推广在大件运输车辆通行频繁的区域采取提高桥梁承载能力、加宽加固现有道路和在收费站设置加宽车道等一系列先进做法和成功经验，更好地为大件运输企业提供便利。

感谢你们对交通运输事业的关心与支持。

联系单位：交通运输部公路局，电话：×××-××××××××。

附件：代表建议办理和答复征求意见表

交通运输部

2017年6月20日

评析：这是一篇人大建议答复函。人大建议答复是人大机关为规范各单位答复人大代表建议而制定的一种内部特定公文格式。人大建议答复函与普通信函格式不同之处表现在以下六个方面：

一是标注答复类别。在公文首页版心最上方右上角第一行标注"A"或"B"或"C"。A类表示所提问题已经解决或在本年度内能够及时解决的，以及所提已有规定，承办单位明确说明了有关情况的建议；B 类表示所提问题从交办之日起 3 年内能够基本解决，承办单位已制定解决措施或已列入工作计划，并明确答复代表办理时限的建议；C 类表示所提问题因目前条件限制或其他原因从交办之日起 3 年内难以解决的，以及所提问题留作参考的建议。

二是标注是否同意公开。在答复类别下一行右上角标注："同意对外公开"或"仅同意向代表公开"或"不宜公开"。未做公开标注的，视作"同意对外公开"。

三是按上行文要求标注发文字号和签发人姓名。

四是标题一般为"关于××届全国人大第××次会议第×××号建议的答复函"。

五是答复函主送提出建议的代表、代表团以及相关组织。

六是在文尾注明联系人及电话，在文后统一附《代表建议办理和答复征求意见表》。

例文 32

A 类
同意公开

中华人民共和国交通运输部

交运提字〔2018〕××号

关于政协十三届全国委员会第一次会议第 2205 号（工交邮电类 149 号）提案答复的函

×××委员：

您提出的关于加强共享单车规范化管理的提案收悉。我部会同住房城乡建设部进行了认真研究，现答复如下：

您充分肯定共享单车在更好地满足公众出行需求、解决城市交通出行"最后一公里"问题、构建绿色出行体系等方面发挥的积极作用，指出目前共享单车面临的运营企业无序竞争、用户随意停放两大主要问题，提出国家层面尽快研究和出台共享单车管理办法、建立信用体系引导用户规范停放车辆、加快构建慢行交通体系、保障自行车质量安全、加强文明用车宣传等建议，具有很强的针对性和参考价值。

我部和住房城乡建设部高度重视鼓励和规范共享单车发展工作，会同相关部门开展了一系列相关工作。

一、加强顶层设计，明确职责和提出规范措施。2017年8月，我部会同中央宣传部、中央网信办、国家发展改革委、工业和信息化部、公安部、住房城乡建设部、中国人民银行等10部门联合印发了《关于鼓励和规范互联网租赁自行车发展的指导意见》（交运发〔2017〕109号，以下简称《指导意见》），明确了共享单车发展的总体思路和原则以及各相关部门具体职责，并从鼓励发展政策、规范运营服务行为、保障用户资金和网络信息安全、营造良好发展环境四个方面，提出了16项具体措施。提案中指出的运营企业无序竞争、用户随意停放等问题，《指导意见》均提出了具体解决措施和规范要求。住房城乡建设部先后印发关于加强城市步行和自行车交通系统建设的指导意见、关于开展城市步行和自行车示范项目工作的通知、关于印发城市步行和自行车交通系统规划设计导则的通知等文件，对自行车道及停放等交通网络的规划建设提出了明确要求。

二、加强业务指导，推进政策落地实施。《指导意见》发布后，我部会同相关部门指导各地积极出台落地实施方案和配套管理政策。截至目前，已有北京、天津、上海、广州等27个城市正式出台了实施意见，南昌、黄冈等10个城市出台了相关配套管理政策。各地有关部门在当地党委和政府的统一领导下，积极调动各方积极性，推动《指导意见》各项措施落地生效。在保障自行车质量安全方面，国家市场监督管理总局组织编制了共享单车质量安全抽查及检验工作方案，对ofo小黄车、摩拜单车、哈罗单车等7个运营品牌的24批次自行车产品质量进行了专项抽查，并将不合格产品予以通报。在探索建立科学车辆投放机制方面，厦门市根据运营企业的规模、服务能力、技术手段、社会信用、违法行为、考核评价等因素确定运营企业的投放优先等级及每年投放比例。在推进配套设施建设方面，北京市在2017年治理修缮了1014公里城市自行车道路等慢行交通系统，改造了13座天桥自行车推行坡道。宁波市开展了非机动停车位（线）施划工作，共施划非机动车停车点位771个，新增车位数12000余个。

三、加强信用信息共享，推动建立行业信用体系。国家发展改革委、中国人民银行共同发布了《关于加强和规范守信联合激励和失信联合惩戒对象名单管理工作的指导意见》（发改财金规〔2017〕1798号），会同相关部门印发了36个联合奖惩合作备忘录，构建守信联合激励和失信联合惩戒机制，营造良好社会诚信氛围，引导社会公众提高诚信意识。国家发展改革委积极推进共享单车信用体系建设，指导ofo小黄车、摩拜单车等10家主要运营企业与国家信息中心签署信用信息共享协议，建立政府部门与运营企业信用信息的共享渠道，加强信用信息共享。同时，基于全国信用信息共享平台和"信用中国"网站，引入信用约束机制，引导用户文明用车、安全骑行、规范停放。

下一步，我部将结合您提出的建议，会同相关部门加快推动相关工作。一是会同住房城乡建设部、中国人民银行等相关部门持续推动地方出台《指导意见》实施方案和配套政策措施。同时，对已出台实施方案的城市加强指导，确保相关政策措施取得成效。二是配合相关部门加强对共享新业态在国家层面的立法研究工作，并积极探索共享单车相关立法工作，指导地方根据当地实际加快和完善共享单车法规体系，为共享单车规范发展提供法律保障。三是住房城乡建设部将指导各地落实关于加强城市步行和自行车交通系统建设的指导意见等相关文件要求，加快步行和自行车交通系统建设，合理划设停车点位，鼓励有条件的城市建设自行车专用道。研究制定加强共享单车投放和停放管理的指导意见，指导各地建立科学合理的车辆投放机制和综合施策解决车辆停放混乱难题。四是深入推进行业诚信建设，建立企业和用户信用基础数据库，对企业和用户不文明行为和违法违规行为记入信用记录，定期推送给全国信用信息共享平台，营造良好市场诚信氛围，引导用户文明用车。

感谢您对交通运输事业的关心和支持。

联系单位：交通运输部运输服务司，电话：×××-×××××××。

附件：政协十三届一次会议提案办理情况征询意见表

交通运输部

2018 年 6 月 21 日

评析：这是一篇政协提案答复函。政协提案答复是政协机关为规范各单位答复政协委员提案而制定的一种内部特定公文格式。政协提案答复函与普通信函格式不同之处表现在五个方面：

一是标注提案答复类别。在公文首页版心最上方右上角第一行标注"A"或"B"或"C"。A类表示所提问题已经解决或采纳的提案，B类表示所提问题已列入工作计划拟解决或采纳的提案，C类表示所提问题留作参考的提案。

二是标注是否同意公开。在答复类别下一行右上角标注"同意公开"或"不同意公开"。

三是标题一般为"关于政协××届全国委员会第××次会议第×××号提案的答复函"。

四是主送机关的写法。委员提案的答复函，行文对象为×××委员或×××等×

位委员；党派、团体提案的答复函，行文对象是×××单位，如民革中央；政协界别、小组提案的答复函，行文对象是×××界或×××组，如民革界或民革3组；政协专门委员会提案，行文对象是全国政协×××委员会。

五是在文尾应注明联系人及电话，在文后统一附提案办理情况征询意见表。

第二十章　会议记录和纪要的写作方法与规范

一、基本概念

（一）会议记录

会议记录是由会议组织者指定专人如实准确地记录会议组织情况和会议内容的一种机关应用文书。会议记录一般适用于重要会议、正式会议或按规定应予记录详细情况的决策性会议。会议记录应忠实、全面地反映会议基本情况、会议形成的决定和决议、会议对重大问题做出的安排等内容，作为编发会议简报或拟写纪要的基础素材，传达贯彻会议精神和查考了解会议情况的依据等。会议记录有如下三个特点：

（1）真实性。会议记录的执笔者应如实记载会议情况和会议内容，不能增添删减，也不需加工提炼，更不能移花接木、张冠李戴。

（2）原始性。会议记录是反映会议情况和内容的第一手资料，是历史的原始记录。

（3）完整性。会议记录应对会议的时间、地点、出席人员、主持人、议程等基本情况，对会议期间与会者发言、讨论和争议、形成的决议和决定等内容如实完整记录，不能有所取舍、断章取义。

（二）纪要

纪要是《党政机关公文处理工作条例》规定的法定文种之一，适用于记载会议主要情况和议定事项。纪要是在会议记录的基础上，对会议的主要内容及议定事项，经过摘要整理，综合反映会议概况和要点，指导和规范贯彻执行的内部公文。纪要有如下四个特点：

（1）行文行为的纪实性。纪要应如实记载会议情况、议定事项以及会议存在的分歧意见和问题等，不能脱离会议实际搞再创作，不能搞人为的拔高、深化和填平补齐。

（2）行文内容的概括性。纪要依据会议情况综合而成，具有高度概括性，应围绕会议主旨及主要成果来整理、提炼和概括，集中反映会议的精神实质。

（3）行文主体的特殊性。纪要一般采用第三人称写法，反映与会人员集体意志和意向，通常以"会议"作为表述主体。"会议认为""会议指出""会议决定""会议要求""会议号召"等就是行文主体称谓特殊性的表现。

（4）行文效力的内部性。纪要是概括摘要记载会议情况和议定事项的内部公文，可以印发参会单位和其他相关单位，指导和规范议定事项的执行。纪要一般不对外分送，不得以纪要代替有关行政执法文书。

二、会议记录的体例格式

（一）标题

会议记录标题由会议名称加文体名称组成，即：××××会议记录。如使用专用会议记录簿，"记录"二字可省略，仅写明会议名称即可。

（二）会议组织概况

会议的组织情况，应写明会议时间、会议地点、主持人、参会人员、记录人等。

（1）会议时间。写明年、月、日，上午、下午、晚上，或×时×分至×时×分。

（2）会议地点。如"××会议室""××现场"等。

（3）主持人。包括主持人的"职务＋姓名"，如"党组书记×××""部长×××"。

（4）参会人员。包括出席人员、请假人员和列席人员。根据会议的性质、规模和重要程度的不同，参会人员一项的详略会有所不同。有的会议可用参会人员统称列明，如"全体与会代表""部机关各司局主要负责同志20人"等。重要的决策性会议，或者出席人员身份组成较为复杂的会议，要将出席、请假、列席人员的职务、姓名分项逐个列出。

（5）记录人。包括记录人的"部门＋姓名"，如"办公室秘书××"。

（三）会议内容

会议内容一般应包含：会议的议题、宗旨、目的，会议议程，会议报告和讲话，会议讨论和发言，会议表决情况，会议决定和决议，会议遗留问题等。根据会议性质不同，会议内容项目有所不同，记录侧重点和先后次序也有所不同。

（四）结尾

会议结束，记录完毕，另起一行写"散会"二字，如中途休会，要写明"休会"字样。会议记录的结尾，可将主持人宣布散会这一项的时间点记入，也可略去不记。由主持人和记录人对会议记录进行校核后，分别签署姓名，以示负责。

三、纪要的分类和写法

根据会议召集的主体，纪要可分为党务会议纪要、行政会议纪要等。根据会议的形式，纪要可分为工作会议纪要、办公会议纪要、专题协调会议纪要和研讨会议纪要等。根据会议的内容，纪要也可分为决议性纪要、综合性纪要，或分为多议题纪要、单一议题纪要。根据纪要的表述形式，纪要又可分为决议式纪要、概述式纪要和记录式纪要等。

（一）工作会议纪要

工作会议纪要用以传达重要的工作会议的主要精神和议定事项，有较强的政策性和指导性。工作会议召开以后，通常以内部情况通报为载体印发会议内容，以按语和讲话直接传达会议主要精神，代替会议纪要，提出贯彻落实要求。

（二）办公会议纪要

办公会议纪要用以记载和传达机关、单位主要领导的办公会议决定和决议事项，如常务会议纪要、部务会议纪要等，这类纪要大多属于多议题决议式纪要，一般采用按议题分项叙述的写法。纪要事项涉及下属单位和内设机构工作范围，应将纪要分送给相关单位和部门，并督促其执行。

（三）专题协调会议纪要

专题协调会议纪要用以记载协调性会议所取得的共识以及议定事项，对与会各方有一定的约束力。这类会议纪要一般属于单一议题纪要，常常采用集中概述的写法，把会议的基本情况、讨论研究的主要问题、与会人员的认识、议定的事项，包括解决问题的措施、办法和要求等，进行整体的概括阐述和说明。

（四）研讨会议纪要

研讨会议纪要用以记载研究讨论性或总结交流性会议的情况。这类会议纪要的写作大多使用发言提要法，将与会人员具有典型性、代表性的发言加以整理，提炼出内容要点和精神实质，按照发言顺序或不同内容性质，分别加以阐述说明。纪要如实全面客观反映与会人员的意见，除反映主流意见，其他不同意见也应整理记述。

四、纪要的体例格式

（一）国家标准纪要格式

纪要格式是一种特定的公文格式。除通用的文件格式外，国家标准《党政机关公文格式》（GB/T 9704—2012）对纪要格式做出基本规范，并指出各机关、单位可以根据实际制定各自的纪要格式。

国家标准规定，纪要标志由"××××纪要"组成，居中排布，上边缘至版心上边缘为35mm，推荐使用红色小标宋体字。标注出席人员名单，一般用3号黑体字，在正文或附件说明下空一行左空二字编排"出席"二字，后标全角冒号，冒号后用3号仿宋体字标注出席人单位、姓名，回行时与冒号后的首字对齐。标注请假和列席人员名单，除依次另起一行并将"出席"二字改为"请假"或"列席"外，编排方法同出席人员名单。末页正文下编排版记。版记包含分隔线、分送范围、印发机关和印发日期等要素。标题、正文等其他要素编排遵从公文国家标准相关规定。

（二）常用办公会议纪要格式

1. 标题

"纪要"为专用公文格式，其发文标志"××××纪要"已包含制发机关、会议名称和文种等三个基本要素，因此，纪要的标题一般直接记述会议议题，如"审议×××"""研究××××问题""部署××××工作""听取××××汇报"等，用2号方正小标宋体字，居中编排于红色分隔线下空二行位置。

2. 正文

正文用3号仿宋体字，左空二字编排于标题下空一行位置，包括导语和主体两部分。

（1）导语。

导语部分简述会议概况，包括会议时间、主持人、会议名称、基本议程等。如，×××年×月×日，×××主持召开××会议，听取×××关于×××工作情况的汇报，对下一步工作进行安排部署。涉及多个议题的会议，议程可分项表述。如，×××年×月×日，×××主持召开第×次办公会议。其下另起一行，按议题顺序分项表述。因"纪要"二字已在版头的发文机关标志中予以体现，导语部分一般不使用"现纪要如下："等作为转承启合语句，而是分段直接进入纪要主体。

（2）主体。

主体部分主要记载会议精神和议定事项，是会议纪要的核心内容，写作时要注意紧紧围绕中心议题，将会议的基本精神，特别是会议形成的决定、决议等，加以准确概述。一般情况下，以会议认为、会议指出、会议决定、会议要求、会议明确、会议强调开头，分段表述。

"会议认为"这部分，一般结合会议议题内容，阐述对当前形势的判断、对基本情况的分析等内容。

"会议指出"这部分，一般阐述会议形成的一致看法和观点，以及开展某项工作的重要意义、基本原则等内容。

"会议决定"这部分，一般宣布会议形成的一致性意见，对某项工作部署做出总体和原则上的决定。

"会议明确"这部分，一般用于澄清疑惑、消除分歧、达成共识、分清责任、明确任务等。

"会议要求"这部分，一般用于叙述会议召集主体提出的具有一定约束力的意见和措施，要写明相关单位承担的具体工作任务。工作任务复杂涉及单位较多时，应依次分项表述，做到条理清楚、任务分工明确。

"会议强调"这部分，一般用于重申会议议定事项或某项工作部署的重要性与紧迫性，突出强调要加强组织领导、加强舆论宣传、加强督促检查等。

（3）其他格式要素。

纪要正文后可带有附件。如有附件，在正文下空一行说明附件名称。然后在正文或附件说明下空一行，依次列出出席、请假和列席人员名单。同一单位多人列席会议，姓名之间用顿号分隔，不同单位之间用逗号分隔。

纪要原则上应由会议的主持人签发，成文日期为纪要的签发日期。纪要无落款，不加盖印章，常以机关办公厅（室）名义印发，按年度编顺序号。

纪要无主送机关和抄送机关，有分送范围。办公会议纪要应分送会议组成人员、参会单位和需要执行或知悉纪要内容的其他单位。分送个人与分送单位分行编排，分送单位的书写顺序应遵循"先外后内"的原则。

五、会议记录和纪要的办理要点

（一） 要注意会议记录和纪要的区别与联系

会议记录是将会议的组织情况和会议内容，包括汇报、发言、讨论、决议等记录下来所形成的书面材料。记录强调原汁原味，讲求忠于事实、保持原貌。记录的内容是会议过程中形成的原始材料，会后无需对其中的口语化语言进行加工整理。会议记录材料对格式无明确具体要求。

纪要是在会议结束后，根据会议的宗旨和目的，对会议中达成的共识、形成的意见、决定的事项，用精辟的语言，采取综合记叙的方法，经过归纳、分析、提炼、整理而成，用于反映会议精神，统一协调各方面步调，要求与会单位共同遵守执行的一种内部公文。纪要拟写的过程，要把口语化的语言加工成为公文语言，强调精要凝练、准确规范。纪要是法定文种，且有专用的公文格式。

（二） 要提高会议记录的质量

纪要以会议记录为基础，会议记录质量高低是拟写会议纪要的先决条件。做好会议记录，首先要牢牢把握会议的主题和议题，提前搞清楚会议的目的、内容以及想要解决的问题，这样去做会议记录，就能扭住中心而不游离、抓住重点而不跑偏。其次要牢牢把握讲话的主调和基调，主要是抓住与会发言人讲话中贯穿的主要思想观点和基本态度倾向，特别要围绕与会人员重点表达的核心内容作好详细记录，对于讲话中离开主题或者联想到其他方面的内容，可以略而不记或另记别处，这样就能突出主要内容而不分散，确实把握核心要义而不混乱。再次要牢牢把握发言的特质和特色,尽可能地抓住并忠实准确记录会议召集人和相关发言人表明观点、表述情况和表达意见时提出的内容,重点记录那些具有鲜明个性、能够打动人心、引起深刻共鸣的语言,这样就能够精准地抓住精髓而不至于笼统模糊,留存精彩而不至于遗漏关键内容。

会务组织人员要高度重视会议记录这项基础性工作,切实提高会议记录的本领,务必做到"求准""求快""求全"。即,记录前要提前了解会务组织情况,对参会人员、会议议程等做到心中有数;记录时要全神贯注、耳灵手快,迅速感知发言内容并尽快转换成文字,确保记录不走样、不漏项;形成的记录材料要全面体现会议的实际议程、发言的主要内容和形成的表决意见,为拟写会议纪要提供准确依据。

(三) 要把握纪要整理的要点

会议纪要不同于会议记录,会议纪要应当考虑便于推动工作、促进落实的需要,整理归纳出指导性意见和公认性结论。对于会商讨论重要事项、沟通协调复杂事务、梳理会诊难点问题等研究性、探讨性会议,会议能否取得实际成果,很大程度上依赖于能否形成一份具有很强针对性、指导性的会议纪要。整理会议纪要,应当抓住要点,在综合与会人员讲话发言的基础上,根据主管主责领导的判断考虑,整理形成态度明朗、结论明确、表达明白的指导性意见,确保会议纪要在实践中更加有力地推动具体工作落实。

一是内容纪实。全面客观围绕会议主旨,实事求是对会议记录进行加工提炼,摸清、吃透、明确表述会议议题和要点,忠实于讲话人和发言人的原意,不夹杂个人己见,不断章取义,不扭曲篡改会议精神,不增删会议内容,准确反映会议本来面貌。

二是语言概括。根据会议记录等材料,对会议内容进行梳理加工、字斟句酌、去芜存菁,使字句条理通达、言简意赅,集中反映会议精神,精练体现议定事项,明确表达执行要求。

三是表述简要。对于会议部署的工作,要善用短句、陈述句和祈使句,充分运用"执行单位+要+执行的内容"这样的"要字句",简明扼要叙写工作事项、完成时限和各相关单位负有的责任,明确下一步做什么怎么做、由谁来做、何时完成等要求,增强指导性和可操作性,以免因任务不清、责任不明而互相推诿扯皮等。

(四) 要合理使用纪要的发布形式

《交通运输部公文格式规范》规定了四种纪要编排格式,主要有:中共交通运输部党组会议纪要、中共交通运输部党组会议干部人事纪要、交通运输部部务会议纪要和交通运输部专题会议纪要。这四种纪要均有各自的专用版头,属于机关内部使用的公文,一般不对外分送。

当纪要内容需要其他外部单位执行时,可将纪要作为文种使用,以信函格式印发有关单位。此时，纪要的标题应符合公文标题具备三要素的基本要求。纪要的其他公文要素也应符合信函格式的规定，将需要共同执行会议部署事项或知晓会议内容的单位写入主送机关或抄送机关。与有关部门或单位联合制发纪要时，遵从联合行文的有关规定，成文日期以最后一位签发人标注的日期为准。

第二十一章　调研报告的写作方法

一、基本概念

调研报告是对某一情况、某一经验或问题进行深入细致的调查,将调查情况和调查材料进行"去粗取精、去伪存真、由此及彼、由表及里"的分析研究,揭示出本质,寻找出规律,总结出经验,提炼出观点,最终以书面语言表达调查研究结果的一种应用文体。主要类型有:介绍典型经验的调研报告、揭示具体问题的调研报告、反映新生事物的调研报告等。

"没有调查就没有发言权",只有"情况明、底子清",才能"决心大、方法对"。深入调查研究,写好调研报告,客观反映情况,不仅可以为各级领导机关制定和执行正确的方针政策提供可靠的依据,而且对宣传辩证唯物主义的思想路线,坚持实事求是、一切从实际出发、理论联系实际的认识路线,反对唯心主义和形而上学,克服主观主义、形式主义和官僚主义,都会发挥重要的作用。调研报告具有鲜明的特点,突出表现在以下方面:

(一) 针对性

调研报告总是从实际工作的需要出发,通过客观实际的调查,揭示出事物的本质和规律,从而促进工作开展,具有很强的目的性和针对性。所以,在开展调查研究前,一定要弄清楚调研的工作目标是什么,要达到什么目的,产生什么样的效果。调研报告的针对性,还体现在报告中围绕解决问题提出的政策、措施、建议具有针对性、可操作性。

(二) 真实性

调研报告的基础是客观事实,真实是调研报告的生命。调查所获得的材料必须出之有据,不能听信道听途说,调研报告中所列举的事例、数字等必须准确真实,反映的情况必须符合客观实际,不容许有任何虚假或浮夸,否则就会影响决策的正确性。因此,开展调查研究必须有严谨细致的科学态度、求真务实的工作作风,一切从实际出发。

(三) 规律性

调研报告要通过对大量的基础材料进行归纳、整理、分析、综合、提炼,概括升华为具有规律性的认识，以发挥其普遍性的指导作用。只反映客观事实，而没有揭示出事物的本质和发展规律，调研报告就会失去科学价值和应用价值。可以说，调研报告既是调查成果的反映，更是研究成果的结晶。

（四）时效性

调研报告反映的是当前的情况或新出现的事物，揭示的是工作中急需解决的问题，推广的是有利于推动工作的经验，从这个意义上讲，它具有很强的时效性。在战争中，第一个喊出"敌人来了"的人，常常会受到嘉奖，因为虽然这个信息很不具体，有多少敌人？装备如何？都不清楚。但是由于这个消息的及时性，就具有很大的价值。我们搞的调研报告，有时就需要去争取这样的"第一个"。老生常谈的内容、没有新意的报告，对决策参考的价值不高。

二、调研报告的写作

调研报告是调查研究的结果，没有认真的调查研究，写作能力再强也不可能闭门造车地写出有价值的调研报告。因此，一定要经历深入调查占有材料、精心研究认真分析、抓住关键提炼主旨、围绕中心合理布局这样一个过程，才可能写出有质量的调研报告。

一般来说，从确定调研课题到形成调研报告需要经过准备、调查、研究、撰写四个阶段：

（一）在"准备"上要充分

调查研究前，必须做好充分的准备工作。毫无准备或准备不充分的调研，往往是被动地了解情况、浅尝辄止、浮光掠影式的调研，难以抓住问题实质进行深入探究。准备阶段的主要任务包括确定调研任务、明确调研范围、制定调研方案、组建调研队伍、开展"岗"前培训等。在这个阶段，调研组人员要围绕调研课题认真思考，学习相关政策规定，使调研工作有一个正确的指导思想；广泛搜集有关资料或调研成果，将其直接作为研究分析的基础材料，这样不仅可以利用已有材料丰富感性认识，还能避免一些不必要的重复劳动。制定调研方案可包括调研大纲、调研对象、方式方法、时间安排、工作分工、确定调研报告执笔人等内容。调研方案拟定后，一般应报有关领导同志阅示，如果调研方案与领导要求不一致，可以及早纠正，避免无效劳动。

（二）在"调查"中下功夫

调查阶段是丰富感性认识的阶段，工作量最大、情况最复杂、实际问题最多，主要任务是进入现场调查、收集大量的第一手资料，为撰写调研报告奠定坚实的基础。要坚持问题导向，带着问题沉下去，深入一线摸情况，融入群众找答案。要通过会议座谈、现场观察、资料查阅、问卷调查、个别访谈等调查手段，尽可能详尽地占有材料。要善于运用马克思主义的立场、观点和方法来观察问题、认识问题，既不能禁锢于被调查对象事先准备好和"加工"过的情景，又要力戒主观推断和臆测，多深入基层一线，与职工群众面对面交流，充分听取各方意见和建议，力求获得全面、真实、可靠的第一手材料。需要注意的是，在调查研究过程中，一般是调查在先，研究在后，先弄清楚情况，再研究、消化材料，但这并不等于说调研的前半段只搞调查，后半段坐在办公室里搞研究。比较有效的做法是边调查边研究，弄清楚哪些问题基本清楚了，哪些问题还需要进一步了解，哪些问题比较复杂，需要重点深入调查，绝不能等到撰写调研报告时，才发现需要引用的事例或数字缺失，不得不回过头来重新了解情况，其结果是大大影响了调研工作效率。

（三）在"研究"上做文章

研究阶段是调查的深化和提高阶段，是形成理性认识阶段，也是写好调研报告的关键环节，主要任务是在详尽占有调查材料的基础上，进行统计分析和理论研究。要在辩证唯物主义和历史唯物主义的指导下，用联系、发展的观点，抓住事物的主要矛盾和矛盾的主要方面，侧重于对事物内部联系的研究，找出规律性的东西，并沿着这个规律研究得出有关的一系列基本观点，然后从调查材料中找出最有说服力的事实，进一步加以论证，使观点和材料相统一。在分析材料时，要注重运用定性分析和定量分析相结合的方法，定性分析主要解决"是不是""是什么"的问题，定量分析主要用来说明"是不是""是什么"问题的程度。

（四）在"撰写"时巧构思

调研报告写得好坏，是调查研究工作成败的关键。在充分调查、深入研究的基础上，就可以着手撰写调研报告了。动笔之前，报告执笔人要拟出调研报告的写作提纲，经过调研组集体讨论确定，还可以根据情况征求有关方面意见。撰写报告时，要精心设计、合理安排框架结构，做到眉清目楚、条理分明，使调研报告表现出一定的逻辑力量；注重表达手法的特定性，综合运用叙述、议论等表达方式，合理使用所获取的材料，更好地突出全文的主旨；必须用事实说话，善于用典型事例、精准数据来说明问题。撰写调研报告要注意克服三种问题：一是材料不充分，不能有效支撑观点，提出的建议缺乏针对性和可操作性；二是记流水账，堆砌材料，缺乏深入分析；三是表述不清晰，语言枯燥无味。

三、调研报告的体例格式

无论哪种类型的调研报告，其体例格式基本相同，大致包括以下四个部分：

（一）标题

标题是透视一篇调研报告主旨、中心内容的窗口，古语说"题好一半文"，所以拟好标题十分重要。调研报告的标题既要鲜明、醒目，揭示文章中心内容，又要体现特色。常用的标题有两类：一类是单式标题，即用一句话概括调研报告的主要内容，如《关于在公路交通工作中如何建设创新型行业的报告》《绿色通道成为农民增收致富的快速通道》《集中连片特困地区交通扶贫调研报告》；另一类是复式标题，即由主标题和副标题组成，如《让党旗高高飘扬——关于××海事局加强党支部建设的调查》。

（二）引言

引言是调研报告的开头语，是全文的"引子"，尽量用简洁凝练的文字将有关调查的基本情况，如调研背景、目的、对象等交代清楚，给阅读者一个总的印象和大体的认识，为下一步铺开全文打下基础。在具体写法上，可以是介绍调查的基本情况（如时间、地点、目的、方式、中心问题等）；也可以是开门见山说明调研主旨，提出调研报告所要回答的问题。

（三）主体

这是调研报告的主要部分，调查到的基本事实、归纳出来的成绩或问题、分析得来的经验或教训、抽象出来的规律，都写入这一部分。要写好这个部分，应注意以下四点：

一是要善于运用材料，选取与调研报告的主题、观点紧密关联的材料，精心用材料证明观点，绝不能空发议论，以免观点多、事实少。

二是要恰当运用数据，增强材料的直观性和科学性，有的问题用文字难以表述清楚，而用一组数字就可以使人一目了然。

三是要认真提炼观点，使报告中的观点既符合中央的精神，又符合客观实际。

四是要合理安排结构，做到严谨、匀称、层次清晰，一般按照提出问题—分析问题—解决问题的逻辑关系来布局。

（四）结尾

这是调研报告的结论部分，是全文的结束语，应简短自然、干净利落、收束有力。从内容上看，既可以对调研报告的主要观点作简要的总结，带有进一步强调的性质；也可以用带有启示性的结论刹住全文，以此加深阅读者的印象。也有不少调研报告在主体部分已经把有关内容讲清楚了，就不再另立结尾部分，而以主体部分的对策建议部分作结。

四、例文评析

例文 33

新形势下现代综合交通运输体系建设
重点问题调研报告（内容有删减）

为加快推动现代综合交通运输体系建设，2016年5月至8月，部政策研究室、综合规划司联合国务院研究室赴广东、黑龙江等地开展了专题调研，与全国近半数省（区、市）交通、发改、国土、住建等部门、客货运企业、行业协会，以及行业内外专家开展座谈，在全国范围组织开展了网络问卷调查，回收1万多份数据信息和意见建议，同时查阅了美国、英国、德国、法国等发达国家综合交通运输相关文献资料。通过实地考察、座谈交流、问卷调查、查阅资料等多种调查研究方式，进一步掌握了我国现代综合交通运输体系的发展现状，分析了面临的主要问题，汲取了国外成功的做法经验，提出了下一步工作的政策建议，现将调研情况报告如下：

一、我国现代综合交通运输体系的发展现状

近年来，特别是"十二五"以来，各种运输方式能力不足矛盾明显缓解，基本适应经济社会发展和人民群众出行需要，交通运输业中各种主要运输方式已经初步具备了融合发展的机制基础、物质基础、社会基础和技术基础，正在由量的扩张阶段进入质的提升阶段，由重通达向通达与通畅并重、由重建设向建设与服务并举转变。

（一）交通运输大部门制改革稳步推进。经过2008年和2013年两轮改革，交通运输大部门制在国家层面取得了实质性进展，交通运输部与国家铁路局、中国民用航空局、国家邮政局的"一部三局"的管理架构已经形成，综合交通运输统筹发展的体制框架初步建立。重庆、江苏等省（市）在大交通管理体制改革探索中率先突破，初步建立了综合交通运输大部门管理体制，浙江、辽宁等各省建立了省级层面的综合交通运输运行协调机制。

（二）交通运输能力大幅度提升。当前，"五纵五横"运输大通道基本贯通，快速铁路网、"7918"国家高速公路网初步建成，高速铁路营业里程、高速公路通车里程、城市轨道交通运营里程、港口深水泊位数量均位居世界第一。目前我国已经成为世界上运输最繁忙的国家之一。2015年全社会客、货运输量分别达到223亿人次和449亿吨，交通运输行业每天要完成1.2亿吨货物运输、6100万人次城际出行和3.7亿人次的市内出行。

（三）综合交通运输效应开始显现。各种运输方式的衔接进一步增强，空铁、空巴等旅客联程运输和铁水联运、公铁联运等货物多式联运加快发展。综合交通运输的快速发展，提高了全社会机动化水平和经济社会运行效率，极大地方便了人们的生产生活。在应对重大自然灾害、抢险救灾、春运等方面，跨部门、跨行业的交通运输协调机制初步建立，交通运输的服务保障作用日益突出。

（四）支撑国家扩大对外开放的能力明显增强。交通运输网络不断完善，有力支撑了全面对外开放，促进了国内外经济交流合作。2015年，我国民用航空运输总周转量455.9亿吨公里、旅客运输量2.3亿人次，其中国际航空运输总周转量292.61亿吨公里、完成旅客运输量4207万人次；我国年吞吐量超过1000万吨的沿海港口有38个，2015年我国沿海港口货物吞吐量达到81.47亿吨，我国远洋货轮每天将216万吨的货物和6.7万个集装箱运往世界各地，有力支撑了国家全方位对外开放格局。

二、当前我国现代综合交通运输体系发展面临的主要问题

（一）各种运输方式规划建设统筹不够，土地、岸线资源综合利用率仍然较低。受传统管理体制影响，我国各种运输方式规划布局、建设实施都相对独立，通道内各类交通线路的线位布局、建设时序统筹安排不足，导致通道资源浪费、土地分割严重。一是土地资源利用率低．通道内各类交通线位大多平行规划，部分重要运输通道内并行存在多条高等级公路、高速铁路和普通铁路，在一定程度上导致了资源浪费。例如，京津运输通道规划布局了3条高速公路、2条一级公路、2条高速铁路、1条4线的普通铁路，这些线路基本采取平行走向，线路之间的土地难以得到有效利用，城镇布局也受到影响。据测算，2020年我国交通建设用地将占全国的11.3%，综合交通运输发展与土地资源稀缺的矛盾将愈发明显。二是岸线资源利用率低。跨江跨海桥一般占用上下游1~2公里岸线资源，我国多数跨江跨海桥都是单一的公路桥或铁路桥，较少是公铁两用桥，低效利用稀缺的岸线资源。例如，长江主航道共有107座过江大桥，其中公铁两用桥梁仅16座，江苏长江三桥跟大胜关铁路桥起讫点相同（大胜关—南京），相距仅1公里。未来，随着铁路网的快速建设，沿江岸线资源将更加紧张。

（二）运输结构不合理问题凸显，各种运输方式的比较优势和组合效能发挥不够。我国各种运输方式规划和建设主要依据各自的技术经济特征和发展需求，较少基于统筹发展要求设计规模结构和功能分担，造成交通运输供给结构和承运结构失衡，整体效益和巨大潜力难以充分发挥。铁路、内河水运发展相对滞后，承运比重较低，大运量、长运距、低成本、低排放、低能耗的运输优势尚未充分发挥，公路运输存在过多低附加值货物中长途运输的不合理现象。各种运输方式发展远没有做到"宜路则路、宜水则水、宜空则空"。目前铁路、水运在煤炭运输中占比相对不高。2015年，铁路货物周转量在综合运输中的比重仅为16%左右，而美国等发达国家为40%左右。在部分沿江通道中，干线公路也承担了过多的煤炭、矿石、建材、粮食等大宗物资运输，消耗了大量优质能源，增加了交通拥堵、尾气排放和交通安全隐患。目前交通运输业已

经成为我国能源消耗和污染排放的重要领域，预计至2020年，交通运输石油消耗量占全社会石油消耗总量的30%以上。

（三）客运"零距离"换乘和货运"无缝化"衔接发展明显不足，运输服务"最后一公里"问题突出。由于各种运输方式在适用法律法规、标准规范等方面自成体系、深度融合不够，客运"零距离"换乘和货运"无缝化"衔接始终难以真正实现，制约了交通运输服务品质提升。一是旅客换乘不便利。客运"一票制"发展滞后，旅客出行普遍存在多次购票、多次安检和多次验票现象。已建成的综合客运枢纽各种运输方式多为"拼盘"，旅客换乘距离长、体验差。部分城市主要火车站、机场等重要节点的集疏运体系不完善，增加了旅客出行时间和出行成本，如北京首都机场到北京南站换乘高铁需要换乘轨道交通3次，整体换乘时间约2小时左右。二是货运企业物流效率低、成本高。多式联运发展滞后，特别是海铁联运发展严重滞后，目前我国海铁集装箱联运比例仅为2.5%，而发达国家通常为20%左右（美国为40%，法国为35%）。大多数港口与后方铁路集装箱中心站衔接不便，需通过公路长距离驳运。如上海大小洋山港跨海大桥（东海大桥）每年1500多万标准集装箱吞吐量中有2/3进出港须依靠公路运输。

造成上述问题的原因主要有以下4个方面。一是体制机制不完善，国家层面真正的大部制统筹还有待加强，省级层面管理体制和协调机制还有待进一步完善；二是法规和标准不衔接，我国综合交通运输上位法长期缺失，各运输方式之间的技术标准规范衔接不顺；三是规划体系有待优化，综合交通运输体系规划的定位、工作流程等有待进一步明确，基础理论和技术方法有待进一步提升；四是政策体系不完善，各运输方式之间的政策缺乏统筹协调，交通运输发展投融资矛盾日益突出。

三、国外综合交通运输发展的主要做法和经验

交通运输业发展到一定阶段，必然要由各种运输方式分散发展、分散管理，向综合发展、综合管理转变，进入综合交通运输体系发展阶段，这是现代交通运输业发展的规律和趋势，也是美国、欧洲、日本等发达国家和地区已经走过的道路。他们的做法和经验，对我国加快推进综合交通运输发展具有重要借鉴意义。

（一）各种运输方式由分散管理逐步实现综合管理。交通运输管理方式受经济社会发展程度影响较大，从主要发达国家的经验看，在经济社会发展水平较低时，交通运输发展相对落后，主要实行各种运输方式的各自发展、分散管理；当经济社会发展水平提高到一定阶段，各种运输方式发展相对成熟，开始逐步实现统筹发展、综合管理；在经济社会发展水平进一步提高后，交通运输发展与经济社会发展联系更为紧密，则探索统筹交通运输与国土、建设、信息化等多部门的"大交通"综合管理模式。目前，世界上大多数国家都选择综合性交通运输管理体制。据统计，在全世界126个拥有铁路的国家中，有119个国家实行了综合运输管理体制，其中，40个国家设立了统筹管理各种运输方式的综合运输管理部门，如美国、俄罗斯的联邦运输部；79个国家设立了包含交通运输管理在内的综合管理部门，如日本的国土交通省、澳大利亚的基础设施及运输部等。

（二）完备的法律法规保障综合交通运输发展。发达国家综合运输的法律法规体系相对完备，法律法规主要解决不同时期各种交通运输方式面临的重要瓶颈问题，各部门管理职能的设置、战略规划的编制实施、资金政策的制定、建设项目的运营管理等均有相应的法律法规作为依据。例如，日本的交通法律法规对包括交通政策、土地利用、环境保护和交通相关内容作了明确的法律界定，国家和地方交通运输各项规划、各组织职能、建设和市场运营等内容均有法可依。

（三）明确各级政府在综合交通运输发展中的职责分工。发达国家完善的制度保障有效规范了各部门的职责和分工，各级政府和交通主管部门权责分明，各司其职、配合协调，有力推进了各种运输方式的协调发展。例如，德国联邦交通部负责联邦级别的交通基础设施建设（包括联邦公路、高速公路、铁路、内河航道、内河港口及海港等）、交通运输法规制定、运输车辆管理、运输市场监管、安全监控及事故调查（包括空运）、气象信息服务等；各州政府的交通运输管理机构具体负责州级公路的规划建设、交通运输协会的管理、地方铁路（包括私有铁路）工程技术管理等。

（四）重视综合交通运输发展战略和规划的制定。发达国家普遍重视综合交通运输发展战略和规划的制定，将交通运输发展战略作为国家战略的重要组成部分。在交通运输发展规划制定实施方面，主要采用"中央—区域—地方"三层级管理模式。例如，英国中央政府运输部负责拟定《一体化发展规划》和《区域规划指南》，明确道路的建设规划以及交通管理策略，区域规划机构负责区域交通战略的编制，各地方政府负责地方交通规划的制定。

（五）注重政策创新，多渠道保障综合交通运输基础设施投入。交通运输基础设施建管养运需要持续、巨大的资金投入，发达国家为此建立了多渠道投融资和细化补贴的政策体系。在投资方面，交通基础设施的投资主体一般包括：政府、地方和外部投资三方面，各国根据自身发展实际，制定相应的交通基础设施投资政策。在融资方面，发达国家的融资渠道大致包括六类：一是中央和地方政府财政拨款，二是建立专项基金制度，三是利用政府和私人金融机构的贷款，四是按受益程度分摊投资，五是发行债券，六是充分利用政府的扶植政策筹资。多渠道融资对于保障稳定的资金来源，缓解政府的财政压力具有重要意义。

（六）以发展多式联运为核心，加快推进综合交通运输体系建设。欧美等发达国家均把多式联运上升为国家战略，或者是政府统筹主导下多部门协同发展推进的主导战略，充分发挥政府的引导作用，创新多式联运的法规政策，完善多式联运发展的制度环境，以多式联运为核心构建综合交通运输体系。近年来主要发达国家多式联运通道、节点和网络体系基本形成，规模呈现快速增长态势。例如，美国2015年多式联运货运量达1371万个集装箱，相比2000年增长44%。

四、相关意见建议

经济新常态对交通运输行业提出了新的更高要求，必须转变发展理念，加快构建和完善功能更健全、结构更合理、运作更科学的综合交通运输体系，推进各种运输方式在更大范围、更高层次、更大程度上实现融合发展。

（一）加强现代综合交通运输体系发展的顶层设计。建议将构建现代综合交通运输体系作为国家现代化建设的一项战略任务，进一步加强顶层设计、完善制度，尽早制定出台专门文件，明确当前和今后一个时期综合交通运输体系发展的主要目标、基本原则、发展思路、重点任务和政策措施，指导和规范全国以及各地区综合交通运输体系发展。

（二）继续深化交通运输大部门制改革。建议按照中央大部门制改革要求，切实加强铁路、公路、水路、民航以及邮政行业的统筹发展，完善与综合交通运输体系建设相适应的管理体制机制。深入推进省级交通运输大部门制改革落实到位。

（三）完善综合交通运输法律法规制度。建议加快制订综合交通运输促进法、多式联运法等综合交通运输法规。加快制修订铁路、公路、水路、民航、邮政、城市公共交通等领域法律法规，加强各种运输方式法规的统筹衔接。加强综合交通运输与环境、安全、城乡规划等相关领域法律法规的对接融合。

（四）健全综合交通运输发展机制。发展现代综合交通运输体系，涉及多个中央部门，需要地方密切配合，建议建立综合交通运输发展部际联席会议制度，统筹协调综合交通运输改革发展重大问题。强化规划引领作用，建立由各级交通运输主管部门统筹负责的综合交通运输规划编制机制。建立综合交通运输发展基金，保障交通运输行业可持续发展。

（五）加快各种运输方式数据资源互联互通。建议以货物多式联运、旅客联程运输为重点，提升综合运输服务的可达性、便捷性、经济性和安全性。通过各种运输方式开放共享信息数据，加强各种运输方式和运输服务的衔接融合，推动综合交通运输体系建设。全面整合交通运输数据资源，有序合规开放数据，开发提供丰富的数据产品，提高服务水平。同时，积极促进交通运输业与物流业、旅游业等相关产业协调互动，实现跨部门、跨行业、跨领域更高层次的融合发展。

评析：这是一篇反映综合交通运输体系建设重点问题的调研报告，从总体上看，无论是结构布局还是内容设置都符合调研报告的写作要求，值得借鉴。

一是结构严谨，条理清晰。标题采用陈述的语句形式对全文所要反映的核心问题加以概括，给人以鲜明深刻的印象。报告的引言部分，概要交代了调研的目的、时间、范围、对象、方法等有关情况，给阅读者一个总体的认识。报告的主体分为四大部分：我国现代综合交通运输体系的发展现状、发展面临的主要问题、国外的主要做法和经验、相关意见建议。从总体上看，就内在逻辑结构而言，这篇调查报告不仅摸清了情况、找出了问题、分析了原因、拿来了经验，而且提出了合理化建议，主旨明确，内容完整，结构顺畅，用语精当，是一篇高质量的调研报告。

二是调查充分，材料翔实。调研组综合采用实地考察、座谈交流、问卷调查、查阅资料等多种调查方式，调查对象覆盖全国近半数省份的相关部门、企业、协会，利用网络问卷收回1万多份数据信息，通过查阅文献资料总结出发达国家在建设综合交通运输体系中综合管理、法规保障、规划制定、政策创新等方面的做法经验。这些都充分说明了这次调查活动开展的深度和广度。报告中列举大量的典型事例和数据，并作恰当的议论和分析，有效支撑了观点，进一步增强了行文的说服力。这些典型事例和数据，如果没有深入细致、扎实有效的调查，是不可能获取到的。

三是研究深入，观点鲜明。调研组善用材料，对调查中获取的材料进行分类归纳，采用定性分析与定量分析相结合的方法，不仅揭示出当前我国综合交通运输体系发展面临的问题，还透过现象看本质，分析出造成问题的主要原因，在此基础上，提出了加快构建和完善综合交通运输体系的政策建议，针对性和可操作性强，决策参考价值高。调研组通过分析发达国家在建设综合交通运输体系方面的经验做法，概括出经验或规律，提炼出许多鲜明的观点，比如"交通运输业发展到一定阶段，必然要由各种运输方式分散发展、分散管理，向综合发展、综合管理转变，进入综合交通运输体系发展阶段，这是现代交通运输业发展的规律和趋势"等，这是从感性认识到理性认识的升华，是建立在对材料进行深入综合分析的基础之上的。

第二十二章　发言稿的写作方法

一、基本概念

发言是指发表意见，包括介绍经验、分析问题、提出建议等。发言稿是指发言人为在某一特定场合（多在会议上）发表意见而提前准备的文字材料。

二、主要特点

发言稿是发言人政治能力、理论水平、业务素养、知识广度、思想深度以及语言文字表达能力的综合反映。一篇好的发言稿一般具有以下特点：

（一）立意高远，主题鲜明

好的发言稿能够从一个侧面反映出发言人政治站位高、"四个意识"树得牢。好的发言立意主题、谋篇布局体现了对习近平新时代中国特色社会主义思想的深刻领会和活学活用，看问题客观全面、提建议具体实在，体现时代要求，符合客观情况，能够解决问题，听了让人觉得与会议主题扣得紧、与发言人身份相契合。

（二）思想深刻，观点鲜明

好的发言稿既大气、又接地气，既朴素、又深刻，多用短语、短句，语言朴实、深入浅出，形象鲜活、表述规范。好的发言不空泛说教，而是把深入的思考、深刻的道理蕴藏在通俗的语言中，听了让人觉得有价值，有收获。

（三）富有新意，特色鲜明

好的发言稿在遵循逻辑严谨、结构合理的前提下，既有型、又无型，结构形式如何摆布往往因地制宜、因时制宜，没有八股腔。好的发言内容决定形式，有一说一、有二说二、不穿靴戴帽、刻意求新，不搞文字游戏，"大而全""小而全"，听了让人眼前一亮，觉得不落俗套。

三、写作要求

发言提纲根据使用场合不同以及发言人个人风格特点的不同，有不同的写作方法和技巧。但总体上看，党政机关干部发言提纲要贯彻"短、实、新"的优良文风要求，杜绝"长、空、假"。

（一）要吃透精神，不要照抄照搬

要坚决、认真、不折不扣地学习贯彻中央精神和部署要求，发言的主旨要义绝不能与中央大政方针相违背。同时，要紧密结合实际，讲反映自己判断的话而不讲照本宣科的话，杜绝空话连篇、套话成串，更不能讲假话。

（二）要直奔主题，不要兜绕弯子

要根据不同场合，锁定发言主题，是重点谈经验、谈做法、谈体会，还是谈问题、谈思路、谈建议，起草发言稿，首先要找到本次发言所侧重的方面。主题确定后，就要开门见山、直截了当、要言不烦、意尽言止。能够三言两语说清楚的，绝不拖泥带水；能够用小篇幅讲透彻的道理，绝不空泛议论。

（三）要有的放矢，不要浮在面上

能够用有限的时间表达丰富的内容，是成功发言的关键。要坚持问题导向发言，通过发言反映出深刻的思想内涵，讲情况详略得当，讲问题直指人心，讲思路清晰明亮，讲建议务实管用。发言要有干货，言之有物、言之有理，不能空洞干瘪、避实就虚。

（四）要有真情实感，不要华而不实

发言要带感情，起草发言稿也要充满感情，把感情表达到文字上。要善于把文件语言、理论概念转化为容易听得懂的大众语言。不追求华丽辞藻，讲有感而发的话，不讲无病呻吟的话；讲通俗易懂的话，不讲故作高深的话。用朴实生动的语言，陈述事实，阐述观点。

附录1　党政机关公文处理工作条例

第一章　总　　则

第一条　为了适应中国共产党机关和国家行政机关（以下简称党政机关）工作需要，推进党政机关公文处理工作科学化、制度化、规范化，制定本条例。

第二条　本条例适用于各级党政机关公文处理工作。

第三条　党政机关公文是党政机关实施领导、履行职能、处理公务的具有特定效力和规范体式的文书，是传达贯彻党和国家方针政策，公布法规和规章，指导、布置和商洽工作，请示和答复问题，报告、通报和交流情况等的重要工具。

第四条　公文处理工作是指公文拟制、办理、管理等一系列相互关联、衔接有序的工作。

第五条　公文处理工作应当坚持实事求是、准确规范、精简高效、安全保密的原则。

第六条　各级党政机关应当高度重视公文处理工作，加强组织领导，强化队伍建设，设立文秘部门或者由专人负责公文处理工作。

第七条　各级党政机关办公厅（室）主管本机关的公文处理工作，并对下级机关的公文处理工作进行业务指导和督促检查。

第二章　公　文　种　类

第八条　公文种类主要有：

（一）决议。适用于会议讨论通过的重大决策事项。

（二）决定。适用于对重要事项作出决策和部署、奖惩有关单位和人员、变更或者撤销下级机关不适当的决定事项。

（三）命令（令）。适用于公布行政法规和规章、宣布施行重大强制性措施、批准授予和晋升衔级、嘉奖有关单位和人员。

（四）公报。适用于公布重要决定或者重大事项。

（五）公告。适用于向国内外宣布重要事项或者法定事项。

（六）通告。适用于在一定范围内公布应当遵守或者周知的事项。

（七）意见。适用于对重要问题提出见解和处理办法。

（八）通知。适用于发布、传达要求下级机关执行和有关单位周知或者执行的事项、批转、转发公文。

（九）通报。适用于表彰先进、批评错误、传达重要精神和告知重要情况。

（十）报告。适用于向上级机关汇报工作、反映情况、回复上级机关的询问。

（十一）请示。适用于向上级机关请求指示、批准。

（十二）批复。适用于答复下级机关请示事项。

（十三）议案。适用于各级人民政府按照法律程序向同级人民代表大会或者人民代表大会常务委员会提请审议事项。

（十四）函。适用于不相隶属机关之间商洽工作、询问和答复问题、请求批准和答复审批事项。

（十五）纪要。适用于记载会议主要情况和议定事项。

第三章　公　文　格　式

第九条　公文一般由份号、密级和保密期限、紧急程度、发文机关标志、发文字号、签发人、标题、主送机关、正文、附件说明、发文机关署名、成文日期、印章、附注、附件、抄送机关、印发机关和印发日期、页码等组成。

（一）份号。公文印制份数的顺序号。涉密公文应当标注份号。

（二）密级和保密期限。公文的秘密等级和保密的期限。涉密公文应当根据涉密程度分别标注"绝密""机密""秘密"和保密期限。

（三）紧急程度。公文送达和办理的时限要求。根据紧急程度，紧急公文应当分别标注"特急""加急"，电报应当分别标注"特提""特急""加急""平急"。

（四）发文机关标志。由发文机关全称或者规范化简称加"文件"二字组成，也可以使用发文机关全称或者规范化简称。联合行文时，发文机关标志可以并用联合发文机关名称，也可以单独用主办机关名称。

（五）发文字号。由发文机关代字、年份、发文顺序号组成。联合行文时，使用主办机关的发文字号。

（六）签发人。上行文应当标注签发人姓名。

（七）标题。由发文机关名称、事由和文种组成。

（八）主送机关。公文的主要受理机关，应当使用机关全称、规范化简称或者同类型机关统称。

（九）正文。公文的主体，用来表述公文的内容。

（十）附件说明。公文附件的顺序号和名称。

（十一）发文机关署名。署发文机关全称或者规范化简称。

（十二）成文日期。署会议通过或者发文机关负责人签发的日期。联合行文时，署最后签发机关负责人签发的日期。

（十三）印章。公文中有发文机关署名的，应当加盖发文机关印章，并与署名机关相符。有特定发文机关标志的普发性公文和电报可以不加盖印章。

（十四）附注。公文印发传达范围等需要说明的事项。

（十五）附件。公文正文的说明、补充或者参考资料。

（十六）抄送机关。除主送机关外需要执行或者知晓公文内容的其他机关，应当使用机关全称、规范化简称或者同类型机关统称。

（十七）印发机关和印发日期。公文的送印机关和送印日期。

（十八）页码。公文页数顺序号。

第十条 公文的版式按照《党政机关公文格式》国家标准执行。

第十一条 公文使用的汉字、数字、外文字符、计量单位和标点符号等，按照有关国家标准和规定执行。民族自治地方的公文，可以并用汉字和当地通用的少数民族文字。

第十二条 公文用纸幅面采用国际标准 A4 型。特殊形式的公文用纸幅面，根据实际需要确定。

第四章　行　文　规　则

第十三条 行文应当确有必要，讲求实效，注重针对性和可操作性。

第十四条 行文关系根据隶属关系和职权范围确定。一般不得越级行文，特殊情况需要越级行文的，应当同时抄送被越过的机关。

第十五条 向上级机关行文，应当遵循以下规则：

（一）原则上主送一个上级机关，根据需要同时抄送相关上级机关和同级机关，不抄送下级机关。

（二）党委、政府的部门向上级主管部门请示、报告重大事项，应当经本级党委、政府同意或者授权；属于部门职权范围内的事项应当直接报送上级主管部门。

（三）下级机关的请示事项，如需以本机关名义向上级机关请示，应当提出倾向性意见后上报，不得原文转报上级机关。

（四）请示应当一文一事。不得在报告等非请示性公文中夹带请示事项。

（五）除上级机关负责人直接交办事项外，不得以本机关名义向上级机关负责人报送公文，不得以本机关负责人名义向上级机关报送公文。

（六）受双重领导的机关向一个上级机关行文，必要时抄送另一个上级机关。

第十六条 向下级机关行文，应当遵循以下规则：

（一）主送受理机关，根据需要抄送相关机关。重要行文应当同时抄送发文机关的直接上级机关。

（二）党委、政府的办公厅（室）根据本级党委、政府授权，可以向下级党委、政府行文，其他部门和单位不得向下级党委、政府发布指令性公文或者在公文中向下级党委、政府提出指令性要求。需经政府审批的具体事项，经政府同意后可以由政府职能部门行文，文中须注明已经政府同意。

（三）党委、政府的部门在各自职权范围内可以向下级党委、政府的相关部门行文。

（四）涉及多个部门职权范围内的事务，部门之间未协商一致的，不得向下行文；擅自行文的，上级机关应当责令其纠正或者撤销。

（五）上级机关向受双重领导的下级机关行文，必要时抄送该下级机关的另一个上级机关。

第十七条　同级党政机关、党政机关与其他同级机关必要时可以联合行文。属于党委、政府各自职权范围内的工作，不得联合行文。

党委、政府的部门依据职权可以相互行文。部门内设机构除办公厅（室）外不得对外正式行文。

第五章　公　文　拟　制

第十八条　公文拟制包括公文的起草、审核、签发等程序。

第十九条　公文起草应当做到：

（一）符合国家法律法规和党的路线方针政策，完整准确体现发文机关意图，并同现行有关公文相衔接。

（二）一切从实际出发，分析问题实事求是，所提政策措施和办法切实可行。

（三）内容简洁，主题突出，观点鲜明，结构严谨，表述准确，文字精练。

（四）文种正确，格式规范。

（五）深入调查研究，充分进行论证，广泛听取意见。

（六）公文涉及其他地区或者部门职权范围内的事项，起草单位必须征求相关地区或者部门意见，力求达成一致。

（七）机关负责人应当主持、指导重要公文起草工作。

第二十条　公文文稿签发前，应当由发文机关办公厅（室）进行审核。审核的重点是：

（一）行文理由是否充分，行文依据是否准确。

（二）内容是否符合国家法律法规和党的路线方针政策；是否完整准确体现发文机关意图；是否同现行有关公文相衔接；所提政策措施和办法是否切实可行。

（三）涉及有关地区或者部门职权范围内的事项是否经过充分协商并达成一致意见。

（四）文种是否正确，格式是否规范；人名、地名、时间、数字、段落顺序、引文等是否准确；文字、数字、计量单位和标点符号等用法是否规范。

（五）其他内容是否符合公文起草的有关要求。

需要发文机关审议的重要公文文稿，审议前由发文机关办公厅（室）进行初核。

第二十一条 经审核不宜发文的公文文稿，应当退回起草单位并说明理由；符合发文条件但内容需作进一步研究和修改的，由起草单位修改后重新报送。

第二十二条 公文应当经本机关负责人审批签发。重要公文和上行文由机关主要负责人签发。党委、政府的办公厅（室）根据党委、政府授权制发的公文，由受权机关主要负责人签发或者按照有关规定签发。签发人签发公文，应当签署意见、姓名和完整日期；圈阅或者签名的，视为同意。联合发文由所有联署机关的负责人会签。

第六章 公 文 办 理

第二十三条 公文办理包括收文办理、发文办理和整理归档。

第二十四条 收文办理主要程序是：

（一）签收。对收到的公文应当逐件清点，核对无误后签字或者盖章，并注明签收时间。

（二）登记。对公文的主要信息和办理情况应当详细记载。

（三）初审。对收到的公文应当进行初审。初审的重点是：是否应当由本机关办理，是否符合行文规则，文种、格式是否符合要求，涉及其他地区或者部门职权范围内的事项是否已经协商、会签，是否符合公文起草的其他要求。经初审不符合规定的公文，应当及时退回来文单位并说明理由。

（四）承办。阅知性公文应当根据公文内容、要求和工作需要确定范围后分送。批办性公文应当提出拟办意见报本机关负责人批示或者转有关部门办理；需要两个以上部门办理的，应当明确主办部门。紧急公文应当明确办理时限。承办部门对交办的公文应当及时办理，有明确办理时限要求的应当在规定时限内办理完毕。

（五）传阅。根据领导批示和工作需要将公文及时送传阅对象阅知或者批示。办理公文传阅应当随时掌握公文去向，不得漏传、误传、延误。

（六）催办。及时了解掌握公文的办理进展情况，督促承办部门按期办结。紧急公文或者重要公文应当由专人负责催办。

（七）答复。公文的办理结果应当及时答复来文单位，并根据需要告知相关单位。

第二十五条 发文办理主要程序是：

（一）复核。已经发文机关负责人签批的公文，印发前应当对公文的审批手续、内容、文种、格式等进行复核；需作实质性修改的，应当报原签批人复审。

（二）登记。对复核后的公文，应当确定发文字号、分送范围和印制份数并详细记载。

（三）印制。公文印制必须确保质量和时效。涉密公文应当在符合保密要求的场所印制。

（四）核发。公文印制完毕，应当对公文的文字、格式和印刷质量进行检查后分发。

第二十六条 涉密公文应当通过机要交通、邮政机要通信、城市机要文件交换站或者收发件机关机要收发人员进行传递，通过密码电报或者符合国家保密规定的计算机信息系统进行传输。

第二十七条 需要归档的公文及有关材料，应当根据有关档案法律法规以及机关档案管理规定，及时收集齐全、整理归档。两个以上机关联合办理的公文，原件由主办机关归档，相关机关保存复制件。机关负责人兼任其他机关职务的，在履行所兼职务过程中形成的公文，由其兼职机关归档。

第七章 公 文 管 理

第二十八条 各级党政机关应当建立健全本机关公文管理制度，确保管理严格规范，充分发挥公文效用。

第二十九条 党政机关公文由文秘部门或者专人统一管理。设立党委（党组）的县级以上单位应当建立机要保密室和机要阅文室，并按照有关保密规定配备工作人员和必要的安全保密设施设备。

第三十条 公文确定密级前，应当按照拟定的密级先行采取保密措施。确定密级后，应当按照所定密级严格管理。绝密级公文应当由专人管理。

公文的密级需要变更或者解除的，由原确定密级的机关或者其上级机关决定。

第三十一条 公文的印发传达范围应当按照发文机关的要求执行；需要变更的，应当经发文机关批准。

涉密公文公开发布前应当履行解密程序。公开发布的时间、形式和渠道，由发文机关确定。

经批准公开发布的公文，同发文机关正式印发的公文具有同等效力。

第三十二条 复制、汇编机密级、秘密级公文，应当符合有关规定并经本机关负责人批准。绝密级公文一般不得复制、汇编，确有工作需要的，应当经发文机关或者其上级机关批准。复制、汇编的公文视同原件管理。

复制件应当加盖复制机关戳记。翻印件应当注明翻印的机关名称、日期。汇编本的密级按照编入公文的最高密级标注。

第三十三条 公文的撤销和废止，由发文机关、上级机关或者权力机关根据职权范围和有关法律法规决定。公文被撤销的，视为自始无效；公文被废止的，视为自废止之日起失效。

第三十四条　涉密公文应当按照发文机关的要求和有关规定进行清退或者销毁。

第三十五条　不具备归档和保存价值的公文，经批准后可以销毁。销毁涉密公文必须严格按照有关规定履行审批登记手续，确保不丢失、不漏销。个人不得私自销毁、留存涉密公文。

第三十六条　机关合并时，全部公文应当随之合并管理；机关撤销时，需要归档的公文经整理后按照有关规定移交档案管理部门。

工作人员离岗离职时，所在机关应当督促其将暂存、借用的公文按照有关规定移交、清退。

第三十七条　新设立的机关应当向本级党委、政府的办公厅（室）提出发文立户申请。经审查符合条件的，列为发文单位，机关合并或者撤销时，相应进行调整。

第八章　附　　则

第三十八条　党政机关公文含电子公文。电子公文处理工作的具体办法另行制定。

第三十九条　法规、规章方面的公文，依照有关规定处理。外事方面的公文，依照外事主管部门的有关规定处理。

第四十条　其他机关和单位的公文处理工作，可以参照本条例执行。

第四十一条　本条例由中共中央办公厅、国务院办公厅负责解释。

第四十二条　本条例自2012年7月1日起施行。1996年5月3日中共中央办公厅发布的《中国共产党机关公文处理条例》和2000年8月24日国务院发布的《国家行政机关公文处理办法》停止执行。

附录 2　党政机关公文格式
（GB/T 9704—2012）

目　　次

前言 …………………………………………………………………………………… 244
1　范围 ………………………………………………………………………………… 245
2　规范性引用文件 …………………………………………………………………… 245
3　术语和定义 ………………………………………………………………………… 245
　3.1　字　word ……………………………………………………………………… 245
　3.2　行　line ……………………………………………………………………… 245
4　公文用纸主要技术指标 …………………………………………………………… 246
5　公文用纸幅面尺寸及版面要求 …………………………………………………… 246
　5.1　幅面尺寸 ……………………………………………………………………… 246
　5.2　版面 …………………………………………………………………………… 246
　　5.2.1　页边与版心尺寸 ………………………………………………………… 246
　　5.2.2　字体和字号 ……………………………………………………………… 246
　　5.2.3　行数和字数 ……………………………………………………………… 246
　　5.2.4　文字的颜色 ……………………………………………………………… 246
6　印制装订要求 ……………………………………………………………………… 246
　6.1　制版要求 ……………………………………………………………………… 246
　6.2　印刷要求 ……………………………………………………………………… 246
　6.3　装订要求 ……………………………………………………………………… 247
7　公文格式各要素编排规则 ………………………………………………………… 247
　7.1　公文格式各要素的划分 ……………………………………………………… 247
　7.2　版头 …………………………………………………………………………… 247
　　7.2.1　份号 ……………………………………………………………………… 247
　　7.2.2　密级和保密期限 ………………………………………………………… 247

- 7.2.3 紧急程度 ··· 247
- 7.2.4 发文机关标志 ··· 248
- 7.2.5 发文字号 ··· 248
- 7.2.6 签发人 ··· 248
- 7.2.7 版头中的分隔线 ··· 248
- 7.3 主体 ··· 248
  - 7.3.1 标题 ··· 248
  - 7.3.2 主送机关 ··· 248
  - 7.3.3 正文 ··· 249
  - 7.3.4 附件说明 ··· 249
  - 7.3.5 发文机关署名、成文日期和印章 ··· 249
    - 7.3.5.1 加盖印章的公文 ··· 249
    - 7.3.5.2 不加盖印章的公文 ··· 249
    - 7.3.5.3 加盖签发人签名章的公文 ··· 249
    - 7.3.5.4 成文日期中的数字 ··· 250
    - 7.3.5.5 特殊情况说明 ··· 250
  - 7.3.6 附注 ··· 250
  - 7.3.7 附件 ··· 250
- 7.4 版记 ··· 250
  - 7.4.1 版记中的分隔线 ··· 250
  - 7.4.2 抄送机关 ··· 250
  - 7.4.3 印发机关和印发日期 ··· 251
- 7.5 页码 ··· 251
- 8 公文中的横排表格 ··· 251
- 9 公文中计量单位、标点符号和数字的用法 ··· 251
- 10 公文的特定格式 ·· 251
  - 10.1 信函格式 ··· 251
  - 10.2 命令（令）格式 ··· 252
  - 10.3 纪要格式 ··· 252
- 11 式样 ··· 252

前　言

本标准按照 GB/T 1.1—2009 给出的规则起草。

本标准根据中共中央办公厅、国务院办公厅印发的《党政机关公文处理工作条例》的有关规定对 GB/T 9704—1999《国家行政机关公文格式》进行修订。本标准相对 GB/T 9704—1999 主要作如下修订：

- a) 标准名称改为《党政机关公文格式》，标准英文名称也作相应修改；
- b) 适用范围扩展到各级党政机关制发的公文；
- c) 对标准结构进行适当调整；
- d) 对公文装订要求进行适当调整；
- e) 增加发文机关署名和页码两个公文格式要素，删除主题词格式要素，并对公文格式各要素的编排进行较大调整；
- f) 进一步细化特定格式公文的编排要求；
- g) 新增联合行文公文首页版式、信函格式首页、命令（令）格式首页版式等式样。

本标准中公文用语与《党政机关公文处理工作条例》中的用语一致。

本标准为第二次修订。

本标准由中共中央办公厅和国务院办公厅提出。

本标准由中国标准化研究院归口。

本标准起草单位：中国标准化研究院、中共中央办公厅秘书局、国务院办公厅秘书局、中国标准出版社。

本标准主要起草人：房庆、杨雯、郭道锋、孙维、马慧、张书杰、徐成华、范一乔、李玲。

本标准代替了 GB/T 9704—1999。

GB/T 9704—1999 的历次版本发布情况为：

——GB/T 9704—1988。

党政机关公文格式

1 范围

本标准规定了党政机关公文通用的纸张要求、排版和印制装订要求、公文格式各要素的编排规则，并给出了公文的式样。

本标准适用于各级党政机关制发的公文。其他机关和单位的公文可以参照执行。

使用少数民族文字印制的公文，其用纸、幅面尺寸及版面、印制等要求按照本标准执行，其余可以参照本标准并按照有关规定执行。

2 规范性引用文件

下列文件对于本标准的应用是必不可少的。凡是注日期的引用文件，仅所注日期的版本适用于本标准。凡是不注日期的引用文件，其最新版本（包括所有的修改单）适用于本标准。

GB/T 148　印刷、书写和绘图纸幅面尺寸

GB 3100　国际单位制及其应用

GB 3101　有关量、单位和符号的一般原则

GB 3102（所有部分）　量和单位

GB/T 15834　标点符号用法

GB/T 15835　出版物上数字用法

3 术语和定义

下列术语和定义适用于本标准。

3.1 字　word

标示公文中横向距离的长度单位。在本标准中，一字指一个汉字宽度的距离。

3.2 行　line

标示公文中纵向距离的长度单位。在本标准中，一行指一个汉字的高度加 3 号汉字高度的 7/8 的距离。

4 公文用纸主要技术指标

公文用纸一般使用纸张定量为 $60g/m^2 \sim 80g/m^2$ 的胶版印刷纸或复印纸。纸张白度 80%～90%，横向耐折度≥15 次，不透明度≥85%，pH 值为 7.5～9.5。

5 公文用纸幅面尺寸及版面要求

5.1 幅面尺寸

公文用纸采用 GB/T 148 中规定的 A4 型纸，其成品幅面尺寸为：210mm×297mm。

5.2 版面

5.2.1 页边与版心尺寸

公文用纸天头（上白边）为 37mm±1mm，公文用纸订口（左白边）为 28mm±1mm，版心尺寸为 156mm×225mm。

5.2.2 字体和字号

如无特殊说明，公文格式各要素一般用 3 号仿宋体字。特定情况可以作适当调整。

5.2.3 行数和字数

一般每面排 22 行，每行排 28 个字，并撑满版心。特定情况可以作适当调整。

5.2.4 文字的颜色

如无特殊说明，公文中文字的颜色均为黑色。

6 印制装订要求

6.1 制版要求

版面干净无底灰，字迹清楚无断划，尺寸标准，版心不斜，误差不超过 1mm。

6.2 印刷要求

双面印刷；页码套正，两面误差不超过 2mm。黑色油墨应当达到色谱所标 BL100%，红色油墨应当达到色谱所标 Y80%、M80%。印品着墨实、均匀；字面不花、不白、无断划。

6.3 装订要求

公文应当左侧装订,不掉页,两页页码之间误差不超过4mm,裁切后的成品尺寸允许误差±2mm,四角呈90°,无毛茬或缺损。

骑马订或平订的公文应当:

a) 订位为两钉外订眼距版面上下边缘各70mm处,允许误差±4mm;
b) 无坏钉、漏钉、重钉,钉脚平伏牢固;
c) 骑马订钉锯均订在折缝线上,平订钉锯与书脊间的距离为3mm~5mm。

包本装订公文的封皮(封面、书脊、封底)与书芯应吻合、包紧、包平、不脱落。

7 公文格式各要素编排规则

7.1 公文格式各要素的划分

本标准将版心内的公文格式各要素划分为版头、主体、版记三部分。公文首页红色分隔线以上的部分称为版头;公文首页红色分隔线(不含)以下、公文末页首条分隔线(不含)以上的部分称为主体;公文末页首条分隔线以下、末条分隔线以上的部分称为版记。

页码位于版心外。

7.2 版头

7.2.1 份号

如需标注份号,一般用6位3号阿拉伯数字,顶格编排在版心左上角第一行。

7.2.2 密级和保密期限

如需标注密级和保密期限,一般用3号黑体字,顶格编排在版心左上角第二行;保密期限中的数字用阿拉伯数字标注。

7.2.3 紧急程度

如需标注紧急程度,一般用3号黑体字,顶格编排在版心左上角;如需同时标注份号、密级和保密期限、紧急程度,按照份号、密级和保密期限、紧急程度的顺序自上而下分行排列。

7.2.4 发文机关标志

由发文机关全称或者规范化简称加"文件"二字组成,也可以使用发文机关全称或者规范化简称。

发文机关标志居中排布,上边缘至版心上边缘为35mm,推荐使用小标宋体字,颜色为红色,以醒目、美观、庄重为原则。

联合行文时,如需同时标注联署发文机关名称,一般应当将主办机关名称排列在前;如有"文件"二字,应当置于发文机关名称右侧,以联署发文机关名称为准上下居中排布。

7.2.5 发文字号

编排在发文机关标志下空二行位置,居中排布。年份、发文顺序号用阿拉伯数字标注;年份应标全称,用六角括号"〔〕"括入;发文顺序号不加"第"字,不编虚位(即1不编为01),在阿拉伯数字后加"号"字。

上行文的发文字号居左空一字编排,与最后一个签发人姓名处在同一行。

7.2.6 签发人

由"签发人"三字加全角冒号和签发人姓名组成,居右空一字,编排在发文机关标志下空二行位置。"签发人"三字用3号仿宋体字,签发人姓名用3号楷体字。

如有多个签发人,签发人姓名按照发文机关的排列顺序从左到右、自上而下依次均匀编排,一般每行排两个姓名,回行时与上一行第一个签发人姓名对齐。

7.2.7 版头中的分隔线

发文字号之下4mm处居中印一条与版心等宽的红色分隔线。

7.3 主体

7.3.1 标题

一般用2号小标宋体字,编排于红色分隔线下空二行位置,分一行或多行居中排布;回行时,要做到词意完整,排列对称,长短适宜,间距恰当,标题排列应当使用梯形或菱形。

7.3.2 主送机关

编排于标题下空一行位置,居左顶格,回行时仍顶格,最后一个机关名称后标全角冒号。如主送机关名称过多导致公文首页不能显示正文时，应当将主送机关名称移至版记，标注方法见7.4.2。

7.3.3 正文

公文首页必须显示正文。一般用3号仿宋体字，编排于主送机关名称下一行，每个自然段左空二字，回行顶格。文中结构层次序数依次可以用"一、""（一）""1.""（1）"标注；一般第一层用黑体字、第二层用楷体字、第三层和第四层用仿宋体字标注。

7.3.4 附件说明

如有附件，在正文下空一行左空二字编排"附件"二字，后标全角冒号和附件名称。如有多个附件，使用阿拉伯数字标注附件顺序号（如"附件：1.××××"）；附件名称后不加标点符号。附件名称较长需回行时，应当与上一行附件名称的首字对齐。

7.3.5 发文机关署名、成文日期和印章

7.3.5.1 加盖印章的公文

成文日期一般右空四字编排，印章用红色，不得出现空白印章。

单一机关行文时，一般在成文日期之上、以成文日期为准居中编排发文机关署名，印章端正、居中下压发文机关署名和成文日期，使发文机关署名和成文日期居印章中心偏下位置，印章顶端应当上距正文（或附件说明）一行之内。

联合行文时，一般将各发文机关署名按照发文机关顺序整齐排列在相应位置，并将印章一一对应、端正、居中下压发文机关署名，最后一个印章端正、居中下压发文机关署名和成文日期，印章之间排列整齐、互不相交或相切，每排印章两端不得超出版心，首排印章顶端应当上距正文（或附件说明）一行之内。

7.3.5.2 不加盖印章的公文

单一机关行文时，在正文（或附件说明）下空一行右空二字编排发文机关署名，在发文机关署名下一行编排成文日期，首字比发文机关署名首字右移二字，如成文日期长于发文机关署名，应当使成文日期右空二字编排，并相应增加发文机关署名右空字数。

联合行文时，应当先编排主办机关署名，其余发文机关署名依次向下编排。

7.3.5.3 加盖签发人签名章的公文

单一机关制发的公文加盖签发人签名章时，在正文（或附件说明）下空二行右空

四字加盖签发人签名章，签名章左空二字标注签发人职务，以签名章为准上下居中排布。在签发人签名章下空一行右空四字编排成文日期。

联合行文时，应当先编排主办机关签发人职务、签名章，其余机关签发人职务、签名章依次向下编排，与主办机关签发人职务、签名章上下对齐；每行只编排一个机关的签发人职务、签名章；签发人职务应当标注全称。

签名章一般用红色。

7.3.5.4 成文日期中的数字

用阿拉伯数字将年、月、日标全，年份应标全称，月、日不编虚位（即1不编为01）。

7.3.5.5 特殊情况说明

当公文排版后所剩空白处不能容下印章或签发人签名章、成文日期时，可以采取调整行距、字距的措施解决。

7.3.6 附注

如有附注，居左空二字加圆括号编排在成文日期下一行。

7.3.7 附件

附件应当另面编排，并在版记之前，与公文正文一起装订。"附件"二字及附件顺序号用3号黑体字顶格编排在版心左上角第一行。附件标题居中编排在版心第三行。附件顺序号和附件标题应当与附件说明的表述一致。附件格式要求同正文。

如附件与正文不能一起装订，应当在附件左上角第一行顶格编排公文的发文字号并在其后标注"附件"二字及附件顺序号。

7.4 版记

7.4.1 版记中的分隔线

版记中的分隔线与版心等宽，首条分隔线和末条分隔线用粗线（推荐高度为0.35mm），中间的分隔线用细线（推荐高度为0.25mm）。首条分隔线位于版记中第一个要素之上，末条分隔线与公文最后一面的版心下边缘重合。

7.4.2 抄送机关

如有抄送机关，一般用4号仿宋体字，在印发机关和印发日期之上一行、左右各空一字编排。"抄送"二字后加全角冒号和抄送机关名称，回行时与冒号后的首字对齐，最后一个抄送机关名称后标句号。

如需把主送机关移至版记，除将"抄送"二字改为"主送"外，编排方法同抄送机关。既有主送机关又有抄送机关时，应当将主送机关置于抄送机关之上一行，之间不加分隔线。

7.4.3 印发机关和印发日期

印发机关和印发日期一般用4号仿宋体字，编排在末条分隔线之上，印发机关左空一字，印发日期右空一字，用阿拉伯数字将年、月、日标全，年份应标全称，月、日不编虚位（即1不编为01），后加"印发"二字。

版记中如有其他要素，应当将其与印发机关和印发日期用一条细分隔线隔开。

7.5 页码

一般用4号半角宋体阿拉伯数字，编排在公文版心下边缘之下，数字左右各放一条一字线；一字线上距版心下边缘7mm。单页码居右空一字，双页码居左空一字。公文的版记页前有空白页的，空白页和版记页均不编排页码。公文的附件与正文一起装订时，页码应当连续编排。

8 公文中的横排表格

A4纸型的表格横排时，页码位置与公文其他页码保持一致，单页码表头在订口一边，双页码表头在切口一边。

9 公文中计量单位、标点符号和数字的用法

公文中计量单位的用法应当符合GB 3100、GB 3101和GB 3102（所有部分），标点符号的用法应当符合GB/T 15834，数字用法应当符合GB/T 15835。

10 公文的特定格式

10.1 信函格式

发文机关标志使用发文机关全称或者规范化简称，居中排布，上边缘至上页边为30mm，推荐使用红色小标宋体字。联合行文时，使用主办机关标志。

发文机关标志下4mm处印一条红色双线（上粗下细），距下页边20mm处印一条红色双线（上细下粗），线长均为170mm，居中排布。

如需标注份号、密级和保密期限、紧急程度，应当顶格居版心左边缘编排在第一条红色双线下，按照份号、密级和保密期限、紧急程度的顺序自上而下分行排列，第一个要素与该线的距离为3号汉字高度的7/8。

发文字号顶格居版心右边缘编排在第一条红色双线下，与该线的距离为3号汉字高度的7/8。

标题居中编排，与其上最后一个要素相距二行。

第二条红色双线上一行如有文字，与该线的距离为3号汉字高度的7/8。

首页不显示页码。

版记不加印发机关和印发日期、分隔线，位于公文最后一面版心内最下方。

10.2 命令（令）格式

发文机关标志由发文机关全称加"命令"或"令"字组成，居中排布，上边缘至版心上边缘为20mm，推荐使用红色小标宋体字。

发文机关标志下空二行居中编排令号，令号下空二行编排正文。

签发人职务、签名章和成文日期的编排见7.3.5.3。

10.3 纪要格式

纪要标志由"××××纪要"组成，居中排布，上边缘至版心上边缘为35mm，推荐使用红色小标宋体字。

标注出席人员名单，一般用3号黑体字，在正文或附件说明下空一行左空二字编排"出席"二字，后标全角冒号，冒号后用3号仿宋体字标注出席人单位、姓名，回行时与冒号后的首字对齐。

标注请假和列席人员名单，除依次另起一行并将"出席"二字改为"请假"或"列席"外，编排方法同出席人员名单。

纪要格式可以根据实际制定。

11 式样

A4型公文用纸页边及版心尺寸见图1；公文首页版式见图2；联合行文公文首页版式1见图3；联合行文公文首页版式2见图4；公文末页版式1见图5；公文末页版式2见图6；联合行文公文末页版式1见图7；联合行文公文末页版式2见图8；附件说明页版式见图9；带附件公文末页版式见图10；信函格式首页版式见图11；命令（令）格式首页版式见图12。

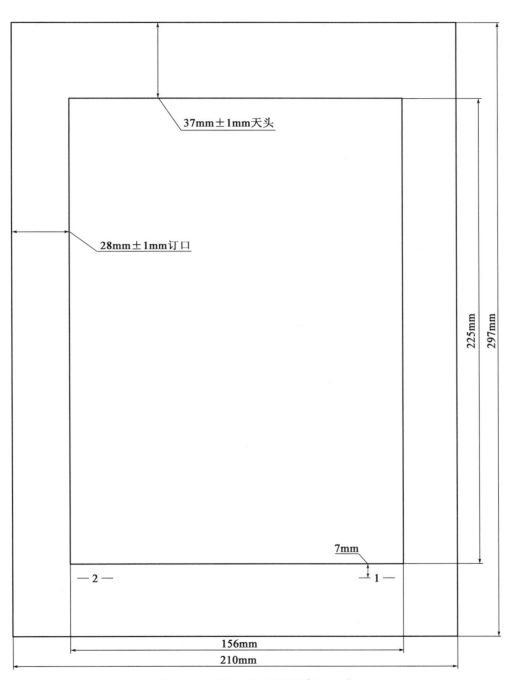

图1　A4 型公文用纸页边及版心尺寸

图2 公文首页版式

注：版心实线框仅为示意，在印制公文时并不印出。

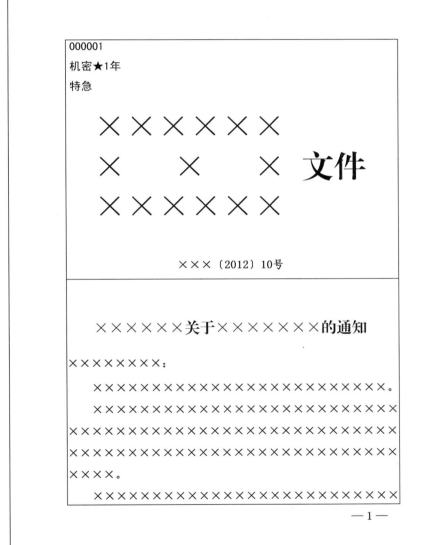

图3　联合行文公文首页版式1

注：版心实线框仅为示意，在印制公文时并不印出。

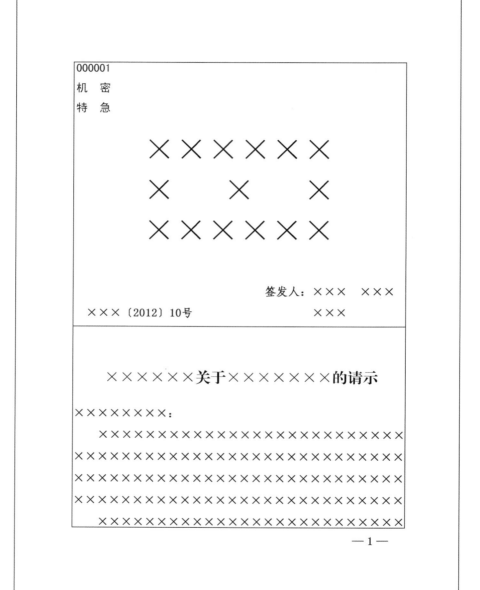

图 4　联合行文公文首页版式 2
注：版心实线框仅为示意，在印制公文时并不印出。

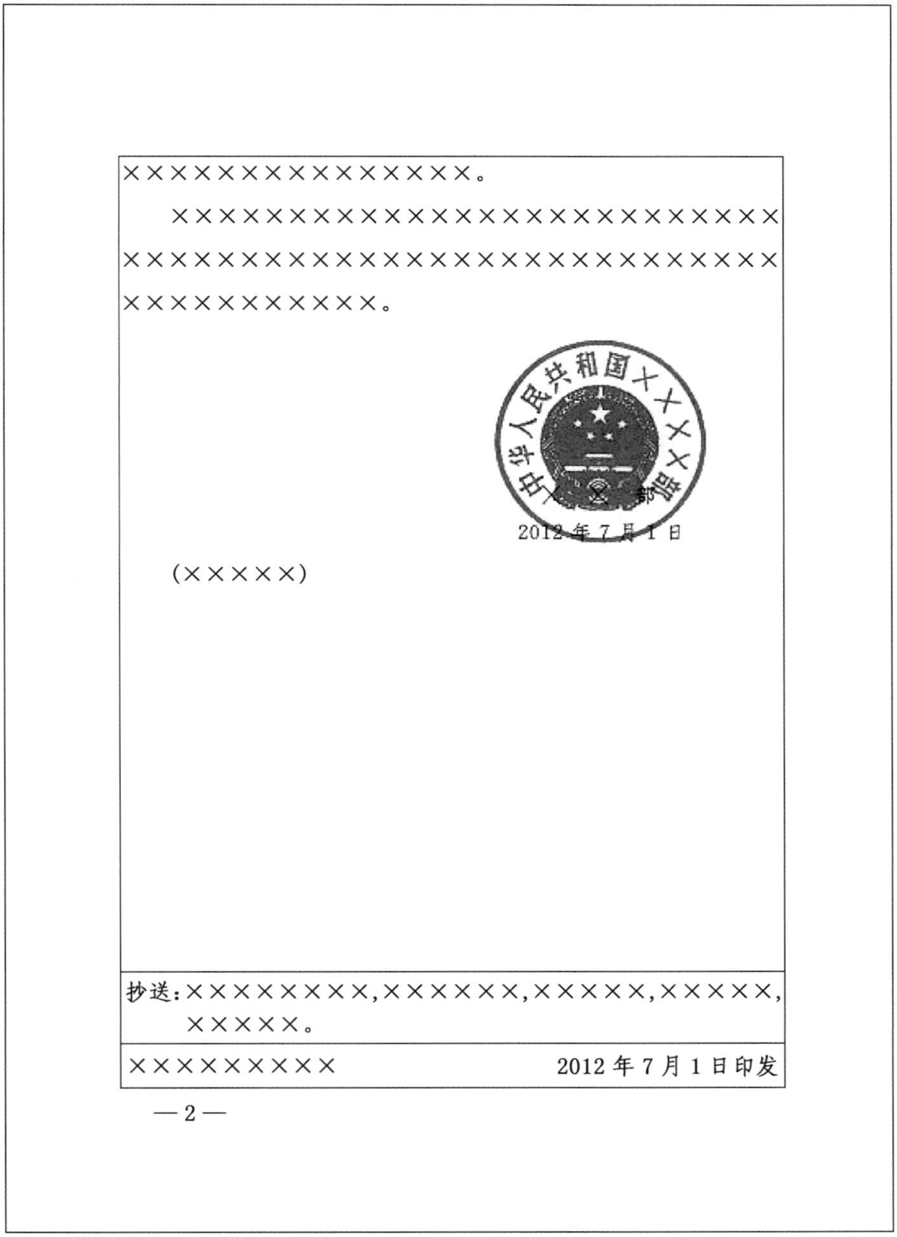

图5　公文末页版式1

注：版心实线框仅为示意，在印制公文时并不印出。

```
    ××××××××××××××。
       ××××××××××××××××××
    ××××××××××××××××××××
    ×××××××。
                    ××××××××××
                 2012 年 7 月 1 日
    (××××)












抄送：×××××××,××××××,×××××,×××××,
    ×××××。
××××××××          2012 年 7 月 1 日印发
—2—
```

图 6　公文末页版式 2

注：版心实线框仅为示意，在印制公文时并不印出。

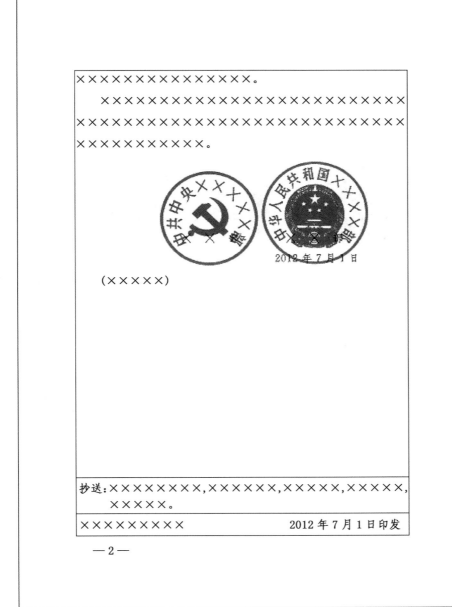

图 7　联合行文公文末页版式 1

注：版心实线框仅为示意，在印制公文时并不印出。

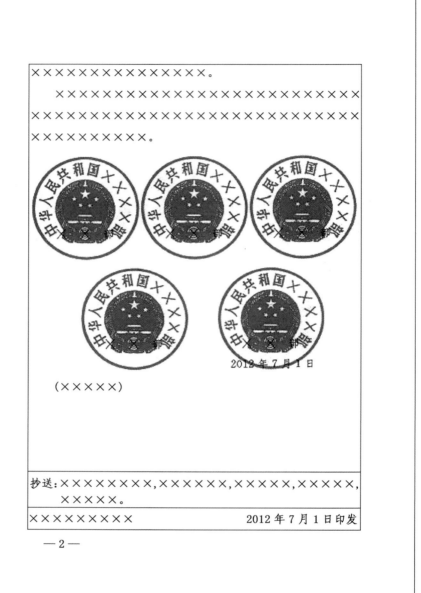

图 8　联合行文公文末页版式 2

注：版心实线框仅为示意，在印制公文时并不印出。

×××××××××××。
×××。

　　附件：1.×××××××××××××××××××
　　　　　××××
　　　　2.××××××××××

　　　　　　　　　　　　　××××××
　　　　　　　　　　　　　× × × ×
　　　　　　　　　　　　2012年7月1日

（××××）

— 2 —

图9　附件说明页版式

注：版心实线框仅为示意，在印制公文时并不印出。

图 10　带附件公文末页版式

注：版心实线框仅为示意，在印制公文时并不印出。

中华人民共和国××××××部

000001　　　　　　　　　　×××〔2012〕10号

机　密

特　急

×××××关于×××××××的通知

×××××××：

　　××。

　　××。

　　××。

图 11　信函格式首页版式

注：版心实线框仅为示意，在印制公文时并不印出。

图12　命令（令）格式首页版式

注：版心实线框仅为示意，在印制公文时并不印出。

附录3　交通运输部公文处理办法

第一章　总　　则

第一条　为了规范交通运输部公文处理工作，进一步精简公文、转变文风，推进公文处理工作科学化、制度化、规范化，根据《党政机关公文处理工作条例》，结合交通运输工作实际，制定本办法。

第二条　交通运输部公文是交通运输部实施领导、履行职能、处理公务的具有特定效力和规范体式的文书，是传达贯彻党和国家方针政策，公布交通运输部门规章，指导、布置和商洽工作，请示和答复问题，报告、通报和交流情况等的重要工具。

第三条　公文处理工作指公文拟制、办理、管理等一系列相互关联、衔接有序的工作。

第四条　公文处理工作应当坚持实事求是、准确规范、精简高效、安全保密的原则。

第五条　各级交通运输部门应当高度重视公文处理工作，加强组织领导，强化队伍建设，设立文秘部门或由专人负责公文处理工作。交通运输部门工作人员应当认真学习掌握公文处理工作有关规定，对公文处理业务知识和工作流程做到应知应会。

第六条　交通运输部办公厅主管交通运输部的公文处理工作，并对各省、自治区、直辖市、新疆生产建设兵团、计划单列市人民政府的交通运输部门（以下简称下级交通运输部门）和部属单位的公文处理工作进行业务指导和督促检查。

第二章　公　文　种　类

第七条　公文种类主要有：

（一）决议。适用于会议讨论通过的重大决策事项。

（二）决定。适用于对重要事项作出决策和部署、奖惩有关单位和人员、变更或者撤销下级机关不适当的决定事项。

（三）命令（令）。适用于公布交通运输部门规章、宣布施行重大强制性措施、嘉奖有关单位和人员。

（四）公报。适用于公布重要决定或者重大事项。

（五）公告。适用于向国内外宣布重要事项或者法定事项。

（六）通告。适用于在一定范围内公布应当遵守或者周知的事项。

（七）意见。适用于对重要问题提出见解和处理办法。

（八）通知。适用于发布、传达要求下级机关执行和有关单位周知或者执行的事项，批转、转发公文。

（九）通报。适用于表彰先进、批评错误、传达重要精神和告知重要情况。

（十）报告。适用于向上级机关汇报工作、反映情况，回复上级机关的询问。

（十一）请示。适用于向上级机关请求指示、批准。

（十二）批复。适用于答复下级机关请示事项。

（十三）函。适用于不相隶属机关之间商洽工作、询问和答复问题、请求批准和答复审批事项。

（十四）纪要。适用于记载会议主要情况和议定事项。

第三章 公文格式

第八条 公文一般由份号、密级和保密期限、紧急程度、发文机关标志、发文字号、签发人、标题、主送机关、正文、附件说明、发文机关署名、成文日期、印章、附注、附件、抄送机关、印发机关和印发日期、页码等组成。

（一）份号。公文印制份数的顺序号。涉密公文应当标注份号。

（二）密级和保密期限。公文的秘密等级和保密的期限。涉密公文应当根据涉密程度分别标注"绝密""机密""秘密"和保密期限。

（三）紧急程度。公文送达和办理的时限要求。根据紧急程度，紧急公文应当分别标注"特急""加急"，电报应当分别标注"特提""特急""加急""平急"。

（四）发文机关标志。由发文机关全称或者规范化简称加"文件"二字组成，也可以使用发文机关全称或者规范化简称。联合行文时，发文机关标志可以并用联合发文机关名称，主办机关排列在前，也可以单独用主办机关名称。

（五）发文字号。由发文机关代字、年份、发文顺序号组成。联合行文时，使用主办机关的发文字号。

（六）签发人。上行文应当标注签发人姓名。

（七）标题。由发文机关名称、事由和文种组成。

（八）主送机关。公文的主要受理机关，应当使用机关全称、规范化简称或者同类型机关统称。

（九）正文。公文的主体，用来表述公文的内容。

（十）附件说明。公文附件的顺序号和名称。

（十一）发文机关署名。署发文机关全称或者规范化简称。

（十二）成文日期。署会议通过或者发文机关负责人签发的日期。联合行文时，署最后签发机关负责人签发的日期。

（十三）印章。公文中有发文机关署名的，应当加盖发文机关印章，并与署名机关相符。有特定发文机关标志的普发性公文和电报可以不加盖印章。

（十四）附注。信息公开选项及公文印发传达范围等需要说明的事项。上行文应当在附注加括号标注联系人姓名和电话。

（十五）附件。公文正文的说明、补充或者参考资料。

（十六）抄送机关。除主送机关外需要执行或者知晓公文内容的其他机关；应当使用机关全称、规范化简称或者同类型机关统称。

（十七）印发机关和印发日期。公文的送印机关和送印日期。

（十八）页码。公文页数顺序号。

第九条 公文的版式按照《党政机关公文格式》（GB/T 9704—2012）国家标准执行。

第十条 公文中使用的汉字、数字、外文字符、计量单位和标点符号等，按照国家有关标准和规定执行。

第十一条 公文用纸一般采用国际标准 A4 型。特殊形式的公文用纸幅面，根据实际需要确定。

第四章 行 文 规 则

第十二条 行文应当确有必要，注重效用，注重针对性和可操作性。

第十三条 行文关系根据隶属关系和职权范围确定。一般不得越级行文，特殊情况需要越级行文的，应当同时抄送被越过的机关。

第十四条 向上级机关行文，应当遵循以下规则：

（一）原则上主送一个上级机关，根据需要同时抄送相关上级机关和同级机关，不抄送下级机关。

（二）下级交通运输部门向交通运输部请示、报告重大事项，应当经本级党委、政府同意或者授权；属于职权范围内的事项应当直接报送交通运输部。

（三）下级机关的请示事项，如需以本机关名义向上级机关请示，应当提出倾向性意见后上报，不得原文转报上级机关。

（四）请示应当一文一事。不得在报告等非请示性公文中夹带请示事项。

（五）除上级机关负责人直接交办事项外，不得以本机关名义向上级机关负责人报送公文，不得以本机关负责人名义向上级机关报送公文。

（六）部管理的国家局原则上不直接向国务院请示和报告工作，在工作中有需要向国务院请示或报告的事项，应当由交通运输部向国务院报送公文；遇有紧急情况，需直接向国务院请示或报告工作时，应当同时报送交通运输部。

（七）受双重领导的机关向一个上级机关行文，必要时抄送另一个上级机关。

第十五条　向下级机关行文，应当遵循以下规则：

（一）主送受理机关，根据需要抄送相关机关。重要行文应当同时抄送发文机关的直接上级机关。

（二）交通运输部在职权范围内，可以向下级交通运输部门和部属单位行文。除以函的形式商洽工作、询问和答复问题、审批事项外，一般不向下一级政府正式行文。

（三）交通运输部办公厅根据交通运输部授权，可以向下级交通运输部门和部属单位行文。需经交通运输部审批的具体事项，经交通运输部同意后可由交通运输部办公厅行文，文中须注明已经交通运输部同意。

（四）涉及多个内设机构职权范围内的事务，内设机构之间未协商一致的，不得向下行文；擅自行文的，上级机关应当责令纠正或者撤销。

（五）上级机关向受双重领导的下级机关行文，必要时抄送该下级机关的另一个上级机关。

第十六条　交通运输部与同级党政机关或同级其他机关必要时可以联合行文。属于党务、政务各自职权范围内的工作，不得联合行文。联合行文应当明确主办部门。

交通运输部不单独与部管理的国家局联合行文。

交通运输部依据职权可以与中央和国家机关各部门相互行文。

第十七条　交通运输部机关司局除办公厅外不得对外正式行文。即，部机关司局不得向部机关以外的其他机关（包括交通运输系统）发布政策性、规范性文件，不得代替部审批下达应当由部审批下达的事项。部机关司局在业务范围内与相关单位商洽工作、询问和答复问题等，可以司局函的形式处理。严禁使用司局函进行工作部署、审核批准、奖惩人员和检查评估等。除有关人员任免、奖惩、调动等事项外，部机关司局原则上不互相行文。部议事协调机构和临时机构一般不对外行文。

第五章　公　文　形　式

第十八条　公文形式主要包括"令"、"文件"、"函"、"电报"、"公告、通告"、"内部情况通报"、"纪要"、"签报"等。

第十九条　交通运输部令适用于依照有关法律和国务院行政法规、决定、命令，在职权范围内发布交通运输部门规章；宣布施行重大强制性措施；嘉奖有关单位和人员。以部令公布的规章须经部务会议审议通过。部令署部长签名章。

第二十条　"文件"按照发文主体可分为中共交通运输部党组文件、交通运输部文件和交通运输部办公厅文件。

中共交通运输部党组文件适用于向党中央请示、报告工作，传达贯彻党中央的方针政策，转发中共中央文件，作出重大工作部署，公布重要人事任免，以及其他需发中共交通运输部党组文件的事项。

交通运输部文件适用于向国务院请示、报告工作，转发或者批转重要文件，发布具有规范性的重要政策和管理制度，部署全局性工作，公布重要的机构变动、职能和人员调整、奖惩事项，下达和调整长远规划、中长期计划，发布年度工作要点，以及其他需发交通运输部文件的事项。

交通运输部办公厅文件适用于转发有关部门文件，经交通运输部授权发布有关政策和管理制度，布置工作、传达事项、通报情况，公布议事协调机构和临时机构变动、职能和人员调整事项，发布年度业务工作要点，以及其他需发交通运输部办公厅文件的事项。

第二十一条　"函"按照发文主体可分为中共交通运输部党组函、交通运输部函、交通运输部办公厅函。

中共交通运输部党组函适用于就具体事项与同级单位党委（党组）商洽工作、征询和答复意见，批复下级单位党委（党组）的请示，以及其他需以中共交通运输部党组名义行文的事项。

交通运输部函适用于就具体事项与中央和国家机关各部门、各省区市人民政府等商洽工作、征询和答复意见，批复下级单位的请示，下达或调整重要年度计划、单项任务计划，布置具体工作，以及其他需以交通运输部名义行文的事项。

交通运输部办公厅函适用于就具体事项与中央和国家机关各部门、各省区市人民政府办公厅等商洽工作、征询和答复意见，向有关单位布置具体工作，以及其他需以交通运输部办公厅名义行文的事项。

第二十二条　交通运输部公告适用于依照有关法律、法规、规章向国内外公布交通运输规范性文件和其他重要事项。交通运输部通告适用于在一定范围内公布应当遵守或者周知的事务性事项。公告、通告应当公开发布，无主送、抄送机关。

第二十三条　交通运输部内部情况通报适用于传达部领导在重要会议上的讲话。内部情况通报不加盖印章。

第二十四条　"电报"适用于处理紧急公务。按照发文主体可分为中共交通运输部党组发电、交通运输部发电和交通运输部办公厅发电。电报使用"中央和国家机关发电"格式，加盖"发电专用章"。

第二十五条　"纪要"适用于记载和传达交通运输部内部会议的主要情况和议定事项，主要有：中共交通运输部党组会议纪要、交通运输部部务会议纪要、交通运输部专题会议纪要。纪要不加盖印章。

第二十六条　"签报"适用于部机关司局向部领导书面汇报工作、请示事项、反映情况、回复询问、就有关问题提出见解和处理办法，是具有特定格式的内部上行文。签报由主办司局负责人签署姓名，不加盖印章。签报一般只报送一位部领导，不得同时分送多位部领导，不抄送其他司局。

第六章　公　文　精　简

第二十七条　公文精简是指通过采取积极有效的措施严格控制公文的数量、规格、篇幅和印发范围，做到公文数量适度、规格适用、篇幅适当、印发范围适宜。

第二十八条　严格控制公文数量：

（一）凡国家法律法规、党内法规、交通运输部门规章已作明确规定的，不再印发公文。现行文件规定仍然适用的，不再印发公文。

（二）对中共中央、国务院文件，要结合实际贯彻落实，不得直接转发。未经党中央、国务院批准，不得向地方党委和政府发布指令性公文或者在公文中提出指令性要求，不得要求地方党委和政府报文。

（三）属于交通运输部党组职权范围内的工作，以党组名义报送党中央；属于交通运输部职权范围内的工作，以部名义报国务院，不得多头报文。

第二十九条　严格控制公文规格：

（一）由部门或部门联合发文能够解决的，不再上报中共中央、国务院（含中共中央办公厅、国务院办公厅）转发或印发。

（二）以交通运输部办公厅名义发文能够解决的，不以交通运输部名义发文。

（三）通过电话、传真、电子邮件、司局函等方式能够解决的，不正式发文。

（四）部领导的讲话，不宜向社会公布的，用"交通运输部内部情况通报"印发；可以向社会公布的，通过交通运输部政府网站等媒体公布。

第三十条　严格控制公文篇幅。倡导清新简练的文风，不讲空话、套话、虚话。起草公文要突出思想性、针对性和可操作性，做到条理清楚、文字精练，意尽文止。

第三十一条　严格控制公文的印发范围和印发份数。推进政府信息公开和信息化建设，创新行政许可事项办理方式，可以向社会公开的事项应当通过交通运输部政府网站公布或网上办理。通过媒体公开发布的公文，不再下发纸质公文。已标注公开发布的公文，不再翻印。

第七章　公　文　拟　制

第三十二条　公文拟制包括公文的起草、审核、签发等程序。

第三十三条　公文起草应当做到：

（一）符合国家法律法规和党的路线方针政策，完整准确体现发文机关意图，并同现行有关公文相衔接。

（二）一切从实际出发，分析问题实事求是，所提政策措施和办法切实可行。

（三）内容简洁，主题突出，观点鲜明，结构严谨，表述准确，文字精练。

（四）文种正确，格式规范。根据有关规定，确定公文密级、公开属性和紧急程度。

（五）深入调查研究，充分进行论证，广泛听取意见。

（六）公文涉及其他单位职权范围内的事项，主办单位必须征求相关单位意见，力求达成一致。涉及部外单位职能的，办理部外会签。涉及部内司局的，主办司局应当主动与有关司局协商，取得一致意见并办理部内会签。

（七）公文内容涉及重大公共利益、公众权益和敏感事项，可能引发社会稳定问题的，应当进行社会稳定风险评估。

（八）起草涉密公文时，应当使用符合国家保密规定的计算机、网络及移动存储介质。

（九）机关负责人应当主持、指导重要公文起草工作。

第三十四条　公文文稿会签注意事项：

（一）会签文稿均以会签单位负责人签字为有效。

（二）部内会签，由主办司局送转会签。有关司局如有不同意见，应当协商一致后报部领导；如经充分协商仍不能取得一致意见，应当如实报部领导协调裁定。

（三）部外会签（包括会印），由主办司局指定专人承办。部外单位对会签稿有重大修改，应当重新送部领导审签。

（四）部外单位送交通运输部会签的文稿，按职权范围由部内主办司局提出意见，然后按部发文程序办理。

（五）上报的公文，如与部外单位意见不能一致，部内主办司局的主要负责人（必要时部领导）应当出面协调，仍不能取得一致时，须在文中列明各方理据，提出建设性意见，并经有关单位会签后，报请上级机关协调或裁定。

（六）会签文必须严格按照规定的时限要求完成。

办理部外单位来文会签，除主办单位另有时限要求外，部内主办司局应当在7个工作日内予以回复。如情况特殊不能按期回复，应当主动与主办单位沟通并商定回复时限及方式。

办理部内会签，除主办司局另有时限要求外，协办司局应当在3个工作日内予以回复，逾期不回复视为同意。如情况特殊不能按期回复，应当主动与主办司局沟通并商定回复时限及方式。

第三十五条　公文文稿签发前，应当由主办司局和办公厅分别进行审核。规范性文件应当由法制机构进行合法性审查。审核的重点是：

（一）行文理由是否充分，行文依据是否准确。

（二）内容是否符合国家法律法规和党的路线方针政策；是否完整准确体现发文机关意图；是否同现行有关公文相衔接；所提政策措施和办法是否切实可行。

（三）涉及部内其他司局或者部外有关地区、部门职权范围内的事项是否协商会签并达成一致意见。

（四）社会稳定风险评估、合法性审查是否符合程序，密级确定、公开属性标注是否符合规定，紧急程度是否恰当，主送、抄送机关以及文件印数是否合理。

（五）文种是否正确，格式是否规范；人名、地名、时间、数字、段落顺序、引文等是否准确；文字、数字、计量单位和标点符号等用法是否规范。

（六）其他内容是否符合公文起草的有关要求。

需要交通运输部党组会议审议或者交通运输部部务会议审议的重要公文文稿，审议前由办公厅进行初核。

第三十六条　经审核不宜发文的公文文稿，应当退回起草单位并说明理由；符合发文条件但内容需作进一步研究和修改的，由起草单位修改后重新报送。

第三十七条　公文应当经发文机关负责人审批签发。重要公文和上行文由机关主要负责人签发。办公厅根据授权制发的公文，由办公厅主要负责人签发或者按照有关规定签发。签发人签发公文，应当签署意见、姓名和完整日期；圈阅或者签名的，视为同意。联合发文由所有联署机关的负责人会签。

第三十八条　发文程序：

交通运输部发文：主办司局拟稿—司局办公室（综合处，下同）核稿—司局领导核签—办公厅审核—部领导审阅签发—公文登记、复核、印制、核发。

交通运输部办公厅发文：主办司局拟稿—司局办公室核稿—司局领导核签—办公厅审核签发（重要公文由部领导审阅签发）—公文登记、复核、印制、核发。

纪要：会议主办部门拟稿—办公厅审核—主持会议的领导签发—公文登记、复核、印制、核发。

第八章　公文办理

第三十九条　公文办理包括收文办理、发文办理和整理归档。

第四十条　收文办理主要程序是：

（一）签收。交通运输部及办公厅的收文，由办公厅负责签收。部机关司局的收文，由其办公室负责签收。对收到的公文应当逐件清点，核对无误后签字或者盖章，并注明签收时间。

（二）登记。对公文的主要信息和办理情况应当详细记载。包括：来文机关、文号、标题、来文日期、收文编号等。

（三）初审。对收到的公文应当进行初审。初审的重点是：是否应当由本机关办理，是否符合行文规则，文种、格式是否符合要求，涉及其他地区或者部门职权范围内的事项是否已经协商、会签，是否符合公文起草的其他要求。经初审不符合规定的公文，应当及时退回来文单位并说明理由。

（四）承办。对符合本办法规定的公文，办公厅应当及时提出拟办意见送负责人批示或者交有关部门办理。阅知性公文应当根据公文内容、要求和工作需要确定范围后分送。批办性公文应当提出拟办意见报本机关负责人批示或者转有关部门办理；需要两个以上部门办理的，应当明确主办部门。紧急公文应当明确办理时限。

承办部门对交办的公文应当及时办理，有明确办理时限要求的应当在规定时限内办理完毕。确有困难的，应当及时向来文单位说明，协商办理时限。对不属于本单位职权范围或者不宜由本单位办理的，应当及时退回交办部门并说明理由。

（五）传阅。根据领导批示和工作需要将公文及时送传阅对象阅知或者批示。办理公文传阅应当随时掌握公文去向，不得横传、漏传、误传、延误。

（六）催办。送负责人批示或者交有关部门办理的公文，办公厅要负责催办，做到紧急公文跟踪催办，重要公文重点催办，一般公文定期催办。及时了解掌握公文的办理进展情况，督促承办部门按期办结。紧急公文或者重要公文应当由专人负责催办。

（七）答复。公文的办理结果应当及时答复来文单位，并根据需要告知相关单位。

第四十一条 发文办理主要程序是：

（一）登记。已经发文机关负责人签批的公文，应当由办公厅确定发文字号、分送范围和印制份数并详细记载。

（二）缮校。交通运输部发文由文印部门负责前二校，承办人负责三校；其他公文均由承办人负责校对。

（三）复核。印发前应当对公文的审批和会签手续、内容、文种、格式等进行复核；需作实质性修改的，应当报原签批人复审。交通运输部上报的公文，付印前由文秘部门复核清样。

（四）印制。公文印制必须确保质量和时效。涉密公文应当在符合保密要求的场所印制。

（五）核发。公文印制完毕，应当对公文的文字、格式和印刷质量进行检查后分发。

第四十二条 涉密公文应当通过机要交通、邮政机要通信、中央国家机关机要文件交换站或者收发件机关机要收发人员进行传递，通过密码电报或者符合国家保密规定的计算机信息系统进行传输。

第四十三条 需要归档的公文及有关材料，应当根据有关档案法律法规以及交通运输部档案管理规定，及时收集齐全、整理归档。个人不得保存应当归档的公文。两个以上机关联合办理的公文，原件由主办机关归档，相关机关保存复制件。机关负责人兼任其他机关职务的，在履行所兼职务过程中形成的公文，由其兼职机关归档。

第九章 公文管理

第四十四条 各级交通运输部门应当建立健全公文管理制度，确保管理严格规范，充分发挥公文效用。

第四十五条 交通运输部公文由文秘部门或者专人统一管理。设立党委（党组）的处级以上单位应当建立机要保密室和机要阅文室，并按照有关保密规定配备工作人员和必要的安全保密设施设备。

第四十六条 公文确定密级前，应当按照拟定的密级先行采取保密措施。确定密级后，应当按照所定密级严格管理。绝密级公文应当由专人管理。

公文的密级需要变更或者解除的，由原确定密级的机关或者其上级机关决定。

第四十七条 公文的印发传达范围应当按照发文机关的要求执行；需要变更的，应当经发文机关批准。

涉密公文公开发布前应当履行解密程序。公开发布的时间、形式和渠道，由发文机关确定。

经批准公开发布的公文，同发文机关正式印发的公文具有同等效力。属于主动公开的公文，应当按照政府信息公开的有关规定，自公文形成之日起20个工作日内公开。

第四十八条 复制、汇编机密级、秘密级公文，应当符合有关规定并经本机关负责人批准。绝密级公文一般不得复制、汇编，确有工作需要的，应当经发文机关或者其上级机关批准。复制、汇编的公文视同原件管理。

复制件应当加盖复制机关戳记。翻印件应当注明翻印的机关名称、日期。汇编本的密级按照编入公文的最高密级标注。

第四十九条 公文的撤销和废止，由发文机关、上级机关或者权力机关根据职权范围和有关法律法规决定。公文被撤销的，视为自始无效；公文被废止的，视为自废止之日起失效。

第五十条 涉密公文应当按照发文机关的要求和有关规定进行清退或者销毁。

第五十一条 不具备归档和保存价值的公文，经批准后可以销毁。销毁涉密公文必须严格按照有关规定履行审批登记手续，确保不丢失、不漏销。个人不得私自销毁、留存涉密公文。

第五十二条 机关合并时，全部公文应当随之合并管理；机关撤销时，需要归档的公文经整理后按照有关规定移交档案管理部门。

工作人员离岗离职时，所在机关应当督促其将暂存、借用的公文按照有关规定移交、清退。

第五十三条 新设立的机构应当向交通运输部办公厅提出发文立户申请。经审查符合条件的，列为发文单位，机构合并或撤销时，相应进行调整。

第十章　附　　则

第五十四条　交通运输部公文含电子公文。电子公文处理工作的具体办法另行制定。

第五十五条　法规、规章方面的公文，依照有关规定处理。外事方面的公文，依照外事主管部门的有关规定处理。密码电报的使用和管理，按照有关规定执行。

第五十六条　本办法适用于交通运输部机关和具有行政职能的部属单位。驻部单位及部属其他单位的公文处理工作，可以参照本办法执行。下级交通运输部门和国家铁路局、中国民用航空局、国家邮政局报交通运输部的公文参照执行。

第五十七条　本办法由交通运输部办公厅负责解释。

第五十八条　本办法自 2014 年 4 月 1 日起施行。2001 年 4 月 13 日交通部发布的《交通部公文处理办法》和 2007 年 11 月 29 日交通部办公厅发布的《交通部公文精简办法》停止执行。

附录4　交通运输部行政规范性文件制定和管理办法

第一章　总　　则

第一条　为全面贯彻习近平新时代中国特色社会主义思想和党的十九大精神，落实党中央、国务院关于推进依法行政、建设法治政府的部署要求，有效规范交通运输部行政规范性文件的制定和监督管理工作，保障公民、法人和其他组织合法权益，根据中共中央、国务院印发的《法治政府建设实施纲要（2015—2020年）》和《国务院办公厅关于加强行政规范性文件制定和监督管理工作的通知》等规定，结合交通运输部工作实际，制定本办法。

第二条　本办法所称交通运输部行政规范性文件，是指除部门规章外，交通运输部依照法定权限、程序制定并公开发布，涉及公民、法人和其他组织权利义务，具有普遍约束力，在一定期限内反复适用的公文。

前款所称行政规范性文件，包括交通运输部与其他部门联合制定并由交通运输部主办的行政规范性文件。

以下不属于本办法所称的行政规范性文件：

（一）内部执行的管理规范、工作制度；

（二）人事调整、内部机构设置、奖惩决定；

（三）请示、报告、技术标准规范、会议活动通知、会议纪要、领导讲话、情况通报、工作要点、工作总结、工作方案；

（四）其他不具有普遍约束力、不可反复适用的公文。

第三条　交通运输部行政规范性文件的起草、审核、批准、公布、清理、监督等工作，适用本办法。

第四条　制定行政规范性文件应当符合法律、法规、规章和上级文件的规定，坚持合法、公开、精简、效能和权责统一的原则，并遵循本办法规定的制定规则和制定程序。

第五条　行政规范性文件不得增加法律、法规规定之外的行政权力事项或者减少法定职责；不得设定行政许可、行政处罚、行政强制等事项，不得增加办理行政许可事项的条件，不得规定出具循环证明、重复证明、无谓证明的内容；不得违法减损公民、法人和其他组织的合法权益或者增加其义务，侵犯公民人身权、财产权、人格权、劳动权、休息权等基本权利；不得超越权限规定应由市场调节、企业和社会自律、公民自我管理的事项；不得违法制定含有排除或者限制公平竞争内容的措施，违法干预或者影响市场主体正常生产经营活动，违法设置市场准入和退出条件等。

第六条 部办公厅负责行政规范性文件的审核、登记、编号、印制、组织清理等工作；部法制司负责行政规范性文件的合法性和公平竞争审核等工作；部内司局负责职责范围内行政规范性文件的起草、公布、解释、评估、修改和清理等具体工作。

第七条 行政规范性文件必须依照法定程序制发，重要的行政规范性文件严格执行评估论证、公开征求意见、合法性和公平竞争审核、集体审议决定、向社会公开发布等程序。

第二章 起 草

第八条 行政规范性文件由部内相关司局负责起草。涉及部内其他司局业务的，牵头起草司局应当加强组织和沟通，对不同的意见进行协调。

第九条 行政规范性文件的名称应当根据具体内容确定，一般使用"办法""规定""通知""决定""意见""公告"等，不得使用"法""条例"。

第十条 起草行政规范性文件，应当严格落实部公文处理办法等有关公文精简的要求，不得照抄照搬照转上级文件、以文件"落实"文件。确需制定行政规范性文件的，应当讲求实效，注重针对性和可操作性，一般以条文的形式制定，文中结构层次序数依次可以用"一、""（一）""1.""（1）"规范标注，确保结构清晰、表述严谨、文字精练、准确无误。

第十一条 起草司局应当在深入调研基础上，全面论证行政规范性文件制发的必要性、可行性和合理性，对有关行政措施的预期效果和可能产生的影响进行评估，对该文件是否符合法律法规和国家政策、是否符合社会主义核心价值观、是否符合公平竞争审核要求等进行把关。对专业性、技术性较强的行政规范性文件，应当组织相关专家进行论证。

第十二条 起草行政规范性文件，应当根据内容需要，明确制定目的和依据、适用范围、执行部门和施行日期等内容，明确列明因该文件施行而失效或者废止的文件的名称、文号；仅涉及部分条款失效或者废止的，应当列明相关条款。

第十三条 起草行政规范性文件，与其他现行有效行政规范性文件内容相关联的，起草司局应当确保行政规范性文件之间相互协调；涉及其他机关职责的，应当征求意见，并协调达成一致。

第十四条 起草行政规范性文件，一般应当明确行政规范性文件的有效期，有效期自文件施行之日起一般不超过 5 年。行政规范性文件所规定事项有具体时限要求的，有效期与该时限保持一致。行政规范性文件名称冠以"暂行""试行"的，有效期一般不超过 2 年。

第十五条　起草行政规范性文件，应当同步形成起草说明，涉及重大事项的，还应当同时起草解读材料和舆情应对方案。起草说明一般应当包括下列内容：

（一）制定该文件的背景、目的和必要性；

（二）所依据的法律、法规、规章和上级文件等；

（三）拟解决的主要问题以及拟采取的主要措施；

（四）起草过程、征求意见及对意见采纳情况；

（五）该文件与此前发布的相关行政规范性文件的合并、衔接、替代、废止等关系；

（六）该文件的合法性和公平竞争审核情况；

（七）该文件的评估论证结论；

（八）该文件发文形式、印发范围以及宣贯措施等建议；

（九）其他需要说明的问题。

第十六条　起草行政规范性文件，除依法需要保密的外，应当向社会公开征求意见，充分听取企业、行业协会、商会等意见。

第十七条　起草司局应当通过部政府网站、新闻发布会以及报刊、广播、电视等方式，公布行政规范性文件征求意见稿及其起草说明等材料，并明确意见建议的反馈方式和期限。

第十八条　对涉及群众重大利益调整的，起草司局应当深入调查研究，采取座谈会、论证会、实地走访等形式充分听取各方面意见，特别是利益相关方的意见。对相对集中的意见建议不予采纳的，公布时应当说明理由。

第三章　审　　核

第十九条　行政规范性文件在提请部务会议审议前，应当经部法制司进行合法性和公平竞争审核、部办公厅进行前置审核。未经审核或者未通过审核的，不得提请审议。

第二十条　起草司局应当及时将行政规范性文件送审稿提交部法制司进行合法性和公平竞争审核，不得以会签、征求意见等方式代替合法性和公平竞争审核。

第二十一条　送部法制司进行合法性和公平竞争审核的行政规范性文件送审稿，应当由起草司局的主要负责人签字；联合起草的，应当由相关司局的主要负责人共同签字。提交审核时，同时提供该文件的起草说明。

第二十二条　部法制司对行政规范性文件送审稿进行合法性和公平竞争审核时，应当审核以下内容：

（一）是否超越交通运输部法定职权范围；

（二）是否增加法律、法规规定之外的行政权力事项或者减少法定职责；

（三）是否设定行政许可、行政处罚、行政强制等事项，增加办理行政许可事项的条件，规定出具循环证明、重复证明、无谓证明的内容；

（四）是否违法减损公民、法人和其他组织的合法权益或者增加其义务，侵犯公民人身权、财产权、人格权、劳动权、休息权等基本权利；

（五）是否超越权限规定应由市场调节、企业和社会自律、公民自我管理的事项；

（六）是否违法制定含有排除或者限制公平竞争内容的措施，违法干预或者影响市场主体正常生产经营活动，违法设置市场准入和退出条件等。

第二十三条　部法制司在审核时应当听取起草司局的意见，可以就行政规范性文件送审稿涉及的主要问题征求相关司局意见；涉及重大、疑难问题的，可以召开由相关司局、单位、专家参加的座谈会、论证会，听取意见建议，研究论证。

第二十四条　部法制司应当自收到行政规范性文件送审稿之日起 5 个工作日内完成合法性和公平竞争审核工作。情况复杂或需要进一步调查研究或者征求意见的，经部法制司负责人同意，可以延长 5 个工作日。延长审核期限的，部法制司应当及时通知起草司局。起草司局补充有关材料的时间，不计入审核期限。

第二十五条　部法制司审核行政规范性文件送审稿，应当指出行政规范性文件送审稿存在的问题，明确修改意见并说明理由，提出合法性和公平竞争审核意见，经部法制司负责人签署后，连同行政规范性文件送审稿及相关材料送还起草司局。

第二十六条　起草司局对部法制司提出的审核意见应当认真研究，根据审核意见对行政规范性文件送审稿进行相应修改后，重新提交部法制司进行审核。不采纳审核意见的，应当与部法制司沟通，经沟通仍不能达成一致的，将相关理由及处理意见报部领导审定。

第二十七条　行政规范性文件有效期届满前，需要重新明确有效期时，起草司局认为行政规范性文件涉及合法性和公平竞争问题的，应当提交部法制司进行审核。部法制司按照本办法的有关规定及时予以审核。

第二十八条　行政规范性文件提交审议前，部办公厅对起草司局是否依照规定的程序起草、是否进行评估论证、是否广泛征求意见、是否进行合法性和公平竞争审核等进行前置审核。

第四章　批　　准

第二十九条　制定行政规范性文件实行集体研究讨论制度，经部务会议审议决定。

第三十条　行政规范性文件送审稿由起草司局提请审议，提请审议前应当套用部务会议审议类议题编排格式，附具起草说明、合法性和公平竞争审核意见、征求意见情况等，经部分管领导审核同意，并报部主要领导批准后，方可列入部务会议审议议题。

  第三十一条　部务会议对行政规范性文件送审稿进行审议时，由起草司局就起草情况、合法性和公平竞争审核情况作说明。集体审议要充分发扬民主，参会人员充分发表意见，集体讨论情况和决定如实记录，不同意见如实载明。行政规范性文件经审议通过后，由起草司局按照审议意见修改完善，按照部发文程序办理。

  第三十二条　行政规范性文件应当经部分管领导审核后报主要领导签发，以交通运输部文件形式制发，发文字号统一为"交××规〔20××〕×号"。行政规范性文件应当抄送部法制司。

第五章　公　　布

  第三十三条　行政规范性文件经签批后，由部办公厅统一登记、统一编号、统一印发，起草司局应当在20个工作日内通过部政府网站、政务新媒体、报刊等公开向社会发布，不得以内部文件形式印发执行，未经公布的行政规范性文件不得作为行政管理依据。根据工作需要，起草说明或解读材料可与行政规范性文件同时公开，起草说明或解读材料中涉及国家秘密或者工作秘密的，应当删除相关内容后公开。

  第三十四条　行政规范性文件应当明确规定施行日期。施行日期与发布日期的间隔不得少于30日。但因保障国家安全、重大公共利益需要，或者公布后不立即施行将有碍行政规范性文件执行的，可以自公布之日起施行。

  第三十五条　对涉及群众切身利益、社会关注度高、可能影响政府部门形象的行政规范性文件，起草司局应当做好出台时机评估工作。在文件公布后，会同部政策研究室加强舆情收集，及时研判处置，主动回应关切，通过新闻发布会、媒体访谈、专家解读等方式进行解释说明。

  第三十六条　行政规范性文件施行后，需要对文件具体执行问题进行解释的，由起草司局提出解释意见，经部法制司合法性和公平竞争审核、部领导签批同意后作出解释。行政规范性文件的解释与行政规范性文件具有相同的效力。

  第三十七条　行政规范性文件有效期届满自行失效。届满前3个月，起草司局认为有必要继续施行的，可以对行政规范性文件延长有效期并重新公布，延长期限原则上不得超过5年。延长有效期的次数，由起草司局根据实际需要确定。

第六章　清　　理

  第三十八条　行政规范性文件原则上每两年清理一次，或根据上级机关、有关部门部署组织清理，由部办公厅牵头组织，起草司局分工负责，部法制司进行合法性和公平竞争审核。起草司局应当根据全面深化改革、全面依法治国要求和经济社会发展需要，以及上位法和上级文件制定、修改、废止情况，及时清理本司局起草的行政规范性文件。

第三十九条　清理行政规范性文件时，起草司局负责对其起草的行政规范性文件提出清理意见，清理意见包括行政规范性文件继续有效、需要修改、宣布失效和废止，并说明理由，提交部法制司进行合法性和公平竞争审核后，由部办公厅汇总形成清理建议按程序报批。

第四十条　行政规范性文件有下列情形之一的，应当予修改：

（一）个别条款与现行法律、法规、规章、上级文件不一致，但基本适应经济社会发展需要、有必要继续实施；

（二）行政规范性文件之间对同一事项规定不一致；

（三）作为主要依据的法律、法规、规章、上级文件已经修改；

（四）个别条款不能适应经济社会发展需要；

（五）其他需要修改的情形。

第四十一条　行政规范性文件有下列情形之一的，应当宣布失效或者废止：

（一）主要内容与现行法律、法规、规章、上级文件相抵触；

（二）主要内容已经不能适应经济社会发展需要，调整对象已消失或者规定的事项、任务已完成；

（三）主要内容已被新的法律、法规、规章或者行政规范性文件代替；

（四）作为主要依据的法律、法规、规章、上级文件已失效或者废止。

第七章　监　　督

第四十二条　行政规范性文件制定和监督管理工作纳入法治政府建设督察的内容，作为依法行政内容列入交通运输法治政府部门建设评价指标体系。

第四十三条　强化行政规范性文件备案审查，做到有件必备、有备必审、有错必纠。部海事局以及部派出机构长江航务管理局、珠江航务管理局制发的行政规范性文件，应当自发布之日起20个工作日内报部备案。备案材料一式3份送部法制司，包括备案报告、行政规范性文件正式文本及起草说明，备案报告应载明制定机关、印发日期和文件名称。部法制司对报部备案的行政规范性文件进行合法性和公平竞争审核发现问题的，应当提出处理意见，报部领导同意后，指导和监督相关单位进行整改。

第四十四条　部海事局负责垂直管理机构制定的行政规范性文件的备案审查，具有海事行政规范性文件制定权限的海事管理机构法制部门具体负责本机构制定的海事行政规范性文件备案工作，发布海事行政规范性文件后，应当在5个工作日内以电子文档形式向部海事局备案，并于20个工作日内将书面备案材料报送部海事局，同时抄送本机构所在地本级人民政府。长江海事局制定的行政规范性文件同时报送部海事局、长江航务管理局备案。

第八章　附　　则

第四十五条　本办法由交通运输部办公厅会同法制司负责解释。

第四十六条　部海事局、长江航务管理局、珠江航务管理局可参照本办法管理本系统的行政规范性文件。

第四十七条　本办法自 2019 年 1 月 1 日起施行。《交通运输部关于印发〈交通运输部规范性文件合法性审查办法〉的通知》（交法发〔2015〕144 号）同时废止。

附录5　标点符号用法
（GB/T 15834—2011）

前　　言

本标准按照 GB/T 1.1—2009 给出的规则起草。

本标准代替 GB/T 15834—1995，与 GB/T 15834—1995 相比，主要变化如下：

——根据我国国家标准编写规则（GB/T 1.1—2009），对本标准的编排和表述做了全面修改；

——更换了大部分示例，使之更简短、通俗、规范；

——增加了对术语"标点符号"和"语段"的定义（2.1/2.5）；

——对术语"复句"和"分句"的定义做了修改（2.3/2.4）；

——对句末点号（句号、问号、叹号）的定义做了修改，更强调句末点号与句子语气之间的关系（4.1.1/4.2.1/4.3.1）；

——对逗号的基本用法做了补充（4.4.3）；

——增加了不同形式括号用法的示例（4.9.3）；

——省略号的形式统一为六连点"……"，但在特定情况下允许连用（4.11）；

——取消了连接号中原有的二字线，将连接号形式规范为短横线"-"、一字线"—"和浪纹线"～"，并对三者的功能做了归并与划分（4.13）；

——明确了书名号的使用范围（4.15/A.13）；

——增加了分隔号的用法说明（4.17）；

——"标点符号的位置"一章的标题改为"标点符号的位置和书写形式"，并增加了使用中文输入软件处理标点符号时的相关规范（第5章）；

——增加了"附录"：附录 A 为规范性附录，主要说明标点符号不能怎样使用和对标点符号用法加以补充说明，以解决目前使用混乱或争议较大的问题。附录 B 为资料性附录，对功能有交叉的标点符号的用法做了区分，并对标点符号误用高发环境下的规范用法做了说明。

本标准由教育部语言文字信息管理司提出并归口。

本标准主要起草单位：北京大学。

本标准主要起草人：沈阳、刘妍、于泳波、翁姗姗。

本标准所代替标准的历次版本发布情况为：

——GB/T 15834—1995。

标点符号用法

1 范围

本标准规定了现代汉语标点符号的用法。
本标准适用于汉语的书面语（包括汉语和外语混合排版时的汉语部分）。

2 术语和定义

下列术语和定义适用于本文件。

2.1
标点符号 punctuation
　　辅助文字记录语言的符号，是书面语的有机组成部分，用来表示语句的停顿、语气以及标示某些成分（主要是词语）的特定性质和作用。
　　注：数学符号、货币符号、校勘符号、辞书符号，注音符号等特殊领域的专门符号不属于标点符号。

2.2
句子 sentence
　　前后都有较大停顿、带有一定的语气和语调、表达相对完整意义的语言单位。

2.3
复句 complex sentence
　　由两个或多个在意义上有密切关系的分句组成的语言单位，包括简单复句（内部只有一层语义关系）和多重复句（内部包含多层语义关系）。

2.4
分句 clause
　　复句内两个或多个前后有停顿、表达相对完整意义、不带有句末语气和语调、有的前面可添加关联词语的语言单位。

2.5
语段 expression
　　指语言片段，是对各种语言单位（如词、短语、句子、复句等）不做特别区分时的统称。

3 标点符号的种类

3.1 点号

点号的作用是点断,主要表示停顿和语气,分为句末点号和句内点号。

3.1.1 句末点号

用于句末的点号,表示句末停顿和句子的语气。包括句号、问号、叹号。

3.1.2 句内点号

用于句内的点号,表示句内各种不同性质的停顿。包括逗号、顿号、分号、冒号。

3.2 标号

标号的作用是标明,主要标示某些成分(主要是词语)的特定性质和作用,包括引号、括号、破折号、省略号、着重号、连接号、间隔号、书名号、专名号、分隔号。

4 标点符号的定义、形式和用法

4.1 句号

4.1.1 定义

句末点号的一种,主要表示句子的陈述语气。

4.1.2 形式

句号的形式是"。"。

4.1.3 基本用法

4.1.3.1 用于句子末尾,表示陈述语气。使用句号主要根据语段前后有较大停顿、带有陈述语气和语调,并不取决于句子的长短。

示例1:北京是中华人民共和国的首都。

示例2:(甲:咱们走着去吧?)乙:好。

4.1.3.2 有时也可表示较缓和的祈使语气和感叹语气。

示例1:请您稍等一下。

示例2:我不由地感到,这些普通劳动者也同样是很值得尊敬的。

4.2 问号

4.2.1 定义

句末点号的一种，主要表示句子的疑问语气。

4.2.2 形式

问号的形式是"？"。

4.2.3 基本用法

4.2.3.1 用于句子末尾，表示疑问语气（包括反问、设问等疑问类型）。使用问号主要根据语段前后有较大停顿、带有疑问语气和语调，并不取决于句子的长短。

示例1：你怎么还不回家去呢？

示例2：难道这些普通的战士不值得歌颂吗？

示例3：（一个外国人，不远万里来到中国，帮助中国的抗日战争。）这是什么精神？这是国际主义的精神。

4.2.3.2 选择问句中，通常只在最后一个选项的末尾用问号，各个选项之间一般用逗号隔开。当选项较短且选项之间几乎没有停顿时，选项之间可不用逗号。当选项较多或较长，或有意突出每个选项的独立性时，也可每个选项之后都用问号。

示例1：诗中记述的这场战争究竟是真实的历史描述，还是诗人的虚构？

示例2：这是巧合还是有意安排？

示例3：要一个什么样的结尾：现实主义的？传统的？大团圆的？荒诞的？民族形式的？有象征意义的？

示例4：（他看着我的作品称赞了我。）但到底是称赞我什么：是有几处画得好？还是什么都敢画？抑或只是一种对于失败者的无可奈何的安慰？我不得而知。

示例5：这一切都是由客观的条件造成的？还是由行为的惯性造成的？

4.2.3.3 在多个问句连用或表达疑问语气加重时，可叠用问号。通常应先单用，再叠用，最多叠用三个问号。在没有异常强烈的情感表达需要时不宜叠用问号。

示例：这就是你的做法吗？你这个总经理是怎么当的？？你怎么竟敢这样欺骗消费者？？？

4.2.3.4 问号也有标号的用法，即用于句内，表示存疑或不详。

示例1：马致远（1250？—1321），大都人，元代戏曲家、散曲家。

示例2：钟嵘（？—518），颍川长社人，南朝梁代文学批评家。

示例3：出现这样的文字错误，说明作者（编者？校者？）很不认真。

4.3 叹号

4.3.1 定义

句末点号的一种，主要表示句子的感叹语气。

4.3.2 形式

叹号的形式是"！"。

4.3.3 基本用法

4.3.3.1 用于句子末尾，主要表示感叹语气，有时也可表示强烈的祈使语气、反问语气等。使用叹号主要根据语段前后有较大停顿、带有感叹语气和语调或带有强烈的祈使、反问语气和语调，并不取决于句子的长短。

示例1：才一年不见，这孩子都长这么高啦！
示例2：你给我住嘴！
示例3：谁知道他今天是怎么搞的！

4.3.3.2 用于拟声词后，表示声音短促或突然。

示例1：咔嚓！一道闪电划破了夜空。
示例2：咚！咚咚！突然传来一阵急促的敲门声。

4.3.3.3 表示声音巨大或声音不断加大时，可叠用叹号；表达强烈语气时，也可叠用叹号，最多叠用三个叹号。在没有异常强烈的情感表达需要时不宜叠用叹号。

示例1：轰！！在这天崩地塌的声音中，女娲猛然醒来。
示例2：我要揭露！我要控诉！！我要以死抗争！！！

4.3.3.4 当句子包含疑问、感叹两种语气且都比较强烈时（如带有强烈感情的反问句和带有惊愕语气的疑问句），可在问号后再加叹号（问号、叹号各一）。

示例1：这么点困难就能把我们吓倒吗？！
示例2：他连这些最起码的常识都不懂，还敢说自己是高科技人才？！

4.4 逗号

4.4.1 定义

句内点号的一种，表示句子或语段内部的一般性停顿。

4.4.2 形式

逗号的形式是"，"。

4.4.3 基本用法

4.4.3.1 复句内各分句之间的停顿，除了有时用分号（见4.6.3.1），一般都用逗号。

示例1：不是人们的意识决定人们的存在，而是人们的社会存在决定人们的意识。

示例2：学历史使人更明智，学文学使人更聪慧，学数学使人更精细，学考古使人更深沉。

示例3：要是不相信我们的理论能反映现实，要是不相信我们的世界有内在和谐，那就不可能有科学。

4.4.3.2 用于下列各种语法位置：

a) 较长的主语之后。

示例1：苏州园林建筑各种门窗的精美设计和雕镂功夫，都令人叹为观止。

b) 句首的状语之后。

示例2：在苍茫的大海上，狂风卷集着乌云。

c) 较长的宾语之前。

示例3：有的考古工作者认为，南方古猿生存于上新世至更新世的初期和中期。

d) 带句内语气词的主语（或其他成分）之后，或带句内语气词的并列成分之间。

示例4：他呢，倒是很乐意地、全神贯注地干起来了。

示例5：（那是个没有月亮的夜晚。）可是整个村子——白房顶啦，白树木啦，雪堆啦，全看得见。

e) 较长的主语中间、谓语中间或宾语中间。

示例6：母亲沉痛的诉说，以及亲眼见到的事实，都启发了我幼年时期追求真理的思想。

示例7：那姑娘头戴一顶草帽，身穿一条绿色的裙子，腰间还系着一根橙色的腰带。

示例8：必须懂得，对于文化传统，既不能不分青红皂白统统抛弃，也不能不管精华糟粕全盘继承。

f) 前置的谓语之后或后置的状语、定语之前。

示例9：真美啊，这条蜿蜒的林间小路。

示例10：她吃力地站了起来，慢慢地。

示例11：我只是一个人，孤孤单单的。

4.4.3.3 用于下列各种停顿处：

a) 复指成分或插说成分前后。

示例1：老张，就是原来的办公室主任，上星期已经调走了。

示例2：车，不用说，当然是头等。

b) 语气缓和的感叹语、称谓语或呼唤语之后。

示例3：哎哟，这儿，快给我揉揉。

示例4：大娘，您到哪儿去啊？

示例5：喂，你是哪个单位的?

c) 某些序次语（"第"字头、"其"字头及"首先"类序次语）之后。

示例6：为什么许多人都有长不大的感觉呢？原因有三：第一，父母总认为自己比孩子成熟；第二，父母总要以自己的标准来衡量孩子，第三，父母出于爱心而总不想让孩子在成长的过程中走弯路。

示例7：《玄秘塔碑》所以成为书法的范本，不外乎以下几方面的因素：其一，具有楷书点画、构体的典范性；其二，承上启下，成为唐楷的极致：其三，字如其人，爱人及字，柳公权高尚的书品、人品为后人所崇仰。

示例8：下面从三个方面讲讲语言的污染问题：首先，是特殊语言环境中的语言污染问题；其次，是滥用缩略语引起的语言污染问题；再次，是空话和废话引起的语言污染问题。

4.5 顿号

4.5.1 定义

句内点号的一种，表示语段中并列词语之间或某些序次语之后的停顿。

4.5.2 形式

顿号的形式是"、"。

4.5.3 基本用法

4.5.3.1 用于并列词语之间。

示例1：这里有自由、民主、平等、开放的风气和氛围。

示例2：造型科学、技艺精湛、气韵生动，是盛唐石雕的特色。

4.5.3.2 用于需要停顿的重复词语之间。

示例：他几次三番、几次三番地辩解着。

4.5.3.3 用于某些序次语（不带括号的汉字数字或"天干地支"类序次语）之后。

示例1：我准备讲两个问题：一、逻辑学是什么？二、怎样学好逻辑学？

示例2：风格的具体内容主要有以下四点：甲、题材；乙、用字；丙、表达；丁、色彩。

4.5.3.4 相邻或相近两数字连用表示概数通常不用顿号。若相邻两数字连用为缩略形式，宜用顿号。

示例1：飞机在6000米高空水平飞行时，只能看到两侧八九公里和前方一二十公里范围内的地面。

示例2：这种凶猛的动物常常三五成群地外出觅食和活动。

示例3：农业是国民经济的基础，也是二、三产业的基础。

4.5.3.5 标有引号的并列成分之间、标有书名号的并列成分之间通常不用顿号。若有其他成分插在并列的引号之间或并列的书名号之间（如引语或书名号之后还有括注），宜用顿号。

示例1："日""月"构成"明"字。

示例2：店里挂着"顾客就是上帝""质量就是生命"等横幅。

示例3：《红楼梦》《三国演义》《西游记》《水浒传》，是我国长篇小说的四大名著。

示例4：李白的"白发三千丈"（《秋浦歌》）、"朝如青丝暮成雪"（《将进酒》）都是脍炙人口的诗句。

示例5：办公室里订有《人民日报》（海外版）、《光明日报》和《时代周刊》等报刊。

4.6 分号

4.6.1 定义

句内点号的一种，表示复句内部并列关系分句之间的停顿，以及非并列关系的多重复句中第一层分句之间的停顿。

4.6.2 形式

分号的形式是";"。

4.6.3 基本用法

4.6.3.1 表示复句内部并列关系的分句（尤其当分句内部还有逗号时）之间的停顿。

示例1：语言文字的学习，就理解方面说，是得到一种知识；就运用方面说，是养成一种习惯。

示例2：内容有分量，尽管文章短小，也是有分量的；内容没有分量，即使写得再长也没有用。

4.6.3.2 表示非并列关系的多重复句中第一层分句（主要是选择、转折等关系）之间的停顿。

示例1：人还没看见，已经先听见歌声了；或者人已经转过山头望不见了，歌声还余音袅袅。

示例2：尽管人民革命的力量在开始时总是弱小的，所以总是受压的；但是由于革命的力量代表历史发展的方向，因此本质上又是不可战胜的。

示例3：不管一个人如何伟大，也总是生活在一定的环境和条件下；因此，个人的见解总难免带有某种局限性。

示例4：昨天夜里下了一场雨，以为可以凉快些；谁知没有凉快下来，反而更热了。

4.6.3.3 用于分项列举的各项之间。

示例：特聘教授的岗位职责为：一、讲授本学科的主干基础课程；二、主持本学科的重大科研项目；三、领导本学科的学术队伍建设；四、带领本学科赶超或保持世界先进水平。

4.7 冒号

4.7.1 定义

句内点号的一种，表示语段中提示下文或总结上文的停顿。

4.7.2 形式

冒号的形式是"："。

4.7.3 基本用法

4.7.3.1 用于总说性或提示性词语（如"说""例如""证明"等）之后，表示提示下文。

示例1：北京紫禁城有四座城门：午门、神武门、东华门和西华门。

示例2：她高兴地说："咱们去好好庆祝一下吧！"

示例3：小王笑着点了点头："我就是这么想的。"

示例4：这一事实证明：人能创造环境，环境同样也能创造人。

4.7.3.2 表示总结上文。

示例：张华上了大学，李萍进了技校，我当了工人：我们都有美好的前途。

4.7.3.3 用在需要说明的词语之后，表示注释和说明。

示例1：（本市将举办首届大型书市。）主办单位：市文化局；承办单位：市图书进出口公司；时间：8月15日—20日；地点：市体育馆观众休息厅。

示例2：（做阅读理解题有两个办法。）办法之一：先读题干，再读原文，带着问题有针对性地读课文。办法之二：直接读原文，读完再做题，减少先入为主的干扰。

4.7.3.4 用于书信、讲话稿中称谓语或称呼语之后。

示例1：广平先生：……

示例2：同志们、朋友们：……

4.7.3.5 一个句子内部一般不应套用冒号。在列举式或条文式表述中，如不得不套用冒号时，宜另起段落来显示各个层次。

示例：第十条　遗产按照下列顺序继承：

第一顺序：配偶、子女、父母。

第二顺序：兄弟姐妹、祖父母、外祖父母。

4.8 引号

4.8.1 定义

标号的一种，标示语段中直接引用的内容或需要特别指出的成分。

4.8.2 形式

引号的形式有双引号""""和单引号"''"两种，左侧的为前引号，右侧的为后引号。

4.8.3 基本用法

4.8.3.1 标示语段中直接引用的内容。

示例：李白诗中就有"白发三千丈"这样极尽夸张的语句。

4.8.3.2 标示需要着重论述或强调的内容。
　　示例：这里所谓的"文"，并不是指文字，而是指文采。
4.8.3.3 标示语段中具有特殊含义而需要特别指出的成分，如别称、简称、反语等。
　　示例1：电视被称作"第九艺术"。
　　示例2：人类学上常把古人化石统称为尼安德特人，简称"尼人"。
　　示例3：有几个"慈祥"的老板把捡来的菜叶用盐浸浸就算作工友的菜肴。
4.8.3.4 当引号中还需要使用引号时，外面一层用双引号，里面一层用单引号。
　　示例：他问："老师，'七月流火'是什么意思？"
4.8.3.5 独立成段的引文如果只有一段，段首和段尾都用引号；不止一段时，每段开头仅用前引号，只在最后一段末尾用后引号。
　　示例：我曾在报纸上看到有人这样谈幸福：
　　　　　"幸福是知道自己喜欢什么和不喜欢什么。……
　　　　　"幸福是知道自己擅长什么和不擅长什么。……
　　　　　"幸福是在正确的时间做了正确的选择。……"
4.8.3.6 在书写带月、日的事件、节日或其他特定意义的短语（含简称）时，通常只标引其中的月和日；需要突出和强调该事件或节日本身时，也可连同事件或节日一起标引。
　　示例1："5·12"汶川大地震
　　示例2："五四"以来的话剧，是我国戏剧中的新形式。
　　示例3：纪念"五四运动"90周年

4.9 括号

4.9.1 定义

　　标号的一种，标示语段中的注释内容、补充说明或其他特定意义的语句。

4.9.2 形式

　　括号的主要形式是圆括号"（ ）"，其他形式还有方括号"［ ］"、六角括号"〔 〕"和方头括号"【 】"等。

4.9.3 基本用法

4.9.3.1 标示下列各种情况，均用圆括号：
　　a) 标示注释内容或补充说明。
　　示例1：我校拥有特级教师（含已退休的）17人。
　　示例2：我们不但善于破坏一个旧世界，我们还将善于建设一个新世界！（热烈鼓掌）
　　b) 标示订正或补加的文字。

示例3：信纸上用稚嫩的字体写着："阿夷（姨），你好！"
示例4：该建筑公司负责的建设工程全部达到优良工程（的标准）。

　　c）标示序次语。
示例5：语言有三个要素：（1）声音；（2）结构；（3）意义。
示例6：思想有三个条件：（一）事理；（二）心理；（三）伦理。

　　d）标示引语的出处。
示例7：他说得好："未画之前，不立一格；既画之后，不留一格。"（《板桥集·题画》）

　　e）标示汉语拼音注音。
示例8："的（de）"这个字在现代汉语中最常用。

4.9.3.2 标示作者国籍或所属朝代时，可用方括号或六角括号。
示例1：［英］赫胥黎《进化论与伦理学》
示例2：〔唐〕杜甫著

4.9.3.3 报刊标示电讯、报道的开头，可用方头括号。
示例：【新华社南京消息】

4.9.3.4 标示公文发文字号中的发文年份时，可用六角括号。
示例：国发〔2011〕3号文件

4.9.3.5 标示被注释的词语时，可用六角括号或方头括号。
示例1：〔奇观〕奇伟的景象。
示例2：【爱因斯坦】物理学家，生于德国，1933年因受纳粹政权迫害，移居美国。

4.9.3.6 除科技书刊中的数学、逻辑公式外，所有括号（特别是同一形式的括号）应尽量避免套用。必须套用括号时，宜采用不同的括号形式配合使用。
示例：〔茸（róng）毛〕很细很细的毛。

4.10 破折号

4.10.1 定义

标号的一种，标示语段中某些成分的注释、补充说明或语音、意义的变化。

4.10.2 形式

破折号的形式是"——"

4.10.3 基本用法

4.10.3.1 标示注释内容或补充说明（也可用括号，见4.9.3.1；二者的区别另见B.1.7）。
示例1：一个矮小而结实的日本中年人——内山老板走了过来。
示例2：我一直坚持读书，想借此唤起弟妹对生活的希望——无论环境多么困难。

4.10.3.2 标示插入语（也可用逗号，见4.4.3.3）。

示例：这简直就是——说得不客气点——无耻的勾当!

4.10.3.3 标示总结上文或提示下文（也可用冒号，见 4.7.3.1、4.7.3.2）。

示例1：坚强，纯洁，严于律己，客观公正——这一切都难得地集中在一个人身上。

示例2：画家开始娓娓道来——
数年前的一个寒冬，……

4.10.3.4 标示话题的转换。

示例："好香的干菜，——听到风声了吗?"赵七爷低声说道。

4.10.3.5 标示声音的延长。

示例："嘎——"传过来一声水禽被惊动的鸣叫。

4.10.3.6 标示话语的中断或间隔。

示例1："班长他牺——"小马话没说完就大哭起来。

示例2："亲爱的妈妈，你不知道我多爱您。—还有你，我的孩子!"

4.10.3.7 标示引出对话。

示例：——你长大后想成为科学家吗?
——当然想了!

4.10.3.8 标示事项列举分承。

示例：根据研究对象的不同，环境物理学分为以下五个分支学科:
——环境声学;
——环境光学;
——环境热学;
——环境电磁学;
——环境空气动力学。

4.10.3.9 用于副标题之前。

示例：飞向太平洋
——我国新型号运载火箭发射目击记

4.10.3.10 用于引文、注文后，标示作者、出处或注释者。

示例1：先天下之忧而忧，后天下之乐而乐。
——范仲淹

示例2：乐浪海中有倭人，分为百余国。
——《汉书》

示例3：很多人写好信后把信笺折成方胜形，我看大可不必。（方胜，指古代妇女戴的方形首饰，用彩绸等制作，由两个斜方部分叠合而成。——编者注）

4.11 省略号

4.11.1 定义

标号的一种，标示语段中某些内容的省略及意义的断续等。

4.11.2 形式

省略号的形式是"……"。

4.11.3 基本用法

4.11.3.1 标示引文的省略。
示例：我们齐声朗诵起来："……俱往矣，数风流人物，还看今朝。"

4.11.3.2 标示列举或重复词语的省略。
示例1：对政治的敏感，对生活的敏感，对性格的敏感，……这都是作家必须要有的素质。
示例2：他气得连声说："好，好……算我没说"。

4.11.3.3 标示语意未尽
示例1：在人迹罕至的深山密林里，假如突然看见一缕炊烟，……
示例2：你这样干，未免太……！

4.11.3.4 标示说话时断断续续。
示例：她磕磕巴巴地说："可是……太太……我不知道……你一定是认错了"。

4.11.3.5 标示对话中的沉默不语。
示例："还没结婚吧？"
"……"他飞红了脸，更加忸怩起来。

4.11.3.6 标示特定的成分虚缺。
示例：只要……就……

4.11.3.7 在标示诗行、段落的省略时，可连用两个省略号（即相当于十二连点）。
示例1：从隔壁房间传来缓缓而抑扬顿挫的吟咏声——
床前明月光，疑是地上霜。
…………

示例2：该刊根据工作质量、上稿数量、参与程度等方面的表现，评选出了高校十佳记者站，还根据发稿数量、提供新闻线索情况以及对刊物的关注度等，评选出了十佳通讯员。
…………

4.12 着重号

4.12.1 定义

标号的一种，标示语段中某些重要的或需要指明的文字。

4.12.2 形式

着重号的形式是"."标注在相应文字的下方。

4.12.3 基本用法

4.12.3.1 标示语段中重要的文字。

示例1：诗人需要表现，而不是证明。

示例2：下面对本文的理解，不正确的一项是：……

4.12.3.2 标示语段中需要指明的文字。

示例：下边加点的字，除了在词中的读法外，还有哪些读法？

着急　子弹　强调

4.13 连接号

4.13.1 定义

标号的一种，标示某些相关联成分之间的连接。

4.13.2 形式

连接号的形式有短横线"-"、一字线"—"和浪纹线"～"三种

4.13.3 基本用法

4.13.3.1 标示下列各种情况，均用短横线：

a）化合物的名称或表格、插图的编号。

示例1：3-戊酮为无色液体，对眼及皮肤有强烈刺激性。

示例2：参见下页表2-8、表2-9。

b）连接号码，包括门牌号码，电话号码，以及用阿拉伯数字表示年月日等。

示例3：安宁里东路26号院3-2-11室

示例4：联系电话：010-88842603

示例5：2011-02-15

c）在复合名词中起连接作用。

示例6：吐鲁番-哈密盆地

d）某些产品的名称和型号。

示例7：WZ-10直升机具有复杂天气和夜间作战的能力。

e）汉语拼音、外来语内部的分合。

示例8：shuō shuō-xiào xiào（说说笑笑）

示例9：盎格鲁-撒克逊人

示例10：让-雅克·卢梭（"让-雅克"为双名）

示例11：皮埃尔·孟戴斯-弗朗斯（"孟戴斯-弗朗斯"为复姓）

4.13.3.2 标示下列各种情况，一般用一字线，有时也可用浪纹线：

a）标示相关项目（如时间、地域等）的起止。

　　示例1：沈括（1031—1095），宋朝人。

　　示例2：2011年2月3日—10日

　　示例3：北京—上海特别旅客快车

　　b）标示数值范围（由阿拉伯数字或汉字数字构成）的起止。

　　示例4：25～30g

　　示例5：第五～八课

4.14　间隔号

4.14.1　定义

标号的一种，标示某些相关联成分之间的分界。

4.14.2　形式

间隔号的形式是"·"。

4.14.3　基本用法

4.14.3.1　标示外国人名或少数民族人名内部的分界。

　　示例1：克里丝蒂娜·罗塞蒂

　　示例2：阿依古丽·买买提

4.14.3.2　标示书名与篇（章、卷）名之间的分界。

　　示例：《淮南子·本经训》

4.14.3.3　标示词牌、曲牌、诗体名等和题名之间的分界。

　　示例1：《沁园春·雪》

　　示例2：《天净沙·秋思》

　　示例3：《七律·冬云》

4.14.3.4　用在构成标题或栏目名称的并列词语之间。

　　示例：《天·地·人》

4.14.3.5　以月、日为标志的事件或节日，用汉字数字表示时，只在一、十一和十二月后用间隔号；当直接用阿拉伯数字表示时，月、日之间均用间隔号（半角字符）。

　　示例1："九一八"事变"五四"运动

　　示例2："一·二八"事变"一二·九"运动

　　示例3："3·15"消费者权益日"9·11"恐怖袭击事件

4.15 书名号

4.15.1 定义

标号的一种,标示语段中出现的各种作品的名称。

4.15.2 形式

书名号的形式有双书名号"《 》"和单书名号"〈 〉"两种。

4.15.3 基本用法

4.15.3.1 标示书名、卷名、篇名、刊物名、报纸名、文件名等。
  示例1:《红楼梦》(书名)
  示例2:《史记·项羽本纪》(卷名)
  示例3:《论雷峰塔的倒掉》(篇名)
  示例4:《每周关注》(刊物名)
  示例5:《人民日报》(报纸名)
  示例6:《全国农村工作会议纪要》(文件名)

4.15.3.2 标示电影、电视、音乐、诗歌、雕塑等各类用文字、声音、图像等表现的作品的名称。
  示例1:《渔光曲》(电影名)
  示例2:《追梦录》(电视剧名)
  示例3:《勿忘我》(歌曲名)
  示例4:《沁园春·雪》(诗词名)
  示例5:《东方欲晓》(雕塑名)
  示例6:《光与影》(电视节目名)
  示例7:《社会广角镜》(栏目名)
  示例8:《庄子研究文献数据库》(光盘名)
  示例9:《植物生理学系列挂图》(图片名)

4.15.3.3 标示全中文或中文在名称中占主导地位的软件名。
  示例:科研人员正在研制《电脑卫士》杀毒软件。

4.15.3.4 标示作品名的简称。
  示例:我读了《念青唐古拉山脉纪行》一文(以下简称《念》),收获很大。

4.15.3.5 当书名号中还需要书名号时,里面一层用单书名号,外面一层用双书名号。
  示例:《教育部关于提请审议〈高等教育自学考试试行办法〉的报告》

4.16 专名号

4.16.1 定义

标号的一种,标示古籍和某些文史类著作中出现的特定类专有名词。

4.16.2 形式

专名号的形式是一条直线,标注在相应文字的下方。

4.16.3 基本用法

4.16.3.1 标示古籍、古籍引文或某些文史类著作中出现的专有名词,主要包括人名、地名、国名、民族名、朝代名、年号、宗教名、官署名、组织名等。

示例1:孙坚人马被刘表率军围得水泄不通。(人名)
示例2:于是聚集冀、青、幽、并四州兵马七十多万准备决一死战。(地名)
示例3:当时乌孙及西域各国都向汉派遣了使节。(国名、朝代名)
示例4:从咸宁二年到太康十年,匈奴、鲜卑、乌桓等族人徙居塞内。(年号、民族名)

4.16.3.2 现代汉语文本中的上述专有名词,以及古籍和现代文本中的单位名、官职名、事件名、会议名、书名等不应使用专名号。必须使用标号标示时,宜使用其他相应标号(如引号、书名号等)。

4.17 分隔号

4.17.1 定义

标号的一种,标示诗行、节拍及某些相关文字的分隔。

4.17.2 形式

分隔号的形式是"/"。

4.17.3 基本用法

4.17.3.1 诗歌接排时分隔诗行(也可使用逗号和分号,见4.4.3.1/4.6.3.1)。
示例:春眠不觉晓/处处闻啼鸟/夜来风雨声/花落知多少。

4.17.3.2 标示诗文中的音节节拍。
示例:横眉/冷对/千夫指,俯首/甘为/孺子牛。

4.17.3.3 分隔供选择或可转换的两项,表示"或"。
示例:动词短语中除了作为主体成分的述语动词之外,还包括述语动词所带的宾语和/或补语。

4.17.3.4 分隔组成一对的两项,表示"和"。

示例1：13/14次特别快车

示例2：羽毛球女双决赛中国组合杜婧/于洋两局完胜韩国名将李孝贞/李敬元。

4.17.3.5 分隔层级或类别。

示例：我国的行政区划分为：省（直辖市、自治区）/省辖市（地级市）/县（县级市、区、自治州）/乡（镇）/村（居委会）。

5 标点符号的位置和书写形式

5.1 横排文稿标点符号的位置和书写形式

5.1.1 句号、逗号、顿号、分号、冒号均置于相应文字之后，占一个字位置，居左下，不出现在一行之首。

5.1.2 问号、叹号均置于相应文字之后，占一个字位置，居左，不出现在一行之首。两个问号（或叹号）叠用时，占一个字位置；三个问号（或叹号）叠用时，占两个字位置；问号和叹号连用时，占一个字位置。

5.1.3 引号、括号、书名号中的两部分标在相应项目的两端，各占一个字位置。其中前一半不出现在一行之末，后一半不出现在一行之首。

5.1.4 破折号标在相应项目之间，占两个字位置，上下居中，不能中间断开分处上行之末和下行之首。

5.1.5 省略号占两个字位置，两个省略号连用时占四个字位置并须单独占一行。省略号不能中间断开分处上行之末和下行之首。

5.1.6 连接号中的短横线比汉字"一"略短，占半个字位置；一字线比汉字"一"略长，占一个字位置；浪纹线占一个字位置。连接号上下居中，不出现在一行之首。

5.1.7 间隔号标在需要隔开的项目之间，占半个字位置，上下居中，不出现在一行之首。

5.1.8 着重号和专名号标在相应文字的下边。

5.1.9 分隔号占半个字位置，不出现在一行之首或一行之末。

5.1.10 标点符号排在一行末尾时，若为全角字符则应占半角字符的宽度（即半个字位置），以使视觉效果更美观。

5.1.11 在实际编辑出版工作中，为排版美观、方便阅读等需要，或为避免某一小节最后一个汉字转行或出现在另外一页开头等情况（浪费版面及视觉效果差），可适当压缩标点符号所占用的空间。

5.2 竖排文稿标点符号的位置和书写形式

5.2.1 句号、问号、叹号、逗号、顿号、分号和冒号均置于相应文字之下偏右。

5.2.2 破折号、省略号、连接号、间隔号和分隔号置于相应文字之下居中，上下方向排列。

5.2.3 引号改用双引号"﹁""﹂"和单引号"﹁""﹂"，括号改用"︵""︶"，标在相应项目的上下。

5.2.4 竖排文稿中使用浪线式书名号"︴"，标在相应文字的左侧。

5.2.5 着重号标在相应文字的右侧，专名号标在相应文字的左侧。

5.2.6 横排文稿中关于某些标点不能居行首或行末的要求，同样适用于竖排文稿。

附　录　A
（规范性附录）
标点符号用法的补充规则

A.1　句号用法补充规则

图或表的短语式说明文字，中间可用逗号，但末尾不用句号。即使有时说明文字较长，前面的语段已出现句号，最后结尾处仍不用句号。

示例1：行进中的学生方队

示例2：经过治理，本市市容市貌焕然一新。这是某区街道一景

A.2　问号用法补充规则

使用问号应以句子表示疑问语气为依据，而并不根据句子中包含有疑问词。当含有疑问词的语段充当某种句子成分，而句子并不表示疑问语气时，句末不用问号。

示例1：他们的行为举止、审美趣味，甚至读什么书，坐什么车，都在媒体掌握之中。

示例2：谁也不见，什么也不吃，哪儿也不去。

示例3：我也不知道他究竟躲到什么地方去了。

A.3　逗号用法补充规则

用顿号表示较长、较多或较复杂的并列成分之间的停顿时，最后一个成分前可用"以及（及）"进行连接，"以及（及）"之前应用逗号。

示例：压力过大、工作时间过长、作息不规律，以及忽视营养均衡等，均会导致健康状况的下降。

A.4　顿号用法补充规则

A.4.1　表示含有顺序关系的并列各项间的停顿，用顿号，不用逗号。下例解释"对于"一词用法，"人""事物""行为"之间有顺序关系（即人和人、人和事物、人和行为、事物和事物、事物和行为、行为和行为等六种对待关系），各项之间应用顿号。

示例：〔对于〕表示人，事物，行为之间的相互对待关系。（误）

〔对于〕表示人、事物、行为之间的相互对待关系。（正）

A.4.2　用阿拉伯数字表示年月日的简写形式时，用短横线连接号，不用顿号。

示例：2010、03、02（误）

2010-03-02（正）

A.5 分号用法补充规则

分项列举的各项有一项或多项已包含句号时,各项的末尾不能再用分号。

示例:本市先后建立起三大农业生产体系:一是建立甘蔗生产服务体系。成立糖业服务公司,主要给农民提供机耕等服务;二是建立蚕桑生产服务体系。……;三是建立热作服务体系。……。(误)

本市先后建立起三大农业生产体系:一是建立甘蔗生产服务体系。成立糖业服务公司,主要给农民提供机耕等服务。二是建立蚕桑生产服务体系。……。三是建立热作服务体系。……。(正)

A.6 冒号用法补充规则

A.6.1 冒号用在提示性话语之后引起下文,表面上类似但实际不是提示性话语的,其后用逗号。

示例1:郦道元《水经注》记载:"沼西际山枕水,有唐叔虞祠。"(提示性话语)

示例2:据《苏州府志》载,苏州城内大小园林约有150多座,可算名副其实的园林之城。(非提示性话语)

A.6.2 冒号提示范围无论大小(一句话、几句话甚至几段话),都应与提示性话语保持一致(即在该范围的末尾要用句号点断)。应避免冒号涵盖范围过窄或过宽。

示例:艾滋病有三个传播途径:血液传播,性传播和母婴传播,日常接触是不会传播艾滋病的。(误)

艾滋病有三个传播途径:血液传播,性传播和母婴传播。日常接触是不会传播艾滋病的。(正)

A.6.3 冒号应用在有停顿处,无停顿处不应用冒号。

示例1:他头也不抬,冷冷地问:"你叫什么名字?"(有停顿)

示例2:这事你得拿主意,光说"不知道"怎么行?(无停顿)

A.7 引号用法补充规则

"丛刊""文库""系列""书系"等作为系列著作的选题名,宜用引号标引。当"丛刊"等为选题名的一部分时,放在引号之内,反之则放在引号之外。

示例1:"汉译世界学术名著丛书"

示例2:"中国哲学典籍文库"

示例3:"20世纪心理学通览"丛书

A.8 括号用法补充规则

括号可分为句内括号和句外括号。句内括号用于注释句子里的某些词语,即本身就是句子的一部分,应紧跟在被注释的词语之后。句外括号则用于注释句子、句群或段落,即本身结构独立,不属于前面的句子、句群或段落,应位于所注释语段的句末点号之后。

示例:标点符号是辅助文字记录语言的符号,是书面语的有机组成部分,用来表示语句的停顿、语气以及标示某些成分（主要是词语）的特定性质和作用。（数学符号、货币符号、校勘符号等特殊领域的专门符号不属于标点符号。）

A.9 省略号用法补充规则

A.9.1 不能用多于两个省略号（多于12点）连在一起表示省略。省略号须与多点连续的连珠号相区别（后者主要是用于表示目录中标题和页码对应和连接的专门符号）。

A.9.2 省略号和"等""等等""什么的"等词语不能同时使用。在需要读出来的地方用"等""等等""什么的"等词语，不用省略号。

示例：含有铁质的食物有猪肝、大豆、油菜、菠菜……等。（误）
　　　含有铁质的食物有猪肝、大豆、油菜、菠菜等。（正）

A.10 着重号用法补充规则

不应使用文字下加直线或波浪线等形式表示着重。文字下加直线为专名号形式（4.16）；文字下加浪纹线是特殊书名号（A.13.6）。着重号的形式统一为相应项目下加小圆点。

示例：下面对本文的理解，不正确的一项是（误）
　　　下面对本文的理解，不正确的一项是（正）

A.11 连接号用法补充规则

浪纹线连接号用于标示数值范围时，在不引起歧义的情况下，前一数值附加符号或计量单位可省略。

示例：5公斤～100公斤（正）
　　　5～100公斤（正）

A.12 间隔号用法补充规则

当并列短语构成的标题中已用间隔号隔开时，不应再用"和"类连词。

示例：《水星·火星和金星》（误）
　　　《水星·火星·金星》（正）

A.13 书名号用法补充规则

A.13.1 不能视为作品的课程、课题、奖品奖状、商标、证照、组织机构、会议、活动等名称，不应用书名号。下面均为书名号误用的示例：

示例1：下学期本中心将开设《现代企业财务管理》《市场营销》两门课程。
示例2：明天将召开《关于"两保两挂"的多视觉理论思考》课题立项会。
示例3：本市将向70岁以上（含70岁）老年人颁发《敬老证》。

示例4：本校共获得《最佳印象》《自我审美》《卡拉OK》等六个奖杯。
示例5：《闪光》牌电池经久耐用。
示例6：《文史杂志社》编辑力量比较雄厚。
示例7：本市将召开《全国食用天然色素应用研讨会》。
示例8：本报将于今年暑假举行《墨宝杯》书法大赛。

A.13.2　有的名称应根据指称意义的不同确定是否用书名号。如文艺晚会指一项活动时，不用书名号；而特指一种节目名称时，可用书名号。再如展览作为一种文化传播的组织形式时，不用书名号；特定情况下将某项展览作为一种创作的作品时，可用书名号。

示例1：2008年重阳联欢晚会受到观众的称赞和好评。
示例2：本台将重播《2008年重阳联欢晚会》。
示例3："雪域明珠——中国西藏文化展"今天隆重开幕。
示例4：《大地飞歌艺术展》是一部大型现代艺术作品。

A.13.3　书名后面表示该作品所属类别的普通名词不标在书名号内。

示例：《我们》杂志

A.13.4　书名有时带有括注。如果括注是书名、篇名等的一部分，应放在书名号之内，反之则应放在书名号之外。

示例1：《琵琶行（并序）》
示例2：《中华人民共和国民事诉讼法（试行）》
示例3：《新政治协商会议筹备会组织条例（草案）》
示例4：《百科知识》（彩图本）
示例5：《人民日报》（海外版）

A.13.5　书名、篇名末尾如有叹号或问号，应放在书名号之内。

示例1：《日记何罪!》
示例2：《如何做到同工又同酬?》

A.13.6　在古籍或某些文史类著作中，为与专名号配合，书名号也可改用浪线式"﹏﹏"，标注在书名下方。这可以看作是特殊的专名号或特殊的书名号。

A.14　分隔号用法补充规则

分隔号又称正斜线号，须与反斜线号"\"相区别（后者主要是用于编写计算机程序的专门符号）。使用分隔号时，紧贴着分隔号的前后通常不用点号。

附 录 B
（资料性附录）
标点符号若干用法的说明

B.1 易混标点符号用法比较

B.1.1 逗号、顿号表示并列词语之间停顿的区别

逗号和顿号都表示停顿，但逗号表示的停顿长，顿号表示的停顿短。并列词语之间的停顿一般用顿号，但当并列词语较长或其后有语气词时，为了表示稍长一点的停顿，也可用逗号。

示例1：我喜欢吃的水果有苹果、桃子、香蕉和菠萝。
示例2：我们需要了解全局和局部的统一，必然和偶然的统一，本质和现象的统一。
示例3：看游记最难弄清位置和方向，前啊，后啊，左啊，右啊，看了半天，还是不明白。

B.1.2 逗号、顿号在表列举省略的"等""等等"之类词语前的使用

并列成分之间用顿号，末尾的并列成分之后用"等""等等"之类词语时，"等"类词前不用顿号或其他点号；并列成分之间用逗号，末尾的并列成分之后用"等"类词时，"等"类词前应用逗号。

示例1：现代生物学、物理学、化学、数学等基础科学的发展，带动了医学科学的进步。
示例2：写文章前要想好：文章主题是什么，用哪些材料，哪些详写，哪些略写，等等。

B.1.3 逗号、分号表示分句间停顿的区别

当复句的表述不复杂、层次不多，相连的分句语气比较紧凑、分句内部也没有使用逗号表示停顿时，分句间的停顿多用逗号。当用逗号不易分清多重复句内部的层次（如分句内部已有逗号），而用句号又可能割裂前后关系的地方，应用分号表示停顿。

示例1：她拿起钥匙，开了箱上的锁，又开了首饰盒上的锁，往老地方放钱。
示例2：纵比，即以一事物的各个发展阶段作比；横比，则以此事物与彼事物相比。

B.1.4 顿号、逗号、分号在标示层次关系时的区别

句内点号中，顿号表示的停顿最短、层次最低，通常只能表示并列词语之间的停顿；分号表示的停顿最长、层次最高，可以用来表示复句的第一层分句之间的停顿；逗号介于两者之间，既可表示并列词语之间的停顿，也可表示复句中分句之间的停顿。

若分句内部已用逗号，分句之间就应用分号（见 B.1.3 示例2）。用分号隔开的几个并列分句不能由逗号统领或总结。

  示例1：有的学会烤烟，自己做挺讲究的纸烟和雪茄；有的学会蔬菜加工，做的番茄酱能吃到冬天；有的学会蔬菜腌渍、窖藏，使秋菜接上春菜。

  示例2：动物吃植物的方式多种多样，有的是把整个植物吃掉，如原生动物；有的是把植物的大部分吃掉，如鼠类；有的是吃掉植物的要害部位，如鸟类吃掉植物的嫩芽。（误）。

  动物吃植物的方式多种多样：有的是把整个植物吃掉，如原生动物；有的是把植物的大部分吃掉，如鼠类；有的是吃掉植物的要害部位，如鸟类吃掉植物的嫩芽。（正）。

B.1.5　冒号、逗号用于"说""道"之类词语后的区别

  位于引文之前的"说""道"后用冒号。位于引文之后的"说""道"分两种情况：处于句末时，其后用句号；"说""道"后还有其他成分时，其后用逗号。插在话语中间的"说""道"类词语后只能用逗号表示停顿。

  示例1：他说："晚上就来家里吃饭吧。"

  示例2："我真的很期待。"他说。

  示例3："我有件事忘了说……"他说，表情有点为难。

  示例4："现在请皇上脱下衣服，"两个骗子说，"好让我们为您换上新衣。"

B.1.6　不同点号表示停顿长短的排序

  各种点号都表示说话时的停顿。句号、问号、叹号都表示句子完结，停顿最长。分号用于复句的分句之间，停顿长度介于句末点号和逗号之间，而短于冒号。逗号表示一句话中间的停顿，又短于分号。顿号用于并列词语之间，停顿最短。通常情况下，各种点号表示的停顿由长到短为：句号 = 问号 = 叹号 > 冒号（是指涵盖范围为一句话的冒号）> 分号 > 逗号 > 顿号。

B.1.7　破折号与括号表示注释或补充说明时的区别

  破折号用于表示比较重要的解释说明，这种补充是正文的一部分，可与前后文连读；而括号表示比较一般的解释说明，只是注释而非正文，可不与前后文连读。

  示例1：在今年——农历虎年，必须取得比去年更大的成绩。

  示例2：哈雷在牛顿思想的启发下，终于认出了他所关注的彗星（后人称该星为哈雷彗星）。

B.1.8　书名号、引号在"题为……""以……为题"格式中的使用

  "题为……""以……为题"中的"题"，如果是诗文、图书、报告或其他作品可作为篇名、书名看待时，可用书名号；如果是写作、科研、辩论、谈话的主题，非特定作品的标题，应用引号。即"题为……""以……为题"中的"题"应根据其类别

分别按书名号和引号的用法处理。

  示例1：有篇题为《柳宗元的诗》的文章，全文才2000字，引文不实却达11处之多。
  示例2：今天一个以"地球·人口·资源·环境"为题的大型宣传活动在此间举行。
  示例3：《我的老师》写于1956年9月，是作者应《教师报》之约而写的。
  示例4："我的老师"这类题目，同学们也许都写过。

B.2 两个标点符号连用的说明

B.2.1 行文中表示引用的引号内外的标点用法

  当引文完整且独立使用，或虽不独立使用但带有问号或叹号时，引号内句末点号应保留。除此之外，引号内不用句末点号。当引文处于句子停顿处（包括句子末尾）且引号内未使用点号时，引号外应使用点号；当引文位于非停顿处或者引号内已使用句末点号时，引号外不用点号。

  示例1："沉舟侧畔千帆过，病树前头万木春。"他最喜欢这两句诗。
  示例2：书价上涨令许多读者难以接受，有些人甚至发出"还买得起书吗？"的疑问。
  示例3：他以"条件还不成熟，准备还不充分"为由，否决了我们的提议。
  示例4：你这样"明日复明日"地要拖到什么时候？
  示例5：司马迁为了完成《史记》的写作，使之"藏之名山"，忍受了人间最大的侮辱。
  示例6：在施工中要始终坚持"把质量当生命"。
  示例7："言之无文，行而不远"这句话，说明了文采的重要。
  示例8：俗话说："墙头一根草，风吹两边倒。"用这句话来形容此辈再恰当不过。

B.2.2 行文中括号内外的标点用法

  括号内行文末尾需要时可用问号、叹号和省略号。除此之外，句内括号行文末尾通常不用标点符号。句外括号行文末尾是否用句号由括号内的语段结构决定：若语段较长、内容复杂，应用句号。句内括号外是否用点号取决于括号所处位置：若句内括号处于句子停顿处，应用点号。句外括号外通常不用点号。

  示例1：如果不采取（但应如何采取呢？）十分具体的控制措施，事态将进一步扩大。
  示例2：3分钟过去了（仅仅才3分钟！），从眼前穿梭而过的出租车竟达32辆！
  示例3：她介绍时用了一连串比喻（有的状如树枝，有的貌似星海……），非常形象。
  示例4：科技协作合同（包括科研、试制、成果推广等）根据上级主管部门或有关部门的计划签订。
  示例5：应把夏朝看作原始公社向奴隶制国家过渡时期。（龙山文化遗址里，也有俯身葬。俯身者很可能就是奴隶。）
  示例6：问：你对你不喜欢的上司是什么态度？
     答：感情上疏远，组织上服从。（掌声，笑声）

示例7：古汉语（特别是上古汉语），对于我来说，有着常人无法想象的吸引力。
示例8：由于这种推断尚未经过实践的考验，我们只能把它作为假设（或假说）提出来。
示例9：人际交往过程就是使用语词传达意义的过程。（严格说，这里的"语词"应为语词指号。）

B.2.3 破折号前后的标点用法

破折号之前通常不用点号；但根据句子结构和行文需要，有时也可分别使用句内点号或句末点号。破折号之后通常不会紧跟着使用其他点号；但当破折号表示语音的停顿或延长时，根据语气表达的需要，其后可紧接问号或叹号。

示例1：小妹说："我现在工作得挺好，老板对我不错，工资也挺高。——我能抽支烟吗？"（表示话题的转折）

示例2：我不是自然主义者，我主张文学高于现实，能够稍稍居高临下地去看现实，因为文学的任务不仅在于反映现实。光描写现存的事物还不够，还必须记住我们所希望的和可能产生的事物。必须使现象典型化。应该把微小而有代表性的事物写成重大的和典型的事物。——这就是文学的任务。（表示对前几句话的总结）

示例3："是他——？"石一川简直不敢相信自己的耳朵。

示例4："我终于考上大学啦！我终于考上啦——！"金石开兴奋得快要晕过去了。

B.2.4 省略号前后的标点用法

省略号之前通常不用点号。以下两种情况例外：省略号前的句子表示强烈语气、句末使用问号或叹号时；省略号前不用点号就无法标示停顿或表明结构关系时。省略号之后通常也不用点号，但当句末表达强烈的语气或感情时，可在省略号后用问号或叹号；当省略号后还有别的话、省略的文字和后面的话不连续且有停顿时，应在省略号后用点号；当表示特定格式的成分虚缺时，省略号后可用点号。

示例1：想起这些，我就觉得一辈子都对不起你。你对梁家的好，我感激不尽！……

示例2：他进来了，……一身军装，一张朴实的脸，站在我们面前显得很高大，很年轻。

示例3：这，这是……？

示例4：动物界的规矩比人类还多，野骆驼、野猪、黄羊……，直至塔里木兔、跳鼠，都是各行其路，决不混淆。

示例5：大火被渐渐扑灭，但一片片油污又旋即出现在遇难船旁……。清污船迅速赶来，并施放围栏以控制油污。

示例6：如果……，那么……。

B.3 序次语之后的标点用法

B.3.1 "第""其"字头序次语，或"首先""其次""最后"等作序次语时，后用逗号（见4.4.3.3）。

B.3.2　不带括号的汉字数字或"天干地支"作序次语时,后用顿号(见4.5.3.2)。

B.3.3　不带括号的阿拉伯数字、拉丁字母或罗马数字作序次语时,后面用下脚点(该符号属于外文的标点符号)。

　　示例1：总之,语言的社会功能有三点：1. 传递信息,交流思想；2. 确定关系,调节关系；3. 组织生活,组织生产。

　　示例2：本课一共讲解三个要点：A. 生理停顿；B. 逻辑停顿；C. 语法停顿。

B.3.4　加括号的序次语后面不用任何点号。

　　示例1：受教育者应履行以下义务：(一)遵守法律、法规；(二)努力学习,完成规定的学习任务；(三)遵守所在学校或其他教育机构的制度。

　　示例2：科学家很重视下面几种才能：(1)想象力(2)直觉的理解力；(3)数学能力。

B.3.5　阿拉伯数字与下脚点结合表示章节关系的序次语末尾不用任何点号。

　　示例：3　停顿
　　　　　3.1　生理停顿
　　　　　3.2　逻辑停顿

B.3.6　用于章节、条款的序次语后宜用空格表示停顿。

　　示例：第一课　春天来了

B.3.7　序次简单、叙述性较强的序次语后不用标点符号。

　　示例：语言的社会功能共有三点：一是传递信息；二是确定关系；三是组织生活。

B.3.8　同类数字形式的序次语,带括号的通常位于不带括号的下一层。通常第一层是带有顿号的汉字数字；第二层是带括号的汉字数字；第三层是带下脚点的阿拉伯数字；第四层是带括号的阿拉伯数字；再往下可以是带圈的阿拉伯数字或小写拉丁字母。一般可根据文章特点选择从某一层序次语开始行文,选定之后应顺着序次语的层次向下行文,但使用层次较低的序次语之后不宜反过来再使用层次更高的序次语。

　　示例：一、……
　　　　　(一)……
　　　　　　1.……
　　　　　　(1)……
　　　　　　①/a.……

B.4　文章标题的标点用法

文章标题的末尾通常不用标点符号,但有时根据需要可用问号、叹号或省略号。

　　示例1：看看电脑会有多聪明,让它下盘围棋吧
　　示例2：猛龙过江：本店特色名菜
　　示例3：严防"电脑黄毒"危害少年

示例4：回家的感觉真好
　　　　　　——访大赛归来的本市运动员
示例5：里海是湖，还是海？
示例6：人体也是污染源！
示例7：和平协议签署之后……

附录6　出版物上数字用法
（GB/T 15835—2011）

前　　言

本标准按照 GB/T 1.1—2009 给出的规则起草。

本标准代替 GB/T 15835—1995《出版物上数字用法的规定》，与 GB/T 15835—1995《出版物上数字用法的规定》相比，主要变化如下：

——原标准在汉字数字与阿拉伯数字中，明显倾向于使用阿拉伯数字。本标准不再强调这种倾向性。

——在继承原标准中关于数字用法应遵循"得体原则"和"局部体例一致原则"的基础上，通过措辞上的适当调整，以及更为具体的规定和示例，进一步明确了具体操作规范。

——将原标准的平级罗列式行文结构改为层级分类式行文结构。

——删除了原标准的基本术语"物理量"与"非物理量"，增补了"计量""编号""概数"作为基本术语。

本标准由教育部语言文字信息管理司提出并归口。

本标准主要起草单位：北京大学。

本标准主要起草人：詹卫东、覃士娟、曾石铭。

本标准所代替标准的历次版本发布情况为：

——GB/T 15835—1995。

出版物上数字用法

1 范围

本标准规定了出版物上汉字数字和阿拉伯数字的用法。

本标准适用于各类出版物（文艺类出版物和重排古籍除外）。政府和企事业单位公文，以及教育、媒体和公共服务领域的数字用法，也可参照本标准执行。

2 规范性引用文件

下列文件对于本文件的应用是必不可少的。凡是注日期的引用文件，仅注日期的版本适用于本文件。凡是不注日期的引用文件，其最新版本（包括所有的修改单）适用于本文件。

GB/T 7408—2005 数据元和交换格式 信息交换 日期和时间表示法

3 术语和定义

下列术语和定义适用于本文件。

3.1

计量 measuring

将数字用于加、减、乘、除等数学运算。

3.2

编号 numbering

将数字用于为事物命名或排序，但不用于数学运算。

3.3

概数 approximate number

用于模糊计量的数字。

4 数字形式的选用

4.1 选用阿拉伯数字

4.1.1 用于计量的数字

在使用数字进行计量的场合，为达到醒目、易于辨识的效果，应采用阿拉伯数字。

示例1：-125.03　　34.05%　　63%~68%　　1:500　　97/108

当数值伴随有计量单位时，如：长度、容积、面积、体积、质量、温度、经纬度、音量、频率等等，特别是当计量单位以字母表达时，应采用阿拉伯数字。

示例2：523.56km（523.56千米）　　346.87L（346.87升）　　5.34m^2（5.34平方米）
　　　　567mm^3（567立方毫米）　　605g（605克）　　100~150kg（100~150千克）
　　　　34~39℃（34~39摄氏度）　　北纬40°（40度）　　120dB（120分贝）

4.1.2 用于编号的数字

在使用数字进行编号的场合，为达到醒目、易于辨识的效果，应采用阿拉伯数字。

示例：电话号码：98888
　　　邮政编码：100871
　　　通信地址：北京市海淀区复兴路11号
　　　电子邮件地址：x186@186.net
　　　网页地址 http://127.0.0.1
　　　汽车号牌：京A00001
　　　公交车号：302路公交车
　　　道路编号：101国道
　　　公文编号：国办发〔1987〕9号
　　　图书编号：ISBN 978-7-80184-224-4
　　　刊物编号：CN11-1399
　　　章节编号：4.1.2
　　　产品型号：PH—3000型计算机
　　　产品序列号：C84XB—JYVFD—P7HC4—6XKRJ—7M6XH
　　　单位注册号：02050214
　　　行政许可登记编号：0684D10004—828

4.1.3 已定型的含阿拉伯数字的词语

现代社会生活中出现的事物、现象、事件，其名称的书写形式中包含阿拉伯数字，已经广泛使用而稳定下来，应采用阿拉伯数字。

示例：3G 手机　　MP3 播放器　　G8 峰会　　维生素 B_{12}　　97 号汽油　　"5·27"事件
"12·5"枪击案

4.2　选用汉字数字

4.2.1　非公历纪年

干支纪年、农历月日、历史朝代纪年及其他传统上采用汉字形式的非公历纪年等等，应采用汉字数字。

示例：丙寅年十月十五日　　庚辰年八月五日　　腊月二十三　　正月初五　　八月十五中秋
秦文公四十四年　　太平天国庚申十年九月二十四日　　清咸丰十年九月二十日
藏历阳木龙年八月二十六日　　日本庆应三年

4.2.2　概数

数字连用表示的概数、含"几"的概数，应采用汉字数字。

示例：三四个月　　一二十个　　四十五六岁　　五六万套　　五六十年前
几千　　二十几　　一百几十　　几万分之一

4.2.3　已定型的含汉字数字的词语

汉语中长期使用已经稳定下来的包含汉字数字形式的词语，应采用汉字数字。

示例：万一　　一律　　一旦　　三叶虫　　四书五经　　星期五　　四氧化三铁
八国联军　　七上八下　　一心一意　　不管三七二十一　　一方面　　二百五
半斤八两　　五省一市　　五讲四美　　相差十万八千里　　八九不离十
白发三千丈　　不二法门　　二八年华　　五四运动　　"一·二八"事变
"一二·九"运动

4.3　选用阿拉伯数字与汉字数字均可

如果表达计量或编号所需要用到的数字个数不多，选择汉字数字还是阿拉伯数字在书写的简洁性和辨识的清晰性两方面没有明显差异时，两种形式均可使用。

示例1：17 号楼（十七号楼）　　3 倍（三倍）　　第 5 个工作日（第五个工作日）
100 多件（一百多件）　　20 余次（二十余次）　　约 300 人（约三百人）
40 左右（四十左右）　　50 上下（五十上下）　　50 多人（五十多人）
第 25 页（第二十五页）　　第 8 天（第八天）　　第 4 季度（第四季度）
第 45 份（第四十五份）　　共 235 位同学（共二百三十五位同学）　　0.5（零点五）
76 岁（七十六岁）　　120 周年（一百二十周年）　　1/3（三分之一）
公元前 8 世纪（公元前八世纪）　　20 世纪 80 年代（二十世纪八十年代）
公元 253 年（公元二五三年）　　1997 年 7 月 1 日（一九九七年七月一日）

下午 4 点 40 分（下午四点四十分）　　　4 个月（四个月）　　　12 天（十二天）

如果要突出简洁醒目的表达效果，应使用阿拉伯数字；如果要突出庄重典雅的表达效果，应使用汉字数字。

示例 2：北京时间 2008 年 5 月 12 日 14 时 28 分

十一届全国人大一次会议（不写为"11 届全国人大 1 次会议"）

六方会谈（不写为"6 方会谈"）

在同一场合出现的数字，应遵循"同类别同形式"原则来选择数字的书写形式。如果两数字的表达功能类别相同（比如都是表达年月日时间的数字），或者两数字在上下文中所处的层级相同（比如文章目录中同级标题的编号），应选用相同的形式。反之，如果两数字的表达功能不同，或所处层级不同，可以选用不同的形式。

示例 3：2008 年 8 月 8 日　　二〇〇八年八月八日（不写为"二〇〇八年 8 月 8 日"）

第一章　第二章……第十二章（不写为"第一章　第二章……第 12 章"）

第二章的下一级标题可以用阿拉伯数字编号：2.1，2.2，……

应避免相邻的两个阿拉伯数字造成歧义的情况。

示例 4：高三 3 个班　　高三三个班　　（不写为"高 33 个班"）

高三 2 班　　高三（2）班　　（不写为"高 32 班"）

有法律效力的文件、公告文件或财务文件中可同时采用汉字数字和阿拉伯数字。

示例 5：2008 年 4 月保险账户结算日利率为万分之一点五七五零（0.015750%）

35.5 元（35 元 5 角　三十五元五角　叁拾伍圆伍角）

5　数字形式的使用

5.1　阿拉伯数字的使用

5.1.1　多位数

为便于阅读，四位以上的整数或小数，可采用以下两种方式分节：

——第一种方式：千分撇

整数部分每三位一组，以"，"分节。小数部分不分节。四位以内的整数可以不分节。

示例 1：624,000　　92,300,000　　19,351,235.235767　　1256

——第二种方式：千分空

从小数点起，向左和向右每三位数字一组，组间空四分之一个汉字，即二分之一个阿拉伯数字的位置。四位以内的整数可以不加千分空。

示例 2：55 235 367.346 23　　98 235 358.238 368

注：各科学技术领域的多位数分节方式参照 GB 3101—1993 的规定执行。

5.1.2 纯小数

纯小数必须写出小数点前定位的"0",小数点是齐阿拉伯数字底线的实心点"."。

示例:0.46 不写为.46 或 0。46

5.1.3 数值范围

在表示数值的范围时,可采用浪纹式连接号"~"或一字线连接号"—"。前后两个数值的附加符号或计量单位相同时,在不造成歧义的情况下,前一个数值的附加符号或计量单位可省略。如果省略数值的附加符号或计量单位会造成歧义,则不应省略。

示例: −36 ~ −8℃　　 400—429 页　　 100—150kg　　 12 500 ~ 20 000 元

9 亿 ~ 16 亿(不写为 9 ~ 16 亿)　　 13 万元 ~ 17 万元(不写为 13 ~ 17 万元)

15% ~ 30%(不写为 15 ~ 30%)　　 $4.3 \times 10^6 \sim 5.7 \times 10^6$(不写为 $4.3 \sim 5.7 \times 10^6$)

5.1.4 年月日

年月日的表达顺序应按照口语中年月日的自然顺序书写。

示例1:2008 年 8 月 8 日　　 1997 年 7 月 1 日

"年""月"可按照 GB/T 7408—2005 的 5.2.11 中的扩展格式,用"-"替代,但年月日不完整时不能替代。

示例2:2008-8-8　　 1997-1-1　　 8 月 8 日(不写为 8-8)　　 2008 年 8 月(不写为 2008-8)

四位数字表示的年份不应简写为两位数字。

示例3:"1990 年"不写为"90 年"

月和日是一位数时,可在数字前补"0"。

示例4:2008-08-08　　 1997-07-01

5.1.5 时分秒

计时方式既可采用 12 小时制,也可采用 24 小时制。

示例1:11 时 40 分(上午 11 时 40 分) 21 时 12 分 36 秒(晚上 9 时 12 分 36 秒)

时分秒的表达顺序应按照口语中时、分、秒的自然顺序书写。

示例2:15 时 40 分　　 14 时 12 分 36 秒

"时""分"也可按照 GB/T 7408—2005 的 5.3.1.1 和 5.3.1.2 中的扩展格式,用":"替代。

示例3:15:40　　 14:12:36

5.1.6 含有月日的专名

含有月日的专名采用阿拉伯数字表示时,应采用间隔号"·"将月、日分开,并在数字前后加引号。

示例："3·15"消费者权益日

5.1.7 书写格式

5.1.7.1 字体

出版物中的阿拉伯数字，一般应使用正体二分字身，即占半个汉字位置。

示例：234   57.236

5.1.7.2 换行

一个用阿拉伯数字书写的数值应在同一行中，避免被断开。

5.1.7.3 竖排文本中的数字方向

竖排文字中的阿拉伯数字按顺时针方向转90度。旋转后要保证同一个词语单位的文字方向相同。

示例：

> 示例一
> 雪花牌BCD188型家用电冰箱容量是一百八十八升，功率为一百二十五瓦，市场售价两千零五十元，返修率仅为百分之零点一五。
>
> 示例二
> 海军J12号打捞救生船在太平洋上航行了十三天，于一九九〇年八月六日零时三十分返回基地。

5.2 汉字数字的使用

5.2.1 概数

两个数字连用表示概数时，两数之间不用顿号"、"隔开。

示例：二三米   一两个小时   三五天   一二十个   四十五六岁

5.2.2 年份

年份简写后的数字可以理解为概数时，一般不简写。

示例:"一九七八年"不写为"七八年"

5.2.3 含有月日的专名

含有月日的专名采用汉字数字表示时,如果涉及一月、十一月、十二月,应用间隔号"·"将表示月和日的数字隔开,涉及其他月份时,不用间隔号。

示例:"一·二八"事变　　"一二·九"运动　　五一国际劳动节

5.2.4 大写汉字数字

——大写汉字数字的书写形式

零、壹、贰、叁、肆、伍、陆、柒、捌、玖、拾、佰、仟、万、亿

——大写汉字数字的适用场合

法律文书和财务票据上,应采用大写汉字数字形式记数。

示例:3,504元(叁仟伍佰零肆圆)　　　39,148元(叁万玖仟壹佰肆拾捌圆)

5.2.5 "零"和"〇"

阿拉伯数字"0"有"零"和"〇"两种汉字书写形式。一个数字用作计量时,其中"0"的汉字书写形式为"零",用作编号时,"0"的汉字书写形式为"〇"。

示例:"3052(个)"的汉字数字形式为"三千零五十二"(不写为"三千〇五十二")
　　　"95.06"的汉字数字形式为"九十五点零六"(不写为"九十五点〇六")
　　　"公元2012(年)"的汉字数字形式为"二〇一二"(不写为"二零一二")

5.3 阿拉伯数字与汉字数字同时使用

如果一个数值很大,数值中的"万""亿"单位可以采用汉字数字,其余部分采用阿拉伯数字。

示例1:我国1982年人口普查人数为10亿零817万5 288人。

除上面情况之外的一般数值,不能同时采用阿拉伯数字与汉字数字。

示例2:108可以写作"一百零八",但不应写作"1百零8""一百08"
　　　　4 000可以写作"四千",但不应写作"4千"

附录7　校对符号及其用法
（GB/T 14706—93）

1　主题内容与适用范围

本标准规定了校对各种排版校样的专用符号及其用法。
本标准适用于中文（包括少数民族文字）各类校样的校对工作。

2　引用标准

GB 9851　印刷技术术语

3　术语

3.1　校对符号　proofreader's mark
以特定图形为主要特性的、表达校对要求的符号。

4　校对符号及用法示例

编号	符号形态	符号作用	符号在文中和页边用法示例	说　明
			一、字符的改动	
1		改　正	清高出版物质量。 改革开戏	改正的字符较多，圈起来有困难时，可用线在页边画清改正的范围 必须更换的损、坏、污字也用改正符号画出
2		删　除	提高出版物物质质量。	
3		增　补	要搞好校工作。	增补的字符较多，圈起来有困难时，可用线在页边画清增补的范围
4		改正上下角	16＝4 H_2SO_4 尼古拉·费欣 0.25＋0.25＝0.5 举例 2×3＝6 $X:Y＝1:2$	

321

续表

编号	符号形态	符号作用	符号在文中和页边用法示例	说　明
二、字符方向位置的移动					
5		转　正	字符颠密要转正。	
6		对　调	认真经验总结。 认真验结经总。	用于相邻的字词 用于隔开的字词
7		接　排	要重视校对工作， 提高出版物质量。	
8		另起段	完成了任务。明年……	
9		转　移	校对工作，提高出 版物质量要重视。 "以上引文均见中文新版《 列宁全集》。 编者　年　月 …… 各位编委：	用于行间附近的转移 用于相邻行首末衔接字符的推移 用于相邻页首末衔接行段的推移
10	或	上下移	序号　名　称　数量 01　显微镜　2	字符上移到缺口左右水平线处 字符下移到箭头所指的短线处
11	或	左右移	├──要重视校对工 作，提高出版物质量。 3 4　5 6　5 欢呼　歌　唱	字符左移到箭头所指的短线处 字符左移到缺口上下垂直线处 符号画得太小时，要在页边重标

续表

编号	符号形态	符号作用	符号在文中和页边用法示例	说明
12	（排齐符号）	排　齐	校对工作非常重要。必须提高印刷质量，缩短印制周期。　国家标准	
13	（梯形符号）	排阶梯形	RH_2	
14	↑	正　图	（微波炉倾斜图示）	符号横线表示水平位置，竖线表示垂直位置，箭头表示上方

三、字符间空距的改动

编号	符号形态	符号作用	符号在文中和页边用法示例	说明
15	∨　＞	加大空距	一、校对程序　　∨ 校对胶印读物、影印书刊的注意事项：	表示在一定范围内适当加大空距 横式文字画在字头和行头之间
16	∧　＜	减小空距	二、校对程　序　∧ 校对胶印读物、影印书刊的注意事项：	表示不空或在一定范围内适当减小空距 横式文字画在字头和行头之间
17	♯ ♯ ♯ ♯	空　1　字距 空 1/2 字距 空 1/3 字距 空 1/4 字距	第一章校对职责和方法 1. 责任校对	多个空距相同的，可用引线连出，只标示一个符号
18	Y	分　开	Goodmorning!　Y	用于外文

续表

编号	符号形态	符号作用	符号在文中和页边用法示例	说　明
四、其　他					

编号	符号形态	符号作用	符号在文中和页边用法示例	说　明
19	△	保留	认真搞好校对工作。	除在原删除的字符下画△外，并在原删除符号上画两竖线
20	○=	代替	蓝色的程度不同，从淡蓝色到深蓝色具有多种层次，如天蓝色、湖蓝色、海蓝色、宝蓝色……　　○=蓝	同页内有两个或多个相同的字符需要改正的，可用符号代替，并在页边注明
21	○○○	说明	改黑体　第一章 校对的职责	说明或指令性文字不要圈起来，在其字下画圈，表示不作为改正的文字。如说明文字较多时，可在首末各三字下画圈

5 使用要求

5.1　校对校样，必须用色笔（墨水笔、圆珠笔等）书写校对符号和示意改正的字符，但是不能用灰色铅笔书写。

5.2　校样上改正的字符要书写清楚。校改外文，要用印刷体。

5.3　校样中的校对引线要从行间画出。墨色相同的校对引线不可交叉。

附录 A
校对符号应用实例
（参考件）

〔例〕今用伏安法测一线圈的电感。当接入 36 V 直流电源时，的过的电流为 6 A；当插入 220 V、50 Hz 的交流电源时时流过的电流为 22 A。算计线圈的电感。

〔解〕在直流电路中电感不起作用，即 $X_L = 2\pi f = 0$（直流电也可看成是频率 $f = 0$ 的交流电）。由此可算出线圈的电阻为

$$R = \frac{U}{I} = \frac{36}{6} = 6\,\Omega$$

接在交流电源上，线圈的阴抗为

$$Z = \frac{U}{I} = \frac{220}{22} = 10\,\Omega$$

线圈的感抗为 $X_L = \sqrt{Z^2 - R^2} = \sqrt{10^2 - 6^2} = 8\,\Omega$

故线圈的电感为

$$L = \frac{X_L}{2\pi f} = \frac{8}{2\pi \times 50} = 0.025\,\text{H} = 25\,\text{mH}$$

第七节 电容电路

电容器接在直流电源上，如图 3-13 甲所示。电路呈断路状态。若把它接在交流电源上，情况就不一样。电容器板上的电荷与其两端电压的关系为 $q = c u_c$。当电压 u_c 升高时，极板上

附加说明：

本标准由中华人民共和国新闻出版署提出。

本标准由全国印刷标准化技术委员会归口。

本标准由人民出版社负责起草。

附录8 公文校核常见错误解析

《党政机关公文处理工作条例》第九条规定：公文一般由份号、密级和保密期限、紧急程度、发文机关标志、发文字号、签发人、标题、主送机关、正文、附件说明、发文机关署名、成文日期、印章、附注、附件、抄送机关、印发机关和印发日期、页码等18个要素组成。这18个要素的内容和编排方式，是公文校核的重点。

一、公文格式要素校核重点及常见错误

（一）份号

份号是公文印制若干份时每份公文的顺序编号，标注份号有利于加强公文管理和利用，有利于公文的分发、查阅、统计、清退和销毁。

份号常见错误有三种情况：一是涉密公文不标注份号；二是份号的数字不按规定标注；三是份号标注位置不规范。

这三种情况对应了份号标注的三个问题：

（1）何时标注份号？

涉密公文（除电报外）必须标注份号，普通公文可以标注份号，也可以不标注份号。如国务院文件每份都编有份号，交通运输部不涉密公文不标注份号。

（2）如何标注份号？

用6位3号阿拉伯数字标注。

（3）在哪里标注份号？

份号顶格编排在版心左上角第一行的位置。

（二）密级和保密期限

1. 密级

公文的秘密等级有三种："绝密""机密"和"秘密"。绝密级国家秘密是最重要的国家秘密，泄露会使国家的安全和利益遭受特别严重的损害；机密级国家秘密是重要的国家秘密，泄露会使国家的安全和利益遭受严重的损害；秘密级国家秘密是一般的国家秘密，泄露会使国家的安全和利益遭受损害。公文标注密级，其作用是表明文件涉及国家利益的程度与保密要求，唤起收文者警觉，提示其按保密制度要求，分别

采取不同的措施，维护国家安全和利益。

2. 保密期限

国家秘密的保密期限，除另有规定外，绝密级不超过 30 年，机密级不超过 20 年，秘密级不超过 10 年。不标注保密期限时，按上限管理。

3. 常见错误

密级和保密期限常见错误有两种情况：一是确定密级和保密期限不准确，出现密级过高或是过低、保密期限过长或过短等情况；二是密级标注不规范、不统一，有的保密期限中的数字使用汉字标注。

4. 标注方法

一般用 3 号黑体字，顶格编排在版心左上角第二行。保密期限中的数字用阿拉伯数字标注。密级和保密期限间须用"★"分隔。只标密级不标保密期限时，密级字体间应空一字标注，如标注保密期限，秘密等级的两字间则不空字。

（三）紧急程度

1. 紧急程度

紧急程度是指公文送达和办理的时限要求。普通公文的紧急程度有"特急""加急"2 种，电报的紧急程度有"特提""特急""加急""平急"4 种。

需要特别注意的有两点：一是公文的紧急程度无"急件"的类别；二是公文紧急程度是对公文受理方的提示，目的是要求收文方要在规定的时限内处理公文，而不是制发机关发文办理过程中的紧急程度，也不是对核稿、签发印制的时限要求。

2. 常见错误

一是不急的公文标注了紧急程度；二是标注位置不准确；三是普通公文标注的紧急程度错用电报的紧急程度；四是使用"紧急""急"等不规范的标注。

3. 标注方法

一般用 3 号黑体字，顶格编排在版心左上角。按份号、密级、紧急程度自上而下排列。"特急""紧急"中空一字，只有在标注保密期限时中间不加空格。

（四）发文机关标志

1. 发文机关标志

发文机关标志即通常所称的"红头"。例如，部文件红头内容为交通运输部加"文件"二字，部公告红头内容为中华人民共和国交通运输部加"公告"二字，部函红头内容为中华人民共和国交通运输部，办公厅函红头内容为中华人民共和国交通运输部办公厅。

2. 常见错误

一是有的发文机关标志与发文机关署名或印章不一致，如用"××部"的发文机关标志，发文机关署名或印章却是"××部办公厅"；二是发文机关标志不规范，如使用了发文机关标志加括号和文种的形式，使用了不规范的简称或全称。

发文机关全称应以批准该机关成立的文件核定的名称为准。规范简称应由上级机关确定，如我部规范简称为交通运输部。联合行文时，如需同时标注联署发文机关名称，一般应当将主办机关名称排列在前；如有"文件"二字，应当置于发文机关名称右侧，以联署发文机关名称为准上下居中排布。不管联合行文的机关多少，第一页必须显示正文。联合发文时注意核对发文机关的规范简称。

（五）发文字号

1. 发文字号

发文字号是公文的代号，一般由发文机关代字、发文格式代字、年份、发文顺序号构成（令、公告、通告、纪要、内部情况通报除外）。其作用在于为检索和引用公文时提供专指性较强的代号，为管理和统计公文提供依据。一件公文只有一个发文字号，联合行文时，应使用主办机关发文字号。

2. 常见错误

一是发文机关代字不正确，每个发文机关及其内设机构都有自己特定的发文代字，不能随意使用。二是发文字号标注不规范。有的年份标注不正确，如2012年标注〔12〕，有的不使用六角括号，错误使用中括号或圆括号。三是发文字号标注位置不正确。

不同形式的公文，发文字号的标注位置有所不同。一般情况下，发文字号在发文机关标志下居中编排，但上行文的发文字号标注在红色间隔线左上方位置，居左空一字编排，与最后一个签发人姓名处在同一行；信函格式的发文字号在第一条红色双线下顶格居版心右边缘编排。

（六）签发人

1. 签发人

上行文（请示、报告）应当标明签发人姓名，不标注职务，签发人应为机关的主要负责人。如是多个部门联合上报文，不但要标注主办机关签发人，还要标注其他联合部门签发人。

2. 标注方式和位置

由"签发人"三字加全角冒号和签发人姓名组成，"签发人"三字用仿宋体，签发人姓名用楷体。编排在发文机关标志下空二行位置，平行排列于发文字号的右侧。"签发人"三字应与第一个签发人姓名处在同一行。如有多个签发人，签发人姓名按发文机关排序从左到右、自上而下依次均匀排列，一般每行排两个姓名，回行与上一行第一个签发人姓名对齐。

（七） 标题

1. 构成要素

公文标题一般由发文机关名称、事由和文种组成。标题要准确扼要概括公文的主要内容，起到画龙点睛的作用。其意义在于简明扼要地说明公文的核心内容，让阅文者一目了然，不用看正文也能了解到"谁来文"和"什么事项"。

2. 编排要求

标题一般用2号方正小标宋字体，编排于红色分隔线下空2行位置，分一行或多行居中排布；回行时，做到词意完整、排列对称、长短适宜、间距恰当，标题排列应当使用梯形或菱形。词义要完整，虚词不能转为下一行的第一字。

3. 常见错误

一是缺少公文标题或发文机关名称。有的公文没有标题，只有看完全文才知道行文单位的意图；有的公文标题没有发文机关名称，如《关于贯彻〈民族区域自治法〉推进民族地区交通运输健康发展的意见》应改为《交通运输部　国家民委关于贯彻〈民族区域自治法〉推进民族地区交通运输健康发展的意见》。

二是文种叠用。如《交通运输部办公厅关于〈工程咨询单位资格认定和管理办法（征求意见稿）〉意见的函》应改为《交通运输部办公厅关于〈工程咨询单位资格认定和管理办法（征求意见稿）〉的意见》。

三是介词重复。一般情况下，不要连用两个介词，如《交通运输部办公厅关于对南水北调东线和中线一期工程水量调度应急预案修订稿的意见》去掉其中的"对"字。

四是介词缺失。如《交通运输部办公厅渤海环境污染问题有关意见的复函》，应在"渤海"之前加上介词"关于"。

五是专有表述有误。如《关于十二届全国人大第五次会议第××号建议的答复函》《关于政协十二届全国委员会五次会议第××号提案答复的函》，前者多用了"第"，后者少用了"第"，应为《关于十二届全国人大五次会议第××号建议的答复函》和《关于政协十二届全国委员会第五次会议第××号提案答复的函》。

六是排列不当。有的标题回行时词义不完整、虚词转为下一行的第一字，隔断了词语意思；有的标题仅在红色分隔线下空一行，显得十分局促；有的字数较多的标题不分行或分行不恰当，有的多行标题排列成长方形，而不是排列成菱形或梯形。

（八）主送机关

1. 主送机关

主送机关是公文的主要受理机关，要使用规范简称或全称，亦或者同类型机关统称。一般情况下，主送机关为必备公文要素。令、公告、通告、纪要、内部情况通报这几种特定公文形式没有主送机关，如有特定要送达的机关可在分送范围注明。

2. 编排要求

主送机关编排于标题下空一行位置，居左顶格，回行时仍顶格，最后一个机关名称后标全角冒号。如果主送机关名称过多导致公文首页不能显示正文时，应当将主送机关移至版记。

主送机关书写顺序应遵循"先地方、后中央，先部外、后部内，先企业、后事业，先部属、后部内"的原则。同级同类机关之间用顿号，同级不同类机关之间用逗号。

3. 常见错误

一是请示或请批函多头主送，导致办理部门不明确，影响工作开展。应该将主要办理单位列为主送，其他相关单位列为抄送。

二是主送机关和抄送机关混用。例如，部普发性文件不主送部管国家局。部与国家局之间工作联系使用的部函或办公厅函，可以将国家局列为主送机关。

三是主送对象不规范。有的公文主送"各相关单位"，应将主送对象一一列明，除非文中另附收文单位名单，如附件中有参会单位名额分配表、受表彰的单位名单等。有的公文直接主送内设机构，如主送"国家发展改革委地区司"，应改为主送"国家发展改革委办公厅"。

四是排序不规范。如"部内各司局、部属各单位"，按照先外后内的原则，应改为"部属各单位、部内各司局"。

五是标点不规范。同级同类机关之间应用顿号却用逗号，同级不同类机关之间应使用逗号却用分号。如某会议纪要分送"规划院，水科院，上海组合港管委会办公室，部综合规划司，财务审计司"应改为分送"规划院、水科院，上海组合港管委会办公室，部综合规划司、财务审计司。"

六是简称不规范。国务院及其组成部门的机构简称，国办做了统一规定。需要说明的是，关于发展改革委、统计局等部门名称，可在名称前冠"国家"两字，即表述为国家发展改革委、国家统计局，以区别于地方发展改革委、统计局。

核改实例：发改委→国家发展改革委，工信部→工业和信息化部，三个国家局→部管国家局，中国民航局综合司→中国民用航空局综合司或民航局综合司，运输司→运输服务司，安监司→安质司，通信中心→通信信息中心。

（九） 附件说明

1. 附件说明

附件说明是指公文附件的顺序号和名称。公文如有附件，在正文下空一行左空二字编排"附件"二字，后标全角冒号和附件名称。如有多个附件，使用阿拉伯数字标注附件顺序号，如"附件：1."，仅有一个附件的，不需标注顺序号。附件名称后不加标点符号。

2. 常见错误

一是应标未标。正文中标有附件，而正文后未标附件说明。

二是前后不一。附件说明中的附件名称与附件实际名称不一致。

三是顺序错乱。将附件说明置于成文日期之后，附件说明中的附件顺序与附件实际顺序不一致。

四是标点使用不当。附件说明中附件名称后添加了标点符号。

（十） 发文机关署名

发文机关署名应当署发文机关全称或是规范化简称，并与发文机关标志一致。联合行文时，应标注所有发文机关署名。

（十一） 印章

印章端正、居中下压发文机关署名和成文日期，使发文机关署名和成文日期居印章中心偏下位置，印章顶端距正文（或附件说明）一行之内。联合行文加盖多个印章时，印章不能相交或相切。

（十二） 成文日期

成文日期即落款日期，即公文生效时间。成文日期为会议通过或者公文签发日期，联合发文时署最后签发机关负责人签发的日期。成文日期中的数字应当使用阿拉伯数字，年份应标全称，月、日不编排虚位。

需要注意的是，某些印发规章制度的公文，规章制度的施行日期与公文的成文日期会有一定的时间差，行文时应根据实际情况予以明确，避免"本规定自印发之日起施行"表述。例如"本规定自2018年5月1日起施行。"表明该规定的生效日期应以2018年5月1日为准，而不是以该规定的成文日期为准。

（十三） 附注

1. 附注

附注是公文印发传达范围、主办机关联系人等需要说明的事项。国家标准规定，附注居左空二字加圆括号编排在成文日期下一行。

2. 常见错误

一是标注位置不规范,如将附注标注在版记上一行;二是标注格式不规范,如有的附注内容没有用圆括号括起来;三是标注内容杂乱,如几个机关联合报送的请示,本来只标注主办机关联系人即可,却标注了所有联合发文机关的联系人。

(十四) 附件

附件应另面编排,并在版记之前,与正文一起装订,"附件"两个字用 3 号黑体字顶格编排在版心左上角第一行,附件标题居中编排在版心第三行,附件顺序号和附件标题应与附件说明表述一致。如果附件与正文不能一起装订,应在附件左上角第一行顶格编排公文的发文字号并在其后标注"附件"两个字及附件顺序号。

(十五) 抄送机关

除主送机关外需要执行或者知晓公文内容的其他机关;应当使用机关全称、规范化简称或者同类型机关统称。

抄送机关书写顺序与主送机关略有区别,遵循"先上级机关、再平级机关、后下级机关,先中央、后地方"的原则。

抄送机关一般用 4 号仿宋字体,在印发机关和印发日期之上一行、左右各空一字编排。"抄送"二字后加全角冒号和抄送机关名称,回行时与冒号后的首字对齐,最后一个抄送机关名称后标句号。

(十六) 印发机关和印发日期

部公文的印发机关一般是交通运输部办公厅。印发日期指公文的送印日期,不同于公文的成文日期,一般晚于成文日期。印发日期后标注"印发"两个字。

(十七) 页码

页码一般用 4 号半角宋体阿拉伯数字编排在公文版心下边缘之下,左右各放一条一字线;一字线上距版心下边缘 7mm,单页码居右空一字,双页码居左空一字。为了防止在空白页私加文字,公文的空白页和空白页以后的页不标注页码,包括印有版记的那一页,即公文的版记页前有空白页的,空白页与版记页均不编排页码。公文的附件与正文一起装订时,页码应连续编排。

上述 17 个要素,加上正文这个要素,共 18 个格式要素,并不是每一份公文中都具备,如平行文和下行文就没有"签发人",但所有的公文除了这 18 个格式要素外,不能人为增加其他要素。此外,这 18 个格式要素中的一些规定是强制性的,不得变通,概括起来为"四个必须":一是涉密公文必须标注份号;二是公文标题回行时必须词意完整形式美观；三是公文首页必须显示正文；四是公文用印必须避开空白页。

二、正文校核注意事项及常见问题解析

（一）序次语

序次语，是指标示内容先后次序的话语和数字。公文中的结构层次序次语及标点符号为"一、""（一）""1."等，即：第一层是带有顿号的汉字数字，第二层是带括号的汉字数字，第三层是带下脚标的阿拉伯数字。字体第一层用黑体字，第二层用楷体字，第三层用仿宋字。可根据文稿的具体情况选择从某一层序次语开始，选定之后应顺着该序次语的层次向下标示。使用较低层次的序次语之后不能再使用层次更高的序次语，但可以根据需要省去中间的层次，如"一、"后直接用"1.××××"。校对时检查层次排列及序号顺序，避免错位和序号不连续。

（二）语言文字

1. 文字差错

包括错别字、多字、漏字、错简、错繁、互倒、异体字、旧字形等。文字差错还有一种类型，即外文字母使用错误和汉语拼音错误。

（1）错别字。文字差错出现频率最高的是错别字。错别字是错字和别字的合称。像字但不是字叫作错字；是字但用在此处不当的字叫作别字。通常说的错别字，主要是指别字。

例1：××委员会印发的（××社会〔2016〕1831号）文件，文中"大侠谷"应为"大峡谷"。（摘自2017年国务院公报刊登部门文件勘误情况）

例2：××部2016年第83号令，文中"幼儿国"应为"幼儿园"。（摘自2017年国务院公报刊登部门文件勘误情况）

例3：××部印发的（×海发〔2016〕159号）文件，文中"深化放改服改革"，应为"深化'放管服'改革"。（摘自2017年国务院公报刊登部门文件勘误情况）

（2）漏字。

例：××总局第185号令。

文中"公共场卫生状况"漏掉了"所"字，应为"公共场所卫生状况"。"处以1000元以上1万以下的罚款"漏掉了"元"字，应为"处以1000元以上1万元以下的罚款"。（摘自2017年国务院公报刊登部门文件勘误情况）

（3）多字。

例：××部第46号令，文中第三十三条"【施行日期】本办法自2017年11月1日起施行。"应删除"【施行日期】"，改为"本办法自2017年11月1日起施行。"（摘

自 2017 年国务院公报刊登部门文件勘误情况）

2. 字词辨析

（1）形与型。

形：形式、形状、矩形、箱形、T 形、卵形。

型：型号、类型、型材、新型、选型。

（2）浇注与浇筑。

浇注：把熔化了的金属、混凝土等注入（模型等）的过程。

浇筑：土木建筑工程中是指混凝土等材料灌注到模板里制成预定形体。

（3）连接与联结。

连接：是指实在的机械的或物理的结合，如螺栓连接。

联结：是指广义的或非机械的结合，如京沪高速路联结北京、上海两市。

（4）审订与审定。

审订：审阅修订，如审订书稿。

审定：审查决定，如审定计划。

（5）截止与截至。

截止：到一定期限停止，如报名在昨天截止。其后不加时间，如加时间需加"到"。

截至：截止到某个时间，如报名日期截至本月底。

（6）相、象、像。

相：主要是指相貌、外观、姿态，如照相、相貌、亮相、长相、真相。

象：主要是指形状、样子、模仿，如现象、景象、气象、印象、象征。

像：主要是指与原物相似的图像，如雕像、录像、摄像、画像、音像、想像、像话、好像、像……一样。

（7）分与份。

分：是指成分、限度，如分量、成分、部分、水分。

份：是指整体中的一部，如份额、年份、月份、省份、一式两份。

（8）的、地、得。

的：用在定语的后面，如幸福的生活。

地：表示它前面的词或词组是状语，如天渐渐地冷了。

得：用在动词或形容词后面，连接表示结果或程度的补语，如写得非常好。

（9）其他易错词语。

拌和（正确），拌合（错误）。

掺和（正确），掺合（错误）。

其他（正确），其它（错误）。

唯一（正确），惟一（错误）。

（三）标点符号

标点符号是辅助文字记录的符号，是书面语的有机组成部分，用来表示停顿、语气及词语的性质和作用。《标点符号用法》（GB/T 15834—2011）作了明确规定和详细说明，便于人们正确掌握标点符号的用法，以准确表达文章、推动汉语书面语言的规范化。从文稿校核情况看，在标点符号用法上主要有以下几个问题：

1. 没有分清点号之间的层级关系，"乱了辈分"

点号的作用在于点断，主要表示说话时的停顿和语气。点号又分句末点号和句内点号。句末点号用在句末，有句号、问号、叹号3种，表示句末的停顿和句子的语气。句内点号在句内，有逗号、顿号、分号、冒号4种。常用点号的层级关系从低到高应该是：顿号、逗号、分号、句号。从操作层面来解释，就是要先用句内点号，再用句末点号；先顿号，再逗号，然后是分号，最后才是句号。

例：一是养老保险安置。对进入企业工作的失地农民要同企业员工一样纳入企业职工基本养老保险；二是医疗保险安置。城镇居民医疗保险制度已建立，可参加城镇居民医疗保险。（错误）

一是养老保险安置。对进入企业工作的失地农民要同企业员工一样纳入企业职工基本养老保险。二是医疗保险安置。城镇居民医疗保险制度已建立，可参加城镇居民医疗保险。（正确）

解析：分项列举的各项或多项已包含句号时，各项的末尾不能再用分号。因为分号是句内点号，而句号是句末点号，不能混淆了它们之间的层级关系。

2. 没有分清标号之间的不同功能，"戴错帽子"

标号的作用是标明，主要标示某些成分（主要是词语）的特定性质和作用。在公文中，标号使用错误最多的是书名号。书名号标示语段中出现的各种作品的名称，具体包括：书名、卷名、篇名、报纸名（包括板块、栏目名）、刊物名（包括栏目名）、文件名，标示全中文或中文在名称中占主导地位的软件名，标示作品名的简称，以及其他文化精神产品（如电影、戏剧、乐曲、舞蹈、摄影、绘画、雕塑、工艺品、邮票、相声、小品等）的题目可用书名号。不能视为作品的课程、课题、奖品奖状、商标、证照、组织机构、会议、活动等名称，不能应用书名号。

例：本报将于今年暑假举行《墨宝杯》书法大赛。（错误）

本报将于今年暑假举行"墨宝杯"书法大赛。（正确）

解析：活动名称不使用书名号，改为引号。

3. 不注意语意语境，"站错位置"

比如在句号的使用上。句号是用于陈述句末尾的停顿，但有时在一句话的内容未表述完时用了句号。

例:"我部认真贯彻落实,严格按照《通知》要求,周密部署,扎实推进。并以此为契机,进一步规范相关工作。"

解析:这一段话中的"并"是一个关联词,说明一句话未讲完,因此,在"并"字前,不能使用句号,而应该使用逗号。

4. 不该标注时标注,"画蛇添足"

比如在标有引号或书名号的并列成分之间标注顿号,在文中单列的第一层标题后加句号,在附件名称使用书名号、分号或句号,等等,都属于此类情况。

例1:"先培训、后就业"、"先培训、后上岗"。(错误)

"先培训、后就业""先培训、后上岗"。(正确)

解析:标有引号的并列成分之间通常不用顿号,删除两个引号之间的顿号。

例2:办公室里订有《人民日报》(海外版)《光明日报》和《时代周刊》等报刊。(错误)

办公室里订有《人民日报》(海外版)、《光明日报》和《时代周刊》等报刊。(正确)

解析:标有书名号的并列成分之间通常不用顿号。若有其他成分插在并列的引号之间或并列的书名号之间,如引号或书名号之后还有括号,宜用顿号。

例3:《交通运输服务乡村振兴战略推进"四好农村路"建设和脱贫攻坚领导小组第2次全体会议纪要》(2018年第28期)

附件:1.《交通扶贫领域腐败和作风治理2018年工作要点》
   2.《交通运输部2018年定点扶贫工作要点》
   3.《交通运输部2018年对口支援工作要点》
   4.《坚决贯彻习近平总书记重要指示全面深入推进"四好农村路"建设工作计划和领导小组会议计划》

解析:附件说明中的4份材料,均不用加书名号。

例4:附件:1.××区查处取缔无证无照工作领导小组成员名单;(错误)

附件:1.××区查处取缔无证无照工作领导小组成员名单(正确)

解析:附件说明后不用任何标点符号。

5. 不按照规范标注,"蒙混过关"

(1)六角括号使用不规范。按照规定,文号中的括号应该使用六角括号,如:"交办发〔2007〕5号"。在书写文号时,使用圆括号或方括号都属于不规范使用,如"交办发[2007]5号"或"交办发(2007)5号"等。

(2)标示数值和起止年限时使用连接号不规范。

例1：制定并实施学校安防达标建设三年行动计划（2013-2015年）。（错误）

制定并实施学校安防达标建设三年行动计划（2013—2015年）。（正确）

例2："学习-就业-再学习"（错误）

"学习—就业—再学习"（正确）

例3：要加快工程进度，确保科技园3-5年内建成。（错误）

要加快工程进度，确保科技园3～5年内建成。（正确）

解析：例1和例2为短横线"-"和一字线"—"混用，标示时间、地域、项目的起止，一般用一字线，占一个字符位置；例3为短横线"-"和波浪线"～"混用，标示数值范围起止一般用浪纹线。

（3）书名号内用顿号表示停顿。

例：根据《××省物价局、××省财政厅关于××市建制镇城市基础设施配套费征收标准的批复》（××规〔2012〕59号）文件要求，特制定本管理办法。（错误）

根据《××省物价局　××省财政厅关于××市建制镇城市基础设施配套费征收标准的批复》（××规〔2012〕59号）文件要求，特制定本管理办法。（正确）

解析：书名号内标示停顿时用空格。

（4）句内括号行文末尾使用标点符号不当。

例：为加强对全区查处取缔无证无照经营综合治理工作的领导，决定成立××区查处取缔无证无照经营综合治理工作领导小组（领导小组组长由常务副区长兼任，副组长由××局局长兼任。），负责该项工作的协调处理。（错误）

为加强对全区查处取缔无证无照经营综合治理工作的领导，决定成立××区查处取缔无证无照经营综合治理工作领导小组（领导小组组长由常务副区长兼任，副组长由××局局长兼任），负责该项工作的协调处理。（正确）

解析：括号内行文末尾需要时可用问号、叹号和省略号。除此之外，句内括号行文末尾通常不用标点符号。

（四）数字

公文中，用数字来介绍现状和情况，说明工作成绩和存在问题，能给人以确定无疑的、比较具体直观的量的感觉，能通过对事物的量的界定而加深对事物的质的认识，起到一般文字所不能替代的作用。

公文中的数字包括两种，一种是阿拉伯数字，另一种是汉字数字。在公文中如何使用，视情况而定，大致可分为两种情况：一种是"必须"的、"唯一"的选择，如统计表中的数值必须使用阿拉伯数字，而定型的词、词组、成语、惯用语、缩略语或具有修辞色彩的词语中作为语素的数字，必须使用汉字数字。如：十三届全国人大一次会议、政协十三届全国委员会第一次会议、八国联军、五四运动、二万五千里长征、不管三七二十一，等等。另一种是可以"变通"的选择，如年月日、物理量、非物理量、代码、代号中的数字等，目前体例大都无统一规定，可以灵活掌握。但有两个可遵循的基本原则：一是凡可以使用阿拉伯数字而且又很得体的地方，特别是当所表示的数目比较精确时，应使用阿拉伯数字；二是全篇体例应当保持一致。

数字运用是否准确、恰当，直接影响到公文的效用。因此，掌握一些常用的反映事物数量关系的统计指标数据并恰当运用，显得十分重要。在公文中用好数字要注意三点：一是数据要准确。不能凭"统计加估计"似是而非地臆测。数据失实会影响到公文的真实性与可信度。二是要注意定量和定性相结合，对主要数据作必要的说明。三是数据的表述要正确、科学。

公文中数字使用不规范主要有以下几种情况：

（1）时间的表述。原则上使用阿拉伯数字，且分为12小时计时制的表述和24小时计时制的表述，实际工作中常常混用，如："下午14时30分"。因为"下午几时"是12小时制的表述方式，而24小时制的表述方式不用标明上午或下午，直接写"14时30分"，或改为"下午2时30分"。此外，也可用另一种便捷表达方式，如："14：30"。

（2）分数和百分比的表述。对于规范格式公文，分数和百分比的表述应使用阿拉伯数字的表述方法，如："1/3""50%"，而不能使用汉字数字的表述方法，如："三分之一""百分之五十"。

（3）概数的表述。与分数和百分比正好相反，概数的表述应使用汉字数字，如："二三米""一两个小时"。常见错误是使用阿拉伯数字或在相邻的两个概数之间使用了顿号，如"2、3米""1、2个小时"或"二、三米""一、两个小时"等。

（4）全文体例不一致。按照规定，如果遇到没有严格规定的数字用法，应遵循一个原则，就是要照顾到上下文，保持全文体例一致。如："我局现有十二个处室，147人。"正确的表述应为"我局现有12个处室，147人。"

（5）数值范围的表述。前后两个数值的附加符号或计量单位相同时，在不造成歧义的情况下，前一个数值的附加符号或计量单位可省略，如果省略数值的附加符号或计量单位会造成歧义，则不应省略。例：100～120元，2亿～8亿（不写成2～8亿），$2.1 \times 10^6 \sim 4.2 \times 10^6$（不写成$2.1 \sim 4.2 \times 10^6$）。

（五）引用党和国家领导人的批示、著述、讲话

引用党和国家领导人的批示、著述、讲话，文字和标点务必正确，必须核准。拟稿时要对照权威版本逐字核对。所引用批示、著述、讲话时，一要注意密级，二要全面准确，切忌断章取义。

（六）其他问题

（1）以交通运输部办公厅文件发布的下行文文头中缺少授权标志性表述，应增加"经交通运输部同意……"的规范表述。

（2）把印发主体作为附件。如《交通运输部办公厅关于印发〈"十三五"沿海陆岛交通码头建设资金补助方案〉的通知》原文将《"十三五"沿海陆岛交通码头建设资金补助方案》作为附件。该方案是印发的主体内容，应直接作为正文内容。

（3）引文不规范。引用已经废止的文件或标准。引用内容不全面、不准确，引文标题不全或文号缺失。

附录9　公文处理基础知识测试题及参考答案

公文处理基础知识测试题

一、填空题

1. 《党政机关公文处理工作条例》于2012年7月1日起施行，共设＿＿＿章＿＿＿条。条例规定了15个公文种类，包括决议、决定、命令（令）、公报、公告、通告、意见、通知、通报、报告、请示、批复、议案、函、＿＿＿＿＿。
2. 修订后的《交通运输部公文处理办法》于2014年4月1日起施行，共设十章五十八条，较《党政机关公文处理工作条例》增加了＿＿＿＿＿和＿＿＿＿＿两章。
3. 公文处理应当坚持实事求是、＿＿＿＿＿、＿＿＿＿＿、安全保密的原则。
4. 行文关系根据＿＿＿＿＿和＿＿＿＿＿确定。一般不得越级行文，特殊情况需要越级行文的，应当同时＿＿＿＿＿被越过的机关。
5. 部门内设机构＿＿＿＿＿不得对外正式行文。部机关司局在业务范围内与相关单位商洽工作、询问和答复问题等，可以＿＿＿＿＿的形式处理，严禁使用该形式进行＿＿＿＿＿、＿＿＿＿＿和检查评估等。

二、单项选择题

1. 下列不属于法定文种的是（　　）。
   A. 通报　　　　　B. 意见　　　　　C. 纪要　　　　　D. 办法
2. 下列不属于"交通运输部文件"适用范围的是（　　）。
   A. 向国务院请示、报告工作
   B. 发布具有规范性的重要政策和管理制度
   C. 下达长远规划
   D. 部署年度专项工作
3. 除印发行业发展规划外，部署交通运输全局性工作的文稿一般不超过6000字，部署专项工作和具体任务的文稿一般不超过（　　）字。
   A. 4000　　　　　B. 5000　　　　　C. 3000　　　　　D. 8000
4. 向下级机关的重要行文，应抄送（　　）。

A. 直接上级机关 B. 其他下级机关
C. 同级机关 D. 业务主管机关

5. 给不相隶属的机关发文，从行文方向上说，（　　）。
   A. 只能够是上行文 B. 只能够是下行文
   C. 只能够是平行文 D. 上行文或平行文

6. 联合行文应编写（　　）发文字号，由该单位印发、归档。
   A. 相关单位 B. 其他单位
   C. 有关单位 D. 主办单位

7. 交通运输部公文文稿签发前，应当由（　　）和办公厅分别进行审核。
   A. 法制司 B. 国际司
   C. 主办司局 D. 财务审计司

8. 下列不属于起草单位责任清单的是（　　）。
   A. 拟稿人起草责任清单 B. 处室领导审核清单
   C. 外事请示件审查清单 D. 司局领导审核清单

9. 部务会议讨论通过的拟以交通运输部或交通运输部办公厅名义印发的文件（含联合发文），须在会议结束后____个工作日内印发；有重大修改意见需要协调的，须在____个工作日内印发。（　　）
   A. 7　10　　　B. 10　7　　　C. 10　20　　　D. 10　15

10. 下列表述正确的是（　　）。
    A. 账薄　　　B. 台帐　　　C. 挖墙角　　　D. 元旦春节期间

11. 下列不属于通用文件格式18个要素的是（　　）。
    A. 主题词　　B. 附注　　C. 附件说明　　D. 份号

12. 下列发文字号写法正确的是（　　）。
    A. 交办发〔2016〕4号 B. 交规划函〔2016〕第6号
    C. 交办人教函【2016】20号 D. 交科技明电（2016）13号

13. 引用公文应当（　　）。
    A. 先引发文字号，后引文件标题 B. 仅引文件标题
    C. 先引文件标题，后引发文字号 D. 仅引发文字号

14. 公文的紧急程度是对于公文（　　）的时限要求。
    A. 起草　　　B. 审核　　　C. 签发　　　D. 送达和办理

15. 以信函格式印发的公文标题一般采用____字，与其上最后一个要素相距__行。（　　）
    A. 2号小标宋　二 B. 2号黑体　二
    C. 3号小标宋　一 D. 3号黑体　一

三、多项选择题

1. 交通运输部公文是部实施领导、履行职能、处理公务的具有特定效力和规范体式的文书，是（　　）。
   A. 传达贯彻党和国家的方针政策　　B. 公布交通运输部门规章
   C. 指导、布置和商洽工作　　　　　D. 请示和答复问题
   E. 报告和交流情况等的重要工具

2. 以下选项，属于交通运输部主要公文形式的有（　　）。
   A. 部令　　　　B. 文件　　　　　C. 公告、通告
   D. 部内部情况通报　　E. 电报　　F. 签报
   G. 批复　　　　H. 通报　　　　　I. 公报

3. 信函格式可用于制发（　　）文种的公文。
   A. 函　　　　B. 通知　　　　C. 意见　　　　D. 纪要
   E. 批复

4. 文件格式可用于制发（　　）文种的公文。
   A. 决定　　　B. 请示　　　　C. 报告　　　　D. 通知
   E. 意见

5. 交通运输部文件适用于（　　）。
   A. 向国务院请示、报告工作
   B. 发布具有规范性的重要政策和管理制度
   C. 部署全局性工作
   D. 公布重要的机构变动、职能和人员调整、奖惩事项
   E. 下达和调整长远规划、中长期计划
   F. 印发部领导讲话

6. 下列选项中，（　　）形式的公文格式要素中无主送机关和抄送机关。
   A. 部令　　　B. 通告　　　　C. 公告　　　　D. 纪要
   E. 部内部情况通报

7. 政府部门除以函的形式（　　）外，一般不向下一级政府正式行文。未经国务院批准，不得向地方政府发布指令性公文或在公文中提出指令性要求，不得要求地方政府报文。
   A. 商洽工作　　B. 询问答复问题　　C. 审批事项　　D. 报告工作

8. 公文精简是指通过采取积极有效的措施严格控制公文的（　　），做到公文数量适度、规格适用、篇幅适当、印发范围适宜。
   A. 数量　　　　B. 规格　　　　C. 篇幅　　　　D. 印发范围

9. 拟稿人起草责任清单主要内容有（　　）。
   A. 起草准备　　　B. 确定发文形式　　C. 确定公文格式要素
   D. 起草正文　　　E. 提出会签意见
10. 公文起草要做到（　　）。
    A. 主题突出　　　B. 结构严谨　　　C. 表述准确　　　D. 文字精练
11. 按照部公文处理办法，公文审核的重点有（　　）。
    A. 行文理由是否充分，行文依据是否准确
    B. 内容是否符合国家法律法规和党的路线方针政策
    C. 社会稳定风险评估、合法性审查是否符合程序
    D. 文种是否正确，格式是否规范
    E. 人名、地名、时间、数字、段落顺序、引文等是否准确
12. 下列标点符号使用正确的有（　　）。
    A. 五、六十年代　　　　　　　　B. （2015—2016 年）
    C. 北京—天津高速公路　　　　　D. 35～50%
    E. 陕西4·28事件
13. 电报紧急程度可标注为（　　）。
    A. 急件　　　B. 特急　　　C. 加急　　　D. 平急
    E. 特提
14. 上行文版头包括发文机关标志、发文字号、（　　）等要素。
    A. 份号　　　B. 密级和保密期限　　　　　　C. 紧急程度
    D. 签发人　　E. 发文日期
15. 公文主体，通常包括标题、主送机关、正文、（　　）等。
    A. 附件说明　　B. 发文机关署名　　C. 成文日期　　D. 印章
    E. 附注　　　　F. 附件

四、判断题

1. 请示有明确的请示事项，可一文多事。（　　）
2. 上级机关对于下级的请示可根据情况不作答复。（　　）
3. 规范性文件提请审议或送签前须进行合法性审查。（　　）
4. 公文内容如果涉及其他部门职权范围，可采取征求意见、会签或联合行文的方式解决。（　　）
5. 调研报告属于公文中的"报告"这一文种。（　　）
6. 公文都应该有主送机关。（　　）
7. 纪要公文不加盖公章。（　　）

8. 向无隶属关系的有关主管部门请求批准,应当使用信函格式,使用函文种行文。（　　）
9. 公文标题中,文种词是必不可少的要素。（　　）
10. 通报仅用于表彰先进和批评错误。（　　）
11. 签报请示事项,涉及多位部领导分管业务的,可同时分送相关部领导。（　　）
12. 交通运输部党组规范性文件向中央办公厅报送备案工作,应于文件发布30日内完成。（　　）
13. 凡国家法律法规、党内法规、交通运输部门规章已做明确规定的,不再印发公文。（　　）
14. 对中共中央、国务院文件,要结合实际贯彻落实,也可直接转发。（　　）
15. 意见可以用于上行文、下行文和平行文。（　　）
16. 公文涉及其他单位职权范围内的事项,主办单位必须征求相关单位意见。（　　）
17. 拟提请部党组会议或部务会议审议的重要公文稿,除时限要求紧急或其他特殊情况外,审议前应当进行前置审核。（　　）
18. 涉及公民、法人或其他组织权利和义务以及涉及市场主体经济活动的文稿,须由法制部门进行合法性审查和公平竞争审查。（　　）
19. "《交通运输部办公厅关于对〈分享经济发展指南〉的答复意见》"表述正确。（　　）
20. "截止今年5月底,已交付使用1.19万套"表述正确。（　　）
21. 提请国务院发文,报送材料一般包括发文请示、代拟通知稿、文件送审稿、部门内部合法性审查意见、政策出台评估情况、政策解读及舆情应对方案、征求相关部门意见情况（依法应当保密、未公开征求意见的,应附情况说明）以及相应的电子文档等。（　　）
22. 部署专项工作的公文,篇幅一般不超过6000字。（　　）
23. 公文标题可以排列成梯形、菱形、矩形。（　　）
24. 函格式公文首页必须标注页码。（　　）
25. 如主送机关过多,公文首页可根据实际不显示正文。（　　）
26. 公文正文中的结构层次序数依次可用"一、""（一）""1.""（1）"标注。（　　）
27. 联合行文的成文时间,以主办机关负责人签发日期为准。（　　）
28. 如无特殊说明,公文正文一般用3号仿宋体字。（　　）
29. 抄送机关是指除主送机关外需要知晓公文内容的其他机关,抄送机关不需要执

行公文内容。 （ ）

30. 印章顶端应当上距正文（或附件说明）一行之内。 （ ）

公文处理基础知识测试题参考答案

一、填空题

1. 八，四十二，纪要　　2. 公文精简，公文形式　　3. 准确规范，精简高效
4. 隶属关系，职权范围，抄送
5. 除办公厅（室）外，司局函，审核批准，奖惩人员

二、单项选择题

1. D　　2. D　　3. A　　4. A　　5. C　　6. D　　7. C　　8. C　　9. A　　10. D
11. A　　12. A　　13. C　　14. D　　15. A

三、多项选择题

1. ABCDE　　2. ABCDEF　　3. ABCDE　　4. ABCDE　　5. ABCDE
6. ABCDE　　7. ABC　　8. ABCD　　9. ABCDE　　10. ABCD
11. ABCDE　　12. BC　　13. BCDE　　14. ABCD　　15. ABCDEF

四、判断题

1. ×　2. ×　3. √　4. √　5. ×　6. ×　7. √　8. √　9. √　10. ×
11. ×　12. √　13. √　14. ×　15. √　16. √　17. √　18. √　19. ×　20. ×
21. √　22. ×　23. ×　24. ×　25. ×　26. √　27. ×　28. √　29. ×　30. √

参 考 文 献

[1] 交通部办公厅. 交通部公文写作与处理实用读本 [M]. 北京：人民交通出版社，2005.
[2] 国家税务总局办公厅. 税务公文处理实用手册 [M]. 北京：中国税务出版社，2010.
[3] 张保忠. 中国党政公文写作要领与范例 [M]. 北京：经济科学出版社，2013.
[4] 白延庆. 公文写作（第二版）[M]. 北京：清华大学出版社，2013.
[5] 王红霞. 新编公文写作 [M]. 北京：经济科学出版社，2014.
[6] 张浩. 新编党政机关公文写作与规范 [M]. 北京：中国文史出版社，2017.
[7] 张浩. 新编行政公文写作与规范处理大全 [M]. 北京：北京工业大学出版社，2016.
[8] 张恩玺. 党政机关公文工作的思考与实践 [M]. 石家庄：河北人民出版社，2006.
[9] 岳海翔. 最新公文写作实用大全 [M]. 北京：中国文史出版社，2017.
[10] 桂维民，岳海翔. 最新公文写作与处理实务500题 [M]. 西安：陕西新华出版传媒集团，2017.